犯罪与行为侧写

Criminal & behavioral profiling

[美] 柯特·R. 巴托尔 (Curt R. Bartol)
[美] 安妮·M. 巴托尔 (Anne M. Bartol) 著
陈睿涵 译

CPPSUP 中国人民公安大学出版社
全国百佳图书出版单位

著作权合同登记号 图字：01-2025-2626
图书在版编目（CIP）数据

犯罪与行为侧写/（美）柯特·R. 巴托尔，（美）安妮·M. 巴托尔著；陈睿涵译 . --北京：中国人民公安大学出版社，2025. 7. --ISBN 978-7-5653-4988-1

Ⅰ. D917. 2

中国国家版本馆 CIP 数据核字第 20258BU281 号

Criminal & behavioral profiling / Curt R. Bartol.
ISBN 978-1-4129-8308-2

犯罪与行为侧写

[美]柯特·R. 巴托尔(Curt R. Bartol)
[美]安妮·M. 巴托尔(Anne M. Bartol) 著
陈睿涵 译

责任编辑：苏　晶
文字编辑：李　莹
装帧设计：张　彦
责任印制：周振东

出版发行：中国人民公安大学出版社
地　　址：北京市西城区木樨地南里
邮政编码：100038
经　　销：新华书店
印　　刷：涿州市新华印刷有限公司

版　　次：2025 年 7 月第 1 版
印　　次：2025 年 7 月第 1 次
印　　张：25. 5
开　　本：787 毫米×1092 毫米　1/16
字　　数：490 千字

书　　号：ISBN 978-7-5653-4988-1
定　　价：99. 00 元

网　　址：www. cppsup. com. cn　　www. porclub. com. cn
电子邮箱：zbs@ cppsup. com　　zbs@ cppsu. edu. cn

营销中心电话：010-83903991
读者服务部电话（门市）：010-83903257
警官读者俱乐部电话（网购、邮购）：010-83901775
综合分社电话：010-83906108

再致 Kai、Maddie、Darya 和 Shannon，

每一位都是善良、智慧、风趣和美丽的典范。

目　录

前言

广义而言，犯罪侧写可以被定义为一种侦查技术，即通过从各种信息中提取线索，从而识别已知或未知个体的行为、认知、情感和人口统计学特征。这些信息包括但不限于犯罪现场、犯罪数据库、尸检及毒理报告、已有研究、询问或访谈甚至自杀遗书。当我们首次提出撰写一本关于犯罪侧写的书时，可能有些人持怀疑态度。毕竟，关于犯罪侧写能说些什么呢？它是有效还是无效？它是一门艺术还是一门科学？它对侦查过程有利还是有害？这些问题虽然和本书有关，但却并没有真正触及这本书的内容。

大多数读者会熟悉侧写在犯罪或刑事侦查背景下的应用。他们读过犯罪侧写的小说，看过电影或电视剧中虚构的侧写师，听说过涉及犯罪侧写的著名案例，甚至可能访问过一些自称或公认为侧写师的个人网站。然而，这些信息来源很少涉及犯罪侧写的理论、研究与实践，而这就是本书的主要任务。此外，上述来源也很少提及，在侧写过程中应该保持客观、谨慎的态度，否则便会掉入侧写过程中的诸多心理陷阱。可能在很多读者的印象里，犯罪侧写往往用于那些穷凶极恶的重大刑事案件，但是它在民事案件中依然是一种有效的工具。因此我们将本书命名为《犯罪与行为侧写》，来强调以上这些观点。

在全书中，我们使用通用术语“侧写”来保持全书术语上的一致性，但在实践和研究文献中，也经常会遇到其他术语，包括行为分析、心理侧写、犯罪人侧写和行为侦查分析等。“侧写师”又被称为行为分析师。正如我们在书中指出的，虽然侧写在某些领域备受质疑，但在不同的情境下使用更适当的术语，可能更利于他人认可和接受。

为了将现有的与犯罪侧写相关的内容以逻辑性、框架化的方式呈现给读者，我们对现有资料进行了分析、总结与分类，将犯罪侧写划分为五大核心类别：犯罪现场侧写、地理侧写、心理侧写、基于犯罪嫌疑人的侧写以及可疑死亡案件分析（或心理剖析）。请注意，这些类型并不是完全独立的，它们之间也会有交叉的内容，但这样的结构划分更有利于读者对“犯罪侧写”这一广义、宏观的概念进行理解和分析。此外，这样的结构划分也是由当前进行的相关研究内容所决定的，也就是说，目前大多数对犯罪侧写的科学研究集中在这五个细分领域。

第 1 章中，我们讨论了犯罪侧写的历史渊源。在历史上，那些重大刑事案件或连环案件的侦破过程中，侧写师尝试着根据犯罪现场的线索和信息，推测犯罪人的特征。当侦查人员在案件侦破过程中遭遇“瓶颈”时，他们向早期的侧写师寻求帮助。多年来，在联邦调查局的努力发展之下，当代的犯罪侧写在培训、技术及应用上，已经普遍能够被执法人员所接受。然而，真正被“认可”的侧写师非常少，且犯罪侧写这一职业在确立其科学属性、可靠性、有效性方面仍然任重而道远。

在前几章节中，我们对两类不同的侧写方法进行了对比。一类是美国侧写师的临床侧写法（Clinical Profiling），另一类是英国、加拿大和澳大利亚等国家侧写师的精算侧写法（Actuarial Profiling）。不管侧写来自哪个国家，他们都更倾向于称自己为“行为分析师”。美国联邦调查局的侧写方法更具临床特征或主观基础，很多早期的探员或侧写师，如今仍以专家顾问的身份进行工作。对于采用临床法的侧写师，他们更倾向于将侧写视为一种“工艺性技术”而非科学，他们的侧写主要依赖于自身侦查经验的积累以及直觉。在全书中，我们会经常提及联邦调查局侧写师的工作内容。相比之下，英国、加拿大、澳大利亚等国家的侧写师则采取精算法，这种方法涉及对犯罪数据的统计分析以及大型犯罪数据库的建立与开发。近年来，以数据为基础的精算法在该领域获得了更多的青睐，但同时它也仍然受到一定程度的怀疑，其可靠性、有效性仍需验证。

地理侧写师所从事的工作——地理侧写，可能对许多人来说相对比较陌生。地理侧写师根据对犯罪地点的分析来锁定犯罪人的活动区域以及确定其大致的居住地。在还没有地理侧写的年代，警察们把地图铺在白板上，将图钉钉在犯罪地点进行分析，以确定连环犯罪人可能的居住区域，并预测其下一次作案的地点。当然，地理侧写比这先进得多，读者可能会惊叹于侦查人员所使用的一些用于地理侧写的高科技工具。心理侧写的对象一般是已知个体，但也有一种心理侧写以分类学的研究为基础，通过某些特征来判断某个体是否符合这一分类。这是一个有争议的话题，因为目前研究提出了较多的分类学，但经过实证研究验证的分类学却很少。我们将在本书中贯穿对各种分类学的讨论。基于犯罪嫌疑人的侧写，同样是一个有争议的领域，通常被政府人员应用于识别毒品走私犯、恐怖分子或是其他具有犯罪意图的个体。最后，心理剖析，在刑事和民事案件的背景下均受到越来越多的关注。在心理剖析过程中，心理学家通过各种方式收集关于死者的信息，从而尝试理解、推断死者的死亡方式。心理剖析在可疑的死亡案件中尤为适用，如在一起疑似自杀的案件中推断他杀的可能性，或是在一起疑似他杀的案件中推断自杀的可能性。

与其他犯罪侧写的书籍相比，本书在以下四个方面具有独特性：第一，本书有清晰、合理的逻辑结构和框架，即五个侧写核心领域的划分，这样既可以提高本书的可读性，也有助于读者更好地理解犯罪侧写这一宏观概念的不同方面；第二，本书从全球性的视角展开了对犯罪侧写的相关描述，梳理、整合、总结了来自美国、英国、加拿大、澳大利亚等国家的相关理论、研究、实践和案例分析；第三，本书从受害人学的角度进行分析，强调了受害人的个体特征、行为与所处情境的重要性以及犯罪人与受害人互动过程中的动态性；第四，本书具有批判性思维，我们对于过度依赖犯罪分类学的侧写方法持一定怀疑态度，但我们并不全盘否认。此外，不管是临床还是精算侧写，只要有助于其发展的方法论我们都持支持态度。

在此，我们对出版商 Jerry Westby 一直以来对我们工作的支持深表感谢。在整本书的编写过程中，从对本书第一次提案的评估，到最终耐心等待本书的完成，Jerry 既是我们的支持者，更是我们的好朋友。感谢编辑助理 Dina Allen 为我们找到了宝贵的资源，并对本书的各个章节给予了深刻的评论。感谢各位教授们对本书原始提案和大纲提出的意见，并对本书内容上的增减提供了宝贵建议。感谢我们行事高效而敏锐的编辑 Teresa Herlinger，引导我们到达真正的终点。我们也感谢 MaryAnn Vail 和 Libby Larson。最后，一如既往，感激家人们带来的爱与欢笑：Shannon、Darya、Maddie、Kai、Jim、Soraya、Ian 和 Gina——按他们进入我们生活的倒序列出，没有你们，我们将无所适从。

译者序

翻译这本书的契机始于一次小红书分享。当我向粉丝们推荐柯特·R. 巴托尔与安妮·M. 巴托尔的著作时，有人追问："这本书有中文版吗?"遗憾的是，答案是否定的。朋友一句"那你就自己翻译呀!"点醒了我，2021 年考取的英语专业八级证书，终于等到了它的使命。

翻译的艰辛远超预期。四个月的历程中，挫折与无助屡次让我萌生退意。迷茫之际，导师丁勇教授的箴言再度回响："做任何事情都像炖牛肉，小火慢炖才有滋味，慢工方能出细活。"于是沉心静气，反复打磨，终将这份"慢工"呈于读者面前。

本书的两位作者是犯罪侧写领域的权威。他们以犀利的视角揭示：犯罪侧写既是艺术，更是科学。当科技浪潮席卷全球，犯罪侧写的科学化进程亦不断加速。本书没有影视剧中神秘化的情节，而是立足统计学概率，通过行为观察、数据分析与实证研究，总结归纳犯罪行为的规律与特征。这种批判性的科学视角，正是当下犯罪学领域亟需的养分。

人类的矛盾性在犯罪行为中展现得淋漓尽致：荒诞离奇的表象下，往往藏着合乎逻辑的暗流。宛如欧·亨利式的结局，意料之外，情理之中。原生家庭的创伤、心灵的深渊坠落……这些多元因子在犯罪行为中交织缠绕。本书恰似一柄多棱镜，透过科学框架折射犯罪行为的复杂光谱，为解读犯罪心理提供多维度坐标。

如今，距离我从中国刑事警察学院毕业已有些时日。26 岁的我仍在犯罪心理学道路上攀登，既尝过求索的苦涩，也品过顿悟的甘甜。谨以此译著献给母校的师长与同窗，是你们赋予我剖析黑暗的勇气。也愿每一位犯罪学研究者：在追寻真相的路上，不忘仰望思想的日出，亦珍视理性与共情交织的夕阳。

译者

2025 年 2 月

第 1 章

犯罪侧写概述

在 20 世纪晚期至 21 世纪，所谓“犯罪侧写”无处不在。一些缺乏专业资质的侧写师活跃在媒体脱口秀中，他们出版书籍甚至为警方提供寻找与逮捕犯罪嫌疑人的服务。有的侧写师是执法部门在任或退休的探员；有的是在心理学、精神病学、犯罪学甚至文学领域有一定学术背景的个人；有的是从函授学校拿到了一个含金量有待怀疑的学历。从刑事侦查或心理学研究有着丰富经验的专业人员，到低学历想要寻求媒体曝光度的从业者，这些侧写师的差异化背景一直持续到了今天。

在媒体报道中，有的讲述了侧写师帮助警方破案的故事，有的则认为侧写师的预测并不准确。对于后者来说，最著名的案件莫过于“环城公路狙击手”（Beltway Sniper）案件。该枪击案件发生于 2002 年秋天的美国马里兰州、弗吉尼亚州及华盛顿特区，3 周内致 10 人死亡、3 人重伤。当时，侧写师告诉警方犯罪嫌疑人可能是一名白人，居住于附近，且单独作案。因为一辆白色小货车曾出现在多个枪击案现场，因此关注点也自然而然地落到了这辆白色货车上。但是这起案件真正的犯罪嫌疑人最终是在休息站被逮捕的。当时他们正在一辆蓝黑色雪佛兰轿车上睡觉，所以两人毫无抵抗，其后备箱上有一个射穿的弹孔。一人是 41 岁的约翰·艾伦·穆罕默德，另一人是 17 岁的从犯李·博德·马尔沃，两人均是非裔美国人，无业，属于当地的外来人员。当两人在车里过夜时，那辆车曾多次吸引警方的注意，但特区警长查尔斯·拉萨姆声称，根据当时的侧写，警方正在关注开白色小货车的白人男性。该案件后，侧写师由于错误的预测而遭到大众的嘲笑。最后，穆罕默德被判处死刑，马尔沃被判处终身监禁，不得假释。

但在大众文学与娱乐媒体中，侧写师往往是被美化而非被批判的群体。1991 年，根据托马斯·哈里斯同名小说改编的电影《沉默的羔羊》向大众介绍了警务工作中的特殊角色——侧写师。其他类似主题的电影《剥皮人魔》

《当树枝折断时》《神秘拼图》《惊唇劫》《七宗罪》《叠影谋杀案》《尸检》《复生》《监视者》《数字谋杀案》以及相关电视剧《头号嫌犯》《犯罪心理》《解密高手》《犯罪侧写师（再现犯罪人的人）》相继而来。关于犯罪侧写及其相关信息的传播主要通过非技术性、非专业化的大众书籍，而非同行评审的专业学术期刊。当零散的、未经验证的理论与方法通过电影与电视剧的方式展现时，便形成了“好莱坞效应”（Hollywood effect）。然而，正如一名警官告诉研究者的那样，研究犯罪侧写对于执法部门的有效性而言，并没有真正的“解密高手”，换句话说，完美的犯罪侧写师是不存在的。

然而，犯罪电影或电视剧中通常烘托侧写师的能力与优势，并被描绘为有魅力、狂热或具有争议的形象。他们风趣幽默、洞察力强，有时还有一些粗鲁甚至通过法律漏洞来获取信息。他们处理的案子扣人心弦，没有缺少任何细节，并且最终这些案件都会毫无疑问地被破解。这导致大众对侧写师的刻板印象是一个类似于有特殊能力的人，他们的直觉会成功地锁定犯罪人。

犯罪侧写有不同的形式，其中一些侧写形式颇具争议性。具体而言，执法部门人员有时会通过种族、宗教等特征来扣押那些可能符合毒贩或恐怖主义“侧写”的个体。近年来，为了应对“通过种族特征来锁定犯罪嫌疑人”的批判，执法人员开始寻找行为特征。比如，交通安全执法人员目前被训练成为“行为检测官”，他们被动地观察着机场的旅客，寻找偏离正常旅客的行为特征（U. S. Department of Homeland Security，2008）。我们将在第 7 章中继续讨论该话题。此外，一些犯罪学家认为，识别出强奸犯、虐待者、儿童性侵者的侧写，从某种程度上讲是可能的，因为三者有时可能会具有相同的特征。这一点我们仍会在后续章节讨论。近年来，一种被称为“地理侧写”（Geographic Profiling）的犯罪侧写形式得到了全球研究者与执法部门的关注。这些不同形式的犯罪侧写同样将在本书中进行讨论。

1.1 历史早期的犯罪侧写

虽然犯罪侧写直到近期才吸引了大众的关注，但它有着悠久的历史根基，甚至可以追溯到 500 年前。有关侧写的历史记录可以追溯到《女巫之锤》（*The Hammer of Witches*）一书的出版。15 世纪晚期，天主教委派两名多米尼加的僧人编写一份旨在准确识别、审讯与剿灭女巫的文件。那份文本或许代表着第一个对所谓“犯罪人”进行系统性“侧写”的方法，如谋杀儿童与虐待动物。该书在 1486 年至 1600 年出版了 28 个版本，成为中世纪女巫猎手或审讯官的御用手册。传言女巫与魔鬼签订了邪恶的契约，在夜晚她们会飞向夜空与魔鬼亲昵，并通过某种神秘的仪式引发冰雹、飓风等天气状况。为了帮助识别女巫，该书建议女巫猎手们尤其关注身体上有明显标志（如伤疤、痣、胎记）的人；或是对病人吟唱魔咒、用草药缓解痛苦的人。该书也提出了引诱女巫认罪的方法：如将疑似女巫的拇指捆绑并悬挂起来；或是给她们戴上拇指夹（一种夹住拇指的刑具），把她们赤身裸体地放入冰室。

现代的侧写师显然不会用如此疯癫且“原始”的方式。现代犯罪侧写的概念可能来源于早期的文献，如侦探小说。世界上第一位“侧写师”或许是出现在埃德加·艾伦·坡（Edgar Allan Poe）出版于 1841 年的小说《莫格街凶杀案》（*The Murders in the Rue Morgue*）中他所创造的一个侦探角色，欧鸠斯特·杜邦（C. Auguste Dupin），一名行为古怪的法国警察，他将新闻报道及犯罪现场中的线索拼凑在一起。最终，他通过“推理”过程破获案件，即他能够通过理性的思考与生动的想象将自身置于犯罪人的心理。该角色在艾伦·坡的后续两本小说中更是破获了多起疑案，分别是《玛丽·罗热疑案》（*The Mystery of Marie Roget*）（1842 年）与《失窃的信函》（*The Purloined Letter*）（1844 年）。此外，亚瑟·柯南·道尔（Arthur Conan Doyle）创造的侦探角色“夏洛克·福尔摩斯”也不断通过犯罪侧写的形式来对犯罪人进行侦查。此后，侦探或悬疑小说中的主人公开始不断参与犯罪侧写或是提供犯罪侧写的帮助。

在现实世界，离当代更近的犯罪侧写可以追溯到“开膛手杰克”（Jack the Ripper），一名于 1888 年在伦敦东部残忍杀害五名妓女的连环杀手。虽然该系列案件暂未破获，但负责该案的首席法医病理学家乔治·拜斯特·菲利普斯博士（George Baxter Phillips）曾试图基于受害人伤口痕迹来分析并推断犯罪人的人格特征。他将几个犯罪现场进行重建，并通过分析受害人的伤口来进一步剖析犯罪人的心理构成。他相信通过对凶杀案受害人伤口痕迹的检验，可以推断出有关犯罪人行为与人格特征的线索。在该案中，他认为受害人身上的伤口形态表现出大量的专业性与技巧性，这代表凶手在人体解剖学方面有丰富的知识储备，尤其是对于犯罪人在受害人死后取走身体器官这一行为而言，切口干净利落而精准。

上文对于已知个体的侧写（有时这些个体并非犯罪人）并不是新的尝试。比如，在“二战”期间，美国战略情报局的一名情报员威廉·兰格（William Langer）从先前的报道中搜集了所有关于希特勒的材料，并对其进行侧写。这种侧写方式我们将在第 6 章讨论。

1.2 现代犯罪侧写的起源

在美国20世纪40年代至50年代，现代的犯罪侧写在一次纽约警方的追捕行动中被大众知晓。该次追捕行动旨在逮捕“疯狂炸弹客”（Mad Bomber）——乔治·米塔斯基（George Metesky），他在16年间安置了47枚自制炸弹，使大众陷入恐慌。警方联系了詹姆斯·布鲁塞尔（James Brussel）博士（一位精神病学家），他最终为“炸弹客”的潜在身份特征提供了线索。但是布鲁塞尔博士的侧写是否真的对该案的侦破起到了实质性帮助呢？对于这一问题的回答有一些争议，一名警员认为他的侧写符合大部分特定年龄段的男性；但无可置疑的是，布鲁塞尔博士将犯罪侧写推向了前沿，在美国他被誉为“犯罪侧写之父”。美国联邦调查局的行为科学部（Behavioral Science Unit，BSU）在1972年建立犯罪侧写部门之初，就将布鲁塞尔聘为顾问。我们将在第2章讨论行为科学部的历史。在本章，鉴于“疯狂炸弹客”案件对于犯罪侧写的历史意义之重大，我们将进行详细讨论；同时这也是因为布鲁塞尔在本案中的作用展现了犯罪现场侧写的利弊。

在英国20世纪80年代，对犯罪侧写的研究兴趣在两个方面高涨：一方面，像保罗·布莱顿（Paul Britton）一样的心理学家开始为警方提供类似于布鲁塞尔那样的顾问服务。布莱顿曾被卷入一起非常具有争议的事件——暗中教唆犯罪嫌疑人对一起残忍的凶杀案认罪，但后来得知该名犯罪嫌疑人并未犯下此罪。此后，布莱顿的职业生涯开始黯然失色。法官释放了那名犯罪嫌疑人，认为犯罪侧写极为不科学，以至于在刑事审判的过程中不得采用侧写当作证据，甚至认为犯罪侧写在警方案件侦破过程中也不该被使用。该案件与法官的一些观点将在第9章讨论。另一方面，大卫·坎特（David Canter）通过犯罪侧写及对案件的侦查，成功逮捕了两名游走于铁路附近的连环强奸犯——约翰·达菲（John Duffy）与大卫·马尔卡希（David Mulcahy）。坎特的侧写方法更偏向于统计学，他在1994年利物浦大学创建了第一个侦查心理学（Investigative Psychology）专业，该研究中心持续至今，我们将在第3章讨论。

如上所述，犯罪侧写既可以被视为一门艺术，也可以被视为一门科学。有的人视其为虚假的骗局；有的人对此持保留或谨慎态度，但仍承认其潜力；有的人对此却热诚支持。近几年，由于侧写证据有时被引入刑事或民事法庭，这就要求对侧写技术进一步研究、检验。法庭通常设有一些标准，在特定情况下允许专家证人参与庭审与刑事审判。此时，如果侧写师想要出庭作证（尤其是对于非执法人员的侧写师），必须证明其侧写方法的科学性。然而，许多专业侧写师因担心受到指责或被抄袭并不打算公开他们的侧写方法。布鲁塞尔称其侧写方法为“科学、直觉与希望”的融合，且并不打算揭示其侧写实施的具体方法。现在，我们来讨论让布鲁塞尔名声大噪的著名案件。

“疯狂炸弹客”案件

“致联合公司爱迪生 · 克鲁克斯”

1940 年 11 月，在美国纽约城的爱迪生联合公司大楼里，一张纸条被贴在了一枚炸弹上，放置在窗台左边的工具箱里。这枚炸弹由灌满火药的短铜管制成。警方认为这些火药是来自来福枪的子弹，但不管是因为本身的设计还是技术缺陷，它并没有爆炸。炸弹的引爆机制需要糖分的参与，它被连接在一节干电池里。大概一年后，一枚相似的炸弹又出现了，它被放置在离爱迪生公司总部四个街区的街道里。这枚粗制的炸弹被包裹在红色的袜子里，没有纸条，也没有爆炸。两枚炸弹都没有吸引大众的注意，但纽约警方猜测制作炸弹的人可能曾经或正在这家公司上班，因此能够轻易出入这所大楼；又或许是该公司的一名被开除的员工对此心怀怨恨。

1941 年 12 月，当美国加入“二战”后，警方收到了来自“炸弹客”的信件。他信中提到在战争期间他不会再制作炸弹，这表明他的爱国主义精神驱使他暂时停止了犯罪行为。但是当战争结束时，他再次写信表明“我将把爱迪生公司绳之以法，它将会为他们卑鄙的行为付出代价。署名：F. P. ”。后来发现“F. P. ”是 Fair Play 的缩写，代指寻求公平与正义。

在此期间，“炸弹客”一直给警方、报社、电影院、酒店、爱迪生公司的主管甚至其他公民寄出信件与明信片，许多信件中都含有“卑鄙的行为”及“F. P. ”的署名。在本章的焦点 1. 1 中我们将讨论炸弹客与纽约报社的关系。

1951 年，灌满火药的铜管炸弹再次出现，第一枚炸弹在纽约中央车站爆炸。一些炸弹在爆炸前就被人发现，所以并没有爆炸，另一些虽然爆炸但并未造成人员伤亡。中央车站事件后，在爱迪生公司、派拉蒙剧院、地铁站、无线电城音乐厅、电话亭以及其他剧院里均陆续发现炸弹。1952 年 12 月，一枚在列克星敦剧院爆炸的炸弹第一次导致他人受伤；1953 年，“炸弹客”陆续在无线电城音乐厅、宾夕法尼亚车站、中央车站及首都剧院安置炸弹；1954 年安置了三枚炸弹，并在 1955 年持续作案。

总的来看，在这 16 年间，“炸弹客”在纽约公立图书馆、无线电城音乐厅、梅西百货、汽车站、火车站、电话亭等多个地区持续作案。这看似随机安装炸弹的行为令警方疑惑，于是警方认为“炸弹客”或许是一名行为古怪的“疯子”。因此不久后这名犯罪人在纽约被称为“疯狂炸弹客”。

焦点 1.1

米塔斯基与媒体

在“疯狂炸弹客”案件中，米塔斯基与新闻媒体有着较为特殊的关系。在他疯狂地安置炸弹期间，他曾通过书信与《纽约先驱论坛报》《美国人民日报》《纽约时报》联系，并警告道：他将继续安装炸弹直到正义得到伸张。几封信件都是用浓重的铅笔写在印刷的信纸上，书写风格能够看出写信人有一定文化水平。字母 G 和 Y 尤为特殊，因此警方认为此人在欧洲国家接受过教育。有时，“炸弹客”也会寄出一些纸条，是由报纸和杂志上剪下的字母拼贴在一起（而非人工打印）组成的。

《美国人民日报》甚至还对“炸弹客”作出了回应——报社同意公开他的信件甚至答应了调查爱迪生公司对他造成的伤害。最终，《美国人民日报》履行了承诺。在米塔斯基被捕后的几小时内，报社聘请了一位著名律师为他辩护，并对爱迪生公司提出赔偿要求。被捕后，米塔斯基表明，为了得到“一手建议”，他几乎想要直接走进《美国人民日报》编辑部办公室。他告诉侦查人员，他十分感激《美国人民日报》为他做的一切并且真心希望向别人倾诉。

“炸弹客”被捕后，一方面，媒体学者与批评家认为，在该案中，新闻媒体越过了道德边界且自愿被犯罪分子操控；但另一方面，许多人认为《美国人民日报》对该案的破获贡献良多。《美国人民日报》充分利用了这份荣誉，参与了众多采访并在报纸上刊登了他们获得的每一份赞扬。

警方确信“炸弹客”曾有过部队经历，因为“二战”后出现的炸弹都是半军事化的设计。随后，警方进一步对纽约大都会区域内 9750 名有过精神病史的个体进行排查，并将侦查重点放在那些具有机械制造技能与背景的个体身上，包括工具制造、机械师、电工与水管工等。警方甚至认为他们识别出了犯罪人作案的时间模式，炸弹被安置的时间都在出现满月的 3 天内。这一假设导致一些警探认为犯罪人多在月圆时作案。在侦查期间，一名犯罪嫌疑人被捕并被送入纽约贝莱沃医院进行精神评估，在评估的 37 天内，又一枚炸弹被安置在公共区域，此时警方才意识到抓错了人。

1956 年 12 月，当一枚炸弹在纽约布鲁克林派拉蒙电影院内一个座位下爆炸后，纽约警局局长斯蒂芬·肯尼迪（Stephen P. Kennedy）下令开展该局有史以来最大规模的一次侦查行动。当时，多枚炸弹被安置，有的爆炸导致他人受伤。纽约炸弹调查组、警务技术服务部、笔迹分析鉴定专家、指纹分析技术专家、工程师、机械师共同对该案进行侦查。为了抓捕这名署名为“F. P.”的犯罪人，财政监察委员会与巡警慈善协会为警方提供了 26000 美元。

侦查人员在追捕“炸弹客”的 16 年间曾联系过几位精神病理学家及心理学家，他们的名字除了詹姆斯·布鲁塞尔博士外，其他的从未被公开过。布鲁塞尔博士是纽约州立精神卫生部助理处长。根据当时各种说法，布鲁塞尔博士或许在该案侦查期间提供了有关“炸弹客”最具综合性、最翔实的“侧写”。警方允许他接触该案的各种证物，包括明信片以及警方认为对案件侦查具有重要意义的线索，如犯罪现场的照片。布鲁塞尔博士在综合了所有警方提供的信息后，几小时内便给出了口头的侧写，该侧写最终在 1956 年圣诞节被发表于《纽约时报》上：

单身；年龄在 40 至 50 岁期间；性格内向；缺乏社交但并不具有反社会人格；技艺高超的机械师；善于且熟练使用工具；自负于自身机械技能；对他人持轻蔑态度；对工作中的批评感到愤怒与怨恨，但或许他会隐藏这种不满；道德水平高、为人正直；对与异性的交往不感兴趣；高中毕业；民用或军用机械专家；有宗教信仰；工作中受批评时可能会引发暴力；潜在作案动机：遭受解雇或斥责；认为自己比批评者高人一等；怨恨与不满逐渐积累；爱迪生公司的现任或前任员工；可能患有渐进性偏执障碍。

在布鲁塞尔博士的回忆录《犯罪精神病理学家的个案记录》（*Casebook of a Crime Psychiatrist*）里，他对该案的犯罪人作出如上侧写，并表明这份侧写包括了他对犯罪人特征的主要预测。其实，这份侧写提供的信息并没有比侦查人员已知的信息多，但从某种程度上来说，这份侧写证实了警方的猜想。警方在咨询布鲁塞尔博士前就推测，“炸弹客”对爱迪生公司怀有深刻的怨恨并积怨已久，且很有可能是该公司的现任或前任员工。

1957 年 1 月，就在“炸弹客”被捕前不久，另一个不同版本的侧写被发表在报纸上：

这名犯罪人认为其与上帝约定，纠正爱迪生公司在他身上所犯下的过错；他是 16 年前一系列炸弹案发生前的第一位受害者。他认为自己受到迫害，对摧毁生命与公共财产没有顾虑与不安，因为这是对曾伤害过他的权威机构（指爱迪生公司）的报复。

就在同一天，美联社进一步报道称：布鲁塞尔博士认为“炸弹客”是德国后裔，或许生活在曼哈顿东部的“约克维尔”区。他机械技能娴熟，可能于19世纪30年代在爱迪生公司工作。此外，布鲁塞尔预测，“炸弹客”独自一人生活，独来独往，看起来像是一位安静、有学识的中年男性。

几周后，53岁的乔治·米塔斯基于康涅狄格州的沃特伯里被捕。当警方包围了那栋三层楼的公寓时，米塔斯基正躺在床上。警方破门而入后，对半睡半醒的米塔斯基说他们正在对意外事件进行侦查。米塔斯基穿着睡袍热情地跟警方打招呼并对警方说：“你在调查的可不止意外事件这么简单吧，我猜这是因为你怀疑我就是‘疯狂炸弹客’”。米塔斯基被捕时微笑着，看起来像是沉浸于高度自我满足的状态。当警方命令米塔斯基去换衣服时，他换上了一套双排纽扣的西装，扣子紧扣。米塔斯基被警方逮捕时（见图1.1），他戴着眼镜，露齿而笑。最终，仅讯问了一晚后，米塔斯基便认罪。由于当时诉讼法的规定，只能对他在1952年3月后犯下的案件进行起诉。

图1.1 米塔斯基，即“疯狂炸弹客”，在被警察带到康涅狄格州沃特伯里的警察局办理登记时露出微笑

在他被捕后，有关其长达16年间作案动机的细节浮出水面。1931年9月3日，当他在公司的工厂内修理雨刮器电机时，电炉产生的一股高温热气将他击倒在地，高温热气被吸入肺部，导致严重的大面积肺部损伤。这场意外使他落下残疾，在他领了26周的病假工资后被公司解雇。最终，他患上了严重的肺结核，他认为这与爱迪生公司的那场意外有直接关系。根据米塔斯基两位姐姐的描述，在那次意外后，他大部分时间只能躺在床上，无法进食，有时还咳血。在医院进行数月的治疗后，他被告知需要到亚利桑那州进行肺部治疗。他虽然去了，但家里的积蓄也花光了。他回到康涅狄格州，要求爱迪生公司为他的意外提供经济补偿。不幸的是，他提出员工补偿的要求被驳回，因为从意外发生到提出补偿的时间间隔太长以至于不能够被记录在案。米塔斯基饱含怨愤，不仅因为那次意外使他患上疾病，更因为他从未得到合理的补偿。因此他才会在寄出的信件或明信片中留下“F. P.”的署名，意味着对公平与正义的寻求。

米塔斯基的父母是立陶宛移民，他是家里最小且唯一的儿子。在他一生中，他与两位未婚的姐姐生活在康涅狄格州的沃特伯里，20 年待业期间都是由姐姐们照顾。通过其他背景信息得知，米塔斯基并未高中毕业，但他确实曾在军队服役，曾担任美国驻上海领事馆海军陆战队的专业电工。当他回家后，在爱迪生子公司担任了两年（1929—1931 年）的机械师。米塔斯基性取向正常，在被捕时已有稳定女友，但拒绝公开其信息。他认为自己是一名虔诚的天主教教徒，但却不愿承认自己长达 16 年的炸弹生涯为罪孽。

有趣的是，米塔斯基并没有因为其犯罪行为而被送上法庭。他被提审后送往麦提宛州立医院进行观察与评估，以判断其精神状态是否正常及是否具有受审能力出席审判。1957 年，在初步检查结束后，一位法官宣布米塔斯基没有足够的能力来理解对他的指控并在辩护中为其律师提供帮助，换句话说，他没有受审能力参加刑事审判。在早期出庭期间，米塔斯基一直面带微笑，似乎很享受能得到媒体的关注。最终，米塔斯基继续留在了医院。但他的律师一直挑战着州政府的权威，反对将米塔斯基无限期地关押在医院。大约 15 年后，在 1972 年“杰克逊与印第安纳”案件中，美国最高法院裁定，无受审能力的被告不得被永久地关押在精神病院，除非有证据证明被告的受审能力有恢复的迹象。正如杰克逊对医生说的那样：“要么治好我，要么放了我”。然而，如果无受审能力的被告被认为对社会具有威胁，那么根据民事监禁法，其可以被送往精神疾病机构。在“杰克逊与印第安纳”案件判决后，医生给出诊断，认为米塔斯基对社会并不会造成威胁，且其精神状态没有好转的迹象。因此他在被监禁了 16 年之后，于 1973 年 12 月 13 日被释放。出院后他回到了康涅狄格州的沃特伯里，又生活了 20 年，直至 90 岁。

布鲁塞尔留下的“遗产”

之所以细致讨论“疯狂炸弹客”案，是因为该案件是美国第一起侦查人员在侦查过程中运用犯罪侧写且被媒体大肆报道的案件，大众也对这种新奇的侦查方式产生好奇。更重要的是，布鲁塞尔博士被认为是美国历史上第一位犯罪侧写专家，被称为“犯罪侧写之父”。但实际上，在米塔斯基被捕之前，布鲁塞尔向警方提供的侧写并不符合米塔斯基。其最初在 20 世纪 50 年代发表在报纸上的侧写，实际上是一种“巴纳姆”式的陈述（见焦点 1.2），符合 20 世纪 40 至 50 年代的大部分男性。而且布鲁塞尔的大部分侧写都是警方在侦查过程中向公众公开的已知信息。有可能布鲁塞尔本人也在一直关注新闻媒体发布的信息。

焦点 1.2

“巴纳姆”式陈述

在社会心理学中，“巴纳姆”式陈述（巴纳姆效应）是指能够用来描述不同个体的宽泛、笼统的描述。该术语被认为来源于表演家菲尼亚斯·泰勒·巴纳姆（P. T. Barnum），他在演出时谈道“我们给在场每个人都准备了一份描述”，然后给出一堆“巴纳姆”式陈述。然而，几乎所有在场的人都认为：“这说的不就是我吗！”一些描述如下：

1. 在有的场合，你没能充分发挥你的潜力。
2. 你很希望他人喜欢你。
3. 虽然你看似自律，但你内心仍然焦虑不安。
4. 有时你有拖延症，但还是会被迫完成工作。
5. 你认为向他人完全展露自己是不明智的。
6. 相对而言，你思想较为开放。
7. 一定程度上而言，你喜欢变化与多样性，你会对一些限制与约束感到不满。

此外，布鲁塞尔的侧写并没有真正意义上揭露“炸弹客”的身份，因为这份侧写在本案中的某些方面存在失误。在该案中，其中一位真正的英雄是爱丽丝·凯丽（Alice G. Kelly），爱迪生公司的一名文员，她被发表在《纽约日报》上那份侧写中的描述所震惊。凯丽主动去审核了公司里存在争议的“员工补偿档案”，因而，无可置疑，是她发现了米塔斯基尘封已久的档案，1931 年在爱迪生公司工作导致重伤的机械师与电工。这份档案也包含了他的照片、工作记录、住址以及含有“不公”和“用自己的方式伸张正义”字样的信件。当米塔斯基被捕时，许多人争夺“破案奖金”甚至连《美国人民日报》都想要分一杯羹。但是凯丽却拒绝接受这份奖金，她说这只是完成她的分内事罢了。

法医文学家唐纳德·福斯特（Donald Foster）与著名作家马尔科姆·格拉德威尔（Malcolm Gladwell）表明，布鲁塞尔在该案侦查过程中给警方的侧写与其最终发表在书中［《犯罪精神病理学家的个案记录》］的侧写完全不同。布鲁塞尔的《犯罪精神病理学家的个案记录》读起来像是一本侦探小说，通过精妙的修饰与描述，展现了他对犯罪人做出侧写的过程，其中也包括他参与过的“波士顿绞杀者”案件。有趣的是，许多作者与专家引用的有关“布鲁塞尔对炸弹客的侧写相当吻合”的陈述全部来自布鲁塞尔的个人回忆录（大概出版于米塔斯基被捕的 12 年后），而非米塔斯基被捕前的新闻媒体报道。

从这个角度来看，布鲁塞尔对该案的侧写似乎存在“后视偏差”（Hindsight Bias）或“事后聪明效应”“马后炮效应”，即由于新近信息的出现而改变先前观点的倾向。这是人们在日常生活中评价、预测事物时常见的错误之一。布鲁塞尔在其回忆录中重构了先前的预设（先前观点），并以已知犯罪人米塔斯基为参照（新近信息），因而产生了“后视偏差效应”。该效应极有可能在个体想要维护自身专业知识、技能、名誉的情况下发生。因此专家们有时出于维护其专业技能、名誉的动机，促进了“后视偏差效应”的发生。该效应同样极可能发生在这样一个场景：专家们对于不确定的结果作出了错误的解释。回忆录的作者很有可能产生了“后视偏差效应”，但这并不代表他是故意为之，写下虚伪的言辞来误导读者。没有生平的明确记录，个体很难从客观的角度去看待过去发生的事件。因此从侧写的角度来说，这并不算是个人回忆录的过错，因为每个人都有可能通过主观的视角去诠释过去的事件。

虽然布鲁塞尔是精神病理学领域的专家，他认为“炸弹客”患有长期的渐进性偏执障碍，并伴随持续性幻觉。但米塔斯基似乎只是对爱迪生公司的作为怀有愤怒情绪，一种长期、失控的怨恨。此外，通过随机安置炸弹来吸引媒体、大众、纽约警局注意并获取关注，同样可能是其犯罪行为的动机之一。但米塔斯基对爱迪生公司的怨恨是否可以被定义为“偏执”，一种极为罕见的精神障碍，仍然备受争议。目前在精神病理学领域，“妄想症”替代了“偏执障碍”这一术语，但米塔斯基似乎符合目前对“妄想症”的临床诊断标准，其中一个重要诊断标准：个体非离奇的（现实中有可能发生的）妄想并非由精神分裂引起。

布鲁塞尔在《犯罪精神病理学家的个案记录》里也对其侧写与分析过程进行了详细描述。布鲁塞尔推崇弗洛伊德学派，这是那个时期在精神病理学（甚至心理学）中的常用分析方法。比如，我们提到过，在米塔斯基的信里，一些字母（如 G、Y、W）有着特殊的书写方式。为了解释为什么米塔斯基写的 W 较为圆润以及为什么他将炸弹安置并引爆在派拉蒙剧院的座位下面，布鲁塞尔认为，米塔斯基停留在性心理发展的俄狄浦斯阶段，该阶段对父亲怀有浓厚的敌意，并对母亲产生性吸引，米塔斯基信中书写的较为圆润、弯曲的 W 是其潜意识中女性乳房或男性睾丸的臆想。在分析了派拉蒙剧院的犯罪现场照片后，布鲁塞尔推测“炸弹客”之所以要将炸弹安置并引爆在座位下方，是因为他在潜意识里将座位视为人体的盆骨区域，通过炸掉这个座位来表达潜意识与母亲发生性行为与阉割其父亲的愿望。当然，任何人都可以作出这样的预测，因为其超出了科学的范围，且无法进行科学验证。因此布鲁塞尔的侧写对该案刑事侦查过程而言，起到了多大程度的作用，值得质疑。

在“炸弹客”被捕前，侧写中并没有提及“炸弹客”可能是一名斯拉夫人(欧洲主要民族之一)。但在《犯罪精神病理学家的个案记录》中布鲁塞尔写道，他进一步预测了“炸弹客”可能是斯拉夫人，因此很有可能是一名罗马教派的天主教徒。由于炸弹客的信件通常从康涅狄格州的纽约或威彻斯特郡地区寄出，该地是大部分斯拉夫人的聚居地，因此布鲁塞尔认为“炸弹客”居住于威彻斯特郡附近。虽然“炸弹客”不太可能从自家门口寄出信件，但该地大量的斯拉夫人表明“炸弹客”的确有可能居住在威彻斯特郡附近。布鲁塞尔于 1968 年写道：

“当我研究‘炸弹客’的信件时，警察们坐在一旁，沉默着，等了很久。那时我失去了对时间的感知，试图将自己沉浸在‘炸弹客’的思维里。”当警察们准备离开办公室时，我继续补充道：“我相信当你们抓住他时，他会穿着一套双排纽扣的西装。”

“天呐！”其中一位警察嘀咕道。

“并且，他一定会扣上西装的扣子。”我继续补充道。我睁开双眼，芬尼(该案主办人员)和他的警员们正面面相觑。

虽然上述对话场景可能在那个下午的确发生过，但我们只有布鲁塞尔自己的主观描述。米塔斯基被捕前的侧写里同样没有提到“双排纽扣西装”以及“扣上的扣子”。然而，至今许多人认为在关于“炸弹客”的侧写中，最令人印象深刻的部分是对“炸弹客”衣着偏好的预测。在警方逮捕米塔斯基并让其换衣服时，他确实自豪地穿上了一套双排纽扣西装，并扣好了扣子。对“炸弹客”在被捕时着装的预测使许多现代作家赞扬这份侧写的准确性。

此外，即使布鲁塞尔真的作出了关于“炸弹客被捕时着装”的预测，这也并不令人吃惊。双排纽扣西装在 20 世纪 30 年代中期至 50 年代早期十分流行。在那个年代，西装外套总销量中，超过 50%的西装都是双排纽扣式的。因此在那个年代预测一名中年男性穿着双排纽扣西装并不是什么难事。另外，“扣紧扣子”从文化与习惯角度而言也尤为常见，尤其是对即将出席新闻发布会的人而言。

布鲁塞尔优化侧写的另一个策略是“错误的预测多于正确的预测”。格拉德威尔写道：

布鲁塞尔并不了解“炸弹客”的内心世界，他只是看起来像罢了。如果你作出了大量的预测，那些错误的预测很快就会被人忘记，而那些正确的预测则会让你声名大噪。

对于侧写师而言，其错误的预测超过准确的预测是很常见的。一位著名的侧写师近期坦白道：“在侧写中，你作出了几百个错误的预测，但在那堆预测中，但凡只有几个准确的预测，它则会为侦查提供新的方向。”但问题在于，大量错误预测将浪费警力与时间，开展无意义且多余的侦查活动，使警方徒劳而归。

就公平而言，布鲁塞尔的确是犯罪侧写这一未知领域的先驱，他利用心理学或精神病理学的知识帮助执法人员，将这种新的犯罪侦查技术带向前沿。20 世纪 70 年代早期，美国联邦调查局行为科学部主管霍华德·泰滕（Howard Teten）为了训练 FBI 探员也曾向布鲁塞尔寻求意见与帮助，这部分内容将在下一章讨论。但有趣的是，1968 年布鲁塞尔在《犯罪精神病理学家的个案记录》中写道，他不愿再与纽约警局合作，因为他们在“波士顿绞杀者”案件中抓错了人。在该案中，两名年轻女性被残忍杀害，纽约警局开展侦查后逮捕了两名男性，但布鲁塞尔并不认为两人是该案的凶手。对于第一名男子的指控最终被撤销，但第二名男子理查德·罗伯斯（Richard Robles）被判有罪，终身监禁。罗伯斯并不符合布鲁塞尔向警方提供的侧写，侧写中提及的犯罪人特征也并不符合罗伯斯本人。布鲁塞尔认为这名被捕的男性——罗伯斯，并不是本案的凶手，但真正的凶手已经逃往了欧洲。他在回忆录中写道：“罗伯斯没有谋杀任何人。”尽管如此，罗伯斯本人却认罪并坦白自己是该案的凶手，在 2012 年之前一直被监禁，甚至未能假释。

如果纽约警局对布鲁塞尔感到失望的话，波士顿警局会更欢迎他的到来。

“波士顿绞杀者”案件

1962 年 6 月 14 日至 1964 年 1 月 4 日期间，共有 13 名单身女性在波士顿地区被害，凶手或许是一名或多名连环杀手。其中，至少有 11 名女性被认为是“波士顿绞杀者”的受害人，她们都是在公寓被人杀害的，并遭受性侵（有时是使用物体），且尸体都被摆放成侮辱性的姿势。凶器均为受害人的衣物，如袜子、皮带。警方认为由于现场没有强行闯入的痕迹，受害人很有可能认识凶手。这一系列真实的凶杀案后来被改编成了电影，由托尼·柯提斯主演。至今，当电影爱好者看到柯提斯的脸庞时仍会联想到“波士顿绞杀者”。

前五名受害人是年龄较大（55～85岁）的女性。在短暂的“冷静期”后，出现了一名21岁的女性受害人，随后年轻和年长的受害人都有。警方不确定这一系列案件是否同一人所为，但一群行为科学家（心理学家、犯罪学家与精神病理学家）认为这些案件并非同一人所为。受害人在年龄、职业、教育程度、兴趣爱好上都具有较大差异性，且性侵的方式也存在不同。但布鲁塞尔认为，这一系列案件均指向一名凶手。他在《犯罪精神病理学家的个案记录》中提到，他认为这名“绞杀者”最先袭击的是其母亲，所以最初的受害人年龄都较大，是其母亲的象征，一旦他越过了俄狄浦斯阶段（恋母情结），他就能与更为年轻的女性受害人发生性行为，后几起案件中现场残留的精液能够证明这一点。在对最后一位受害人（19岁的玛丽·沙利文）实施侵犯时，绞杀者的“性心理急速发展，实现了从婴儿到青年期，再到成年期的转变”，布鲁塞尔将其称为性心理发展的“快速成长期”。

布鲁塞尔还认为，“绞杀者”患有偏执性精神分裂，体格健壮，年龄在20～30岁之间，未婚，中等身高，整体而言没有特别突出的特征。他指甲干净，着装整洁，胡子刮得很干净。“我认为他经常打理他的头发，有一头连女生都羡慕的头发。”这份侧写包含了较多诸如俄狄浦斯情节之类的弗洛伊德学派概念，但对警方侦查过程及破案并没有起到实质性帮助。

随后，在1964年夏秋，波士顿地区几名女性在其公寓中遭受性侵，但并未被杀害，这些案件被称为“绿人”案件。这名强奸犯被称为“绿人”，因为其作案时穿着绿色的工作服，戴着墨镜与工作手套。对于这一系列性侵案件，警方最后逮捕了阿尔伯特·德萨瓦（Albert DeSalvo）（见图1.2）。德萨瓦后来被送去了布里奇沃特州立医院，他在医院中向其他病人暗示自己就是“波士顿绞杀者”并吹嘘他的罪行。德萨瓦符合大部分布鲁塞尔的侧写，包括人口统计学与描述性特征；但除了一点例外：德萨瓦已婚。布鲁塞尔后来澄清其侧写中对“绞杀者”婚姻状况的预测是错误的，这是那份侧写中唯一的失误。

图 1.2　阿尔伯特 · 德萨瓦在被指控犯下多起强奸案后被拘留，
他因“绿人”系列案件被定罪入狱，但不能确定他就是“波士顿绞杀者”

一些批评家，如拉姆兰斯（Ramsland）认为布鲁塞尔的侧写并不完备甚至很多预测都是错误的，且并没有证实德萨瓦就是“波士顿绞杀者”。德萨瓦因“绿人”系列案件受审，被判有罪，判处终身监禁，其辩护律师是著名的李 · 贝利（F. Lee Bailey）。贝利曾试图让布鲁塞尔出庭作证，表明德萨瓦符合精神疾病的诊断，因而不应该对这些案件负刑事责任，但最终失败了。德萨瓦被定罪后送往了布里奇沃特，在当了一段时间逃犯后，重新被捕并被关押在布里奇沃特州立监狱。1973 年 11 月 25 日，德萨瓦被另一名囚犯刺死。

在“玛丽 · 沙利文”案件中，由于现场发现的 DNA 及其他法医学证据均与德萨瓦不符，因此他被洗掉了几起案件的罪名。布鲁塞尔向警方强调了“玛丽 · 沙利文案”的重要性，认为凶手之所以停止杀人是因为他已经实现了“性亲密”，因此“玛丽 · 沙利文案”后的凶杀案都不是“绞杀者”犯下的。德萨瓦最终洗脱了谋杀案的罪名，法律上意味着德萨瓦并非“波士顿绞杀者”，这对布鲁塞尔的侧写是一个巨大的否定。

“疯狂炸弹客”与“波士顿绞杀者”无疑是布鲁塞尔参与过的两起最为轰动的案件，并使布鲁塞尔成为美国历史早期犯罪侧写的重要角色。往后，我们将讨论更多现代侧写师及行为科学家参与的当代案件。现在，我们将讨论犯罪侧写的不同形式及其核心概念。

1.3 行为侧写的五大领域

“侧写”一词语义宽泛，包含了各种刑事案件的侦查、方法论与评估。就实践而言，基于凶杀案与性侵案（最受侧写师关注的两类案件）存在许多理论模型与分类系统。然而，正如本章前面部分材料所见，“侧写”并没有基于科学的方法论。布鲁塞尔自己也声称，他的侧写方法，一部分来源于科学，另一部分来源于直觉与希望，并在脑海中构筑犯罪人的“形象”。此外，在学术界与通俗文献中，最初被称为“侧写”的这一名词也有许多重叠的名称，如犯罪人侧写、刑事侦查分析、行为分析、犯罪现场侧写等，而执法部门目前更倾向于使用“行为分析”这一术语，或许是为了转移与“侧写”一词有关的负面社会评价。在英国，通常使用行为侦查分析师（Behavioural Investigative Analyst，BIA）一词，而非“侧写师”。在中国，犯罪侧写也经常被译为“犯罪心理画像”。此外，还应强调的是“侧写”涉及各种各样的侦查工作，如为犯罪嫌疑人的讯问提供建议与策略、媒体控制策略、侦查资源的分配、证词可信度的分析等。在本节，我们将重点关注犯罪侧写的一个核心过程：对犯罪人或潜在犯罪人进行推断。

或许是为了提高侧写的可信度，对侧写持支持态度的人强调，侧写的确是一项工作，但只是行为分析领域下的其中一项。比如，根据布尔克（Bourque）等人的描述，在加拿大的行为分析部（Behavioral Analysis Units，BAU）将承担以下工作：

1. 对未知犯罪人进行侧写；
2. 犯罪现场分析；
3. 犯罪现场重建；
4. 间接人格评估；
5. 为侦查与讯问提供意见；
6. 协助执行搜查令；
7. 分析口供与证词；
8. 分析可疑死亡案件；
9. 威胁性评估。

同样地，美国联邦调查局将“侧写”列为行为分析部（BAU）参与众多工作中的其中之一，这将会在第 2 章详述。

为了使整本书具有结构性与逻辑性，我们将“侧写”定义为一个广义的术语，并将其拆分为五个部分，这五个部分略有重合之处。

1. 犯罪现场侧写；

2. 地理侧写；
3. 心理侧写；
4. 基于犯罪嫌疑人的侧写；
5. 可疑死亡案件分析（心理剖析）。

由于以上五个部分均以“个体的行为”为对象，“行为侧写”一词同样被包含在本书标题中。我们将用一章或两章的内容分别对以上五个部分进行详述。现在，我们将对这五个部分进行简要概述。

犯罪现场侧写

犯罪现场侧写（Crime Scene Profiling）是基于犯罪现场的特征与证据，分析并推断未知犯罪人认知倾向、行为规律、动机、情绪状态与人口统计学特征的过程。一些研究者用“犯罪现场分析”（Crime Scene Analysis）或是一个更专业的术语“刑事侦查分析”（Criminal Investigative Analysis）来描述通过犯罪现场分析识别犯罪人特征的过程。其他学者也有使用“犯罪人侧写”（Offender Profiling）这一术语的；但根据本书结构分类，这一术语也能应用于“基于嫌犯的侧写”的内容。为避免歧义，本书统一使用“犯罪现场侧写”。

犯罪现场侧写，即便经过最精密的分析与推断，也难以直接揭示犯罪人的身份。这个过程旨在通过提出合理的假设来推断犯罪人特征。犯罪现场侧写师或许会通过使用以研究为基础的分类学模型，如强奸犯分类模型、暴力犯罪人分类模型，来为案件提供侦查方向。按照正确严密的方法论及逻辑性，侧写能够提供有关犯罪人人口统计学特征、动机、行为规律、心理特征的主观描述及犯罪人再次作案的概率。如果分析过程出现错误（如“环城公路狙击手案”）就会使侦查陷入瓶颈甚至引入错误的方向。近年来，关注度聚焦在不同犯罪现场所观察到的相同特征，表明这些案件可能是由同一犯罪人所为，这一过程也被称为“并案分析”（Linkage Analysis）。对于“并案分析”，评价褒贬不一，但在犯罪现场侧写过程中（尤其是对暴力案件的侦查中）广泛使用。犯罪现场侧写既被视为艺术，也被视为科学，本书的主要目的之一便是检验其科学性与准确性的一面。

地理侧写

地理侧写（Geographic Profiling）是基于多个犯罪地点的方位、空间关系，识别未知犯罪人潜在居住地或其后续犯罪潜在区域的方法。因此通过定位犯罪人的大致居住位置，或许能够将监视与蹲守范围缩小到下一次犯罪可能发生的区域，地理侧写能够一定程度上辅助刑事侦查。犯罪人由于对某一地理区域熟悉、具有安全感，因而在该区域内寻找、袭击受害人的倾向就越强，地理侧写的目标就是锁定这一区域。当犯罪现场侧写师对犯罪人的人口统计学特征、动机、心理特征提出假设时，地理侧写师聚焦在犯罪地点，分析其与犯罪人居住地或犯罪过程中其他地点（如行凶地、藏尸地、弃尸地）之间的关系。然而，对犯罪人行为的分析也颇具重要性，如地理侧写师会关注犯罪人对弃尸地的选择或令犯罪人具有安全感因而具有较高犯罪意愿的区域。地理侧写不仅能够运用在连环暴力犯罪案件的侦查中，也能够运用于财产犯罪中，如连环盗窃案件。

侦查人员长期以来通过使用地图来识别犯罪活动的“热点”区域（犯罪活动在某一地域内发生的高频或集中区域）或是追踪连环犯罪人的轨迹线索。即便是警力及其他资源稀缺的侦查机关，也会在墙上将地图铺开，把犯罪地点的位置插入图钉来进行分析。时至今日，地理侧写得到了充分的研究与发展；尤其是对于城市地区，地理侧写更是趋于精算化与计算机化。

心理侧写

心理侧写（Psychological Profiling）通常用来识别与预测社会中具有威胁性的个体，也可以用来识别个体的积极特征。大部分情况下，进行评估与预测过程中，个体的身份是已知的。两个相似的方法可以用来对个体进行评估与预测：威胁评估（Threat Assessment）与风险评估（Risk Assessment）。威胁评估，是指个体对社会是否具有威胁性（可信度和严重程度）进行推断、评估的过程；某些情况下，被评估者的身份可能是未知的（如未知犯罪人）。风险评估具有多种形式，通常用来评估“违反社会规范或行为异常（尤其是看起来具有较强威胁性与反常）”的个体，其目的是评估个体伤害自己或他人的概率。两种评估均通过各种心理测量、观察、访谈的方式实现。大多数情况下，通过威胁或风险评估报告，政府部门或当事方想要从中了解到的不仅仅是个体做出伤害与暴力行为发生的可能性或统计学概率，还希望了解个体行为可能引起的潜在后果以及采取什么样的方法或措施来降低这一后果的消极影响。大卫·坎特（David Canter）——一位被认为对侦查心理学（Investigative Psychology）领域作出卓越贡献的英国心理学家，与其同事劳伦斯·艾立森（Laurence Alison）指出，心理侧写基本上是心理测量和评估程序的一个分支。

基于犯罪嫌疑人的侧写

基于犯罪嫌疑人的侧写（Suspect-Based Profiling），是指在某一具体案件中（如毒品贩卖、校园枪击、跟踪、商场行窃、炸弹、空中劫持、恐怖主义活动），分析研判潜在犯罪人心理或行为特征的方法，因此一些学者更倾向于使用“潜在犯罪人侧写”（Prospective Profiling）这一术语。当犯罪现场侧写检验犯罪现场的特征并试图将这些特征与未知犯罪人相联系时，基于犯罪嫌疑人的侧写则是根据对先前同类案件中犯罪人行为、人格、认知、人口统计学数据的搜集与分析来进行。其基本原理是通过建立特定犯罪活动与其犯罪人群特征之间的相关性来帮助警方在侦查过程中锁定潜在犯罪嫌疑人。

基于犯罪嫌疑人的侧写是以统计学意义上的关联性为基础而建构的，这种关联性在于，在具有共同特征的群体中，个体在某一特定犯罪活动中出现的频率，即特定人群与犯罪行为间的关联性。也就是说，其假设对于某些特定群体的成员而言，其犯罪率高于普通群体。基于犯罪嫌疑人的侧写使用的统计学而非临床的方法来推断一个或多个群体不同程度的犯罪行为，因此是一种精算侧写法。

这种侧写最终的结果是通过不同犯罪群体来描述个体。比如，根据个体驾驶的车速、车型、一天中特定的时间及驾驶者的形象可以推断其从事毒品运输的概率。其中，“形象”包括年龄、性别、穿衣风格甚至人种、宗教信仰与种族等。种族侧写（Racial Profiling），有时也被称为种族形象定性，是指执法人员根据种族来判断个体参与犯罪活动的可能性，包括了种族（民族）与人种（肤色）两个方面，仍然是现代社会的一个主要问题。2011年下半年，数名康涅狄格州东港警局的警员由于恐吓当地西班牙裔居民而遭到美国联邦调查局逮捕，司法部门称该警局在执法过程存在大量非法活动，包括侵犯公民权、暴力执法以及种族歧视。近年，运输安全管理局培训“行为检测官”（Behavioral Detection Officers，BDOs）也是基于犯罪嫌疑人侧写的另一形式与应用。虽然“行为检测官”的运用目前还未被认为是非法活动，但其培训及方法需要受到长久的监督。

可疑死亡案件分析

可疑死亡案件分析（Equivocal Death Analysis）也被称为重建性心理评估（Reconstructive Psychological Evaluation），是指对死者生前情绪状态、行为规律及认知特征的重建，是在个体死亡后进行的心理分析，因此有时也被简单地称为“心理剖析”（Psychological Autopsy）。近年来，可疑死亡案件分析，或心理剖析被用来推断个体的死亡是否自杀，如果是自杀，同样包括对自杀原因的分析。心理剖析同样可以运用于保险索赔案件中，如用来推断个体的死亡是否他杀。有趣的是，如今的心理剖析大部分由军事心理学家来实施，因为军事人员群体中的自杀率近年来有所提高。如美国军队报道，仅在2011年6月就发生了32起自杀案件。在控制年龄、种族、性别变量后，军队自杀率还是高于普通人群的自杀率，因此这仍是军队中令人担忧的问题。在许多案件中，心理剖析被用来推断个体死亡方式是自杀还是他杀，我们将在第8章进行详细讨论。

一定程度上而言，上述五个领域的侧写存在相互重合的部分，一起案件可以应用于上述五种侧写的一种或多种侧写。但是在本书中对上述五者进行概念上的区分是合理且有意义的，因为每种侧写涉及的技术与研究方法都存在不同。如上所述，有效的侧写需要经验与理论、研究、专业共识（包括道德准则）的融合。最后，侧写领域的进步需要高质量的实证研究。

1.4 本章总结

侧写，即寻找那些能够符合某一个体的特征，并不是什么新的尝试。但基于科学的侧写才刚刚起步。一些学者认为侧写最早可以追溯至500年前，宗教官员用一本指导手册（记录了女巫的某些特征与追捕方式）追捕和消灭女巫。而现代的侧写示例通常来源于文学作品（尤其是侦探小说）和执法部门对侦查过程的叙述。

詹姆斯·布鲁塞尔，一位精神病理学家，被誉为“犯罪侧写之父”，我们详细讨论了他为侧写领域作出的贡献。布鲁塞尔在“疯狂炸弹客”案件中的贡献是第一起被记录在案的通过辅助执法人员找寻犯罪人的案例。该案中，布鲁塞尔通常被认为帮助侦查人员发现了“炸弹客”的身份，但现有证据表明他在该案中的作用并不如人们想象得那样大。一方面，在布鲁塞尔侧写前，警方已经识别了这名“炸弹客”的诸多特征；另一方面，布鲁塞尔的侧写符合那个年代的许多中年男性（“巴纳姆式”陈述），且侧写内容以精神分析为导向，因而无法证明布鲁塞尔在该案中的作用。在其个人回忆录《犯罪精神病理学家的个案记录》中，布鲁塞尔在重述自己在该案中的作用时可能产生了“后视偏差”。

布鲁塞尔作为警方顾问也参与了其他案件的侦查，包括“波士顿绞杀者”案件，但其在该案中的作用并不令人信服。但是布鲁塞尔的确值得被赞誉，因为是他让大众意识到对犯罪人的心理特征的分析与侦查过程紧密相关。20世纪70年代，当代美国联邦调查局成立行为科学部时，布鲁塞尔受聘为其顾问。

除了对侧写的早期历史进行了简要概述外，我们还对本书中犯罪或行为侧写的五个领域进行了简要描述，分别是犯罪现场侧写、地理侧写、心理侧写、基于犯罪嫌疑人的侧写及可疑死亡案件分析。但需要强调的是，这些术语并不唯一，在其他文献中可能遇见意义相同或相似的其他术语，而侧写师可能精通于上述五个领域中的一个或多个领域。此外，一些“侧写师”更愿意被称为“行为分析师”。通过接下来两章你会知道，犯罪侧写并没有通用的方法，并且目前有一些项目能够用来培训侧写师或行为分析师；即便在完成培训后会获得证书证明，但也并不代表这些项目的培训方法是基于科学的研究和发现。

本章专业术语汇总

巴纳姆效应	地理侧写	重建性心理评估
行为分析	后视偏差	风险评估
波士顿绞杀者	疯狂炸弹客	基于犯罪嫌疑人的侧写
犯罪现场侧写	心理剖析	威胁性评估
可疑死亡案件分析	心理侧写	

第2章

犯罪现场侧写概述

在一处灌木丛里，男友发现了女友的尸体，她躺在公路旁一个直径较大的排水管管口处。她穿着短袖短裤，内裤尚在，但内衣不翼而飞。受害人的面部、头部遭到凶徒的残虐殴打，鼻骨骨折。她被人勒死，且尸检显示受害人肛门有撕裂伤，左乳房、左乳头和下巴左侧有咬痕。

——摘自新泽西“福汀案”

对犯罪现场的描述往往是沉重而痛苦的，但上述凶案现场却并不多见。性谋杀（Sexual Murder）是一种罕见的凶杀案类型，只占所有凶杀案件的1%~3%，而凶杀案件相较于其他案件类型来说占比也较低。尽管如此，我们选择这起真实案例作为开篇是因为它涉及了贯穿本章的重要概念。斯蒂芬·福汀（Steven Fortin）被指控在1994年杀害了梅丽莎·帕蒂拉（Melissa Padilla）。在被指控时，福汀正因在缅因州犯下一起严重性侵案件而服刑中（20年有期徒刑），受害人为缅因州的一名女警，而这起严重性侵案件就发生在帕蒂拉被杀害的8个月后。两起案件的一些细节较为相似。缅因州的女警在那起犯罪中活了下来，她也遭受性侵，身上也有咬痕，内裤同样尚在。新泽西州的检察官希望前联邦调查局探员，一位著名侧写师作为专家证人加入调查，来证实两起案件的相似性——这一过程被称为并案分析（Linkage Analysis），我们将在第9章继续深入并案分析这一话题。

在本章，将学习犯罪现场侧写的历史、相关专业术语、准确性与有效性的相关研究、相关心理学概念以及了解为何犯罪现场侧写师有时会失误。然而，需要强调的是，犯罪现场侧写这一话题面临着众多的质疑和批评，更为科学的方法将使侧写领域得到更多的尊重。对这种科学方法的讨论将在本章及下一章进行探讨。

犯罪现场侧写起源于20世纪70年代美国联邦调查局下设的行为科学部，

用来协助执法部门侦办连环凶杀或强奸案件。1984 年，美国建立国家暴力犯罪分析中心（National Center for the Analysis of Violent Crime，NCAVC，见焦点 2.1），该分析中心下设行为分析部和暴力犯罪逮捕计划（Violent Criminal Apprehension Program，ViCAP）。如焦点 2.1 所述，国家暴力犯罪分析中心的其中一个部门负责受害人为儿童的案件，尤其是儿童绑架案件。在美国各地的联邦调查局分局，设有儿童绑架快速反应小组（CARD），为州和地方执法部门提供专业支援，有时也会邀请侧写师评估犯罪人的行为和心理特征。此外，许多州立警察机构建立了类似于 CARD 的应急小组，有时被称为儿童绑架反应小组（Child Abduction Response Teams，CARTs）。我们将在第 5 章进行深入讨论，但目前需要强调的是，每年陌生人绑架的案发率较小，全美一年仅有 100 多起。即使这样，一起陌生人绑架案件也会引起较大的社会关注。

在今天，大多数犯罪现场侧写工作是由行为分析部（BAU）主导完成的，它是一个独立的部门，负责科学研究和学术会议，并与国家暴力犯罪分析中心（NCAVC）的各个部门密切合作。根据联邦调查局官网的信息，犯罪侧写相关任务由分配到 NCAVC 的特别探员执行。官网强调：

> 在走进犯罪现场时，没有通灵或超感官现象的发生。相反，这是一个充满调查与研究的激动人心的世界——一个归纳和演绎推理并存的世界，它既包括案件侦查的经验、犯罪行为的相关知识，也包括统计概率学（详见：http：//www. fbijobs. gov/611. asp）。

我们以历史的视角为本章拉开序幕，探讨了犯罪现场分析在行为分析部的发展。为全书一致性考虑，我们使用犯罪现场侧写（Crime Scene Profiling）、侧写师（Profiler）、行为侧写师（Behavioral Profiler）等术语。但当今大部分从事该工作的专业人员更希望使用其他术语，如侦查分析员（Investigative Analysts）、犯罪现场分析员（Crime Scene Analysts）或者犯罪行为分析员（Behavioral Crime Analysts）。在行为分析部，并没有“侧写师”这一职位，但“侧写师”这一用语较多出现在文学、影视作品与研究文献中。

2.1 联邦调查局早期侧写的起源

美国联邦调查局于 1908 年成为司法部的调查局，埃德加·胡佛（J. Edgar Hoover）于 1924 年成为局长，并于 1934 年将该机构更名为联邦调查局。胡佛对心理学、行为学或社会科学并不十分重视——至少在公开场合是如此。在他近 50 年的强势控制下，心理学和其他社会科学在某种程度上成为一种边缘化的学科或工作。许多书籍、学术文章和纪录片都曾聚焦于联邦调查局，其中一些书籍是由前探员撰写的。此外，2011 年 11 月，由克林特·伊斯特伍德执导、莱昂纳多·迪卡普里奥主演的《胡佛传》上映了。

虽然胡佛自己使用了心理学手段来满足自身利益，但他并不主张在联邦调查局内部建立一个公开的、以心理学为导向的部门来协助案件侦查。胡佛控制欲极强，他对联邦调查局、社会政治、公众人物的控制广为流传，且颇具争议性。在他的领导下，联邦调查局的探员们在任职期间监视着学生抗议者、活动人士、作家、政治家、教授、演员以及许多其他公民。此外，胡佛还以窃取他人的隐私而闻名，通过此行为维持自己的权力和地位。

行为分析部与国家暴力犯罪分析中心

1972 年年初胡佛去世后，联邦调查局内部对心理学实践的限制逐渐减少。同年在弗吉尼亚州匡提科新成立了联邦调查局学院（FBI Academy），并组建了行为科学部。行为科学部门的任务是将行为科学纳入联邦执法人员的培训课程中。行为科学是一个总称，具体而言，涵盖了各种社会科学，包括犯罪学、心理学和社会学，希望通过这些学科来理解人类行为，特别是犯罪行为及其影响犯罪行为的社会因素。行为科学部还逐渐发展成为各州立和地方执法机关的资源部门，在疑难案件侦破中提供帮助。

如上述及焦点 2.1 所示，美国国家暴力犯罪分析中心成立于 1984 年。时至今日，美国国家暴力犯罪分析中心（NCAVC）、行为科学部（BSU 或 BAU）和暴力犯罪逮捕计划（ViCAP）参与了许多活动（详见 www.fbi.gov/），其中并非所有活动都受到广泛的社会关注。例如，它们为社会机构提供诸多课程，如恐怖主义犯罪，冲突和危机管理，黑帮问题，死亡案件调查，应用犯罪学以及生物学、心理学视角的犯罪行为学。许多情况下，学生可以获得弗吉尼亚大学的学分。然而，在大众媒体的影响下，犯罪现场侧写已成为行为科学部最有力的手段。在许多电视剧、网络上，演员扮演的侧写师为警方案件侦破提供帮助，而像《犯罪心理》（*Criminal Minds*）这样的电视剧则直接聚焦于侧写师“真实”的工作内容，剧中人物直接提到了行为科学部这一名字。

焦点 2.1

国家暴力犯罪分析中心（NCAVC）

1984 年，罗纳德·里根（Ronald Reagan）总统宣布成立一个分析中心，旨在为联邦、州立、地方和国际执法机关在侦查特殊或连环暴力犯罪、威胁和恐怖主义案件过程中提供对犯罪人的行为分析。这个分析中心就是国家暴力犯罪分析中心（NCAVC），其主要任务是整合研究、培训执法人员、组织相关活动、在各地执法人员侦破特殊、异常凶残或连环暴力犯罪案件时提供专业分析。国家暴力犯罪分析中心隶属于联邦调查局，并由以下四个部门组成：

1. 行为分析部门 1（反恐威胁评估）；
2. 行为分析部门 2（针对成年人的犯罪）；
3. 行为分析部门 3（针对儿童的犯罪）；
4. 暴力犯罪逮捕计划（ViCAP 或 4 号部门）。

1 号部门负责处理涉及恐怖主义、威胁恐吓、纵火、爆炸、跟踪、网络相关违法行为以及发布、启动紧急预案。2 号部门负责连环、狂欢型、大规模和其他种类的凶杀案件；性侵、绑架、失踪人口案件；以及针对成年受害人的其他暴力犯罪。3 号部门负责处理针对儿童受害人的犯罪，包括绑架、失踪、谋杀和性侵等案件。

暴力犯罪逮捕计划（ViCAP 或 4 号部门）的任务是促进执法机构间的合作与协调，在其逮捕和起诉连环暴力犯罪人的过程中提供支持，尤其是对于那些跨辖区的流窜犯罪人。暴力犯罪逮捕计划维护着存储美国重大犯罪案件的大型数据库，包括凶杀案、性侵案、失踪人口案件以及无法确认受害人身份的其他暴力案件。

在国家暴力犯罪分析中心工作备受尊崇，岗位竞争激烈，成功入职的探员通常具有 8~10 年的联邦调查局特殊探员的经验（基本要求为 3 年）。其他重要资质还包括个人综合性经验的积累，尤其是在从事暴力犯罪侦查方面的经验。该分析中心人员也会接受专业训练，要求从行为学、法医学和侦查学角度对犯罪行为进行详尽的推断与分析，目的是帮助执法人员深入理解犯罪人的动机和行为。

联邦调查局侧写技术的先驱之一是霍华德·泰坦（Howard Teten），他在联邦调查局学院教授应用犯罪学。泰坦为了在课程中融入更多具有实践性的内容，他咨询了精神病理学家詹姆斯·布鲁塞尔（James A. Brussel）。布鲁塞尔因其对“疯狂炸弹客”案件的侧写而闻名，对“波士顿绞杀者”案件（两起案件均在第1章讨论过）的侧写也略有涉及。布鲁塞尔同意向他教授侧写技术的基础。在与布鲁塞尔咨询后，泰坦与帕特里克·马拉尼（Patrick J. Mullany）探员（获得咨询心理学硕士学位）一起合作，使得犯罪侧写成为应用犯罪学课程的核心。最终，泰坦和马拉尼将课程的名称改为应用犯罪心理学。

在向布鲁塞尔咨询后，泰坦在犯罪侧写的方法上有了进一步突破。尽管泰坦并不认同布鲁塞尔在侧写中运用弗洛伊德学派的方法去解释犯罪行为，但他得出了这样的结论：通过研究犯罪现场发现的证据，可以了解到犯罪人的作案动机和人格特征。事实上，识别犯罪人在犯罪行为过程中的动机是联邦调查局早期进行犯罪现场侧写的一大重要特征，也是一种演绎分析（Deductive Analysis）。侧写中的演绎分析法聚焦于个案，对一个或多个犯罪现场搜集的证据进行分析，从而推断犯罪人特征。正如卡尔森所述：“演绎推理是从我们已知的内容中抽象总结，得出结论的方式。”相比较而言，归纳分析（Inductive Analysis）聚焦于“典型”犯罪人的特征在统计学意义上的平均值。如卡尔森所述：“归纳推理是根据我们已知的内容作出推断。在归纳推理中，我们并不确定前提的正确性，因此也不能确定结论的正确性。”归纳分析在英国开创的侧写方法中发挥着核心作用，这将在第3章中详细讨论。然而，正如联邦调查局官网所述，演绎推理和归纳推理在美国的犯罪侧写工作中是必不可少的组成部分。

演绎推理更类似于犯罪侧写的临床方法，而归纳推理则更类似于精算方法。在后续章节中将更详尽地讨论这些侧写方法。联邦调查局所使用的演绎法（也是行为分析部早期的分析侧重点）尤为注重对犯罪人犯罪行为动机的挖掘。在犯罪侧写中，演绎法假设犯罪人的犯罪行为能够映射出其特定的作案动机，而动机又与犯罪人的人格特征相关联。例如，当侧写师认为犯罪动机是复仇，则可能会将犯罪人锁定在那些具有暴躁易怒、反应性攻击较强等个体特质的人中。此外，联邦调查局的侧写方法还强调应充分利用侧写师的推理、经验、洞察力与直觉，因此更倾向于临床侧写的取向。

经过上述早期萌芽，美国犯罪现场侧写得到迅速发展。据安东尼·皮尼佐托称，在犯罪现场侧写的早期萌芽中，即1971年至1981年期间，行为科学部共在192起案件侦查中提供了侧写帮助（Anthony Pinizzotto，1984）。道格拉斯当年指出，1981年，当他在行为科学部内创建了一个特殊的犯罪侧写小组后，该小组共接到了54起案件的侦查协助，且接到求助的案件数量每年都在增加。在道格拉斯1995年退休时，该小组每年会协助侦查1000余起案件（J. E. Douglas，2007）。

两篇具有影响力的文章

1980年，两篇刊登在联邦调查局执法公报（FBI Law Enforcement Bulletin）的文章将犯罪侧写引入执法界，影响颇大。两篇文章均于1980年发表，一篇由行为科学部特别探员理查德·奥特（Richard Ault）和詹姆斯·瑞斯（James Reese）所著；另一篇由特别探员罗伯特·海兹伍德（Robert Hazelwood）和约翰·道格拉斯（John Douglas）所著。这两篇文章为如今美国的犯罪侧写奠定了基础。上述作者在联邦调查局拥有漫长且光辉的职业生涯，有些甚至在退休后继续从事咨询顾问。例如，海兹伍德是前联邦调查局探员，也是本章开头"福汀"案件中进行并案分析的专家顾问。他和其他退休的特工们组建了咨询顾问团队，至今仍为公共机构提供侧写服务。道格拉斯则继续在犯罪侧写领域发表书籍和文章，包括由他亲身经历编写的回忆录《心灵猎人》（*Mind Hunter*，1995）、《动机解剖》（*The Anatomy of Motive*，1999）和《困扰我们的案件》（*The Cases That Haunt Us*，2000），这些书都是与马克·欧夏克（Mark Olshaker）合著的。道格拉斯还在编写《犯罪分类手册》（*Crime Classification Manual*，1992，2006）一书中发挥了重要作用，这也将会在本章讨论；他还是电影《沉默的羔羊》（*The Silence of the Lambs*，1991）的咨询顾问，电影中杰克·克劳福德的角色就是由他刻画而成。

第一篇文章由奥尔特和瑞斯于1980年撰写，题目为《犯罪侧写的心理评估》（*A Psychological Assessment of Crime Profiling*）（Ault& Reese，1980）。文章讲述了一个案例，一名连环强奸犯在两年内至少强奸了7名女性，作案地点都在东海岸城市。由于侦查人员在案件侦查过程中未发现犯罪嫌疑人，于是他们请求行为科学部的帮助。当侧写师们仔细检验、分析了侦查人员收集的证据后，他们认为这些强奸案可能是由同一犯罪人所为。侧写师们认为犯罪人是一名白人男性，年龄在25~30岁之间，离婚或分居，就业状况不稳定，高中文凭。侧写师们还认为，犯罪人自我意象较差（自卑），居住于案发地附近，并可能有窥淫癖（窥探狂）。接收到这份侧写的三天后，警方侦查人员在该地区识别出40名符合年龄标准的犯罪嫌疑人。随后，利用侧写中的其他信息，将侦查范围缩小至一人身上，该名犯罪人在一周内被逮捕。

奥尔特和瑞斯的文章旨在使警方熟悉犯罪侧写的概念，并强调对犯罪行为进行心理分析的重要性。作者以及行为科学部的其他人认为，对于那些传统侦查方式难以解决的案件，犯罪人的人格特征尤为重要。根据奥尔特和瑞斯的说法，"犯罪行为可以反映出犯罪人的人格特征，就像我们家中的装修风格和装潢能够反映出我们的人格特征一样"（Ault& Reese，1980）。他们认为一份侧写报告需要包括以下犯罪人的信息：

1. 种族；
2. 性别；
3. 年龄范围；
4. 婚姻状况；
5. 大致工作状况；
6. 被警方讯问时可能的反应；
7. 性成熟度；
8. 再次作案的可能性；
9. 犯罪人在过去犯下相似案件的可能性；
10. 过去是否有犯罪记录。

奥尔特和瑞斯在文章结尾指出，“侧写并非超自然感应的结果，也并非总是准确的”。他们补充说，对于侧写师而言，大量接触犯罪现场以及实施相似犯罪行为的犯罪人是很重要的。警方或侦查人员应该向侧写师发送以下材料：

1. 完整的犯罪现场照片，如果是凶杀案的话，则需要受害人的照片；
2. 完整的尸检报告，包括对受害人进行的所有检测及化验结果；
3. 完整的案件报告，包括犯罪的日期和时间、地点、凶器、侦查人员对案发经过的重建以及对所有证人或幸存者的详细访谈。

这篇实用的文章在执法出版物中广受好评，可能因此进一步激励了各地执法部门联系行为科学部为其提供案件侦查协助。不过需要注意的是，奥尔特和瑞斯认为，侧写师应该对犯罪现场有广泛且大量的接触，这表明执法经验至关重要。至今，关于执法经验与科学统计模型在侧写过程中的优劣对比仍在进行中。

第二篇文章由海兹伍德和道格拉斯于 1980 年撰写，文章标题为《性谋杀者》(*The Lust Murderer*)。这篇文章论述了令人发指的性谋杀犯罪凶手的特征，这些犯罪行为比其他虐待狂的杀人手法更加残暴。性谋杀犯罪人可以通过对受害人不同的攻击部位而得以区分，如乳房、直肠与阴部区域。此外，海兹伍德和道格拉斯在这篇文章中还介绍了有组织的非社会型犯罪人（Organized Nonsocial Offender）和无组织的非社交型犯罪人（Disorganized Asocial Offender），两者所对应的犯罪现场被称为犯罪现场二分法，即有组织型和无组织型（Organized/Disorganized，O/D）犯罪现场。除了极少数例外情况，性谋杀者可以被归入上述两类犯罪人之一，且性谋杀案件的犯罪现场也属于这两种现场之一。

有组织的非社会型犯罪人通常作案过程体现出条理性、有序性，他们可能表现得十分友善，通常在离居住地较远的地方实施犯罪。相比而言，无组织的非社交型犯罪人并不会显得狡诈、精明，他们厌恶社会，难以维持人际关系。他们倾向于在具有熟悉性和安全感的地点实施犯罪，即离自己居住地较近的地方。这些犯罪人留下的犯罪现场要么是井然有序、具有刻意性的现场，要么是极度混乱、杂乱无章的现场。这些犯罪现场的特征同样也反映了他们的个体特征。

海兹伍德和道格拉斯在 1980 年指出，他们是基于性谋杀案的案件报告、对侦查人员的访谈以及对文献的深入分析所得出的结论。在同一时期，道格拉斯也开始对监狱里的性谋杀犯罪人进行走访调查与研究，因此他这篇文章的结论很可能受到这些“田野调查”的影响。随着道格拉斯继续开展监狱研究，他和他的同事们也继续对二分法进行补充与发展（见表 2.1 和表 2.2，即联邦调查局对相关概念的总结）。由于这项研究是现代犯罪侧写科学研究方法的背景，接下来的章节中我们将更多关注这一研究。

表 2.1　1985 年联邦调查局对有组织型与无组织型犯罪人侧写特点及分类的总结

有组织型	无组织型
中等偏上的智商水平	中等偏下的智商水平
能够进行正常社交活动	难以进行正常社交活动
从事技术性行业	从事非技术性行业
同辈中出生顺序靠前	同辈中出生顺序靠后
父亲工作稳定	父亲工作不稳定
性功能正常	性无能
童年期家庭环境不稳定	童年期家教严苛
犯罪时有意控制情绪	犯罪时情绪焦虑
犯罪时饮酒	较少饮酒
情境压力大，且逐渐恶化	情境压力较小
与家人居住	独居
移动性强（有私人交通工具）	在犯罪现场附近居住或工作
从新闻媒体中跟踪案件情况	对新闻或媒体兴趣较少
变更工作或离开居住地	行为变化较大

表 2.2 联邦调查局对有组织型与无组织型犯罪人犯罪现场差异的分类

有组织型	无组织型
犯罪经过准备（预谋性）	激情犯罪（自发性）
受害人为陌生人	认识受害人或熟悉作案地点
对受害人个性化	对受害人去人格化（物化、工具化）
犯罪中一定程度、有控制性的言语交流	犯罪中尽可能少的言语交流
犯罪现场体现出控制性	犯罪现场体现出随机性、混乱性
强制受害人服从	对受害人实施突然的暴力袭击
使用约束性、束缚性工具控制受害人	较少使用约束性、束缚性工具
对受害人生前进行攻击行为	对受害人死后进行性行为
隐藏尸体	尸体遗留在现场
犯罪现场无凶器	凶器遗留在犯罪现场
转移尸体	尸体遗留在死亡现场

需要强调的是，如奥尔特和瑞斯、海兹伍德和道格拉斯所承认的，犯罪侧写具有局限性。他们认为犯罪侧写是一种辅助性的侦查工具，但绝对不能改变、暂停或取代常规的侦查流程。他们也认为，侧写的过程是一门艺术，而非科学。但通读全书不难发现，现代很多侧写师并不赞同这一观点，因为现代侦查实践中运用的犯罪侧写具有可预测的科学性。然而，无论是犯罪侧写的批判者还是支持者，他们都认为当时海兹伍德和道格拉斯的观点具有一定合理性。直到现代，犯罪侧写在实践中的“艺术”成分相较而言依然高于“科学”成分。

道格拉斯与雷斯勒的访谈

1979—1983 年，就在约翰·道格拉斯和他的同事罗伯特·雷斯勒（Ressler Robert）为各地执法机关提供培训课程及服务期间，他们对监禁的凶杀案犯罪人（包括性谋杀犯罪人）进行了一系列非正式访谈。1977 年，道格拉斯成为联邦调查局学院应用犯罪心理学课程的一名讲师，该课程内容最初由霍华德·泰坦设计，但道格拉斯对课程内容并不满意。在他的著作《心灵猎人》中，道格拉斯抱怨说，尽管该课程大受好评且具有实用性，但课程主要基于学术界的理论，而非执法界的经验和实践。此外，课程中大部分内容包括讲师讲述的“奇闻逸事”，其中一些讲师甚至在该领域的实践经验为零。因此道格拉斯决定用监狱访谈的形式给应用犯罪心理学课程增添一些深度。他写道，“每当我和雷斯勒在外出培训时有时间合作的话，监狱访谈就会成为我们俩的一种常规做法”。接着他继续说道：

> 当我们完成十到十二次监狱访谈时，我们知道，规律已然浮出水面。于是，我们第一次尝试将犯罪人的心理活动与其在犯罪现场留下的证据联系起来。

道格拉斯还意识到，尽管他和雷斯勒在了解犯罪人心理方面有所收获，但他们在监狱中收集的材料还并不具有条理性和系统性。

20 世纪 70 年代早期，道格拉斯认识了安妮 · 伯吉斯（Anne Burgess）博士，她是宾夕法尼亚大学的精神护理学教授，也是强奸犯罪及其心理成因方面的权威人士。两人决定共同进行一项更为系统化的研究项目，以性谋杀犯罪人为研究对象，且他们通常是累犯。伯吉斯获得了国家司法研究所的资助，并为道格拉斯和雷斯勒设计了一份 57 页的问卷，用于访谈记录。该项目被称为“凶杀案犯罪现场特征研究项目”。

该项目共对 36 名服刑的性谋杀犯罪人进行访谈。他们向犯罪人询问一系列问题，包括家庭背景、犯罪现场行为以及犯罪后的行为等。此外，他们还仔细研究、分析了犯罪人的犯罪记录。值得一提的是，道格拉斯和雷斯勒通过访谈获取的数据集中存在重要信息的缺失，因为一些犯罪人拒绝回答某些问题。正如本章后面将会提到的，现代研究者也聚焦于这类研究的局限性（如重要数据缺失）。尽管如此，两位探员的目的仍是以心理学框架为基础建立对案件进行侧写。

伯吉斯、道格拉斯、雷斯勒和其他同事首先从凶手的背景、个体特征和犯罪特征入手，从中寻找、识别出一定的规律和模式。他们找到的模式基本上与海兹伍德和道格拉斯在 1980 年发表的文章内容相同：一些凶手在选择和杀害受害人的策略和方法上具有较强组织性和自我控制性，而另一些凶手则体现出无组织性且冲动的特点。基于这一解释，道格拉斯和雷斯勒将凶手划分为两类，其中 24 名凶手被归类为有组织型（共 97 名受害人），而其他 12 名凶手被归类为无组织型（共 21 名受害人）。这一发现似乎证实了 1980 年文章中提出的二分法理论，因而二分法成为犯罪现场侧写中的核心指导要素之一。

犯罪现场二分法的进一步发展

1986 年，雷斯勒、伯吉斯、道格拉斯、哈特曼（Hartman）和达戈斯蒂诺（D' Agostino）利用原始的道格拉斯-雷斯勒访谈数据进一步详细阐述了有组织和无组织分类模型，并认为犯罪现场本身会映射出犯罪人的这些特征。行为科学部也认为，根据犯罪现场的证据能够推断出犯罪人的行为与个体特征。“犯罪现场的特征就像指纹一样，能够用来识别犯罪人”，而有组织型与无组织型二分法则是这种“指纹”的具体表现方式。

上述研究的主要目的之一是对道格拉斯-雷斯勒的数据进行科学的统计学分析，从而使该研究的科学性得到进一步认可。正如作者所写：

> 为了使研究具备客观性，我们认为犯罪现场存在能够进行客观量化的一致性与规律，这些规律可以以有组织型和无组织型性谋杀犯罪人来区分。“有组织型”和“无组织型”的标签不仅在研究过程中使用方便（因为是对犯罪现场直观的视觉概括），而且对于该研究具有客观性。

利用相同的数据，雷斯勒、伯吉斯、哈特曼、道格拉斯和麦考马克（Mc-Cormack）于 1986 年研究了这些性谋杀犯罪人在儿童和青少年时期是否遭受过性虐待的问题。当时执法部门频繁请求对一些“无动机”凶杀案的侦查协助，这项研究应运而生。联邦调查局初步调查发现，这些所谓“无动机”的凶杀案大多涉及明显的性成分。当时的主流理论是，性犯罪人对他人实施侵犯是因为他们自己曾遭受过性侵害。结果是研究结果与假设一致。

研究者发现，曾遭受性虐待的凶手比未曾遭受性虐待的凶手更早开始幻想实施犯罪。此外，曾遭受性虐待的凶手比未曾遭受性虐待的凶手更有可能对受害人尸体（通常在死后）进行损害。雷斯勒、伯吉斯、哈特曼等人于 1986 年发现，曾遭受性虐待的凶手在生活中表现出对儿童、同龄人和成年人的高度攻击性。因此作者推测，“早期遭受性虐待是推动变态性虐待行为形成的重要因素”。

直到今天，二分法仍是对连环暴力犯罪人最通用的分类系统之一，但正如本章后续提及的那样，这并不意味着二分法分类系统没有局限性。约翰·道格拉斯和他的同事们（雷斯勒、伯吉斯和哈特曼）于 1986 年在二分法基础上引入了第三类犯罪人，称之为混合型犯罪人（Mixed Offender）。混合型犯罪现场（Mixed Crime Scene）兼具有组织型和无组织型的行为特征。例如，一起犯罪可能在开始时经过精心策划，但由于计划未能如期进行，最终演变成无组织犯罪。随后，该分类系统也被扩展、应用于其他犯罪行为，包括入室盗窃和纵火。

总之，一个有组织的犯罪现场表明犯罪人是有计划、有预谋实施犯罪行为。犯罪现场显示出犯罪人对自身和受害人的控制性。这意味着，犯罪人在与潜在受害人接触时，在社交和人际方面具有一定技巧性。犯罪人可能通过口头交流方式获取受害人信任（如通过假装问路、冒充他人、以朋友的方式与受害人进行交流）。此外，有组织型犯罪人通常根据某些特定的标准选择潜在受害人，因此受害人之间具有一定相似性。例如，臭名昭著的连环杀手泰德·邦迪（Ted Bundy）选择年轻、漂亮的女性作为目标，他的受害人长相都具有相似性。他从海滩、大学校园和滑雪小屋等地成功绑架了这些女性，这些地区人流量大，作案被发现的风险性较高，充分表明犯罪人的计划性与预谋性。

相比而言，一个无组织的犯罪现场表明犯罪人实施的犯罪行为很可能没有经过谨慎计划与准备。犯罪人很可能居住在案发地附近。犯罪现场能够体现出犯罪人的冲动性与愤怒情绪，或处于极端的情绪状态。无组织型犯罪人通常随机选择受害人，往往没有具体的选择标准。例如，加利福尼亚州圣克鲁斯的赫伯特·穆林（Herbert Mullin）在四个月内杀害了 14 名不同类型的受害人（例如，一名老年男子、一名年轻女孩和一名神父）。此外，无组织型犯罪人往往缺乏社交能力，无法维持人际关系。通常情况下，受害人的尸体被遗留在犯罪现场，没有转移或隐藏的痕迹。

2.2　《犯罪分类手册》

上述研究以及 20 世纪 80 年代对凶杀、强奸、儿童绑架和纵火等犯罪的其他研究为犯罪特征的识别提供了重要数据支撑。这些特征成为联邦调查局侧写技术的根基。当时，联邦调查局将犯罪侧写的大部分评论和研究都总结在道格拉斯等人编写的《犯罪分类手册》（*Crime Classification Manual*）中，该手册于 1992 年首次出版，并于 2006 年再版，其副标题为《暴力犯罪的侦查与分类标准系统》。手册中编制了各种暴力犯罪的侧写应用和犯罪现场特征。每种暴力犯罪的定义与特征都有详细说明，并附有案例研究，包括案件背景信息、受害人特征、犯罪现场特征和法医法证发现的线索。《犯罪分类手册》的第二版于 2006 年出版，增加了计算机犯罪、宗教极端主义凶杀和针对老年女性性谋杀的新版块，还在跟踪案件和儿童绑架案件的章节增添了新信息。该手册也对邪教凶杀案件进行了总结，请参阅焦点 2.2。

焦点 2.2

邪教凶杀案件

以下是《犯罪分类手册》中关于邪教凶杀案件版块的示例。摘自道格拉斯等人于 1992 年出版的《犯罪分类手册》中的第 144~146 页。

《犯罪分类手册》将邪教定义为“一群对某种思想、某个人或物有极端狂热或崇拜的追随者，其极端狂热与崇拜具有非主流或虚构（妄想）的特点。邪教群体的主要目标是性、权力和（或）金钱，而这些目标对一般成员来说是不知情的”。即邪教领袖明确、清晰知晓自己的目标，但大多数邪教成员并不知晓。当邪教中两名及其以上成员共同犯下凶杀案时，被归类为邪教凶杀案件。

受害人：有时对受害人的选择具有随机性，但通常情况下，受害人数量不止一人，且受害人是邪教成员或处于邪教群体边缘的人。

常见犯罪现场特征：犯罪现场可能出现象征性事物（如某种物品或图案），而对尸体的处理方式取决于杀人的目的。如果杀人旨在传达某种信息，则往往不会尝试隐藏尸体；如果旨在恐吓、震慑邪教内部其他成员，则可能会隐藏尸体。

伪造现场：通常不存在伪造现场的情况。

常见的法医法证线索：枪伤、锐器伤、钝器伤，也可能出现尸体损毁甚至肢解。

侦查线索：邪教一般成员可能被告知这种犯罪行为是基于团体的信仰。然而，邪教领袖的动机“将是一个具有控制性的主导因素，通过某种方式来将杀人行为合理化，强化其对群体的控制以及消灭群体中威胁自身权威性的因素，如不遵守团体规则或对团体贡献较小的成员”。

案例分析：为了充分说明邪教凶杀案的特征，该手册作者引入了 1990 年在克利夫兰的一宗邪教凶杀案件，死者是艾弗里一家的五名成员。他们加入了由杰弗里·兰德格伦（Jeffrey Lundgren）领导的激进派分裂团体（教会）。但这个家庭并不完全支持兰德格伦在教会中宣扬的理念，因而遭到团体的孤立。在他们死亡时，可能正试图脱离这个团体。兰德格伦说服其他团体成员，认为这个家庭是净化整个教会的祭品，因而杀死他们是对教会的献祭。兰德格伦最终被判处死刑，于 2006 年 10 月执行；他的妻子和儿子分别被判处终身监禁 150 年和 120 年。

值得注意的是，《犯罪分类手册》每一版块都包括对受害人特征的总结。据联邦调查局所述，在回答“为什么这名受害人成了暴力犯罪的攻击对象?”这一问题时，侦查人员通常会追溯到犯罪动机。即使犯罪看似具有随机性，如受害人只是在错误的时间出现在错误的地点，这种情况也可以推断出犯罪人的动机，因为同类案件或相似案件的受害人可能具有共同特征。此外，《犯罪分类手册》对相关犯罪用语、专业术语、定义进行了标准化，以便侦查人员和刑事司法人员交流使用。手册最后章节聚焦于犯罪现场侧写，定义了许多相关概念与术语，我们将在下一部分进行讨论。

2.3　当代的犯罪现场侧写

虽然上述内容聚焦于美国侦查人员的工作，但犯罪现场侧写或犯罪侧写在过去 40 年里在全球范围内都得到了快速发展。在第 3 章，我们将更详细地讨论其他国家的犯罪侧写，特别是英国。尽管犯罪现场侧写有较多相似之处，但侧写师使用的方法也具有显著的差异性。例如，英国和加拿大采用更加偏向于精算或统计学的侧写方法，而美国则采用了更倾向于临床的侧写方法。但在全球范围内精算侧写与临床侧写相结合的侧写方式成为大势所趋。

如第 1 章所述，犯罪现场侧写是根据犯罪现场的特征及收集的证据，来识别未知犯罪人的认知倾向、行为模式、动机、情绪、情感和人口统计学特征的过程。基于犯罪现场的特征和证据以及从现场推断出的犯罪人特点和行为习惯，侧写师能够描述犯罪人的大致特征，并预测下一起案件可能发生的地点和作案手法。例如，在连环杀人案中，侧写师可能会发现每起案件之间的时间间隔在缩短（冷静期缩短）。某些情况下，警方可能已经确定了某一个犯罪嫌疑人，但希望知道这个犯罪嫌疑人与犯罪现场所映射出的犯罪人特征是否具有一致性。

当案件侦破过程中缺乏侦查线索且无法判断犯罪人身份时，往往会使用犯罪现场侧写。

但某些情况下，侧写师会在案件开始时介入。比如，性质恶劣的案件，或者侧写师就职于某一执法机关的专业顾问。犯罪现场侧写常用于对强奸和凶杀案件的侦查，尤其是当案件看起来像是连环案件时；或是用于儿童绑架案件，因为儿童失踪后的最初几个小时至关重要。这些类型的案件将在第 5 章详谈。

需要强调的是，即便是最精妙、细致的犯罪现场侧写也极少能直接识别犯罪人身份。犯罪现场侧写的过程旨在形成一个假设集，集合中包含对未知犯罪人特征的假设，从而用于犯罪人身份的识别。侧写是一个基于概率学的过程，需要大量有关案件的信息。比如，警方的案件卷宗、详细的犯罪现场照片、目击者证词、法医化验报告。对于凶杀案件，受害人的尸检报告对侧写尤为重要。侧写师还需要走访犯罪现场，详细了解受害人的生活方式、成长背景和生理特征，这些对侧写也至关重要。

如果分析得当，侧写将会提供犯罪人人口统计学特征（如性别、年龄、教育背景、职业等）、犯罪地理特征（将在第 4 章详述）、犯罪心理特征。玛丽·艾伦·奥图尔（Mary Ellen O’Toole），是一位在联邦调查局任职 28 年的探员，现就职于一家专门培训刑事司法人员的私人公司。她认为侧写在一定程度上能够揭示犯罪人的生活方式、种族、性别、心理年龄以及实际年龄、婚姻状况、教育水平、职业和工作经历；还可能揭示犯罪人与他人的沟通能力、社会交往能力、犯罪动机以及犯罪人早期是否有犯罪行为、是否有痴呆或其他心理疾病、是否对犯罪行为有愧疚情绪、是否会再犯。此外，侧写报告还应包括案发经过、犯罪手法、手段的还原以及犯罪人与受害人间的互动过程。侧写报告还应该指出被害风险较高群体的特征，即多名受害人的一致特征。最后，侧写报告应当提供缩小侦查范围的方式，怎样通过排除、筛选来进一步侦查。

总而言之，犯罪现场侧写通常分为三个阶段：首先，警方侦查人员从犯罪现场收集所有相关信息，包括犯罪现场照片、尸检报告及相关物证；其次，将这些资料交给侧写师进行分析；最后，得出有关犯罪人特征的假设，这些假设必须有行为证据的支撑。第 1 章提到，布鲁塞尔在对警方提供的案件资料进行分析后，在几小时内便完成了初步侧写。同样，在影视剧（如《犯罪心理》（*Criminal Minds*）、《识骨寻踪》（*Bones*）、《数字追凶》（*Numb3rs*）等）中的“侧写师”们，也在较短时间内提供了初步侧写。但现实中，专业侧写师会更为谨慎和慎重。但在某些情况下，侧写师无法对现有证据进行深思熟虑的评估。例如，在儿童绑架案中，时间对于解救人质至关重要，但对证据的解读同样重要。因此在两者冲突的情况下，侧写出现错误的可能性也更高。

犯罪现场侧写的相关术语

关于犯罪现场侧写的文献综述中，相关术语具有一致性。例如，道格拉斯和他的同事在《犯罪分类手册》中提到，在犯罪现场勘查中，侦查人员应该在以下方面寻找线索：作案手法、犯罪标记、伪造现场、纪念品、战利品或愧疚行为。

作案手法（Modus Operandi，MO），是指犯罪人成功实施犯罪所采取的行为及过程，也是犯罪人在实施犯罪的过程中逐渐学习并形成的一种相对稳定的行为模式。但是犯罪人的作案手法并非一成不变的。累犯可能会通过改变作案手法来优化犯罪方式，从而提升犯罪效率。例如，连环入室盗窃犯可能会使用不同的工具或采用不同技巧和策略来躲避警报系统；而连环杀人案凶手在对受害人的选择或对犯罪现场的处理上（警方通常能在现场发现大量物证）可能会显得更为大胆，风险性也更高。因此对犯罪手法的分析固然重要，但不能过度解读。如果在案件侦查过程中过于强调这一方面，反而可能会使侧写出错。

犯罪标记（Signature），是指对于成功实施犯罪具有非必要性的行为。例如，连环杀人案犯罪人可能会在每起犯罪现场做出相同的、具有仪式性的行为，而这些行为对于犯罪的成功实施并不具有必要性。犯罪标记包括犯罪人遗留在犯罪现场的或从犯罪现场带走的物品以及其他具有象征性的行为模式，如在墙上留下的文字或图画。一些入室盗窃犯会通过留下犯罪标记的方式来向受害人和侦查人员传达信息，旨在引起受害人强烈的情绪反应，如恐惧或愤怒。他们可能会留下具有威胁性、恐吓性质的纸条或者毁掉一些私人物品（通常与受害人具有紧密的情感联系），如贴身衣物、照片或日记。因此受害人的情绪反应通常从愤怒、沮丧到恐惧和焦虑。而对于凶杀案受害人，犯罪标记则可能包括陈尸位置、尸体的姿势、肢解部位或其他对于犯罪人具有重要性的象征性标记。

犯罪标记与犯罪人的认知过程紧密相关，更具有个人心理特征，因此与犯罪人的特征具有更强的一致性。与作案手法相比，犯罪标记能提供更多、更有效、更细节的侧写信息。大多数情况下，犯罪标记能够揭示犯罪动机。特维提出假设，认为犯罪标记能够指向犯罪人潜在的心理与情绪需求（Turvey，2008）。例如，成年人的尸体可能会以一种侮辱性的姿势摆放，表达对受害人的憎恨、愤怒；入室盗窃犯可能会在墙上写下粗俗、攻击性的话语，从而表现对受害人的控制欲。

根据联邦调查局的侧写方法，犯罪标记通常被认为是精神病理特征的表现。有经验的侧写师多年来一直认为，当连环性暴力犯罪人在犯罪现场表现出某种具有精神病理性行为，如虐待或破坏身体不同部位时，侧写的准确度相对较高。这一观点背后的逻辑是，精神障碍的个体在行为上比精神正常的个体表现出更强的一致性。精神障碍削弱了环境对个体行为的影响，个体行为更大程度受内部心理、认知过程支配。假设任何犯下这些极端暴力犯罪的人都有精神障碍（尽管这一假设并非必然成立），但精神障碍个体是否比正常个体在行为模式上更具有一致性仍然存在争议。有关这一问题的系统性实证研究尚待进行。

伪造现场（Staging），是指在警方到达犯罪现场前故意改变犯罪现场，是犯罪现场的一种行为特征，通常见于疑似自杀或意外死亡案件。伪造现场的目的通常有两种：其一，误导侦查方向，从而使犯罪人自身免遭怀疑；其二，保护受害人及其家庭免遭公众骚扰。因此伪造现场可能由犯罪人实施，如丈夫杀害了妻子，为了误导警方侦查方向，将犯罪现场布置成入室劫杀的样子。或者由第一时间发现受害人的个体或与受害人有亲密关系的个体实施，如受害人在进行特殊性行为的过程中，由于缺氧，不慎死于性窒息（通过窒息的方式达到性快感），这一现场可能被伪造成他人故意勒死。

从现场带走战利品（Trophy）与纪念品（Souvenir）是犯罪现场侧写中可能会遇到的一类行为模式，尤其是在暴力犯罪中。战利品是犯罪人从犯罪现场或受害人身上拿走的物品，甚至是受害人身体部分，通常象征着犯罪人对受害人的征服与压制。例如，臭名昭著的变态连环杀人狂杰弗里·达莫（Jeffrey Dahmer）。纪念品是犯罪人为了纪念犯罪行为而带走的对其有意义的物品，旨在使犯罪人能够重温作案过程中获得的快感，如从受害人身上拿走的珠宝，这就像当我们去喜欢的地方旅行时购买的具有当地特色的纪念品一样。

尽管纪念品看起来可能比战利品更无害，但如果在受害人幸存的情况下，两种行为可能都代表着犯罪人在心理上对受害人的征服与控制性；如果受害人不幸死亡，则可能是对死者亲人、家庭的嘲笑与讽刺。一些侧写师强调区分战利品和纪念品差异的重要性，因为战利品和纪念品在用于分析犯罪人人格及动机特征上具有微妙的差异性。

犯罪现场侧写中，还有一个概念是愧疚行为（Undoing），即犯罪人试图在心理上“撤销”其犯罪行为，是犯罪现场中明显可见的一种行为模式。例如，一个情绪崩溃的犯罪人，在杀害受害人后，可能会将受害人尸体放在床上，把头枕在枕头上，并用被子盖住尸体，通过这样的方式从心理上“撤销”自己的杀人行为，从而减少其杀人行为带来的心理不适。犯罪人还可能将受害人放置于椅子上，极力试图让受害人看起来处于一种自然、舒适的状态，这样的犯罪人往往与受害人有密切关系。其他情况下，犯罪人可能会通过将受害人身份模糊化处理的方式来对受害人进行“去人性化”（Dehumanize），如过度的面部伤害。其他犯罪人还可能会将受害人“物化”（Objectify），将尸体面部朝下放置。愧疚行为与伪造现场在行为上具有相似性，都是对第一犯罪现场状况的改变，但愧疚行为的目的不是误导警方侦查方向，而是使犯罪人自身减少由于犯罪行为带来的心理不适感及负面情绪。

并案分析

并案（Case Linkage）是一个重要的侧写概念，近年来也越来越受研究人员关注，有时也被称为并案分析（Linkage Analysis），是指通过对多起案件犯罪行为的相似性进行分析，来评估这些案件的犯罪人是同一人的可能性或概率。如本章开篇的“福汀案”，该案中侧写师聚焦于两起性侵案件的相似性，但反对者也指出两起案件存在诸多不同之处。并案分析常用于针对陌生人的强奸和凶杀案件，也可用于入室盗窃、纵火和抢劫案件。但也有证据表明不同类型的犯罪（如暴力犯罪和财产犯罪）可能由同一犯罪人所为。准确的并案分析能够较大程度上为警方侦查提供有价值的线索，从而通过排除减少犯罪嫌疑人数量。另外，错误的并案分析可能导致误判。在“福汀案”中，没有人能够证明福汀不是两起案件的真凶，但反对者往往更多地关注于并案分析的科学性。

侧写师可以通过以下两种方式进行并案分析：案件特征的匹配与犯罪人的匹配。一是在没有任何假设的情况下，搜索犯罪数据库中相似的犯罪，从而发现该案与过往案件在受害人特征、作案手法、犯罪标记上的相似性，这些相似性可能会指向同一犯罪人。二是侧写师通过搜索与已知犯罪人的案件高度相似的案件来进行并案分析。例如，警方可能已经逮捕并起诉了某个犯罪人，但想知道他是否还犯下了其他案件，这时就需要将该名犯罪人的犯罪特征与未破获案件的特征进行对比。受害人的证词在这一过程中很重要，但前提是受害人幸存。

当侧写师搜集了所有案件相关信息时便会列出犯罪人的行为清单，即犯罪人在犯罪过程中的行为。根据武德汉斯等人的说法，“在其整个犯罪行为中，有的行为可能具有更强的自发性，而有的行为则是对受害人或目击者的反应”（Woodhams et al，2010）。此外，海兹伍德和沃伦提出，侧写师可以将犯罪人在犯罪过程中的行为根据作案手法和犯罪标记的概念进行分类（Hazelwood，Warren，2003）。艾立森（Alison）、古德维尔（Goodwill）还认为，作案手法在行为功能上具有重要意义，且依赖于犯罪的情境，两者是实施犯罪所需的必要条件。比如，犯罪人用皮带勒死受害人，这既包括行为功能，即勒死受害人，也包括犯罪情境，即犯罪现场有皮带的存在。而犯罪标记则是体现犯罪人心理需求的或具有仪式性的行为；犯罪标记不以具体的情境而转移，并且能够体现犯罪人特定心理特征。确定这些差异通常需要侧写师的主观分析，但犯罪标记在并案分析中通常是极为有用的线索。

并案分析的前提假设是，犯罪人在每起犯罪中的行为必须具有特殊性和一致性，即这种行为特征必须能够与其他犯罪人区分开来（特殊性），但该名犯罪人在每起犯罪中必须保持一致（一致性）。例如，犯罪标记可能是犯罪人独特的行为特征，他在每起犯罪中都会表现出来。然而，这在实践中较为困难，因为犯罪人的行为特征必须足够独特、特殊，才能够揭示其动机、目的与标记。桑迪拉（Santtila）等人研究了意大利 23 名犯罪人犯下的 116 起凶杀案。研究发现，犯罪现场行为在连环凶杀案中具有一致性，并且能够与其他犯罪人的行为特征区分开来。这一发现佐证了连环凶杀案杀手具有行为一致性和特殊性的观点，即连环凶杀案杀手的犯罪行为通常是一致的，但也会随着犯罪过程（犯罪次数、犯罪熟练度、犯罪准备）发生变化。例如，犯罪人在对受害人的残虐程度上可能会发生变化，受害人选择范围可能会扩大。总而言之，研究表明犯罪人的行为特征具有一致性，但并非总是能够在其作案手法上得到体现（即作案手法不一定具有一致性），因为作案手法可能会根据犯罪情境、有效性而变化。

然而，一项最新的关于连环强奸案的研究表明，连环强奸案犯罪人的作案手法具有较强的相似性，从而可以得出结论，行为一致性假设能够应用于并案分析中。此外，研究还发现犯罪人对待受害人的方式和与受害人的互动方式也具有一致性，这一特殊特征将在下一章讨论。

关于犯罪现场侧写的其他研究

犯罪现场侧写领域的研究主要集中于犯罪人分类学，这种分类学能够运用于对暴力犯罪侧写的实践中。在当代心理学中，分类学（Typology）这一术语是指具有特定标准的分类系统，能够用于区分不同人格或其他行为特征。经布尔克等人 2009 年统计，至少有 16 种分类学被应用于犯罪侧写（Bourque et al，2009）。然而，其中绝大多数分类学缺乏理论基础和实证研究的支撑。其中一种被广泛研究的分类学是由约翰·道格拉斯及其同事提出的有组织型与无组织型二分法，如本章前部分所述。虽然道格拉斯等人最初将所有犯罪现场归类为有组织型或无组织型，但他们最后对这一理论模型进行了修改。首先，他们提出了“混合型”犯罪现场的概念，即兼具组织型和无组织型特征的犯罪现场。其次，在《犯罪分类手册中》，他们于 1992 年引入了一个更符合实际情况的“连续体”概念。他们写道：

> 需要强调的是，只有极少数犯罪现场能够完全地归类为有组织型或无组织型。绝大多数犯罪现场的特征更类似于在两个端点的线段上游走，一个端点是有序、整洁的有组织型，另一个端点是无序、混乱的无组织型。

有组织型与无组织型分类学得到了许多人的认可，但也有人对其有效性或实用性表示担忧。正如上述约翰·道格拉斯所言，真实的犯罪现场很少能够像分类学系统那样具有绝对性，能够被完全地归于某一类别。尽管如此，二分法仍受到许多侦查人员的长期关注。

虽然二分法看似符合逻辑，但近期研究表明，二分法作为一种侦查工具而言，其实用程度具有局限性。一份研究综述表明，没有足够的证据表明二分法的准确性和有效性。

归根溯源，二分法最早由道格拉斯和海兹伍德在 1980 年的文章《性谋杀者》中提出，但这篇文章是基于经验的概念性总结，并非实证研究的结论，没有数据支撑二分法的信效度。虽然作者引用了案例报告、与侦查人员的访谈以及文献综述，但这些都不是系统性的、基于统计学的实证研究。正如黛芙芮所述，“根据二分法的结构和内容，道格拉斯和海兹伍德 1980 年的那篇文章远未达到概念学上能够被视为社会科学现象的水平”（Devery，2010）。20 世纪 80 年代初期，道格拉斯和同事发表了他们对 36 名囚犯进行访谈的研究成果，这些囚犯大多数犯下多起性谋杀案件。正如道格拉斯本人承认的，本章前部分已经描述过的，这些早期的访谈往往是非正式的，且主观性较大。

黛芙芮在 2010 年进一步评论道：

> 这样的研究样本几乎不能够代表所有的连环凶杀案杀手，甚至是他那个时代的连环凶杀案杀手。因为取样的过程是基于便利性——这项研究的样本只包含了那些同意与道格拉斯、雷斯勒等人交谈的连环凶杀案杀手。基于数量少、而不具有代表性样本的研究，可能会揭示连环凶杀案杀手的某些特征，但由于缺乏非连环凶杀案杀手的对照样本，我们无法得知这些特征是否具有普遍性。

值得注意的是，黛芙芮（Devery）将 36 名监禁的犯罪人称为“连环凶杀案杀手”，但更准确地来说，他们是性谋杀犯罪人，且通常是连环性谋杀犯罪人，该类犯罪人比连环凶杀案杀手的范围更小。据道格拉斯和雷斯勒报告的数据显示，他们访谈的犯罪人有的只犯下一起性谋杀，有的只犯下两起性谋杀。在第 5 章我们将讨论连环凶杀案杀手的定义，常用定义认为，连环凶杀案杀手是指同一犯罪人在一定时间间隔内犯下两次以上的凶杀案。尽管在近期由联邦调查局主办的研讨会上，有专家建议，一定时间间隔内的两次凶杀案也可以被视为连环凶杀案。除去这些差异，道格拉斯和雷斯勒采访的 36 名犯罪人显然是性谋杀犯罪人，但不一定是连环凶杀案杀手。然而，目前我们最关心的，还是有组织型和无组织型二分法的有效性。

大卫·坎特及其同事也对道格拉斯和雷斯勒的访谈表示关注，尤其是对研究的可靠性、有效性及研究方法方面（Canter et al，2004）。坎特表明，研究者对样本的选择并不具有随机性，仅选择了那些同意与他们交谈的犯罪人进行访谈；且样本量较小，只有 36 例样本。因此，从这种非正式性的探索研究中得出二分法这一分类学的结论并不具有代表性，无法代表连环凶杀案杀手这一群体的整体特征。

基于更现实的假设而言，如《犯罪分类手册》所描述的那样，犯罪现场以及犯罪人都存在于一个连续体的范围内，有组织型位于一个极端，无组织型位于另一个极端。然而，坎特等人指出，如果现实中大多数犯罪现场是混合型，那么这种二分法几乎只是一个没有实际效用的理论提议（Canter et al，2004）。

然而，有关有组织型与无组织型二分法最令人担忧的一点是，人们很容易认为犯罪人可以被划分为有组织或无组织类型，并表现出相应的现场特征和行为模式。因此侧写人员，特别是业余的侧写师，会在侧写报告中提及这些潜在的特征和行为。大卫·坎特、劳伦斯·艾立森（Laurence Alison）及其同事意识到，有组织与无组织型二分法在世界许多地方的执法机构中广为流行，因此决定对这一被广泛应用的分类法进行测试。有组织与无组织型二分法假设，某一类型的犯罪特征会以“特征集群”的方式出现，即在表2.1和表2.2下的特征将在某一案件中共同出现。如果犯罪人是有组织型，那么则可以假设有组织型犯罪人及现场特征中，大部分特征将共同出现在某一案件中。无组织型犯罪人及其现场特征与之类似，相关特征将在某一案件中共同出现。

在坎特等人的研究中，选择的数据和采用的标准与联邦调查局《犯罪分类手册》中提及的理论模型一致。该研究的数据来源于克里斯托弗·米森（Christopher Missen）搜集的连环凶杀案杀手数据档案。根据坎特等人的说法：“这些材料包括美国国内外知名报刊、真实犯罪杂志、传记、审判记录和历史案件记录等二级来源。”研究人员收集了美国100名连环凶杀案的相关数据，每一例包括39个数据特征，如受害人的面部损伤、烧伤、咬痕、约束方式及死后对尸体的处理方式（Canter et al，2004）。

他们研究发现，连环凶杀案杀手的作案行为表现出显著的可变性。某些行为特征出现的频率较高，大部分案件中有该种行为特征（如受害人在被性侵时仍然活着）；而某些行为特征出现频率极低，仅在极少数案件中发现（如肢解）。坎特认为：“这种可变性就对二分法的有效性和可靠性表示了质疑，因为这种可变性表明，在大部分情况下，可能只有极少数案例符合二分法的标准。”此外，研究人员发现，在被归类为有组织型或无组织型的犯罪现场中，只有极少数现场出现“特征集群”的情况，也就是说大部分犯罪现场的特征没有像二分法假设的那样，有组织型或无组织型的多个特征在某一案件中共同出现。整项研究中，有组织型犯罪中最理想的“共现”或“特征集群”只有两种情况：一是70%的有组织型案件出现“隐藏尸体”和“转移尸体”的共现；二是75%的有组织型案件出现“受害人生前遭遇性侵”和“尸体经过精心摆放（转移尸体）”的共现。在无组织型犯罪现场中，特征“共现”或“集群”的情况更是极少数。

坎特等人在 2004 年的研究远比我们上述呈现的内容更为详细。但总而言之，研究人员并未找到任何能够支撑有组织型和无组织型二分法的证据。坎特等人指出："《犯罪分类手册》提出的分类法，用来描述连环性谋杀的犯罪人特征及区分犯罪现场的分类假设。我们的研究表明，没有获得强有力的数据支撑，甚至可以说没有丝毫的支撑。"我们研究的每一起案件，几乎都混合了两个有组织型特征和多个随机排列的无组织型特征。也就是说，连环凶杀案杀手的实际行为特征比二分法中提及的特征要复杂得多。此外，根据坎特等人对犯罪现场中某些核心高频且有序特征的分析，他们认为"总体而言，连环凶杀案杀手是有组织型的"。

在英国，坎特、艾立森和同事们近年来进行了大量关于侧写的其他研究，其中很多内容将在第 3 章讨论。相比之下，美国，尤其是联邦调查局所采取的犯罪现场侧写方法，更像是一门艺术而非科学。然而，正如本章前面所看到的，近年来美国侦查人员试图研究出临床侧写与精算侧写（以统计学为基础的侧写）相结合的侧写方式。

那些没有经过联邦调查局或国际刑事侦查分析协会（International Criminal Investigative Analysis Fellowship，ICIAF）培训的人可能不会相信，那些继续以独立顾问身份与侦查人员合作的前探员可能也不会相信，2009 年道格拉斯在国家公共广播电台接受采访时，格拉德威尔（Gladwell）——一名电台采访人，认为道格拉斯将会对坎特、艾立森等人的批判性研究有一个深思熟虑的回应。但很快发现，道格拉斯根本就不知道艾立森是谁，也不知道对他二分法的学术批评是什么。似乎很多人都对道格拉斯进行了较为负面的评价，特别是道格拉斯早已从联邦调查局退休，但他继续通过咨询顾问的身份和媒体访谈来吸引大众注意，因此受到大众的批评也在情理之中。

2.4　分类学与侧写

如上所述，分类学是指一种具有特定标准的分类系统，用于将个体或其他行为特征区分为不同类别。目前，至少有 16 种分类学能够应用于犯罪侧写，包括杀人犯、强奸犯、儿童强奸犯、入室盗窃犯、纵火犯和恐怖分子的分类学。当提到虐待型杀人犯、虐童犯等诸如此类的侧写时，侧写师会讨论与这些分类学相关的特征（如虐待行为），这将会在第 5 章讨论。通常情况下，分类学用于将各种各样的行为特征归类为一组组具有显著共同特征的类别，这可能具有一定的实用性，但还是应该谨慎使用。因此通过对犯罪现场进行分类，并将未知犯罪人分为有组织型和无组织型，联邦调查局采用的就是一种分类学方法。

当我们将个体（在本领域，即犯罪人）行为特征归入某一类别时，我们假设其行为在时间和地点上具有跨情境的一致性。犯罪现场分类学建立在这样一个前提下：个体行为（犯罪人行为）在不同情境下基本上是相同的。但事实未必如此。例如，分类学假设一个人在家中的行为方式基本上与其在教室、朋友家、工作单位或公共场所中的行为方式相同。然而，这种假设的有效性仍然存在争议。一些研究者主张，人类在不同情境下的行为是不一致的，而关于行为倾向或人格特征的稳定性没有得到较多的支持（Mischel，1968；Mischel & Peake，1982）。另外，人类行为具有跨时间的稳定性，即跨时间一致性（Temporal Consistency），这一观点是得到认可的。只要情境非常相似，那么人们在一生中可能会以相同的方式对情境作出反应。但当情境改变时，行为也可能会改变。瓦尔特·米歇尔（Walter Mischel）和菲利普·皮克（Philip Peake）根据他们的研究结果得出结论，个体行为高度依赖于情境或社会环境的性质，并且个体能够对不同情境进行区分，并在不同情境下作出不同的反应。本质上讲，跨情境一致性是分类学中的关键问题。也就是说，如果个体行为并不具有跨情境的一致性，那么当我们根据犯罪现场的线索进行分析与推论时就必须非常谨慎。如前所述，行为一致性是现有研究中一个非常热门的话题，特别是与并案分析相关的部分。

罗伯特·开普和威廉·伯纳斯于2003年声称，尽管分类学能够用于描述相同特征，但“却不能为侦查人员提供用于评估犯罪现场的要素”（Keppel&Birnes，2003）。他们将霍姆斯（Holmes）连环凶杀案杀手分类法视为一个主要例子。该分类法最初由霍姆斯和德·伯格（De Burger）提出，后来由霍姆斯进行补充与发展。他们称，这种分类学不仅在犯罪现场勘查中的价值有限，而且缺乏实证研究的支持。此外，开普根据他30多年的凶杀案侦查经验认为，很少有侦查人员使用道格拉斯等人于1992年出版的《犯罪分类手册》中的分类学。据开普在2003年所述：

> 事实上，联邦调查局的暴力犯罪逮捕计划（ViCAP）、华盛顿州、俄勒冈州和爱达荷州的凶杀案侦查追踪系统（HITS）以及加拿大皇家骑警的暴力犯罪并案分析系统（ViCLAS）等主要的凶杀案件追踪系统，都是用于集中存储凶杀案信息的数据库，并不会用任何一种分类学来将凶手进行分类……因为《犯罪分类手册》和霍姆斯对犯罪现场及连环凶杀案杀手的分类描述并不详细（Keppel，2003）。

开普等人认为，总体而言，凶杀案侦查人员表明分类学和其他犯罪分类方式在凶杀案件侦破过程中所提供的帮助甚微。

2.5 临床侧写与精算侧写

很大程度上，由联邦调查局支持的侧写工作是以临床方法为导向的，尽管近年来出现了向精算法转变的迹象。临床方法基于经验、专业知识和训练的积累，通常还夹杂着直觉和主观性。这是大多数侧写师首选的策略。不幸的是，临床侧写往往带有认知偏差，从而使侧写缺乏准确性（Grove & Meehl, 1996），其中最常见的认知偏差将在后面讨论。

第 3 章将详细讨论精算侧写法，即基于具有相似特征的群体既有的行为表现来进行侧写，它是指运用先前事件的数据来估计特定结果的概率。精算预测中运用的一个基础统计学概念是基本比率（Base Rate），其定义是在特定时间段内（通常为一年），某一行为在特定群体中出现的统计学比率。例如，保险公司收集了大量关于交通事故的统计数据，这些统计数据可能显示出那些学校成绩普通且驾驶特定类型汽车（如新款跑车）的 20 岁男性大学生，在一年内遭遇交通事故的概率非常高。这一群体遭遇交通事故的基本比率大概为 40%。如果某一学生属于这个群体，他将比一个学校成绩优异、驾驶一辆开了 10 年凯美瑞的 20 岁女性大学生交更多的保费。精算法不仅被保险行业广泛采用，也逐渐渗透到刑事司法、执法领域。

预测工具很大程度上能够帮助我们判定在警务、执法、刑罚执行过程中个体的行为。例如，美国国税局通过使用判别指数函数来预测潜在的逃税行为，从而确定哪些纳税申报需要审计；通过既有毒品走私犯的特征（如种族特征）在机场、公路和街道上进行搜索，从而识别犯罪嫌疑人；通过风险评估工具来决定预审拘留、刑期长度、监狱分类和假释资格（Harcourt, 2007, p. 2）。

盖瑞·科普森及其同事提出的一种类似于联邦调查局使用的犯罪侧写方法，被称为临床侧写方法（Copson, Badcock, Boon & Britton, 1997）。科普森曾是伦敦警察厅社区部门的总警司，后来晋升为指挥官。据科普森称，临床侧写师试图识别出比其他侧写方法（如联邦调查局的方法）更广泛、更复杂的潜意识行为信号。但笔者并不认同这一观点。美国政府的犯罪侧写师通常更偏向于运用临床法而非精算法来进行重大案件的侦破。临床法高度依赖于侧写师在侦查或训练过程中经验的积累，鼓励直觉与主观判断。例如，2011 年 5 月，国家暴力犯罪分析中心的行为分析部门（见焦点 2.1）开启了一项行为访谈项目，旨在了解暴力犯罪人的心理特征。新闻稿中提到，“这些访谈的结果既可用于研究和培训，也有可能助力于侦查人员侦破案件”（FBI,

2011a）。访谈过程包括询问犯罪人生活的各个方面，从他最早的童年经历，到他由于绑架、性侵、杀人而被定罪的那一刻。

科普森及其同事们公开了他们的侧写方法。例如，他们在侧写实践中确定了三个常见特征。临床模型的一个关键特征是提出以下三个基本问题：（1）案件发生了什么（包括何时何地）？（2）案件是如何发生的？（3）事件的受害人是谁？另一个关键特征是犯罪现场的调查与访问，这对于理解犯罪行为起到了至关重要的作用。犯罪现场照片、尸体照片和尸检报告、犯罪地点周边地图以及证人证词也是非常重要的。临床模型的核心，即第三个重要特征，与联邦调查局的犯罪侧写方法类似，是推断犯罪动机。动机的识别是有助于确定犯罪人显著特征的思考起点。虽然临床侧写师会考虑案件中的犯罪标记、伪造现场和有组织型无组织型二分法，但他们思考的程度更为深入，依据是科普森等人的说法："当他们分析案件材料时，他们在寻找认知和情感的特征，包括情绪与需求；寻找犯罪人关于愤怒、权力和控制的显性或隐性表达；寻找关于强迫行为的证据；寻找其他潜在的心理影响机制"（Copson et al，1997，p. 15）。临床侧写的另一个重要特征是在侧写报告最终确定之前，侧写师与警方侦查人员之间的沟通、交流和讨论。只有在与侦查人员沟通、交流之后形成的侧写才能算是一份完善的侧写报告。"正是这个沟通、交流与讨论的部分，使许多执法人员尤其重视临床法"（p. 16）。科普森批评了坎特及其同事采用的精算法，这将在下一章进行讨论。"一些学者似乎认为坎特的方法是英国唯一有效且系统化的侧写方法，可能因为坎特本人是这么说的"（p. 13）。

临床侧写的原则还包括保证对案件的个性化分析。也就是说，侧写报告不应该基于对暴力犯罪人标准化、普遍化的特征，而是根据警方侦查人员对犯罪人心理内容的理解进行定向的深度分析。此外，侧写师应该习惯将侧写视为一个具有发展性、变化性的过程，因为随着侦查中更多信息的提供，侧写应该进行相应的变化。侧写报告还包括未知犯罪人的特征推断表，即对犯罪人特征的推断过程，一些侧写师会提供诸多观察、预测和建议来佐证自己的推断。临床侧写师通常会对犯罪人的个体特征、行为特征及其未来行为的预测提供建议。此外，警方侦查人员有时会要求侧写师提供关于审讯策略、多起案件的并案分析以及对证人证词的评估（Gudjonsson & Copson，1997）。然而需要注意的是，一些侦查人员对侧写师提供审讯策略持谨慎态度，尤其是在侧写师本人不是执法人员的情况下。在一项研究中，侦查人员指出，与其共事的侧写师提供的审讯策略甚至和法律法规背道而驰（Gekoski & Gray，2011）。另一点是，作为侧写师的心理学家或精神病理学家通常被认为担任着辅助执法人员的角色，而不是独立进行侦查工作的专家。

科普森等人强调，侧写需要"逻辑的飞跃，观察或预测超出当前已知的内容”（Copson et al，1997，p. 14）。他们认为，在侧写当前的发展阶段，必须以这种方式实践，因为目前的侧写远非一门科学。正是如此，临床侧写比枯燥无味的精算（统计）法更受欢迎、更具趣味性。但以统计学为基础的精算法更多基于科学研究，不易受认知偏差和主观判断的影响。

2.6　侧写师的专业培训与独特品质

在北美，侧写师的培训最初由联邦调查局警察研究协会负责。1966 年至 1991 年，为期 10 个月的训练项目将来自世界各地的 32 名警察培训成专业侧写师。然而，1992 年，这个项目戛然而止，因为当局内部更愿意继续培训他们自己的探员。由于联邦调查局并没有“侧写师”这一专门职务，所以并没有正式将这些培训的探员称为“侧写师”，但在其出版物中还是频繁地使用非正式的“侧写师”这一术语。如第 1 章所言，为本书一致性考虑，全书依旧使用“侧写师”这一术语，但其他术语（如行为分析师、刑事侦查分析师等）也是“侧写师”的近义或同义词。此外，今天许多自称为侧写师的人专业性背景参差不齐，有的并非心理学家、精神病理学医生或相关研究人员。

联邦调查局组织的培训项目，因其与连环犯罪人的侧写有关而广为人知，经常在娱乐媒体和小说中被提及。例如，乔·尼斯博（Jo Nesbo）2010 年的小说《雪人》（*The Snowman*）中，主要的执法人员是一位挪威警员，他是其所在执法机构里唯一接受过美国联邦调查局培训的侧写连环凶杀案杀手的警员。他回到挪威，运用在培训中所学习的侧写技术，成功抓捕了一名连环凶杀案杀手，并正在侦破另一系列连环凶杀案。

从 1992 年开始，国际刑事侦查分析协会（ICIAF）开始提供刑事侦查分析的认证和培训服务，其官网称，它是全球唯一一个为侧写师进行培训和认证的组织。参加培训的人员必须是至少有 3 年暴力犯罪侦查经验的警官，且需满足其他条件。ICIAF 分为两个部门：犯罪侧写部门和地理侧写部门。该组织由来自美国、加拿大、荷兰、英国和澳大利亚的 110 名成员组成。

尽管对经过培训的侧写师进行认证具有一定意义，但并没有证据表明 ICIAF 的成员比没有接受过 ICIAF 培训但知识渊博的侦查人员在犯罪行为的预测上准确性更高。但正如布尔克等人所言，“ICIAF 的选拔和培训项目能够保护侧写师免遭那些非科学侧写的影响”。当然，一些人会认为 ICIAF 认证机制具有排他性，因此是一种保护主义，可能引起侧写师和警察机构的争端。布尔克等人进一步总结道：

然而，我们认为应当规范侧写方法，制定绩效标准，并进行实证研究，以衡量犯罪侧写在加拿大的有效性、实用性（Bourque，2009，p. 44）。

目前，侧写师在美国和许多其他国家尚未成为受监管的职业，因此任何人都可以合法地自称为侧写师。在大多数情况下，除非有经过 ICIAF 培训且认证的人，否则警方通常会接触他们认识或曾有过相关经验的人，以案件侦查顾问的身份进行侧写工作。相比之下，英国、加拿大和澳大利亚对从事侧写工作的人员有一定的监管规定（Rainbow，2011）。

正如古德强森和科普森在 1997 年所述：

犯罪侧写是一门综合性技术，不与任何一门专业知识具有直接联系，警方也无法确认某一领域专家作为侧写师在案件侦破过程中的有效性。通常情况下，很难对任何专家的身份进行评估（Gudjonsson & Copson，1997，p. 68）。

对于这一问题，你将会在第 9 章看到许多实例，那时我们将讨论侧写师在刑事和民事法庭上提供专家证词的问题。

总之，虽然各国在犯罪侧写的实践上可能存在显著差异，但大部分的侧写工作是由未经认证的专家进行。海兹伍德、雷斯勒、狄普和道格拉斯认为，只有当个体具有一定执法经历和侦查经验时，才有资格自称为侧写师（Hazelwood et al，1995）。约翰·道格拉斯指出："当我培训侧写师时，我告诉他们必须站在犯罪人和受害人的角度，必须体验双方的感受和情绪"（Douglas，2007，p. 10）。长期在联邦调查局工作的探员玛丽·艾伦·奥图尔（Mary Ellen O' Toole）是犯罪侧写领域的主要专家，她对此的看法如下：

一位经验丰富且训练有素的侧写师直觉准确，具有较大的常识性知识储备，能够以简明且具有逻辑性的方式对信息进行思考与评估。成功的侧写师还能够抑制个人对犯罪的主观情绪，并从犯罪现场、犯罪人与受害人间互动的角度来进行分析。最关键的是，成功的侧写师能够从犯罪人的视角而非自己的视角来理解犯罪。

此外，成功的侧写师对人类行为、两性关系、犯罪现场勘查、法医学应有深入的了解，并在研究暴力犯罪以及向侦查人员提供侦破线索上，有过相关经验或接受过相关专业培训（p. 45）。

另外，坎特和艾立森声称，大众普遍存在一种误解，认为只有与犯罪人打过交道或有过一定侦查经验的人才能掌握侧写的专业技能和知识（Canter & Alison，2000）。研究人员和洞察、理解能力较强的相关人士同样可以在犯罪侧写领域取得重大突破和发现。无论侧写师的经验、背景如何，一个成功的侧写师都应该深入理解科学研究的基本概念和统计方法，并了解侧写领域的最新研究成果。此外，侧写师还应该充分意识到在侧写过程中可能存在的诸多认知偏差，这些偏差极有可能影响侧写的准确性。

2.7 犯罪现场侧写的准确性和有效性

斯努克等人认为，毋庸置疑，犯罪侧写被全球范围内的执法机关运用于侦查实践过程中（Snook et al，2008）。警方侦查人员和私人侦探表示，在侦查特定犯罪，尤其是暴力犯罪和连环犯罪案件时，犯罪侧写效果显著。在斯努克等人报道的一项调查中，英国有 80%的警察表示，犯罪侧写对他们的侦查工作有较大的帮助，且愿意再次寻求侧写师协助。在一项对法医心理学家和精神病理学家的网络调查中，托瑞斯、波卡西尼和米勒声称，40%的专业人士认为犯罪侧写在科学上是具有可靠性和有效性的（Torres，Boccaccini，Miller，2006）。

在 2011 年的一篇文章中，杰科斯基（Gekoski）和盖瑞（Gray）区分了准确性和有用性的概念。他们认为，即使一个侧写报告在某种程度上是准确的（即对犯罪人特征点准确预测的数量），也可能对执法部门来说并不具备有效性（或者有效性较低）。换句话说，执法人员可能会通过常规的侦查方法自行得出相同结论。此外，侧写报告提供的大量信息可能并不具有针对性，符合这些特征的人群范围较广，甚至导致侦查人员将注意力集中在错误线索上。

为了探讨以上问题，杰科斯基和盖瑞在 2011 年对英国的 11 名侦查人员进行了半结构化访谈。这些侦查人员平均在警务工作中有 26 年的经验，总共在 34 起案件上受到侧写师的帮助，因而共有 34 份犯罪侧写报告能够与研究者进行讨论。这 11 名侦查人员认为侧写师提供的帮助一定程度上对侦查过程起到了积极作用，但仍具有一定缺陷。少数侦查人员对侧写师的帮助持怀疑态度并直接忽略了侧写师的意见，且也有人认为侧写报告的实际价值被夸大了，在某些情况下甚至会导致侦查方向的偏离。大多数侦查人员表示，他们从侧写师那里获得的信息可以或已经通过传统的侦查方式获取。换句话说，侧写师告诉他们的信息都是已知的，而没有任何未知的新信息。杰科斯基和盖瑞认为，通过对侧写师［在英国被称为行为侦查分析师（Behavioral Investigative Analysts，BIAs）］进行高质量和及时的培训，上述问题可能会得到缓解。另外，现代警务人员可以利用高科技侦查手段对案件进行侦破，如 DNA（见焦点 2.3）。“随着高科技侦查技术的发展，与过去侦查方式有限的时代相比，警方对犯罪侧写的需求或热情就没有那么强烈了”（Gekoski & Gray，2011，p. 114）。

犯罪侧写准确性方面的研究非常少。斯努克等人于2007年发现，犯罪侧写师非常不愿意参与涉及其侧写准确性的研究。例如，科奇什、欧文、海耶斯和努恩于2000年邀请了几个国家的40名活跃的犯罪侧写师参与他们的研究，但只有5人同意参加。参与这项研究唯一的条件是他们必须“与执法机构合作并在案件侦查过程中提供侧写报告”（Kocsis et al，2000，p. 316）。

焦点 2. 3

高科技侦查手段将成为犯罪侧写发展的阻碍吗？

过去30年里，刑侦人员在收集、鉴定和处理犯罪现场的物证方面取得了诸多突破与创新。其中最广为人知的就是DNA（脱氧核糖核酸）分析。一些学者甚至认为，日益发展的DNA分析可能会逐渐使犯罪现场侧写遭到抛弃（Gekoski & Gray，2011）。DNA测试能够分析较小样本的生物材料，并且检测结果往往更具针对性。DNA数据库存储量非常庞大，存储了已知犯罪人的DNA和从未破获案件中提取的DNA。在犯罪现场提取的DNA可以与数据库进行对比。法医实验室还通过计算机科技开发了高级分析技术，如DNA联合检索系统（CODIS）、自动指纹识别系统（AFIS）和全国集成弹道识别网络（NIBIN）。未来，DNA分析还有可能提供犯罪嫌疑人的生理特征，包括头发和眼睛的颜色。

随着高科技技术在侦查过程中的使用，行为侧写技术在未来是否还会继续使用呢？心理科学具有概率性，而非确定性。尽管DNA分析和其他类似的科技分析方法存在一定误差，但比起侧写而言依然更为可靠。在一系列连环凶杀案件中，三名被害人与一名幸存者都与理查德·马克·埃文尼茨（Richard Mark Evonitz）存在联系。因此他的住所、汽车里的纤维被用来和受害人家中的物品进行DNA配对。在许多刑事侦查中，DNA测试已成为例行程序；侦查人员也会重启悬案，以期通过DNA测试获取更多的线索。然而，2011年据国家司法研究所称，DNA测试的需求超过了犯罪实验室处理这些案件的能力。并且，DNA测试也存在一定的争议。在立法层面，对大规模犯罪嫌疑人或犯罪人进行DNA测试的许可通常涉及公民自由权的问题。另外，由于DNA测试能够为案件提供新的补充性证据，许多囚犯也要求重新审理他们的案件。许多已经被定罪的囚犯通过DNA测试洗去了冤屈，因为犯罪现场的DNA与他们的DNA并不匹配。

> 总之，DNA 测试和其他现代侦查技术都涉及许多问题，包括犯罪侧写中社会学与行为学科学方法的使用。正如国家司法研究所 2011 年所称，DNA 测试需求过大“不是一次性事件，而是动态的，受到供求关系的影响。需求可能减少，但也可能增加”。同样的情况也适用于对犯罪现场侧写的需求。

在一项 1990 年的研究中，皮尼佐托和芬克尔试图评估侧写师对犯罪人特征预测的准确性（Pinizzotto & Finkel，1990）。该研究共 28 名参与者，包括 4 名在联邦调查局学院接受过培训的侧写专家，6 名在联邦调查接受过人格侧写培训的美国警察，6 名没有接受过任何培训但经验丰富的私家侦探，6 名对刑事侦查和犯罪侧写毫无经验的临床心理学家以及 6 名未接受过任何培训的本科生。参与者们收到两起案件（凶杀案和性犯罪案件）的各种资料，包括各种照片、受害人信息、尸检和毒理学报告以及犯罪现场报告。这两起案件均已结案，犯罪人已被捕定罪。参与者需要完成两件事：第一，参与者需要撰写一份侧写报告，包括他们预测的犯罪人特征；第二，研究人员为参与者提供了 5 个潜在犯罪人，参与者需要分别评估 5 个人犯下这起案件的可能性，并由高到低进行排序。

最后的研究结果并未强有力地佐证犯罪侧写的准确性。培训有素的侧写专家在对性犯罪案件的侧写上准确度较高，但对凶杀案的侧写准确度只比未接受过培训的群体高一点点。研究人员还试图确定专家和非专家在处理案件信息时是否存在任何性质上的差异。结果发现，专家在犯罪侧写过程中所使用的认知方法和策略与非专家并无显著差异。然而，实验的人为性和给定材料中信息的质量可能是研究结果的影响因素。研究人员发现，一些接受过培训的侧写师对某一特定材料进行侧写的准确度更高，通常是因为侧写师对这一材料的处理更感兴趣、技巧性更强。例如，有的参与者擅长从尸检或毒理报告中获取侧写信息，而另一些参与者则更擅长从犯罪现场照片中辨别线索。这一发现表明，由一组接受过培训的专家共同进行犯罪侧写可能比一名侧写师的分析准确性更高。在当代，犯罪侧写通常以团队形式进行，而非个人独立侧写。皮尼佐托和芬克尔称，从他们的研究中能够得出结论，犯罪侧写涉及一系列复杂的任务，需要进行“多层次的归因、关联和预测”（Pinizzotto & Finkel，1990，p. 230）。

1995 年，伦敦警察厅的盖瑞·科普森（Gary Copson）进行了一项广为引用的研究，这项研究直接涉及犯罪侧写的准确性，前文内容提及科普森细致地阐述了临床侧写的方法。科普森的研究包括警方提供的 184 起涉及犯罪侧写的案件，共由 29 名侧写师完成，分别为 4 名法医精神病理学家、4 名临床心理学家、6 名法医心理学家、5 名心理学学术研究者和 4 名英国警察。其中，12 名侧写师仅参与了一起案件，2 名侧写师主导了大部分犯罪侧写工作，分别是 1 名临床心理学家和 1 名心理学学术研究者。两人共参与了 88 起案件的侧写工作。该研究中需要进行侧写的犯罪类型包括凶杀案（113 起）、强奸案（40 起）、勒索案（12 起）、除强奸外的其他性犯罪（10 起）、纵火案（4 起）、绑架案（3 起）、威胁案（2 起）。这些案件中，侧写师被要求提供犯罪侧写（116 起）和理解犯罪动机（112 起）。科普森研究发现，侧写师的预测只对其中 14.1%的案件侦破起积极作用。然而，他还发现，82.6%的警察认为犯罪侧写在某种程度上有助于他们的侦查工作。具体而言，警方侦查人员认为，犯罪侧写能够用于确定犯罪人身份的案件比例仅为 2.7%，但约 61%的案件侧写有助于更好地理解犯罪人的行为和动机。侦查人员还报告，在 5.4%的案件中，犯罪侧写有助于结构化的审讯过程。布尔克等人于 2009 年对这项研究进行评价：只有 17%的案件，警方侦查人员认为犯罪侧写对案件侦破毫无用处。此外，很少有侦查人员直接采纳侧写师的建议。布尔克等人认为，侧写师的身份是影响侦查人员对侧写有效性判断的主要变量，因为侧写师本人的声誉很大程度上决定了侦查人员对侧写报告的信任程度。

布伦特·斯努克（Brent Snook）等人于 2007 年对犯罪侧写准确性和有效性的实证研究进行了元分析。值得注意的是，斯努克及其同事曾对侧写工作持消极态度，尤其是因为侧写师不公开其侧写方法，因此这些方法未经实证研究的验证。在 2007 年的元分析研究中，他们得出结论称，侧写师在预测犯罪人认知过程、生理特征、犯罪行为、社会习惯和个人背景方面并未明显优于其他群体。他们进一步认为，犯罪侧写将继续作为一种伪科学存在，直到对侧写师这一群体进行更精确、更大规模的实证研究，以确定侧写师能够更精确地预测犯罪人特征（Snook et al，2007，p. 448）。

值得重申的是，犯罪侧写很少能够提供犯罪人具体的身份特征，但基本上能够将侦查范围缩小到少数几个潜在的犯罪嫌疑人（J. E. Douglas et al，1986）。宏观来说，犯罪侧写能够提出潜在犯罪人的类型，但几乎不可能直接而精确地揭示犯罪人身份。此外，虽然很难确定犯罪侧写的准确性，但其价值可能在于为难以解决的案件引入新的侦破思路。

2.8 犯罪现场侧写中常见的心理学认知缺陷

几乎所有的侧写报告都充斥着无法验证的推论和描述。古德强森和科普森于 1997 年指出，在一项包括 50 个已破获案件研究中，近 50%的侧写师所做的推论是无法验证的。回顾第 1 章内容也可以看到，侧写报告中对犯罪人特征的预测可能符合许多人（例如，一个低收入职业的未婚男性，常去酒吧，独居，并在性观念上较为保守）。

罗伯特·开普（Robert Keppel）和威廉·伯纳斯（William Birnes）在其 2003 年的著作中写道：

如果犯罪侧写师们给出的判断和侦查方向有误，而警方和媒体却仍然依赖于他们，这就像是德尔斐神谕所做出的预言一样…… 比起联邦调查局、心理学和精神病理学侧写师预测的行为特征，某些日期、地点和时间在侦查过程中能够提供更为可靠的事实依据（Keppel & Birnes，2003，p. 140）。

侧写师们由于其侧写的不准确性而频频受到指责。为什么他们的侧写会失误？这种较低准确性的背后有什么可能的解释呢？

侧写师在执行任务时并非持完全理性的状态。赫伯特·西蒙（Herbert Simon）于 1957 年提出了有限理性的概念（Bounded or Limited Rationality）。他指出，人类在理解世界这一极其复杂的过程中，有限的心智容量限制了我们的理性。我们每个人都建构了一个简化的心理模型来理解世界，然后基于这个模型进行思考。根据理查兹·赫尔（Richards J. Heuer Jr.）的观点，“我们在心理模型的限制内表现出理性，但这个模型并不总是完全适应现实世界的要求”（Heuer，1999，p. 3）。乔治·凯利（George A. Kelly）于 1963 年总结道，每个个体都会构建一个简化的心理模型，然后利用这个模型来感知和应对世界的复杂与混乱。如果没有这个模型，我们几乎无法确定自身的感觉、观念、信念与思想。从这一角度而言，我们每个人对待世界都有属于自己的、独特的心理模型。这些心理模型有些相似之处，但也存在一定的差异性。但总体来看，每个人的模型都与其他人不同。换句话说，没有两个人的思维方式是完全相同的。

1978 年，尼尔森·古德曼（Nelson Goodman）在讨论“世界构造”（World Making）时，以上述类似的方式解释了人类的思维和判断方式。每个人根据自身的经验和心理结构构建自己独特的世界观。尽管许多侧写师认为，为了识别连环凶杀案杀手的动机和人格，必须沉浸式深入犯罪人的思维中，但实际上这是极其困难的甚至几乎不可能做到。开普和伯纳斯于 2003 年指出，侧写师的侧写往往错误地基于他们自身对现实世界的投射，即基于他们自身所认为的杀人犯或暴力犯罪人的形象所构建而成。无论侧写师如何努力进入犯罪人的思维，他们最终都会受到自身心理模型、偏见的强烈影响。正如理查兹·赫尔（他在中央情报局工作了近 45 年）在 1999 年所言，大量关于知觉、记忆、注意力和推理能力的心理研究表明了情报员和侧写师在心智能力和“理性程度”方面的局限性。这种局限性将不可避免地导致在证据评估中出现偏差、错误的判断和决策。接下来我们将详细讨论记忆与认知偏差，这可能会解释侧写过程中不准确性、失误率高的问题。

记忆与认知偏差

赫尔认为：“所谓记忆并非单一而简单的功能。它是一个极其复杂的系统，包括由多种记忆部分组成的一系列过程。”（Heuer，1999，p. 17）。科奇什也指出，一些作者提出了如何进行犯罪侧写的模型，但这些模型缺乏实证基础，主要基于作者的个人经验和观察，通常在文献中被称为早期讨论的联邦调查局侧写法或临床侧写法。然而，科奇什指出，所有这些模型有一个共同点：“这些模型似乎都假设，个体对案件信息的接收（假设是通过记忆）是对侧写进行准确构建的心理过程中的必要组成部分”（Kocsis，2010，p. 58）。科奇什认为，侧写师的记忆越好，侧写的准确性就越高。侧写师的记忆包括他们的个体经验、训练、知识和价值观。在构建犯罪侧写时，侧写师会接收、分析案件的新信息，并将其与自己的经验进行比较，通常包括以前的案例。这在心理学上被称为“工作记忆”。随着新信息的获取和旧信息的部分遗忘，工作记忆在不断地重建。经验越少的侧写师，他们需要进行的工作记忆重建就越多。

赫尔提出，经验丰富的侧写师通过多年经验已经发展出了一套自身的技巧与思维方式，这些技巧和思维方式能够在侦查中起到积极的帮助作用，有时我们称之为“第六感”。他们认为与多年工作经验有关的记忆中存在着一些信息，能够帮助他们准确地感知犯罪的特征与模式，对此进行的推论是那些经验较少的侦查人员所不能及的。他们还认为这种通过经验积累而形成的思维方式能够帮助他们在侧写中取得成功。这种现象被称为信念固着（Belief Persistence），某种信念一旦形成，个体难以抗拒且很难更改。即使这些信念的基础被证明是完全错误的，个体也可能仍继续坚持这些信念（Nestler，2010）。某些专家仍然坚持道格拉斯和雷斯勒 30 年前提出的组织型与无组织型二分法。两人根据他们过去的工作经验、接受的专业培训、专业知识积累和常识，认为根据暴力犯罪人的访谈材料能够将其划分为两种类别。正如马尔科姆·格拉德威尔所言，约翰·道格拉斯自己似乎并不知道有学术研究在严重质疑二分法的可靠性和有效性（Malcom Gladwell，2009）。此外，根据道格拉斯个人主页（www. johndouglasmindhunter. com）的信息，他仍然认为二分法在侧写连环凶杀案犯罪人时具有价值。

艾立森与坎特认为，临床的犯罪侧写特别容易受到人类决策过程中脆弱性的影响，包括个体认知过程的扭曲、偏见与缺陷（Alison & Canter，1999a，

p. 29)。也就是说，在进行复杂的推断或决策时，个体倾向于使用简化的认知模板（Marshall & Alison，2007）。而过度依赖于简化的认知模板可能对侧写或侦查过程具有潜在危害性。

验证性偏差

近 10 年的研究表明，犯罪侧写中的许多结论和预测都存在模糊不清且难以验证的问题（Alison，Smith，Eastman & Rainbow，2003；Alison，Smith & Morgan，2003；Snook et al，2007）。侧写中的许多陈述极具模糊性，并且可以用多种方式进行解读。警方侦查人员往往会根据案件或犯罪嫌疑人的情况，解读侧写报告中含混不清的信息，以符合他们自己的偏见和直觉。侦查人员可能会选择报告中符合他们对犯罪嫌疑人预期的内容进行解读，而忽视不符合自己预期的结论和预测。这种倾向在心理学上称为验证性偏差（Confirmation Bias），这是指个体在收集证据时，倾向于寻找能够确认、佐证现有期望或信念的证据，而忽视与期望相矛盾的证据或信息。当验证性偏差发生时，我们自身会陷入一种封闭的认知状态，只有与我们现有观点和信念相符的证据才能够被接纳进来；其他不符合现有期望的信息虽然也有被注意到，但很快遭到认知系统的排斥并被判定为虚假信息（Baron & Byrne，2000，p. 8）。简而言之，验证性偏差是个体的一种倾向，这种倾向能让我们注意并记住支持、佐证某一观点的信息，如我们对犯罪嫌疑人的看法。这是一种强烈的倾向，可能不仅存在于对侧写的主观解释中，还存在于侧写分析过程中。有经验的侧写师可能会坚持他们的工作记忆以及基于多年经验积累形成的认知模板，从而有选择性地搜索、回忆或接收具有某种倾向性的信息，以支持他们固有的看法。

侦查人员和侧写师在寻找和评估证据时，关于犯罪是如何发生的以及犯罪人的特征，他们往往会在侦查前期形成初步理论或假设。这些假设有时并不是基于案件侦查过程中发现的确凿证据，而是基于侦查人员的期望、既有观念和认知偏差。正如马歇尔和艾立森所言，科普森在 1995 年的报告中指出，超过 50%的犯罪侧写被侦查人员认为“对于案件侦破过程具有有效性”，这是因为那些侧写强化了侦查人员自身的信念，佐证支持了他们自身对犯罪嫌疑人的期望（Marshall，Alison，2007，p. 288）。换句话说，警方侦查人员倾向于创造性、开放性地解释犯罪侧写中含混不清的信息，以符合他们对案件或犯罪嫌疑人的个人观点。从侦查人员自身的角度来看，这是否真的意味着犯罪侧写是准确的呢？大部分情况下，犯罪侧写形成于侦查过程的后期，这表明警方通过常规侦查已经进行了一定程度的推论，因而已经形成了一些假设及潜在偏差。

阿斯克和格兰哈格提出了在刑事侦查过程中可能促进验证性偏差形成的三个因素：其一，侦查人员通常在面对相关决策时面临巨大的时间压力。不仅工作量大，且需要在较短时间内进行决策，如是否扣留犯罪嫌疑人。其二，警察文化鼓励行事果断、果敢。这一规范往往受组织中重要任务的影响，因为他们期望及时取得较大成果。但如果有连环凶杀案杀手或强奸犯出现，较短的时间往往不足以进行深入的分析，因此时间尤为关键。其三，许多关键决策，如逮捕行动，都需要负责的侦查人员作出具体承诺。但承认决策失误会导致声誉损失，这可能促使侦查人员再三确认先前的假设与判断能否得到各种信息的支持与佐证，但却可能忽略先前判断的缺陷（Ask，Granhag，2005，p. 47）。以上三个因素也会影响侧写师的报告和相关推断。

自利性偏差

自利性偏差（Self-Serving Bias），是指个体倾向于在解释某一事件时将成功归功于自己，但对失败却不愿意承担责任。自利性偏差被视为一种自我欺骗，旨在维持自身高度的自尊。这种倾向使个体在成功的任务中将功劳归于自己，而将失败的责任归因于外部因素，从而希望自身承担的责任更少。在第 1 章中，詹姆斯·布鲁塞尔的回忆录中描述了他在“疯狂炸弹客”一案中对警方的帮助，甚至表明警方在误抓和误判时没有听取他的意见。布鲁塞尔还承认在侧写中犯了一个错误，即认为“炸弹客”未婚，而实际上他已经结婚多年。自利性偏差类似于一种以自我为中心的倾向，即在与他人合作的任务中，对自身功劳的感知往往超过了实际情况。总之，自利性偏差伴随着高度的自尊和自信，这种自尊和自信往往是他们自己希望展示给世界的形象。

基本归因错误或偏差

基本归因错误或偏差（Fundamental Attribution Error or Bias），是指个体倾向于用他人内在因素（如人格）而非外部因素（情境、环境）来解释他人行为。即人们倾向于相信他人的行为是由人格等内在因素所主导的，而不是他们所处的情境或环境。当我们不太了解一个人时，这种倾向尤为明显，这在犯罪现场侧写中也是常见的情况。传统的联邦调查局侧写法特别容易受这种偏差的影响，因为这种侧写假设犯罪行为与人格特征之间存在一致的关系。

具体而言，这种侧写假设我们可以从犯罪现场的行为推断出犯罪人的人格特征，然后用来预测其他行为。虽然临床侧写通常强调受害人是侧写过程中的重要一环，但仍可能忽视外部情境或环境因素的潜在影响。侧写过程中，需要考虑的典型外部因素包括受害人的行为反应、受害人的自卫方式、犯罪机会的大小、现场的物理环境或位置。

对于侧写师而言，理解个体内部因素对行为的影响并没有错，因为对个体行为的预测很大程度上依赖于个体内部因素。但夸大内部因素的影响程度可能会导致结论出错。当侧写师假设犯罪行为与人格特征具有一致且稳定的关系时，往往可能会导致预测失误。因为犯罪情境一定程度上也会对犯罪行为产生影响。例如，道格拉斯和欧夏克于 1995 年提出“杀人犯三因素”（Homicidal Triad），即尿床、虐待动物和纵火（Douglas & Olshaker，1995，p. 139）。然而，实证研究并不支持这一理论假设，尽管其中一个要素“虐待动物”目前已被证明与暴力行为具有相关性。道格拉斯和欧夏克还于 2000 年提出，性谋杀犯罪人“难以应对权威”，且“会抓住一切控制他人的机会”（Douglas & Olshaker，2000，p. 29）。虽然这些观点听着具有吸引力，但这始终是理论假设，一种未在犯罪学实证研究中得到支持的基本归因错误。

以上社会心理学原理能够帮助我们解释为何一些犯罪侧写会频频失误。尤其是临床侧写更容易受到认知偏差的影响，当然，其他侧写方法也或多或少受其影响。此外，其他侧写方法也各有缺点，后续章节将陆续提到。

2.9　本章总结

犯罪现场侧写是通过对犯罪现场的勘查来寻找未知犯罪人认知、行为和人口统计学特征的过程。在许多方面与侦查人员的工作相同。然而，训练有素的侧写师能够通过较强的洞察力来将这一过程精细化，并为警方提供其他帮助。

我们讨论了犯罪侧写在美国的早期历史，重点关注了联邦调查局行为科学部（BSU）相关人员的工作，他们在霍华德·泰坦、约翰·道格拉斯及其同事的领导下对犯罪侧写进一步研究。一些探员开始在出版物上发表他们的工作经验，向全国的侦查人员介绍犯罪侧写的概念。道格拉斯和他的同事罗伯特·雷斯勒进行的访谈为有组织型与无组织型二分法奠定了基础，这一分类学持续至今，且一直以来是联邦调查局侧写的核心。尽管道格拉斯本人修改了二分法，并提出了“混合型”的类别，但反对者认为，无论是二分法还是连续体，这种方法的有效性都应该画上问号。同样，联邦调查局的《犯罪分类手册》在准确性、有效性上受到质疑。该手册表明了联邦调查局的犯罪侧写更倾向于采用临床法而非精算法，因此容易受到学术界和研究者的批评。

目前许多侧写师通过联邦调查局的专业培训并获得了证书。有的还接受了国际刑事侦查分析协会（ICIAF）的专业培训，这是一个致力于培训侧写师、提高其侧写技能的国际组织。然而，目前还没有正式的相关组织来对犯罪侧写这一行业进行监管。有时，与警方合作的侧写师可能并不具备该领域所需的专业知识和技能。下一章我们将讨论专业的侧写工作所需的犯罪学理论和研究知识以及对侦查过程的学习。

本章还介绍了一些常见的犯罪现场侧写概念，包括作案手法、犯罪标记、现场伪造和纪念品或战利品。我们还讨论了并案分析的过程，这在研究和实践中越发受到关注。并案分析涉及在各起案件中找到相似特征，并确认这些案件是否为同一名犯罪人所实施。此外，并案分析可能涉及对犯罪数据库的挖掘，通过犯罪特征的对比，从而确定该名犯罪人是否还犯下了其他案件，且这些案件目前尚未破获。并案分析的基本假设是行为一致性，即认为个体在某一时间段内不同情境下的行为具有一致性。因此可以通过识别犯罪人作案手法的方式来将一系列案件与同一名犯罪人相联系。但研究者对行为一致性的研究有不同的结论。在缺乏其他数据支撑的情况下，断定行为特征的一致性存在与否还为时尚早。

最后，我们以一些社会心理学效应来进行本章的收尾，这些效应有助于解释为什么犯罪侧写在侦查实践过程中，尤其是在侦破连环暴力案件、性犯罪或凶杀案中，未能达到预期的效果。和所有人一样，侧写师也会受到各种认知偏差的影响，包括验证性偏差，即个体倾向于聚焦能够支持、佐证、解释自身先前假设的线索；自利性偏差，即将成功因素归功于自身而将失败因素归因于外部的倾向；基本归因偏差，即过分强调个体内部因素对行为的影响而忽视外部情境、环境因素。即便上述效应可能会对侧写产生消极影响，但犯罪现场侧写对执法机关而言仍是极为有用的侦查工具。

本章专业术语汇总

精算侧写	演绎分析	有组织型犯罪现场
基本比率	无组织的非社交型犯罪人	有组织的非社会型犯罪人
行为分析部	无组织型犯罪现场	犯罪标记
行为科学部	基本归因偏差	自利性偏差
信念固着	归纳分析	战利品
并案	国际刑事侦查分析协会	伪造现场
儿童绑架快速反应小组	并案分析	纪念品
儿童绑架反应小组	混合型犯罪现场	分类学
临床侧写	作案手法	愧疚行为
验证性偏差	国家暴力犯罪分析中心	暴力犯罪逮捕计划

第3章

犯罪现场侧写的科学方法

就像看一场畸形秀那样，带着一种病态的兴趣，想要对犯罪行为深处所隐秘的奇异特征抽丝剥茧，这种欲望似乎无法抵挡。

——艾立森、坎特

犯罪现场的“奇异”特征吸引了侦查人员、媒体甚至是公众的注意。正如第2章提到的，犯罪现场的某些独特方面，如犯罪标记，能够被运用于犯罪侧写中。此外，轰动一时的案件通常会受到更多关注，而实际上，各种形式的犯罪侧写可以应用于不同类型的案件，而不仅仅运用于凶杀案或陌生人绑架案件。劳伦斯·艾立森写道：

关于犯罪侧写的信念似乎已在很多人心中根深蒂固，以至于许多最敏锐甚至最聪明的学生对媒体所描述的侧写深信不疑，因此他们很难以批判性的态度对其进行思考（Laurence Alison，2005，p. 9）。

本章从多个角度对犯罪侧写现状进行比前两章更具批判性地分析。实际上，读者可能会看到犯罪侧写的现状并不乐观。侧写并不是什么神秘的东西，它渗透于侦查过程的方方面面。犯罪现场侧写的最优形式，并不是进入犯罪人邪恶的内心世界或判断犯罪人是有组织型还是无组织型，而是判断受害人是如何被选择的，受害人是如何被对待的，犯罪现场或受害人身上留下了什么物证痕迹以及犯罪人为了接近受害人的通勤距离。此外，犯罪侧写报告应当体现出侧写师对犯罪心理学知识的广泛应用。

3.1 关于犯罪侧写的误解

在一篇文章中，李伦博和亚当·格里高利指出，公众和许多专业人士对犯罪侧写存在几个普遍的误解（见表3.1）（Rainbow & Gregory，2011）。最常见的误解（第一个误解）是，侧写师常常会对犯罪人的人格特征作出预测或假设。但这种人格分析不仅可靠性和有效性存疑，而且犯罪人的人格特征往往对警方侦查没有实际帮助。例如，预测一名犯罪人是外向型人格、焦虑、自恋且有强迫症，但这对侦查几乎没有实质性帮助。尽管经典的联邦调查局侧写法认为“犯罪现场能够反映凶手的行为和人格特征，就像家具能够反映房主的性格一样”。现代侧写师应警方要求，尝试更多地关注犯罪人的行为特征，这些特征能够对警方侦查起到实质性帮助。例如，侦查人员可能会想知道犯罪人是否经常参与户外活动、光顾某家俱乐部，或是否从事办公室工作。这些行为或许可以与人格特征相联系，但在侧写报告中不必使用与人格相关的术语。如果使用，应该谨慎对待。

第二个误解是，认为侧写师的目标是侦破案件。李伦博和亚当·格里高利指出，这种误解往往来自那些“想要自我吹嘘的”侧写师出版的回忆录和传记，这些回忆录聚焦于他们所参与的“成功”破获的案件。“这些回忆录里的描述极具主观性，像极了以自我推崇为目的而撰写的，它聚焦于侧写师特有的贡献以及他们难以置信的洞察力和准确性”（p. 20）。许多侧写师在回忆录中暗示，案件的解决主要归功于他们自身的技巧和能力。精神病理学家詹姆斯·布鲁塞尔在回忆录中专门为一个案件撰写了一章的文字，他认为警方抓错了人。布鲁塞尔认为警方忽视了他的侧写报告，而这份报告指向了真正的犯罪人，并且这名犯罪人最终离开了美国。但是警方抓捕的那名犯罪人已经定罪且认罪，目前仍在监禁中。所有专业侧写的主要目标是基于行为科学范畴的不同视角来辅助侦查及决策过程，而不在于解决案件。

与上述情况相关的是，那些非执法人员的侧写师可能会过于投入案件，以至于将自己视为警方执法机关的一员。英国曾有一起引起轰动的案件（Regina v. Stagg，1994），负责该案的侧写师在侦查阶段过于深入，鼓励一名卧底警察不断刺激犯罪嫌疑人，让其承认一起残忍的犯罪。犯罪嫌疑人最终未承认罪行，并且在被洗清嫌疑之前已在拘留中度过了一年多的时间。稍后会对该案件详细讨论。

第三个误解是，犯罪侧写可以被认为是一项成熟的、具有科学性的工作。这种误解普遍存在于大众中甚至连警方侦查人员也存在这一误解，这主要是受相关电影和电视剧的影响。虽然侧写师应该基于实证研究和心理学原理在侧写的方法论上提供可靠建议，但目前的犯罪侧写仍处于早期发展阶段，尚未确立科学性（Kocsis，2009；Snook et al，2008）。尽管行为分析师或侧写师作为专家证人所提供的证词常常被法院接纳，但全球法院还是认为侧写技术及其方法具有局限性，这将会在第 9 章详细讨论。此外，虽然许多侧写师希望自己在侧写领域的专业性得到认可，但许多研究者和侧写师目前的目标仍是将犯罪现场侧写科学化，将其发展为能够运用于侦查过程的科学实践。

表 3.1　关于犯罪侧写的误解与真相

误解	真相
侧写将对犯罪人人格进行预测	人格预测的可靠性和有效性存疑 人格特征分析对侦查过程没有实质性帮助 应该关注犯罪人的行为特征
侧写的目标是解决或破获案件	侧写师为警方提供的侧写准确度存疑 非执法机关的侧写师不应该将自己视为其中一员
侧写是一项具有科学性的工作	虽然推崇在侧写中运用科学方法 但侧写仍处于早期发展阶段，远不能称之为一门科学

3.2　犯罪侧写科学化的理论基础

美国哲学家查尔斯·皮尔斯（Charles Peirce）概述了我们对世界信念形成和知识获取的四种一般方式。第一种信念形成和知识获取的方法是持续性法则（Method of Tenacity），人们会坚守对于某种行为的信念，仅仅因为他们一直相信这些信念是正确的。这些信念即使在面对与此相反的证据时也不会动摇："我知道我是对的，无论其他人或证据怎么说。" 这种对某种信念的坚持也可能依赖于直觉或直观感受。在侦查领域，这种现象被称为信念固着（Belief Persistence）（Rainbow，Almond & Alison，2011），这一点在第 2 章中也有提及。这种心理特征似乎在许多侧写师中较为常见。一旦他们对犯罪人形成了某种预测和假设，则会坚持自己的观点，无论是否有相反的信息或证据出现。有时，信念固着甚至在侧写师的语言使用上也有所体现，一般表现为语言的僵化、教条或不专业性。一位频繁活跃于媒体的著名侧写师运营着网站和博客，她会时不时地将某些被指控和被宣判无罪的人称为"人渣"。

警方侦查人员同样也会受到持续性法则或信念固着的影响。"信念固着效应在侦查过程中较为常见，因为侦查人员根据案发现场会进行现场重建，即试图还原案发经过，脑海中会生成故事般的有关案发经过的假设，以便理解、分析、诠释他们在案发现场收集的信息”（Rainbow et al，2011，p. 44）。这种假设一旦形成，信念即固着，很难被改变。这往往又会导致验证性偏差（上一章也曾讨论过），即侦查人员倾向于寻找那些与他们假设相一致的证据，并给予它们更高的权重，而忽视或轻视那些不支持他们假设的证据。

第二种信念形成和知识获取的方法是权威性法则（Method of Authority）。这种情况下，某种信念之所以被认为是真的，是因为具有权威性的个人和组织宣称它是真的。教育，在一定程度上就是基于这种认识方法，权威来自教师以及他们所引用的“伟大思想家”及文献。学龄儿童常常引用教师的言语，将其视为一种权威性证据来佐证自己的论点；大学生常常说“书上或网上这么说的”。这种方式获取信息效率高、节省时间，且可能是有效消息。但是这些信息常常缺乏详细的审查或科学的验证。权威性法则与犯罪侧写也有相关性，当侦查人员过于重视侧写师的报告而不考虑其他可能性时，该法则就会产生负面效应。即侦查人员将侧写师的报告视为一种权威而忽略了其他方面。在法庭上，专家证人的证词也可能涉及权威性法则，这将在第9章中讨论。

先验性法则（A Priori Method）是获取知识和信念形成的第三种方式。这一情况下，我们之所以会说我们的知识和信念是正确的，是因为其“基于合理的推理方式且合乎逻辑”，如某种知识或信念是基于数学公式的运算所得出的结论。这一法则认为人们通过自由的交流和互动可以找到“真理”，因为找寻真理是人类行为的自然倾向（Kerlinger，1973）。哲学领域的探索一般就是基于先验性法则，美国司法系统诸多方面以及法律的制定也依赖于此。

常识（Common Sense），尽管它与四种知识获取方式都相关，但它是先验性法则的一个主导因素。常识，是指“源于日常经验的朴素认识，而不是通过正式的技术培训所获得的专业知识”（Gordon，Kleiman & Hanie，1978，p. 894）。在犯罪侧写中，许多有经验的侦查人员使用先验性法则或常识来帮助他们侦破案件。例如，将侦查重点放在有前科、曾因同类犯罪拘留且居住在案发地附近的人身上，这些侦查行为可能都是基于“常识”或先前的侦查经验。通过先验性法则进行侦查并没有问题，但不能够仅仅依靠先前的侦查经验，因为先前经验可能会导致对关键侦破线索的忽略。

获取知识的第四种方法是通过科学性法则（Method of Science），即通过系统的调查和研究来检验一个或一组陈述。在实证研究和系统调查的基础上，这些陈述会被修改、重组或抛弃。科学是一项不断接受检验、变化、修改和发展的工作，而不是绝对的、静态的事实系统。科学教会我们，世界上几乎没有确定的事物，除了概率学，它让我们的决策、知识和信念的形成基于在某一时间节点所得到的最佳信息。在侧写领域，想要提高侧写可信度和科学性的从业者、研究者和学者会不断地对侧写研究发起挑战，要求明确侧写的科学研究及实践方法，并记录相关结论进行分析。

在经典著作《科学发现的逻辑》（*Logic of Scientific Discovery*）中，卡尔·波普尔（Karl Popper）认为，真正的科学陈述不仅能够被证实，即被证明该陈述在当下是正确的，还能够被证伪，即证明该陈述在当下是错误的。波普尔认为，科学陈述的一个标准是，该陈述能够受到个体经验的反驳（即具有证伪性）。科学家会问："是否可以提出一些假设，从而可以通过解释和观察证明这一陈述是错误的？"如果无法提出这样的条件，则该陈述是不科学的。因此根据波普尔的观点，真正的科学陈述始终面临着被解释和观察证明是错误的风险，即真正的科学陈述应该具有可证伪性。一个具体、精确且可检验的陈述才是科学陈述。

为了描述可验证性和可证伪性之间的区别，波普尔使用了科学陈述"世界上所有天鹅都是白色的"为例，这是一个可证伪的陈述。无论我们见到过多少次白天鹅，我们的观察结果都无法佐证"世界上所有天鹅都是白色的"这一结论。如果在一百万次观察（即验证）之后，看到了一只黑天鹅，那么"世界上所有天鹅都是白色的"这一陈述就被证明是错误的。这一证伪将迫使我们修正对天鹅颜色的认识，即对原陈述限制适用范围。比如，提出一个适用范围更窄的陈述，如"所有年轻的天鹅都是白色的"，而这个陈述本身也具有可证伪性。

为什么上述问题如此重要呢？假设一个侧写师得出结论："所有连环凶杀案杀手（Serial Killer）都是白人"或"连环杀人在世界上除了美国以外极为罕见"或"大规模杀人犯（Mass Killer）几乎总是精神失常，且无明显杀人动机"。这些都是以前侧写专家曾提出的陈述，科学上可以清楚地验证或证伪这些陈述。根据实际案例，这些陈述都已经被证伪。并非所有连环凶杀案杀手都是白人；全球范围内也出现了连环凶杀案杀手数量增多的证据；而且大规模杀人犯不管在法律意义上还是临床医学意义上，通常都不属于精神失常。尽管一些侧写师确实用谨慎的、概率学的方式传达信息，但许多提交给侦查人员的侧写报告及口头陈述模糊不清，无法被验证或证伪。例如，阿布拉汉森在关于对纵火犯行为的分析中提出："纵火是对性刺激的替代，而火的毁灭性和破坏性反映了纵火犯性欲的强烈程度以及他的虐待倾向"（Abrahamsen，1960，p. 129）。这一陈述既不具有可验证性也不具有可证伪性，对警方侦查人员识别连环纵火犯也起不到实质性的帮助。这种以精神分析为导向的侧写至今依然存在。在一起极具争议性的案件里，一名犯罪嫌疑人在纸上画下这样一幅图，一只持着利刃的手在切割一个菱形的图案，侧写师将其解释为这名犯罪嫌疑人正在为切割女性生殖器进行演练。

需要强调的是，波普尔的观点并没有被科学界完全接受，尤其是在社会科学或行为科学领域。与物理学、生物学不同，行为科学中的研究数据通常并不具有较强的明确性和说服力，无法证实或证伪某种理论关系。而数据本身往往可以有多种解释，且结论会受到不同解释的影响。然而，关键在于科学知识是一个开放的系统，是一个具有验证性、可证伪性和不断发展的系统。本章及下一章讨论的行为侧写同样具有以上特性。

虽然波普尔的宏大科学逻辑可能不太切题，但皮尔斯的四种认识方法显然与我们讨论的犯罪侧写密切相关。这些方法提供了一个大致的框架，用于确定知识的来源，同时也初步回答了为什么行为侧写应该被视为一项科学的工作。除了持续性法则外，只要认清我们使用的是哪种方式来获取知识，每种法则都在个体知识的积累中发挥着作用。权威性法则和先验性法则都是我们知识、信念和观点的重要来源，但这并不足以确定其可靠性与准确性。此时，科学性法则为我们提供了一种用于检验的方法，从而能够判断那些来源于权威性法则和先验性法则的知识是否可靠准确，并驱使我们对某种信念、知识采取批判性和谨慎的思维方式进行分析。因此可靠的侧写依赖于三种方法：权威性法则、先验性法则和科学性法则（注意：没有持续性法则），且侧写的方法、技巧与过程必须经过科学实证的研究。

3.3 犯罪现场侧写科学化的开端

真正意义上科学的犯罪现场侧写最初来源于英国；而临床犯罪现场侧写则起源于美国，由联邦调查局行为科学部提出。需要强调的是，这两种方法都有其各自的价值。正如我们从科普森及其同事的工作中了解到的那样，临床取向的犯罪现场侧写在该领域获得了较大的认同。此外，近年来心理学家使用的结构化临床技术被广泛运用于个体评估和治疗中，但显然临床技术与统计知识的结合才是大势所趋，两者可以相互补充，发挥最大效益（Borum，Lodewijks，Bartel & Forth，2010；Heilbrun，Marczyk & DeMatteo，2002）。尽管如此，侧写师并不会对犯罪嫌疑人或潜在犯罪人直接评估或进行治疗——他们甚至很少与这些人见面。因此那些推荐采用科学方法进行犯罪现场侧写的人目前仍然倾向于在现有发展阶段使用基于统计的精算侧写法。

侦查心理学的起源

在20世纪80年代中期，社会心理学家大卫·坎特（David Canter）受邀去伦敦警察厅，探索将心理学概念及理论融入警方侦查过程的可能性。这一切都要从一系列连环强奸案说起，并且这一系列连环强奸案最终演变成了性谋杀案件，令警方苦恼不已。坎特的专业背景是应用社会心理学和环境心理学，因此他并不是从临床视角出发，而是凭借他在犯罪行为方面的经验和研究来处理这一案件。坎特还认为，警方之所以找到他，是因为他早期致力于研究人类在火灾和其他紧急情况的行为（Canter，1994）。

从 1982 年开始，伦敦及其周边的多个火车站附近发生了多起女性被强奸的案件。最开始是 1 名 23 岁的女性在汉普斯泰德荒原车站附近被袭击并遭到残忍强奸。在接下来的 4 年中，又有 18 名女性在火车站附近被袭击且惨遭强奸。1985 年在亨登区（伦敦的郊区）有 3 名女性在同一晚被强奸。这些案件的侦查和取证工作至少涉及 4 个警察部门：伦敦警察厅、萨里警察局、赫特福德郡警察局和英国交通警局（Stevens，1997）。这名连环强奸犯有一种独特的作案手法与行为模式。他在犯罪过程中会持刀恐吓、威胁以及用强力细绳绑住受害人的双手，作案地点通常靠近铁路轨道，然后利用火车迅速逃离现场。媒体很快将这名犯罪人称为“铁路强奸犯”，他们在街道发着传单，希望能够找到破案的线索。有趣的是，警方怀疑这一系列案件有两个不同的犯罪人，但并没有向媒体透露这一点。事实证明警方的判断是正确的（见图 3.1）。

图 3.1　**“铁路强奸犯”——大卫·穆尔凯和约翰·达菲**

1985 年 12 月底，第一次凶杀案件发生：一名 19 岁的女性在哈克尼威克车站被犯罪人拖下火车，遭到多次强奸，然后被细绳勒死。她的尸体在两周后被发现。此时，警方展开了自“约克郡开膛手案件”（Yorkshire Ripper）以来，英国最大规模的侦查。

凶杀案被报道后，媒体将其称号更改为“铁路杀手”（Railway Killer）。1986 年 4 月，一名 15 岁少女在去当地商店买糖果的路上遭到绑架。她被强奸、勒死，且尸体被焚毁。一个月后，一名 29 岁正在伦敦一个周末电视台担任行政助理的女性，在布鲁克曼斯公园下火车时被绑架并惨遭杀害。两个月后，她的尸体在靠近铁路轨道的一片田地里被发现，且已严重腐烂。

在侦查过程中，当时在萨里大学任教并进行相关研究的坎特被邀请协助警方侦破该案件。坎特认为，这名铁路强奸犯居住在伦敦基尔本地区，已婚但无子女，且有家庭暴力史。坎特制作了一份关于犯罪人的报告，包含17个人格特征和行为特征以及几个环境线索。坎特的贡献在于，他是英国最早生成侧写报告的侧写师之一，尽管这份侧写对主要犯罪人约翰·达菲（另一名犯罪人大卫·穆尔凯，后来也被抓获）的逮捕和定罪并没有起到直接作用，但侧写确实帮助警方确定了达菲的居住区域，且在审判后发现侧写中的许多行为特征相对准确（案件详情参见焦点3.1）。与大多数连环犯罪案件一样，犯罪人的识别、抓捕是执法人员深入侦查及其他有利因素共同作用的结果。然而，坎特本人对自己在本案中的贡献表示谦虚，并未声称是自己解决了此案。

焦点3.1

铁路连环强奸案件

约翰·达菲（John Duffy），一位前英国铁路木匠和武术教练，从警方侦查初期开始就是铁路连环强奸案件的犯罪嫌疑人，但随着侦查的深入，众多其他犯罪嫌疑人将他掩盖。侦查人员意识到，犯罪人可能对铁路系统非常熟悉，因为许多起案件发生的地点都在铁路沿线附近（Stevens，1997）。该犯罪人通常通过火车迅速离开案发现场。

警方本来掌握了某些线索，而这些线索在案件破获后来看至关重要。比如，在凶杀案现场附近发现了鞋码相对较小的脚印，这个脚印能够将犯罪嫌疑人的范围缩小到英国成年男性人口的1%；达菲有犯罪前科，曾因暴力犯罪和入室盗窃被捕；此外，他的血型与其中一名死者体内发现的精液匹配。

一名强奸案受害人描述攻击她的人是一个身高5.4英尺（大概162厘米）的白人男性，头发为红发或浅色系，脸上有斑点或痤疮，这一描述与达菲非常吻合。1981年达菲因入室盗窃被逮捕时，当时照片上的他穿着一件连帽运动衫。有受害人陈述，强奸她的人也穿着一件类似连帽运动衫的衣服。照片中的达菲还有一样物件出现在另一名受害人的证词中，一顶巴拉克拉瓦盔式帽，一种覆盖整个头部、仅露出部分面部的布制头盔。

此外，在1986年一起强奸事件后，达菲曾被两名伦敦警察讯问，但他有不在场的证据（Stevens，1997）。然而，这两名警察对讯问结果并不满意，决定要再次讯问。令案件发生突破性进展的是达菲的犯罪记录，达菲曾在伦敦北部的一座公园里持刀强奸了他的前妻，这一发现使他在众多犯罪嫌疑人中“脱颖而出”。在确定达菲是主要犯罪嫌疑人后，警方对他进行了监视，并于1987年逮捕了他。在检查了达菲的衣物后，法医成功将他一件毛衣上的纤维与第一名死者身上发现的纤维相匹配。

达菲在 1988 年因两起谋杀案、五起强奸案以及一起强奸案的共犯而被定罪。他被判处六次终身监禁。多年里，他声称对自己犯下的案件毫无记忆。然而，1997 年，他开始回忆起这些案件，并向心理学家珍妮·卡特勒（Jennie Cutler）博士详细描述了自己的犯罪过程，并允许他的供词被正式记录下来。在牢房中，他承认了自己在 1988 年被定下的罪行。此外，他还称除了当年的案件外，自己还犯下了 20 多起其他的性犯罪，但他无法全部回忆起来。有可能他的陈述在某种程度上是言过其实，但毫无疑问，他确实犯下了一系列连环强奸和凶杀案。

达菲最终透露的细节，警方已在侦查过程中知晓：并非所有案件都是他单独实施的。达菲在供述中指认了他童年时期的玩伴大卫·穆尔凯（David Mulcahy），是他多起强奸案和三起凶杀案的共犯。达菲和穆尔凯从小一起玩耍，一起用气步枪随机射击路人。1976 年，这对玩伴因用气步枪射击四名路人造成人身伤害而被判有罪。此外，他们还折磨、虐待动物，这表明他们很大程度上对任何生命都持有冷漠无情、不尊重的态度。

2000 年穆尔凯受到审判，达菲是指证他的主要证人，他在证人席上向陪审团详细描述了他们共同犯下的罪行，此时穆尔凯在被告席上歇斯底里。穆尔凯已婚，并有四个孩子，在经历了英国有史以来最长的凶杀案审判后，他被判 15 项罪名成立。

在实施一系列强奸和凶杀案中，他们会携带自备的“强奸工具箱”，其中包括面罩、刀和用来封住受害人嘴巴和眼睛的胶带，并且在寻找受害人的过程中，他们会听迈克尔·杰克逊的磁带（特别是《*Thriller*》）。在对穆尔凯的审判中，一个不幸的发现是，侦查过程中提取的一项证物（用来绑住受害人的胶带）在被放入证据储藏室之前没有进行指纹检测。审判期间，这些胶带被重新检验，发现上面有穆尔凯的指纹。这是一个惨痛的教训，因为这项证物本可以让案件更早侦破。

1992 年，英国伦敦警察厅就犯罪人侧写的有效性、可靠性进行了一项研究（Rainbow，2011）。坎特在上述案件的侦破过程中显然起到了积极作用，因此其他侧写专家也开始主动联系警方，希望对其他案件的侦破提供协助。在美国，特别是针对连环凶杀案件的犯罪人侧写，受到极大的关注。研究人员发现，针对犯罪人侧写的专业实践及伦理标准没有相关监管机构，也没有正式认可的培训项目（除第 2 章提及的联邦调查局的培训项目外）。

在同一时期，另一个案件引起了英国警方、公众和侧写领域的关注。1992 年，一名叫瑞秋·尼科尔（Rachel Nickell）的年轻女性带着她 2 岁的孩子在温布尔登公园散步时被杀害。警方请心理学家保罗·布莱顿（Paul Britton）协助侦破此案，布莱顿在1980年曾帮助警察进行过其他案件的侦破。布莱顿的侧写方法与前面章节中介绍的临床侧写法类似：侧写是经验性的、直觉性的，并且以临床知识为基础。在分析了尼科尔案件的现有信息后，布莱顿告诉警方，这名犯罪人可能独居，居住于公园附近，对色情内容感兴趣，并且可能曾因轻微罪行与警方有过接触。随后，警方将侦查重点转向了科林·斯塔格（Colin Stagg），他是一个20多岁的单身男性，和父母一起住在离犯罪现场不远的地方。斯塔格曾给当地一出版社"寂寞心声"专栏中的一名女性写过色情信件，因而被警方训斥。

随后，布莱顿在侦查中尤为主动。他建议警方设置一个"诱饵"，即一名女警假装对斯塔格的性幻想感兴趣，并与其进行详细交流。接下来的几周里，布莱顿与这名女警紧密合作，教她如何引诱犯罪嫌疑人说出犯罪经过，从而提取罪证。我们将在第9章从法律层面讨论斯塔格的案件。但目前经证明，斯塔格并不是这起案件的真凶，因为后来另一名男性承认了罪行，警方也在几年后向斯塔格道歉。斯塔格的误控以及"钓鱼执法"式的侦查使公众呼吁警方在侦查过程中慎用侧写师。

2001年，英国首席警官协会（Association of Chief Police Officers，ACPO）建议将"犯罪侧写师"这一术语更改为"行为侦查分析师"，简称BIA（Behavioral Investigative Analyst）。然而，本书依旧使用更为广泛和常见的术语"侧写师"，除非在特定研究或情境中才使用"行为侦查分析师"这一术语。首席警官协会还建议警方侦查人员仅使用经协会批准、认可的行为侦查服务。该协会不仅呼吁对侧写师这一群体的工作进行操作化管理，还要求侧写实践应该具备更科学的基础。

尽管近年来该协会的工作取得了一定进展，但警方侦查人员仍然在全球范围内寻求侧写师协助，但他们还未意识到在寻求侧写师协助时，侧写师达到法律、实践、伦理标准以及具备科学严谨态度的重要性。理查德·科奇什指出，侧写师有时会撰写关于他们成功通过侧写侦破案件的书籍，这可以算是"犯罪实录"的类型（Kocsis，2009，p. 246）：

> 尽管这些记录确实提供了丰富的侧写案例，但在科学严谨性的层面而言，通过这些案例来评估侧写有效性时必须持谨慎态度。因为这些记录通常由现任或退休的侧写师撰写（可能存在较大主观性），其客观性需要慎重评估（Kocsis，2009，p. 247）。

科奇什（2009）还指出：调查显示，警方通常对侧写师提供的帮助感到满意，尽管只有少数侧写在识别犯罪嫌疑人上起到了实质性的帮助作用。艾立森和坎特也指出："许多被视为'专家'的侧写师已经以自传的形式记录了他们通过侧写成功破获的案件"（Alison & Canter，1999b，p. 6）。然而，这些记录很少提及科学意义上的心理学方法及研究。

克雷格·贝内尔指出：在过去30年左右的时间里，警方邀请侧写师协助侦查的频率显著增高（Craig Bennell，2008）。然而，在同一时间段内，侧写相关研究或发展的增长速度却要慢得多。正如贝内尔所述：

> 侧写师在刑事侦查中应该扮演什么样的角色？如何构建、发布和评估侧写？侧写师的工作有效性如何？是否存在新的、有效的技术手段能够改进或代替当前的犯罪侧写？对于这一系列问题的讨论仍在进行中（Bennell，2008，p. 49）。

本章其余部分将讨论当前对犯罪人或犯罪现场侧写进行的相关科学研究，这些研究主要由大卫·坎特及其学生进行，且主要集中在英国、加拿大和澳大利亚。

一些侧写师声称他们的侧写方法具有科学依据。例如，在德国，哈拉德·德恩（Harald Dern）及其同事指出，"通过实证研究获得的数据、案件信息以及从特定案件数据中推断出的信息是这种侧写法的核心"，他们称之为"行为案例分析"（Dern，Dern，Horn & Horn，2009，p. 1086）。德恩等人还主张，德国的侧写领域正在不断评估这种方法的可靠性。也就是说，侧写师与多名专家在检验同一犯罪现场的信息时使用的是同一种侧写方法，因此他们会得出相同的结论。此外，在德国，侧写工作不会由个人单独进行，而是由团队完成，目的是减少认知偏差。除德国外，芬兰、荷兰、瑞典、意大利、新西兰和以色列，侧写领域也正朝着科学的侧写方法不断发展。

当代的侦查心理学

坎特与警方合作侦查铁路强奸犯案件的经历使他对心理学在案件侦破过程中的应用产生了兴趣。他和他的同事们认为，"有大量的心理学文献可以用来支撑、帮助心理学在侦查中的运用"（Alison & Canter，1999b，p. 9）。尽管他早期的专业领域是应用社会心理学方面的知识和研究，但他还是发掘了一个将心理学应用于全新领域的机会，这个领域被他称为"侦查心理学"（Investigative Psychology）（Canter & Youngs，2003，2009）。最终，他在英国萨里大学开设了侦查心理学的研究生课程，10年后，他转到利物浦大学，负责那里的侦查心理学研究生项目。到目前为止，他仍在利物浦大学和哈德斯菲尔德大学的侦查心理学中心任教。国际侦查心理学研究中心与哈德斯菲尔德大学合作，并在坎特教授和唐娜·杨斯（Donna Youngs）教授的带领下，提供侦查心理学的硕士和博士学位。

对临床与精算侧写的回顾

坎特及其同事们的工作在许多方面与美国的犯罪现场和犯罪人侧写形成了鲜明的对比。其中一个显著的区别是精算方法与临床方法。前者是基于统计和研究的取向，而后者则是基于先前的知识、经验和“直觉”进行的主观分析。事实上，坎特等人毫不犹豫地批评了联邦调查局采用的临床侧写法，而这种方法主导了大部分侧写师的培训。正如第2章所提到的，全球范围内的许多相关人士参与了联邦调查局的培训项目。然而，需要指出的是，侧写师的专业培训已经发生了较大的变化，侦查人员现在已经意识到将犯罪行为的实证研究和统计学原理融入侧写工作的必要性。

正如坎特所指出的，在20世纪70至80年代，联邦调查局并未意识到侧写工作需要有强有力的实证研究和科学基础。“他们认为侧写技能存在于‘侧写师’身上，而不是系统化的社会科学的产物。”（Canter & Youngs，2009，p.9）坎特和杨斯进一步写道，“因此，许多研究者发现联邦调查局探员在侧写过程中存在失误也就不足为奇了”（p.9）。艾立森和坎特（1999b）认为：

> 尽管有证据表明当前的侧写方法不过是提出主观的意见（尽管这些意见基于经验），但在目前侧写实践有较多失败案例的情况下，侧写师们依然保持着对侧写成功的希望，似乎仍然是我们文化中无法摆脱的神话。

坎特及同事们认为，“基于直觉构建的、缺乏科学支持的侧写，就像是犯罪海洋上的浮沫”（Canter，2000a，p.286）。但近年来，联邦调查局及其一些退休的侧写师已经支持一种更为科学的行为侦查方法（Alison et al，2011），但对于完全科学意义上的犯罪侧写而言，他们还有很长的路要走。此外，侧写报告在案件破获之前就能够具有高度的准确性，并能够对犯罪人的识别、抓捕、定罪提供直接线索的情况非常少。有关侧写有效性、可靠性和准确性的实证研究目前正在进行，但将侧写视为一门科学仍有很长的路要走，才能达到李伦博所称的“圣杯”实践。

警察心理学与侧写

许多心理学家以各种身份与全球的执法机构合作，而侧写，只是这些合作工作中的一小部分。例如，心理学家会对执法岗位或晋升候选人进行适任性评估、提供咨询服务和心理治疗、举办压力管理研讨会，并为执法人员家庭提供心理支持，除此之外还提供许多其他服务（Bartol & Bartol，2012）。正如坎特所述，早在联邦调查局行为科学部成立之前，许多心理学家就已经参与了对犯罪行为进行预测的实践（Canter，2000a）。例如，维特尔斯报告说，早在 1919 年，心理学家就已经以各种形式参与了德国警察部门的相关工作。马丁·瑞瑟（Martin Reiser）——可能是美国第一位全职的警察心理学家——描述了他自 1968 年起在洛杉矶警察局工作中的多个角色。他写道："凶案调查科的侦查人员可能会向我们咨询，尤其是当他们遇到一些怪异的凶杀案时。这些凶杀案明显与心理学有关，凶手看似非常规的行为却符合某种逻辑意义"（Viteles，1929，p. 52）。瑞瑟并未将他的工作称为"侧写"，但他和其他与警方合作的心理学家确实提供了能够帮助侦查人员在案件侦破过程中找寻或追踪案件线索的建议。瑞瑟还建议与警方合作的心理学家应该有足够的专业知识储备，并将其运用于对犯罪行为的理解与解释中，这也包括对各种研究文献的阅读。

尽管如此，坎特指出，侧写工作与传统心理评估相比有两个独特之处。首先，能够进行推断和评估所依据的材料是有限的，一般仅限于侦查中获得的信息。在某些情况下，这些材料可能会提供丰富的信息，如对强奸犯性行为的细节描述。侦查信息通常还包括犯罪的时间、地点以及受害人的特征。然而，"这些信息并不包括心理学家在评估过程中的常用信息，如通过人格问卷调查来评估个体的心理过程和人格特征"（Canter，2000b，p. 27）。基本上，从犯罪现场收集的物证及其提供的信息是不完整的、模糊的，有时也是不可靠的。因此心理学家必须根据对犯罪行为的了解以及对犯罪人认知过程、情绪状态和行为特征的研究文献，对未知犯罪人作出推断。尽管这些文献可能来自对人类一般情况的研究，但这些文献的结论可能会直接与特定犯罪人相关联。因此侧写师（或行为侦查分析师）应当精通犯罪学和犯罪行为学的相关知识。

其次，侧写与警察咨询不同，因为对犯罪人行为、特征的评估和推断必须对警方侦查过程而言具有可操作性，即警方能够根据侧写师的评估和判断进行下一步侦查活动。推断犯罪人的动机可能很有趣，但更具实质性的帮助是判断犯罪人可能的居住范围、受害人的特征或者再次作案的地点。此外，在侧写过程中与警方保持足够的交流与沟通，一定程度上也有助于提高侧写工作的效率与准确性。另外，侧写师也必须在工作中保持客观与理性，防止自身判断受到侦查人员既有观点的影响。

犯罪侧写需要回答的问题

在坎特的侧写方法中，一个核心观点是：犯罪人的犯罪风格是其整体生活方式中的一个不可分割的、自然的部分，而不是某种特殊的、非典型的部分（Canter，2000b）。他建议，在行为侧写能够成为一种真正在侦查过程中识别犯罪人（即我们所说的犯罪现场侧写）的有效且可靠的科学方法之前，须回答以下四个研究问题：

1. 案件中哪些重要的行为特征可能有助于识别犯罪人？
2. 特定犯罪类型下，如何区分某一犯罪人行为的特殊性？
3. 关于犯罪人的特征，我们能够作出哪些推断来识别犯罪人身份？
4. 是否有其他案件可能是由同一名犯罪人所实施？

这四个问题也是心理学在其他应用领域的核心问题，用于研究个体与个体之间的差异性以及个体在类似情境下行为的一致性。因此与人格、个体差异，社会心理学、环境心理学和认知心理学相关的研究对犯罪行为及科学的侧写方法具有重要意义。以下将对四个核心问题进行具体讨论。

行为特征的识别

犯罪现场哪些重要或显著的行为特征（Behavioral Features）能够有助于识别犯罪人呢？回答这个问题需要在实证研究中积累基本比率这一数据，并识别特定犯罪类型中某一行为特征的共现情况。基本比率（Base Rate），是指某一事件或行为在特定人群中无条件自然发生的概率（VandenBos，2007）。以坎特和杨斯研究性别与暴力犯罪的关系为例。在几乎所有社会中，暴力犯罪由男性实施的基本比率为90%。根据这一数据，虽然很难推断出某一特定凶杀案是由男性实施（因为凶杀案是暴力犯罪的形式之一），但是如果有证据表明某一凶杀案的犯罪人是女性，这将对侧写具有重要意义。因此在没有证据支撑的情况下，不能排除基本比率概率较小的那一面（Canter & Youngs，2009）。

理解特定类型犯罪的行为模式，包括凶杀案、强奸案、纵火案、盗窃案和抢劫案，对侧写具有较大意义。例如，在盗窃案件中，犯罪人会留下犯罪标记的基本比率是多少？了解特定犯罪类型中某一行为出现的基本比率是必要的，因为只有这样我们才能确定在特定犯罪类型下，某一特定犯罪人的行为模式与普遍犯罪人相比有何不同。换句话说，根据基本比率，我们能够判断这个强奸犯或这个盗贼的行为与一般强奸犯或一般盗贼的行为相比所具有的差异性。

美国心理学家希克斯和塞尔斯在2006年也提出了一个类似的科学侧写模型，这个模型必须从建立一个庞大的行为数据库开始，这一数据库能够提取某一特定类型案件犯罪人的行为特征（Hicks & Sales，2006）。他们认为，有关犯罪现场行为的实证研究在犯罪学和犯罪心理学领域的占比极小，因此行为数据库的补充和发展较为缓慢。例如，目前的一个常见研究是将个体的社会经济阶层、性别或人格分别与犯罪频率进行比较。这种方法通常称为双变量分析（Bivariate Analysis），即将一个变量与另一个变量进行比较。希克斯和塞尔斯认为：

虽然对少数几个变量进行个体研究能够逐渐丰富犯罪行为的基础知识，但科学侧写模型的形成需要对侧写相关变量进行更大范围的、概念化的、可操作化的研究（Hicks & Sales，2006，p. 208）。

此外，他们补充了一个重要观点，为了在侧写中对犯罪人特征进行准确预测，必须全面了解犯罪现场勘查中发现的多个因素或变量之间的关系及路径。因此他们认为应该将侧写模型视为一个多变量模型，包含动机、犯罪人特征及犯罪行为，这是进行科学侧写的第一步。

特殊性的识别

如何区分犯罪人之间的差异性？这个问题关注的是同一犯罪类型下，犯罪人行为的独特性，包括犯罪标记，带走的战利品、纪念品，对受害人的处理方式，接近和袭击受害人的方式。换言之，这个问题的本质是捕捉到某一犯罪人在实施犯罪过程中，相较于同一犯罪类型下，其他犯罪人的特殊性。侦查人员需要观察到一些奇怪或独有的特征。例如，一个入室盗窃犯不仅偷走电子设备和其他贵重物品，还无故杀害了家庭宠物（如一条小金鱼），这是一个具有区分性的行为模式。又如，一个强奸犯总是先把受害人的无名指绑在一起，然后再进行性侵。这些区分性较强的行为模式在侧写和并案分析中至关重要。

在特定犯罪类型下，如果犯罪人的行为模式与这一犯罪类型下其他犯罪人的普遍行为模式具有差异性，这将会对侧写有较大帮助。换言之，在特定犯罪类型下，识别出犯罪人行为的特殊性，将成为侧写的重要依据。因此数据库的建立尤为重要。即使是经验丰富且谨慎的侧写专家在处理“华盛顿特区狙击手（也就是第 1 章提及的‘环城公路狙击手’）”案件时也会犯难，其中一个原因是这种公路狙击案件很稀有。因此没有足够的行为数据来进行对比，从而无法识别这起案件中犯罪人的特殊行为。

有关凶杀案和强奸案的数据库近年来逐步建立并发展。坎特指出，犯罪人对待受害人的方式可能是区分连环强奸犯和连环杀人犯的一种方法（Canter，2000a）。形成侧写的重要线索是理解犯罪人赋予他人的“角色”。包括在犯罪实施过程中赋予受害人的“角色”以及在生活中赋予他人的“角色”。坎特认为，赋予他人某种“角色”的核心原因在于，暴力犯罪人在日常生活中的大部分“主要剧情”与“认知脚本”都处于“舞台的边缘”，他人才是

“舞台”的中心与主导。此外，萨尔法地和坎特还提出了几组与受害人相关的特殊特征，有助于侦查人员缩小犯罪嫌疑人搜索范围，这将在第5章详细讨论（Salfati & Canter，1999）。

犯罪人特征的推断

根据现有信息，能够对犯罪人的哪些特征作出推断从而识别犯罪人身份呢？研究表明，犯罪人在犯罪风格上与大多数其他犯罪人相似，但也有一些特征是独特的（Canter & Youngs，2003）。如上所述，这些具有独特性或较强区分性的特征，能够为特定犯罪类型下行为的“普遍性”与“特殊性”的区分提供有效依据。

坎特的侧写方法涉及一个重要概念，即“中心主题”（Central Theme），是指犯罪人的犯罪风格是其整体生活方式的一个不可分割的自然部分，而不是特殊的、非典型的部分（Canter，2000b）。因此一个合理的推论是，犯罪人对待受害人的方式能够告诉我们，他在日常生活中是如何对待他人的。强奸犯在日常生活中，通常与对象或伴侣之间存在剥削关系，他们在这段关系中具有主导性、强制性和控制性。而犯罪人在这些关系中遵循的中心主题是固定的。例如，“铁路强奸犯”达菲引起了警方侦查人员的注意，因为他在与妻子分开后曾对她进行持刀威胁和强奸。在他们合法分居之前，他也有绑架妻子并用暴力手段强奸她的习惯，这种方法也被他用在了后续一系列案件的受害人身上。也就是说，达菲对待妻子的方式和对待受害人的方式具有一致性。但是参与该案的一些警察曾认为“这种对家人实施家庭暴力的人往往不会故意且有计划地实施凶杀案”（Canter，2000a，p. 45）。因此达菲在侦查过程中没有被视为主要犯罪嫌疑人。此外，通过入室强奸的方式进行作案的犯罪人通常有入室盗窃和暴力犯罪的前科，但他们却不一定有性犯罪的前科。然而，犯罪人潜入受害人家中的手段或“作案手法”（Modus Operandi，MO）在其不同类型的犯罪中可能存在较强的一致性和特殊性，尤其是在潜入受害人家中的一些微妙细节上。“从犯罪人的犯罪方式或作案手法中推断其个体特征的过程是科学心理学的领域，也是科学心理学发展的成果，因此这是一个可以传授和学习的技能”（Canter，2000a，p. 287）。此外，“对犯罪过程中特殊行为的识别需要理解犯罪行为在心理学层面的意义”（Canter & Youngs，2009，p. 145）。

并案分析

这些案件是否可能是由同一名犯罪人所实施？正如第2章所述，并案分析是侧写文献中的一个热门话题，不仅涉及连环案件的犯罪侧写，还涉及警方侦查人员出庭作证这一过程。

在过去，连环杀手在不同辖区之间活动往往能够逃避警方侦查，因为各警察机构之间缺乏足够的沟通，尤其是关于相似案件的沟通。例如，臭名昭著的连环凶杀案杀手特德·邦迪（Ted Bundy）在 5 年的时间内犯下了 30 多起凶杀案，他的作案特征就是在多个辖区内流窜作案（Collins，Johnson，Choy，Davidson& Mackay，1998）。因为他知道，保持在辖区之间的流动能够逃避警方侦查。

1985 年，为了避免类似问题，美国司法部引入了一套名为暴力犯罪逮捕计划（ViCAP）的自动化并案系统，以便在执法部门之间形成更好的沟通渠道。同样，在 20 世纪 90 年代，加拿大皇家骑警推出了一个先进的、自动化的计算机并案系统，称为暴力犯罪并案分析系统（Violent Crime Linkage Analysis System，ViCLAS），旨在确保重大案件相关信息的流通，并实现全国范围内的并案分析（Collins et al，1998；Martineau & Corey，2008）（见焦点 3. 2）。

并案分析系统的基本目标是将暴力犯罪的信息输入电脑数据库，系统自动识别出具有相似特征或模式的案件，这些模式可能为并案提供依据。暴力犯罪并案分析系统在加拿大的某些地区是强制性使用的，并在澳大利亚、奥地利、比利时、捷克共和国、新西兰、瑞士以及美国的部分地区作为侦查工具使用（Bennell et al，2012）。警方并案可以通过多种方式，其中一种方式是观察犯罪人在犯罪现场的行为，如作案手法或犯罪标记。

焦点 3. 2

暴力犯罪并案分析系统（ViCLAS）

暴力犯罪并案分析系统最初来源于加拿大皇家骑警开发的国家数据库，用于追踪全国的暴力犯罪人及其案件。具体而言，它是一个自动化并案系统，旨在通过分析犯罪现场的证据和行为数据来捕捉、整合与比较暴力犯罪。系统开发初期，就已经明确该系统需要利用一些侧写中行为特征或模式的概念来识别和追踪连环暴力犯罪及其犯罪人。这个系统不仅包括传统意义上作案手法的相关数据，还包括犯罪现场的行为数据，如现场的犯罪签名。截至 2007 年 4 月，该系统已纳入约 300000 个案件，其中超过 3200 个案件已被并案。此外，系统中有超过 88000 个连环犯罪案件，这表明加拿大存在大量的连环犯罪人。随着系统中案件数量的增加，预计并案数量也将显著增加。

系统中的案件类型被划分为五类：(1) 谋杀或谋杀未遂，无论破案与否；(2) 强奸，无论破案与否；(3) 人口失踪，证据强烈表明有犯罪嫌疑人的存在且该人员仍未找到；(4) 身份不明的尸体，其中死亡方式明确或疑似凶杀；(5) 非父母绑架或绑架未遂，无论破案与否（Martineau & Corey，2008；Police Services Act，2010）。

目前在加拿大，除了爱德华王子岛外，每个省都有一个暴力犯罪并案分析系统中心，爱德华王子岛由诺瓦斯科舍省负责。总共九个系统中心，其中七个由皇家加拿大骑警维护，一个由安大略省警察局维护，另一个由魁北克省警察局维护。澳大利亚刑事情报局在 1997 年声称，除了加拿大以外，该系统现在也被英格兰、奥地利、比利时、荷兰、德国、澳大利亚以及美国的一些地区采用。

该系统和其他并案分析系统也存在一定争议。班纳尔（Bennell）与斯努克（Snook）等人指出，这些系统的运行存在四个假设，可能使其具有误导性和不准确性。具体而言，这些并案分析系统的使用者假设：(1) 系统中的数据可以进行有效、准确地编码；(2) 系统中的数据足够准确地用于推论；(3) 连环犯罪人表现出一致但独特的行为模式，这些模式能够用于并案；(4) 警方侦查人员具备识别这些模式并据此进行并案分析的能力。根据班纳尔、斯努克等人的说法，这些假设中没有一个得到了有力的实证研究支持（Bennell & Snook et al，2012）。

坎特认为，无论这名犯罪人犯下的多起案件看上去有多么不同，他在不同案件中实施犯罪的方式一定程度上也存在一致性（Canter，2000b）。也就是说，同一名犯罪人犯下的不同案件可能看上去具有很大的差异性，但经过深思熟虑的分析，仍会发现一些一致性特征。大多数专家认为，这些一致性通常表现在犯罪人独特的作案手法、犯罪标记、犯罪风格或中心主题上。这种一致性和特殊性在一定程度上能够将一系列案件与某一犯罪人相联系，这对警方而言能够提供实质性帮助。这些一致性能够将某一犯罪人与其他同类犯罪人区分开来，从而缩小侦查范围。

实际上，一些犯罪人可能在其犯罪行为中几乎没有明显的一致性，尤其是当犯罪人实施表现型、情绪驱动型的犯罪时，冲动性是这类犯罪的特点。这种情况下，往往需要侦查人员具有熟练、高超的侦查技巧，既要识别这一犯罪过程中的一致性特征，又要将这些一致性与其他犯罪人实施的类似犯罪相区分（即特殊性）。另外，一些连环犯罪人可能对他们的犯罪标记和作案手法感到自豪，如那些在犯罪现场留下“签名”的连环盗窃犯，会在墙上作画或毁坏家庭照片等。总体而言，最近的研究确实支持这样一种观点：大多数犯罪人在不同案件的犯罪实施过程中，确实表现出一定程度的规律性（Bennell & Canter，2002；Grubin et al.，2001；Salfati & Bateman，2005）。这种一致性很大程度上可以在犯罪人的犯罪标记中找到。然而，正如班纳尔等人强调的，这种一致性不应该被视为并案分析的基本假设。

犯罪标记的心理学意义

上述内容中，我们将犯罪行为模式与犯罪标记相结合进行讨论。但如第 2 章所述，犯罪标记是犯罪人在现场的重要行为特征，虽然对犯罪的成功实施不具有必要性，但具有非同寻常的特殊性。根据道格拉斯和穆恩的说法，犯罪标记是犯罪人故意留下的独特“名片”（Douglas & Munn，1992b）。在此，需要补充的一点是，“犯罪标记”的英文是“Signature”一词，英文字面意思是“签名”的意思，本书将其译为“犯罪标记”旨在符合侧写领域的概念和语境。然而，在心理学中，“Signature”一词指的是更广泛的人类活动和行为，字面意义是指我们“签名”的独特方式和一般的书写风格。例如，笔迹分析专家通常能够鉴定重要文件上签名的真实性。就个体而言，“签名”方式具有可识别且稳定的模式，每个个体的签名都存在差异性。然而，除了手写的“签名”外，我们在认知、情绪和行为模式中也有独特的“签名”，这些特征无条件且自发地出现，常常游走于我们的意识之外。我们说话、行走、思考、解决问题，甚至处理信息过程中都有微妙且独特的方式。例如，在马尔科姆·格拉德威尔 2005 年出版的《眨眼之间》（*Blink*）一书中提到，在第二次世界大战中，英国情报人员通过监听德国无线电操作员摩斯电码传输节奏，能够锁定德国军事单位位置。虽然英国情报人员无法解码这些信号实际传达的内容，但在长时间监听成千上万的传输信号后，他们能够辨别是哪位操作员在传输信号以及他们的位置。德国操作员并没有刻意让自己的声音显得独特。他们之所以听起来独特，是因为“他们某些具有特殊性的特征在操作摩斯电码的过程中自发且无意识地表现了出来”（p. 29）。摩斯电码仅仅是点和横的组合，必须翻译成单词。传输中的点和横本身并没有什么独特之处，但传输的节奏却是操作员的独特“签名”。英国情报人员甚至给不同的德国操作员分别起了名字。因此当英国情报部门的高级主管问道：“你能百分之百的确定德国战斗机部队在托布鲁克附近，而不是在意大利吗?”英方人员只需听前几个敲击键盘的声音，就可以百分百确定这是奥斯卡，也就意味着战斗机部队现在确实在托布鲁克附近（p. 209）。

在日常生活中，我们的“标记（或签名）”行为往往在我们集中注意力处理重要问题时，自发地渗透进我们的行为模式中。即使是我们的走路方式也可能透露出一些关于我们的信息。犯罪现场留下的足迹，如一个连环犯罪人的脚印，就可能提供这名犯罪人的重要信息。比如，足迹上的独特标记或特征（鞋底的磨损、划痕或异物嵌入）、步态分析（个体的行走方式、重心移动等）、足迹比较（将犯罪现场的足迹进行比较，以确定是否匹配）等，这将对并案分析起到重要作用。事实上，犯罪人在实施犯罪的过程中表现出的大多数“标记（或签名）”行为对于他自己而言是无意识的，犯罪人并没有意识到自己故意留下的犯罪标记在无形中透露出关于自身特征的信息。“犯罪标记”在侧写文献中通常指的是在犯罪现场故意留下的独特行为，但这里讨论的“标记”行为是无意识的自发行为（而非故意的、有意识的），它们往往具有稳定性和一致性。更重要的是，它们可以为侧写和并案分析提供依据。为了区分故意在犯罪现场留下的标记行为和无意中留下的标记行为，我们将犯罪标记分为两类，前者称为犯罪现场标记（Crime Scene Signature），后者称为心理标记（Psychological Signature）。

在犯罪侧写科学化发展的过程中，目前还需要在心理标记方面进行更多的研究。一个可能对并案分析起重要作用的例子是性犯罪人的语言模式，这是心理标记的一个重要体现。这包括犯罪人带有地域性的口音、口吃。这种对犯罪人作案过程中语言的使用进行分析的专业术语称为“法庭语言学”（Forensic Linguistics），包括人称的使用、地域性语言（或方言）等内容。比如，犯罪人使用第三人称（他或她）而不直接以第二人称（你）称呼受害人（“如果她不尖叫，我就不会伤害她”）。此外，哪怕是在同一语言体系下，不同地区对同一事物的称呼也存在差异性，因此地域性语言或方言也能够揭示犯罪人的特征。比如，在美国，路边通常有一条绿化带来对人行道与公路进行划分，一般而言称之为“Tree Belt”或者“Tree Lawn”。但在美国俄亥俄州的阿克伦地区称这种绿化带为“Devil Strip”。许多研究者对强奸犯的语言模式进行了研究与分类。伍德汉斯（Woodhams）和格兰特（Grant）据此在研究中开发了一套既可靠又准确的编码系统，用于性犯罪的并案分析，但他们也承认这个领域仍需进行更多的研究。

2007年，在对90名犯罪人实施的450起连环凶杀案进行研究后，贝特曼和萨尔法地发现，连环杀手的一系列凶杀案中，在犯罪现场实施的行为并未体现出一致性（Bateman & Salfati，2007）。研究者们参考了每名连环凶杀案杀手的作案手法（Modus Operandi，MO）以及狭义上的犯罪标记，即犯罪现场标记。贝特曼和萨尔法地认为，未来对犯罪标记一致性的研究需要更多地关注与犯罪人的内在心理相关的行为（即无意识行为所留下的心理标记），而不是受情境影响较大的有意识的行为（即犯罪现场标记）。此外，研究中提到，导致犯罪人在现场的行为不具有一致性的原因在于，情境因素能够对个体产生影响。例如，有研究表明强奸犯很大程度上容易受到情境因素的影响

(Harris, Smallbone, Dennison & Knight, 2009)，这意味着一致性并不一定能够得到保证。例如，一名女性受害人往往会通过身体反抗、尖叫或逃跑等方式来躲避犯罪人的侵害，从而使她受到性侵害和生理伤害的风险减少（Ullman, 1997, 2007; Ullman & Knight, 1995）。但是如果卑微地请求强奸犯不要伤害她，这样的做法效果甚微，甚至可能会刺激或激怒强奸犯。在过去，女性常被建议，在遭遇性侵时不要反抗，以免遭受更多的伤害甚至被杀害。而现在，当女性在遭遇性侵时保持对情境的控制是最有效的措施。例如，尖叫、逃跑或其他形式的反抗。因此情境因素能够对犯罪人产生影响。

3.4　关于"个体—情境"的讨论

人类行为是否具有跨情境的一致性？关于这一问题的讨论由来已久。行为一致性是预测行为的基本核心，因为行为一致性越高，预测的准确性也就越高。诺瓦尔·莫瑞斯和迈尔克·米勒提出了三种预测个体行为的方法(Morris & Miller, 1985)：第一种是回溯预测（Anamnestic Prediction)，即观察特定个体在某一情境下的行为反应，通过对过往行为反应的观察来预测未来特定个体在某一情境下的行为。第二种是基于统计学的精算预测（Actuarial Prediction)，它是指以具有相似特征的人群为基数，计算某一行为在该群体中发生的概率。精算预测主要依赖于基本比率，即某一行为在特定人群中发生的频率。当心理学家谈到某人具有多大程度的威胁性时，这往往是通过精算预测个体实施危险行为的概率。第三种预测方法被称为临床或经验预测(Clinical or Experiential Prediction)，主要依赖临床医生在实践中获得的知识。前两种预测方法基于观察和统计数据，而临床预测则更具主观性、经验性。由于没有可验证性，临床预测在证据检验和科学分析中应该较少使用，除非预测者在声誉、经验以及过去成就上有可取之处。正如第 2 章所述，临床预测是联邦调查局行为侧写的主要方法，尽管目前也有精算预测的相关实践。

坎特认为，回溯预测和精算预测能够用于对犯罪人的研究，通过严格的发展，能够成为科学侧写方法的基础。但莫瑞斯和米勒认为，对人类行为的最佳预测方法，应该是将三种预测相结合（Morris & Miller, 1985)。坎特和同事认为，临床预测在行为侧写中有一定作用，但应当基于科学的逻辑和框架。

建立科学侧写框架的最佳方法或许是构建一个决策树模型（Decision Tree Model)，使侧写师在决策过程中的每一步都能做出"是"或"否"的决定。希克斯和塞尔斯提出了一个类似的观点，即侧写可以基于复杂的回归分析模型（Hicks & Sales, 2006)。决策树模型非常接近于古德维尔和艾立森提出的能够对犯罪嫌疑人可疑程度进行排序的过滤模型。

决策树是预测模型，通过树状图将可能的选项和用于决策的信息有机地组织、整合起来。其主要优势在于，它将三种预测方法（回溯、精算与临床）相结合，应用于一个基于实证研究数据与信息的模型。因此当务之急是从犯罪行为的研究中收集足够的数据和信息。古德维尔和艾立森提出的过滤模型以警方收集的犯罪现场信息为基础，该模型使用自上而下的运作模式，通过对信息显著性、可靠性的排列，优先将最优信息用于犯罪分析。这个模型的优势在于它对执法机构和侧写师的决策过程而言较为直观且易用（Alison et al，2011）。“决策过程的框架并不是一成不变的，而是具有一定延展性、可塑性的，并能够与侦查人员的经验相适应。同时，该模型也能提供客观且透明的侦查决策，用于辅助、确认个体经验的准确性”（Alison et al，2011，p. 58）。

3. 5　A→C 方程式

一旦能够确立行为的一致性和特殊性，就可以开始研究一个核心问题，即这一性质如何辅助警方的侦查过程。坎特将研究问题总结为 A → C 方程式，其中“A”代表犯罪人在犯罪过程中的相关行为（Actions）；“C”指的是与犯罪人相关的、可供识别的特征（Characteristics）；“→”符号指的是科学和逻辑的推断过程（Canter，2000b）。通过对犯罪人行为的分析能够推断出犯罪人的相关特征，从而通过这些特征缩小侦查范围，识别犯罪人身份。

“→”，即逻辑推断的过程要求向警方提供一份报告，往往就是我们所说的侧写报告。然而，艾立森等人提出，目前仍然缺乏关于如何撰写侧写报告的标准化方式或撰写的明确指导方针。“目前没有指导方针说明侧写师应该如何撰写此类报告，更不用说这些报告如何有助于提供最佳的定性和定量数据，以供学术界和相关从业者使用”（Alison et al，2004，p. 75）。如前所述，侧写师应该对当前犯罪学和犯罪心理学领域的理论知识和研究文献有充分的了解，还应该熟悉警方的侦查程序和方式。如果仅仅在侧写报告中提出，犯罪人年龄在 20~30 岁之间，而没有解释这一侧写的依据、这一预测的概率大小以及从这些依据推断出这一结论的过程，这样的侧写没有任何用处。报告中必须对每一条侧写的依据提供清晰且具有逻辑性的解释。通常情况下，绝大多数行为侧写报告忽视了这一基本要求。因此应该呼吁、鼓励侧写师在撰写报告时详细阐述侧写形成的依据及推断过程（见焦点 3. 3）。

焦点 3.3

如何撰写侧写报告

以下是由英国行为侦查分析师（BIAs）提交给警方的一个侧写报告的部分大纲模板，涉及一宗已确定犯罪嫌疑人的谋杀案件。警方请求心理学家帮助他们了解该犯罪人的个体情况，并识别出他可能犯下的其他案件。该报告非常详细，包含了众多表格和附录。虽然这里并未包含所有标题，但从以下内容可以看出，侧写报告内容详细、文档齐全、推断谨慎，同时为侦查员提供了建设性意见。

免责声明与提示

1. 本侧写报告是一种辅助性的侦查工具；
2. 本侧写报告不适用于“有罪”或“无罪”的定论；
3. 本侧写报告基于对现有证据的研究。

心理学家的能力与资质

本报告的每位作者均提供了简要的个人背景陈述以及资历证明。

同行审核

应警方要求，本报告将被同行其他法医心理学家进行审核。

本案总结与评估

此处，心理学家应对案件进行细致的总结。本案中，应对一名 13 岁女孩遭遇性谋杀的案件进行详细总结。

对杀人行为的评估

此处，心理学家应将犯罪嫌疑人的特征与同类案件中犯罪人的特征进行比较。本案中，犯罪人应该具有以下特征：抑制性（自我控制性）相对较低、持续性婚姻关系不良以及性生活混乱。本部分包含一个详细的表格，将异性性暴力施暴群体的特征与本案犯罪嫌疑人进行了比较。

基于现有信息对犯罪嫌疑人的评估

此处应提供关于性侵犯的研究文献证据，并将犯罪嫌疑人归类为强奸犯的某一具体类型，旨在向执法机构传达信息，表明他们手中哪些未侦破的性犯罪有可能是该犯罪嫌疑人所为。该部分主要侧重并案分析，因此心理学家进行推断时应当高度谨慎且相对保守。

风险评估与再犯预测

侧写师在撰写本部分报告时应高度谨慎，对暴力行为的预测给出诸多提示。本部分应引用大量的实证研究文献，并在附录中标明。

侦查建议

此处，侧写师应对警方侦查过程提出建设性意见。在本案中，警方应该关注犯罪地点，包括在田野、树林中发生的凶杀案件。此外，还应该进行补充侦查，犯罪嫌疑人是否在家庭中虐待过其他年轻女性？犯罪嫌疑人是否在妻子或女友怀孕期间具有较强的暴力倾向？重点关注犯罪嫌疑人生活中的某些过渡期，这些过渡期与其犯罪行为有较大的关联性。

注：本模板改编于2004年艾立森、韦斯特和古德维尔提交的侧写报告。

3.6 英国的行为侦查分析师

2011年，李伦博和格里高利详细描述了侧写师，即英国的行为侦查分析师在与警方合作时应遵循的程序。但是在美国，一些与执法机关合作的心理学家可能也采用了相同或类似的工作程序与方式，但他们尚未在权威媒体上透露他们的工作方式，因此不能在此引用。此外，美国也没有像英国那样的侦查心理学学术项目。

在英国，警方处理特别棘手的案件时通常会向行为侦查分析师咨询，以此作为决策过程中的重要组成部分。行为侦查分析师会与警方侦查人员会面，通过案件信息和观点的交流，双方在案件侦查上达成明确的目标和协议。通常情况下，行为侦查分析师将获得警方的授权，以查看犯罪现场、受害人照片、尸检报告、毒理检验报告等敏感信息。但行为侦查分析师向媒体揭露相关案件信息时同样需要获得警方的批准。某些情况下，行为侦查分析师还能够被授权访问犯罪统计数据之类的数据库，如暴力犯罪并案分析系统（ViCLAS）。这些数据由于涉及敏感信息及安全原因的考量是不对外部人员开放的。双方的协议包括在具体时间范围内向警方提供行为侦查分析师的详细报告。但是李伦博和格里高利认为，详细的报告应成为行为侦查分析师与警方侦查人员合作的起点，即使在向警方提交报告后，双方还应该深入进行多次交流和讨论。他们认为："这将有助于高级侦查官（Senior Investigating Officer，SIO）理解报告中的推论与建议，且双方应该不断地对报告中的结论进行多次评估，并用侦查过程中得到的新信息进行不断地验证、修改与补充。"（Rainbow & Gregory，2011，p. 27）。

此外，犯罪数据库的使用能够让行为侦查分析师发现当前侦查的案件与其他具有相似特征案件间的潜在联系。因此行为侦查分析师应该尽可能地在现有的犯罪嫌疑人范围内进行评估与预测。李伦博和格里高利还认为地理侧写是一门具有不同理论基础，实证性、科学性较强的学科。因而建议行为侦查分析师在情况允许的条件下向地理侧写师进行相关咨询，以预测犯罪人的居住范围，这将在下一章节详细讨论。最后，再次重申，行为侦查分析师或侧写师应该具有犯罪学、犯罪心理学的相关专业知识，熟悉该领域的实证研究文献，将这些专业知识和研究结果充分运用于侧写过程，在撰写的侧写报告中引用，进而提高侧写的科学性。

3.7　与侧写相关的当代犯罪学理论

目前，关于犯罪心理学的许多理论和研究成果正迅速涌现。这些理论和研究比希克斯和塞尔斯提出的想法更为复杂，他们认为，对犯罪心理学的研究范式应该以双变量分析为主。

但现有实证和理论研究中使用了多个变量，研究过程较为复杂。这些犯罪心理学的研究可能将犯罪侧写的科学化引入一个新的领域。

在本节，我们主要讨论四个对侧写具有较大价值的当代犯罪学理论，但不否认其他理论也存在潜在价值。我们主要关注以下四个方面：（1）泰瑞·莫菲特（Terrie Moffitt）的发展路径理论；（2）劳伦斯·斯腾伯格（Laurence Steinberg）的社会心理发展理论；（3）社交技能缺乏和同辈拒斥的相关理论；（4）由罗伯特·海尔（Robert Hare）提出的关于精神病态的相关内容。每种理论，我们都提供了应用于犯罪侧写的示例（见表3.2）。

表 3.2 犯罪学理论对侧写的启示

理论基础	犯罪现场及犯罪人特征示例（即侧写师需要参考的特征）	代表性研究者
发展路径理论	发展早期的反社会行为；持续性犯罪行为；早期有残忍暴力、冷漠无情的迹象	Moffitt，1993a，2006
社会心理发展理论	行为具有较高冲动性、冒险性。犯罪人较为年轻，因此不能假设其作案手法具有一致性	Steinberg，2008，2010
同辈拒斥与社交技能缺乏理论	有证据表明经历过霸凌，不管是受害人还是施暴者；有证据表明经历过同辈拒斥；行为上、社会上、认知上有缺陷	Dodge & Pettit，2003 Patterson，1982
精神病态	极端残忍，具有虐待倾向，有人格魅力，口齿伶俐（能说会道），具有控制性（操纵性），可能不会隐藏犯罪	Hare，1996，1998 Porter，Fairweather et al.，2000 Porter et al.，2003 Hakkanen et al.，2007

犯罪模式的发展路径

近年来，与犯罪违法行为相关的心理学研究采用了发展性的视角来解释犯罪行为。如果我们回溯个体从出生到成年的这段时期，就可以理解反社会行为是如何在人的毕生发展过程中形成的（Hartup，2005）。发展心理学家和犯罪学家发现，人们在犯罪或非犯罪的人生历程中遵循不同的发展路径。一些人在很小的时候就表现出挑战常规和反社会的行为，这种模式有时会在青春期和成年早期发展为更严重的暴力甚至犯罪行为（Dahlberg & Potter，2001）。还有研究表明，严重且持续的反社会行为在幼年早期甚至在学龄前就已经开始了。

根据坎特的观察，通过分析连环犯罪人对待受害人的方式，我们可以了解他们的生活方式，这一点对侧写具有重要意义。一些青少年有虐待动物、霸凌、嗑药的行为以及在与同龄人的交往过程中极度缺乏同情心，这些行为模式的持续存在两种情况。通常情况下，这种行为模式会一直持续到成年（Pardini & Loeber，2008；Stouthamer-Loeber et al，2004）。例如，铁路强奸犯约翰·达菲在儿童和青少年时期就表现出冷酷、残忍的行为，如折磨动物；

另一种情况下，许多在童年时期几乎没有表现出反社会行为的青少年，在青春期出现了一些反社会行为，如破坏公物、盗窃、饮酒、尝试吸毒等。但在成年早期，这些反社会行为有所减少甚至完全停止。

用发展性的视角来观察犯罪行为主要来源于泰瑞·莫菲特（Moffitt，1993a，1993b，2003，2006）的理论和研究。最初，莫菲特的发展理论确定了两条路径。在第一条路径上，我们可以看到一个孩子从很小的时候，可能是 3 岁甚至更小的时候，就开始发展出这种终身违法犯罪的轨迹。这种情况下，犯罪人会展现出一种特殊的、发展性的特征，这种特征由神经心理缺陷和不良家庭、社区环境的相互作用所形成。莫菲特称这些个体为终身持续型犯罪人（Life Course-Persistent Offenders，LCPs）。她写道：

在毕生发展过程中，这些个体在不同的成长阶段中均表现出反社会行为：四岁时咬人、打人，十岁时盗窃、逃学，十六岁时贩毒、偷车，二十二岁时抢劫、强奸，三十岁时诈骗和虐待儿童（Moffitt，1993a，p. 679）。

终身持续型犯罪人会在各种情境中持续地表现出反社会行为。由于他们从未学会控制自己的反社会倾向，在儿童、青少年和成年时期都会表现出冲动行为（Piquero，Brame，Fagan & Moffitt，2005）。

正如坎特在他的著作《犯罪阴影》（*Criminal Shadows*）中所述：“我研究的很多犯罪人，他们实施犯罪的数量都不止一起，通常在被捕前就有很多犯罪记录”（Canter，2000a，p. 273）。坎特继续描述了几个连环凶杀案杀手，他们在发展早期就表现出类似于莫菲特所描述的“终身持续型犯罪人”的特征，即在发展早期就表现出反社会特征。

终身持续型犯罪人在发展的过程中会持续错失培养亲社会能力与社会交往的机会。其中一部分原因是遭受同辈拒斥，另一部分原因也在于其监管者，包括父母、老师及监护人的放弃，通常监管者由于其早期的反社会行为而感到愤怒、沮丧（Moffitt，1993a）。终身持续型犯罪人一生都会受到各种心理问题和反社会倾向的困扰。研究者发现，“发展理论认为，在发展早期开始的反社会行为可能会导致一系列次级问题，包括学习成绩差、与不良同龄人交往、药物滥用、抑郁症状、风险性性行为和工作懈怠”（Wiesner，Kim & Capald，2005，p. 252）。此外，有研究表明，约 5%～10%的个体遵循这种反社会发展轨迹（Fontaine，Carbonneau，Vitaro，Barker & Tremblay，2009；Van Lier，Vuijk & Crijen，2005；Van Lier，Wanner & Vitaro，2007）。但只有 1%～2%的女性表现出在发展早期出现的持续性反社会特征（Fontaine et al，2009）。

但是绝大多数青少年遵循的是另一种发展路径。虽然他们在青少年时期开始出现犯罪或反社会行为，但这些行为通常会在18~26岁之间减少或停止（Moffitt，Caspi，Harrington & Milne，2002）。莫菲特将这类青少年分为青少年期有限型（Adolescent-Limited，AL）。与终身持续型犯罪人相比，青少年期有限型个体的发展路径没有表现出发展早期的、持续性的反社会特征。

发展路径理论在侧写中的运用

艾立森等人提出，“考虑到大多数这类犯罪人都有前科，因此侦查过程中应该高效利用存储在数据库中的关于已知犯罪人的信息”（Alison et al，2011，p. 58）。此外，“事实表明，大多数犯罪人的信息可能已经存在于数据库或系统中，侦查人员只需要知道他们目前的地点，尤其是在哪里能够将他们逮捕”（p. 58）。之前的逮捕和定罪记录显然也是重要线索。

终身持续型犯罪人通常在各类犯罪活动中异常活跃。在一项对终身持续型犯罪人的跟踪研究中，研究者发现，到35岁为止，他们平均每人犯下了40起案件（包括暴力犯罪与非暴力犯罪），且终身持续型犯罪人的案件数量占基数的60%（Stattin，Kerr & Bergman，2010）。因此在侦破连环案件时，犯罪人的信息很有可能已经存在于犯罪数据库中。此外，他们也很可能存在于家庭暴力数据库中（Piquero et al，2005）。另一项研究发现，终身持续型犯罪人在41~50岁之间，他们的定罪数量远超平均水平，且在生活的各个方面，包括事业、人际关系、药物和酒精使用以及心理健康状态上，都表现出极差的水平（Piquero，Farrington，Nagin & Moffitt，2010）。

然而，仅凭青少年犯罪记录可能并没有帮助。虽然许多青少年有过犯罪记录，但大多数青少年随着年龄的增长，反社会或犯罪行为会减少甚至停止。即使是反社会或犯罪行为较为频繁的青少年，在度过青春期后，往往会对社会作出贡献，变得不再冲动，并停止他们的反社会行为。因此建议侦查人员将注意力集中于那些在发展早期就有过犯罪记录，且青少年期及后期具有持续性犯罪的个体，即终身持续型犯罪人。

犯罪人的发展与成熟

尽管个体的犯罪方式在一定程度上具有行为一致性，但其可能会随着时间的推移而改变。比如，犯罪人生活环境的变化、作案手法基于犯罪经验的改进，或者犯罪人自身的发展与成熟（Canter & Youngs，2003）。正如坎特和杨斯所述，随着个体年龄的增长，发展过程中认知和情感过程会发生诸多变化。例如，发展心理学家劳伦斯·斯腾伯格（Laurence Steinberg）提出假设，认为奖励寻求和冲动性在青少年期和成年早期的发展过程中遵循一定的时间规律，并且受大脑发育的影响。此外，这一时间规律能够解释个体在青少年时期和成人早期阶段高风险行为的普遍现象。正如大多数父母和监管人所看到的，青少年的行为通常具有冲动性、寻求刺激、缺乏未来导向以及易受同辈压力的影响而变化。这一时期的风险行为包括危险驾驶、过量饮酒、尝试吸毒、吸烟以及无保护措施的性行为。犯罪行为也包括在这些风险行为中，其中也包括暴力行为。自陈式人格测验报告研究显示，近 90%的青少年承认自己曾实施可能导致入狱的犯罪行为（E. S. Scott & Steinberg，2008）。

许多处于青少年时期和成年早期的个体较为冲动、情绪波动大，这可能与个体尚未成熟的自我控制系统有关。近年研究文献中，有确凿证据表明，个体在青少年期间大脑结构和功能发生了显著变化（Steinberg，2009）。有些个体的脑区直到成年早期（约 25 岁）才会完全发育（Steinberg，2008）。脑区随着大脑的发育和成熟，大多数成年早期个体的风险行为和犯罪行为会逐渐减少，这是由于大脑负责自我控制和自我调节的区域得到了发育、变化，这些区域主要位于大脑的前部。此外，由于个体遵循不同的发展路径，在不同的年龄会达到不同的成熟水平（Steinberg，Graham et al，2009）。科学证据进一步表明，个体智力或认知成熟通常发生在个体社会心理成熟之前的几年（Steinberg，Graham et al，2009）。16 岁以上的青少年在逻辑推理能力和语言能力方面基本上与成人相同，但作为一个群体，他们的社会心理成熟度只与 16 岁青少年相当。因此虽然青少年可能拥有与成人相似的认知过程和个体能力，但他们对风险的评估和态度却与成人显著不同。通常情况下，青少年在各种情境下，愿意并倾向于实施较高风险的行为，包括反社会行为。与个体独立行为相比，青少年在同龄群体中的冒险性、风险性倾向尤为强烈。

社会心理发展理论在侧写中的运用

了解这些发展因素有助于侧写师推测犯罪人的大致年龄，并解释某些连环犯罪人（尤其是性犯罪人）行为模式的变化。如果犯罪现场的特征表现出犯罪人的冲动性、不成熟行为，则犯罪人可能是一名青少年。例如，老练的入室盗窃通常经过细致的预谋和准备，因此犯罪现场几乎没有冲动性的迹象；但如果现场有行为证据表明犯罪人的粗心和冒险行为，则表明犯罪人可能年龄较小（小于 24 岁）。侧写师有时将那些在犯罪过程中无计划、无技巧，且倾向于实施冒险行为的盗窃犯称为“牛仔”（Rengert & Groff，2011）。他们的“策略”通常是随机的甚至是在高风险的情境下进行盗窃。此外，个体发展因素的变化也有助于解释连环犯罪人（如性犯罪人、盗窃犯和纵火犯）作案手法的显著变化。

社交技能缺乏与同辈拒斥

研究显示，同辈拒斥是个体未来持续性犯罪行为（尤其是暴力犯罪）的有效预测变量之一（Cowan & Cowan，2004；Dodge，2003；Trentacosta &

Shaw，2009)。这种同辈拒斥往往从儿童早期就开始了。早从5岁开始，攻击性较强、好斗的儿童就会受到其他儿童的排斥，通常会被孤立于同伴群体之外（Dodge & Pettit，2003；Patterson，1982)。此外，研究发现，对于那些在发展早期就表现出较强攻击性的青少年，同辈拒斥会加剧反社会倾向的发展(Dodge et al，2003)。虽然这些儿童被排斥可能存在多种原因，但攻击行为显然是最突出的因素。被排斥的儿童不仅攻击性强、会轻易与他人发生争吵、为他人带来困扰，往往还具有注意力不集中的特点。此外，被排斥且攻击性较强的男孩通常存在行为、社交和认知缺陷，整体上社交技能处于较低水平(Coie & Miller-Johnson，2001)（见图3.2)。这些缺陷通常导致他们在学校的行为表现和学习成绩都较差（Buhs & Ladd，2001；Dodge & Pettit，2003)。在个体早期的发展中，同辈融入非常重要，能够融入同辈群体和被同辈拒斥的儿童相比，发展路径会大相径庭。早期学校阶段受同伴欢迎和喜爱的儿童，在后期表现出持续性反社会倾向的可能性远低于无法融入同辈、被同伴排斥的儿童（Laird，Jordan，Dodge，Pettit & Bates，2001；K. H. Rubin，Bukowski & Parker，2006)。但需注意，关于同辈拒斥对反社会行为影响的大部分研究集中在男孩身上，但也有一些研究表明，女孩可能也存在类似的趋势（Van Lier，Vitaro，Wanner，Vuijk & Crijnen，2005)。

图3.2　他是悲伤还是叛逆，还是两者都有？
被同辈拒斥的孩子在成长过程中常常会表现出反社会行为

社交技能缺乏与同辈拒斥理论在侧写中的运用

有关同辈拒斥的研究对行为侧写影响巨大。那么侦查人员是否可以通过查阅个体小学、中学时期的各种记录来识别早期的“犯罪人”呢？这种做法仍然存疑。如果条件允许，这种方法可能会为侦查过程提供有价值的线索，特别是当犯罪人的活动范围较为固定时。但是查阅学校记录存在许多障碍，因为青少年犯罪记录在许多州都会在成年后被封存。虽然这样做可以理解，但犯罪行为的起始年龄仍然是预测未来犯罪行为的重要指标。此外，在众多环境变量中，与同辈行为相关的因素也是预测未来犯罪行为的重要变量。

精神病态的犯罪特征

关于精神病态（Psychopathy）的概念最早来源于美国精神病学家克莱克力（Cleckley）1941 年出版的书——《理智的面具》（*Mask of Sanity*），后来由海尔开始进一步对精神病态人格进行深入研究和发展（Hare，1980）。此后，精神病态得到了众多关注，相关研究迅速发展。其中，部分原因是精神病态的个体行为和心理特征对大众而言具有特殊的吸引力。文献中对精神病态犯罪人（Psychopathic Offenders）恶行的描述比比皆是。

精神病态的概念最好被视为一种连续体，因为个体与个体间精神病态在程度上存在较大差异。作为一种具有特殊人格的群体，精神病态具有“支配性、操控性、冲动性、冒险性和反社会特征的生活方式，他们从各种形式的性满足中获得快感与刺激。随着时间的推移，受害人数量增多，且受害人的特征多样化，不具有一致性”（Porter，Fairweather et al，2000，p. 220）。研究者发现，精神病态犯罪人通常：

> 缺乏正常的伦理和道德观念，按自己的规则生活，擅长使用冷血的工具性威胁和暴力手段来满足自己的需求，并且通常对社会规范和他人的权利表现出蔑视。

然而，研究强调，精神病态也可能非常迷人、外貌或性格具有吸引力、口才流利、语言具有说服力，这可能不符合公众对典型犯罪人的形象认知。虽然精神病态可能只占成人群体的很小一部分（不到 5%），但当他们犯罪时，其行为往往最为残暴（Hare，1996，1998）。

具有精神病态人格的性犯罪人往往比普通型犯罪人表现出更暴力、残忍的行为以及较高程度的虐待倾向（Hare，Clark，Grann& Thornton，2000；Porter，Woodworth，Earle，Drugge & Boer，2003）。精神病态犯罪人实施的性谋杀案件作案手法多样化，且尸体受损程度严重（Firestone，Bradford，Greenberg & Larose, 1998; Porter et al, 2003)。然而，精神病态与性犯罪之间的关系似乎很复杂。例如，精神病态犯罪人在儿童猥亵案中的基本比率大致为10%~15%，而在强奸案件中的基本比率则为40%~50%（Gretton et al, 2001; Porter, Fairweather et al, 2000)。研究还表明，表现出精神病态人格特征的强奸犯更可能出于“非性动机”而对受害人实施强奸。即他们对受害人实施强奸行为并非出于性动机，而更可能出于愤怒、报复、虐待倾向、机会主义等“非性动机”实施强奸行为（Hart & Dempster, 1997)。精神病态犯罪人在对受害人的选择上范围较广，受害人的年龄和生理特征具有多样性，没有较为明显的一致性（Woodworth & Porter, 2002)。还有研究表明，由于精神病态犯罪人高度以自我为中心、较为自负，犯罪行为具有冲动性，因此他们通常不会花费额外的时间和精力来隐藏自己的犯罪行为，即使在凶杀案件中也是如此（Häkkänen et al, 2007)。

精神病态人格理论在侧写中的运用

坎特提出，侧写师应该仔细且谨慎地研究犯罪人处理受害人的方式。暴力和具有虐待性的攻击行为表明犯罪人可能具有精神病态特征，并可能会持续实施反社会行为。当侧写师遇到暴力、残忍但却没有明显作案动机的案件时，应该将侦查重点聚焦于犯罪记录丰富的人身上，尤其是表现出精神病态特征的犯罪嫌疑人，如性格冷漠无情，行为上具有冲动性、冒险性，寻求刺激行为，且外貌上可能较有吸引力。

随着精神病态相关研究的持续推进，侧写人员应当了解最新研究成果。例如，研究揭示了精神病态症状可能存在四个特征组（Salekin, Brennan, Zalot, Leistico & Neumann, 2006; Vitacco, Neumann & Jackson, 2005)。在侦查过程中，这些特征组可以为犯罪人行为特征的分析提供潜在线索。四类特征组的核心分别是：（1）人际关系，他们在与他人交往的过程中撒谎成性、口齿伶俐、具有膨胀的自我价值感，交往中体现出对他人的控制感、操控性，可能外貌具有吸引力，混乱的性行为；（2）冲动且不负责任的生活方式，他们在日常生活中显得不可靠、喜欢寻求刺激、缺乏现实目标和计划性、工作习惯差、“寄生虫”式的生活状态（习惯性依赖他人，包括配偶、亲密伙伴、朋友和父母)；（3）情感和情绪体验缺失，他们罪责感、内疚感较低，共情能力低、冷漠无情，缺乏焦虑、紧张、恐惧的情绪以及不愿对自己的行为负责；（4）反社会倾向，他们缺乏自我调节与控制能力，再次犯罪的频率较高，过往犯罪记录表现出其犯罪行为的持续性，危害性、严重性、暴力性较大且所犯案件类型多样化。第四种核心特征最近专门纳入了精神病态犯罪人特征的评估范围。

3.8　科学侧写的潜在缺陷

在上一章探讨了可能影响临床犯罪现场侧写的认知偏差。一定程度上，这些偏差也可能对科学的侧写方法产生影响。在本节中，我们将重新审视这些认知偏差，同时介绍在科学的侧写方法中存在哪些潜在的问题。

启发法

卡内曼（Kahneman）和特沃斯基（Tversky）在 20 世纪 70 年代早期对“启发式和认知偏差（Sloman，Over，Slovak & Stibel，2003）在不确定条件下对人类判断的影响”的研究产生了极大影响。启发法（Heuristics）基本上是处理信息、作出复杂决策和快速有效推断的心理捷径。生活中每个人都会使用启发法。

有趣的是，特沃斯基和卡内曼发现，我们依赖有限的启发原则和策略来简化相对复杂的任务，如进行决策、评估某一概率或预测。换句话说，我们倾向于使用少数几个决定性因素来作出重要决定。比如，在决定去哪所大学读书时我会问：学费多少？因为钱很重要。离家多远？能够让我在需要时得到父母的情感支持吗？因为家庭很重要。附近有滑雪场或冲浪的地方吗？俱乐部看起来如何？因为娱乐很重要。当然，这个学校有没有我想读的专业？因为未来发展很重要。根据上述启发因素，决定已经作出了。

另一个例子是：我应该接受这份工作吗？薪水是多少？提供什么类型的健康保险？可以双休吗？同事看起来好相处吗？如果以上所有问题都得到满意的回答，我就会接受这份工作。

特沃斯基和卡内曼还发现，“一般来说，这些启发法非常有用，但有时会导致严重和系统性的错误”（Tversky & Kahneman，1974，p. 1124）。例如，滑雪场有可能关闭，提供该专业的院系可能面临预算削减，单位的工作量不可能在 5 天内完成，你的同事可能是邪教成员，等等。

侦查人员和侧写师也是人，他们也会使用启发法或者说走心理捷径。在侦查过程中，有过犯罪记录的人（尤其是如果他还在假释期内）往往是最早被怀疑实施犯罪的人。这是一种看似合理、能够迅速有效进行推断的心理捷径。然而，真正的犯罪人可能并不处于假释期。此外，侧写师和侦查人员有时需要在高压环境下迅速作出判断和决策，如在时间有限、线索较少的情况下。在这种高压条件下进行决策与判断时，心理捷径固然是有用的，能够对侦查过程起推动作用，但同时这也是认知和判断错误的潜在来源。

代表性启发的失误

代表性启发（Representative Heuristics），是指个体在决策时，首先会依据自身过去的经验进行判断，将现有事件与过往的相似事件进行对比，从而得出结论。在侧写中，一个典型的错误是，侧写师基于部分信息或根据犯罪人与该类犯罪人典型或平均特征的相似程度来对这名特定犯罪人进行判断。这是一种心理捷径，根据某人有多类似于典型案例的程度来对其进行分类。通过代表性启发法作出的决策或判断往往忽视了基本比率。如果侧写师依赖于他们在过往类似案件中的个人经验，侧写师可能会得出结论："好吧，这个案件与我几年前处理的一个案件很相似。"尽管这种启发法可以节省时间，但根据李伦博等人的说法，当被比较的两件事实际上没有共同特点时，就会出现问题。这两件事可能只是表面上相似，或者只是侧写师的心理表征或感知两件事相似，但这种心理表征和感知很可能是不准确的（Rainbow et al，2011）。许多侧写师更倾向于依赖他们的个人经验而非基本比率，因为他们的个人经历往往生动、形象且具体，而基本比率则是苍白、抽象的数字（Rainbow et al，2011）。

2010 年，英国《卫报》发表了一篇文章（Ronson，2010）。记者采访了保罗·布莱顿（Paul Britton），这位心理学家曾参与了尼科尔的案件，也与李伦博讨论了他们正在进行的研究。这两位专家在侧写方面的观点大相径庭。布莱顿对实证研究或统计数据兴趣不大。而相比之下，李伦博认为，84%的强奸犯曾有过前科，但通常不是性犯罪，而是其他类型的犯罪。荣森提道：

> 李伦博的观点中提到的这个 84%的统计数据并不是那种能够吸引老派且传统侧写师的迷人推断，因为它并没有揭示性犯罪人复杂的心理，而是一个笨拙、乏味但真实的事实（Ronson，2010）。

另一种典型错误来自易得性启发（Availability Heuristic）。考虑以下问题：在英语中，以下哪种词汇更常见：以字母"k"开头的词，还是"k"作为第三个字母的词？当大多数人被问到这个问题时，他们通常会立即回答，以"k"开头的词（Tversky & Kahneman，1982）。想到以字母"k"开头的词比想到"k"作为第三个字母的词要容易得多（如 know、kite、ketchup、kale、kill、kitten、kiss、kitchen、kangaroo 等词，相比于 acknowledge、ask、make、like 等词）。实际上，后者单词数量比前者多两倍以上。易得性启发原则表明，某一信息越容易回忆起，这一信息在我们判断和决策中发挥的作用就越大。

易得性启发对我们判断过程发挥作用的关键是“信息或联想出现的难易程度”（Tversky & Kahneman，1973，p. 208）。当我们在决策和判断过程中，受到相关事件或其记忆的影响时，易得性启发就会发生（Fanetti & Boles，2004）。当信息出现的难易程度受到与概率（即基本比率）无关的因素影响时，可能就会得出错误判断（Heuer，1999）。例如，侧写师最有可能在决策和判断中受到先前案例的影响，这些案例往往生动、重要、典型，因而很容易浮现在侧写师脑海中，影响侧写师对现有案件的判断。研究表明，易得性启发不仅依赖于回忆信息的难易程度，还取决于能够回忆起的内容多少（Rothman & Hardin，1997）。易得性启发在某些情况下使用可能效果很好，但在一些情况下可能会引发判断失误，特别是当侧写师忽视基本比率时。因此侧写师需要时刻警惕心理捷径的陷阱。

基本比率谬误

基本比率谬误是一种决策错误，个体在决策过程中忽视了关于某一特征在特定群体中出现的概率，即对基本比率的忽视。这种个体倾向能够有力解释侧写师在判断中出现的失误。例如，侧写师可能会将侦查重点放在某个特定的犯罪嫌疑人身上，而忽视了同类犯罪人群体的特征。比如，在一起强奸案中，侧写师认为 A 是该起强奸案的犯罪人，但其实 A 并不符合强奸犯这一群体的典型特征。当侧写师认为正在侦破的案件具有独特性，且该案与某一犯罪类别中的常见案例不同的时候，基本比率谬误极有可能发生。对基本比率的忽视也有可能发生在这样的情况中，即侧写师认为该案件更适合基于自己的过往经验进行侦查。因此基本比率谬误可能会与上述讨论的启发式共同出现。

李伦博等人提供了一个很好的例子，可以说明侦查人员和侧写师可能会因为忽视基本比率或对其没有给予足够重视，而导致犯罪现场勘查的结果发生偏离（Rainbow et al，2011）。该案件涉及一名 90 岁的老人，女性，她被发现死于家中。在犯罪现场，她的心脏被取出，放在一个银盘上。她的血液被排空，并被倒入一个小容器中，容器的边缘有唇印。蜡烛被摆放成某种仪式的样子，壁炉拨火棒（用于抽取壁炉里柴火的细长棍状物）被放置在她的脚下，形成一个十字架的形状。更加戏剧性的是，凶杀案发生在威尔士海岸附近的一个岛屿，岛屿上布满了古老的德鲁伊遗迹（Druid Ruins）。虽然这起案件看起来像是与邪教相关的恐怖凶杀案，可能涉及多名犯罪人甚至犯罪团伙，但侦查人员明智地对比了基本比率数据，谁会杀害老人？即老年受害人在凶杀案件中的基本比率。

正如李伦博等人所述：

在确定犯罪人范围时，根据老年受害人在凶杀案中的基本比率以及对犯罪现场的合理推断表明，犯罪人很可能与受害者有某种联系，并很可能就居住在附近（Rainbow et al，2011，p. 44）。

根据现场的物证痕迹（包括现场留下的足迹），警方逮捕了同村的一名17岁的少年。他在过去3年曾给受害人送报纸，并知道她家中藏有钱财和珠宝。侦查人员得出结论，这不是什么诡异的献祭仪式，而是一起简单的抢劫凶杀案。这名17岁的凶手为了转移警方的注意力，故意伪造现场，使现场看起来像是一个诡异的、充满仪式性的凶杀案。

不确定性的表述

几乎没有哪个侧写师会愚蠢到断言犯罪人一定具备某些特征。几乎所有侧写师都会以概率的形式来表述，从而暗示他们的评估存在一定的不确定性。然而，根据赫尔的说法，事件发生的概率可以通过两种方式来表述（Heuer，1999）：第一种是统计学意义上的概率，即基于相对频率的实证数据，如基本比率；第二种是主观概率评估，即基于侧写师的个人感知或主观判断，如认为某个犯罪人将会再次犯罪，或者认为某个特定犯罪嫌疑人有可能是该案的犯罪人，或者犯罪人可能居住在某个特定地区。许多情况下，主观概率判断具有模糊性，容易被警方侦查人员误解。正如赫尔所说："如果说某一事件有可能发生，这种'可能'指的是1%~99%之间的任何一种概率"（Heuer，1999，pp. 152-153）。侧写师应该在预测中标明一个主观判断的百分比（如30%）来更直观、清楚地传达概率，以便侦查人员可以判断侧写师预测某一事件发生的自信程度。但必须强调的是，这只是一个概率，而不是一个确定的预测。

使用临床法的侧写师可能会抵触在预测中附上百分比数字，因为这似乎违背了基于经验或直觉临床判断。然而，根据赫尔的说法，没有确切的百分比，侦查人员可能更倾向于将模糊性的陈述按照自己对案件先入为主的看法进行理解和诠释（Heuer，1999）。因此警方侦查人员必须对除侧写以外的其他观点持开放态度。同时侧写师也要帮助警方挖掘其他观点，即使在侧写中已经陈述了对该案的看法。在这种情况下，侧写师应当尽可能地与外部专家和同行进行讨论，以提供不同的视角和观点。其他同行可能会看到或提出侧写师未注意到的问题。因此侧写师们通过团队协作完成的侧写，可能比某个侧写师独立完成的侧写更具准确性。

在焦点3.3中呈现的侧写报告模板中也能看出，侧写师也会小心翼翼地避免我们上述讨论的诸多"陷阱"。例如，侧写师鼓励侦查人员将侧写报告与其他专家分享，让他们仔细研究与案件相关的犯罪学文献以及某一犯罪行为的基本比率，以供他们讨论统计学意义上的概率，而不是提供关于犯罪人的主观评价。

3.9　本章总结

上一章，我们讨论了基于临床分析手段的犯罪现场侧写，它往往基于经验的积累、直觉，具有较大主观性。在本章，我们将重点转向基于科学方法的犯罪侧写，即精算侧写。但这并不是说临床侧写毫无用处。正如诸多案例所示，基于直觉的、模糊的主观印象或直观感受常常使侧写发生错误，在侧写中使用科学、客观的方法是必要的。因此我们建议侧写师了解相关领域（如犯罪学、心理学等）的理论和实证研究，掌握统计学相关知识并运用于对犯罪数据库的分析中，同时也需要临床经验的积累，它们都将成为辅助侧写的有效工具。还需强调的是，侧写师很少情况下能与犯罪嫌疑人进行面谈，因此对犯罪嫌疑人的推断必须非常谨慎。

或许，在犯罪侧写科学化的道路上，没有人能够比大卫·坎特（David Canter）作出更大的贡献。坎特创办了侦查心理学中心（Centre for Investigative Psychology）。他和同事开展了一项基于大型犯罪数据库的研究项目，旨在找出犯罪行为的一致性规律，并帮助警方锁定犯罪人所在区域。但最重要的是，这些侧写师（在英国称为“行为侦查分析师”，即 BIAs）提交给警方的侧写报告是全面的、细致的、谨慎的、以实证研究为基础的。然而，我们并不建议任何一个国家在科学侧写上拥有垄断地位。许多美国的心理学家，包括联邦调查局聘用的心理学家，对坎特在侧写领域的贡献表示赞扬，并尝试将坎特的侧写方法融入自己的侧写过程中。然而，正如批评者所指出的（Kocsis，2009；Snook et al，2008），在全球范围内，包括英国，仍有一些侧写师主要依赖直觉、过去经验或未经验证的犯罪人分类学。

此外，当代犯罪学的相关研究和理论可以应用于侧写过程中。本章重点介绍了发展路径理论、社会心理发展理论、社交技能缺乏与同辈拒斥理论、精神病态理论及相关研究。通过这些理论和研究，可以帮助侧写师在案件侦查过程中识别犯罪人的行为特征。

最后，侧写师应该尽量避免掉入认知“陷阱”，包括根据先前经验进行判断的启发法、对基本比率的忽视以及基于主观印象而非统计学概率而得出的判断。

本章专业术语汇总

A→C 方程式	信念固着	权威性法则
先验性法则	临床或经验预测	科学性法则
回溯预测	犯罪现场标记	持续性法则
精算预测	社交技能缺乏	同辈拒斥
易得性启发	发展路径理论	心理标记
基本比率	启发法	精神病态
基本比率谬误	侦查心理学	社会情绪理论
行为侦查分析师	主观概率评估	统计学概率

第4章

犯罪地理侧写与地图绘制

我不想听那些他为什么抑郁或多么偏执的心理学术语。我只想知道他住在哪里以及他下一次作案的地点在哪里。

上述评论在现实或小说中的警局都能听到，当警方面对一系列连环犯罪而已知线索不多时，会请求地理侧写师的协助，地理侧写师经过培训能够识别多起犯罪中存在的空间特征或模式。与之前讨论的犯罪现场侧写不同，地理侧写关注各类犯罪的地点，试图确定犯罪人可能居住的地方。地理侧写的主要目标是基于犯罪地点进行分析与推断，识别犯罪人大致住在哪里或至少晚上睡在哪里（Canter & Youngs，2008）。地理侧写通常会被运用于发生在室外的案件，尤其是连环案件。

“犯罪的空间特征早已被观察到”（Brantingham & Brantingham，1991，p. 27）。早在19世纪初，盖瑞就发现了法国各地区的定罪率存在差异（Gerry，1883）。犯罪学中一些早期理论也解释了犯罪率在不同地区间的差异问题，即犯罪似乎集中发生在特定类型的地点而非其他地点。理解地理位置在犯罪行为实施过程中的作用可以提供重要线索，即有助于识别犯罪地理模式，也能够推断犯罪人的大致居住点，甚至还能够预测连环犯罪中下一次案发的地点。从犯罪地理模式中总结出的结论和知识还有助于犯罪预防。例如，执法机关可以改变巡逻的范围或策略，在案件高发地分配更多的警力。

当代对犯罪空间模式的研究表明，犯罪通常发生在特定的地理区域内，如城市的某个特定区域。此外，犯罪地理模式并不是简单的随机因素产生的结果，也不是简单地直接体现犯罪人人格特征。正如坎特和杨斯所指出的，“无论犯罪人自己是否能够意识到，他们都在主动地选择犯罪地点”（Canter & Youngs，2009，p. 170）。研究表明，犯罪人的移动距离以及他们犯罪的空间分布特征，能够为推断其居住地范围或犯罪行为轨迹提供有价值的线索。

犯罪地理模式的分析主要有两种方法：绘制犯罪地图和犯罪地理侧写。绘制犯罪地图（Geographic Mapping），是指在一定时间范围内，对多名犯罪人实施犯罪的空间特征进行分析。而犯罪地理侧写（Geographic Profiling）是对连环案件或小型犯罪群体的空间模式及活动规律进行分析。这两种方法通常是相辅相成的。前几章的犯罪现场侧写一般而言集中于对暴力犯罪（如凶杀和性侵）的讨论，尽管也有人认为犯罪现场侧写可以而且应该延伸至其他犯罪类型中。地理侧写和地图绘制虽然也会关注暴力犯罪，但会更加侧重对诸如入室盗窃、抢劫和机动车盗窃等财产犯罪的分析，这些财产犯罪的数量远超暴力犯罪。

4.1 犯罪地图绘制

绘制犯罪地图能够从视觉与统计学角度对犯罪空间性质进行分析（Boba，2009）。简单来讲，犯罪地图用于识别某类犯罪的“热点”地区（Hot Spots），如抢劫或毒品交易。“热点”，是指犯罪数量高于平均水平或受害风险高于平均水平的区域（Filbert，2008）（见图 4.1），展示了汽车盗窃的热点区域图。每个热点区域覆盖的范围不同，大至一个社区、几条街区，小至一个酒吧、一段街道、一个公交车站、一个商店。一项研究对美国 2000 多个警察局进行访谈，85% 的警察局表示犯罪地图对它们而言是一个有价值的工具（Mamalian & Lavigne，1999）。

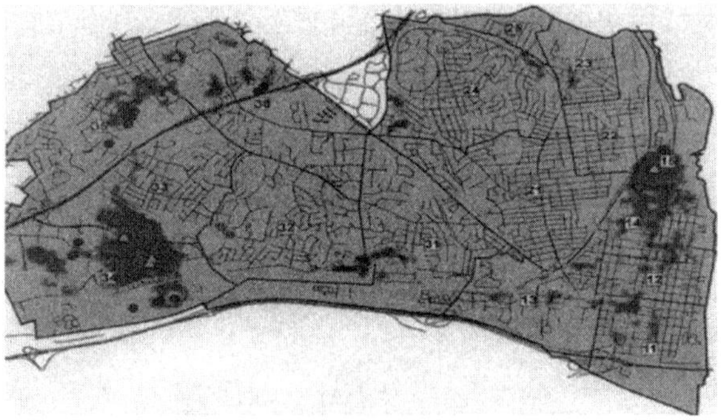

图 4.1　某地城市区域汽车盗窃案件犯罪地图

犯罪地图绘制的历史

绘制犯罪地图起源于 19 世纪上半叶的欧洲，并于 20 世纪初在美国开始应用。在美国，芝加哥大学社会学系对早期犯罪地图绘制和地理侧写发展发挥了较大作用，该系教授是犯罪学领域“芝加哥学派”的代表人物，开创了对犯罪生态学的研究。犯罪生态学的两位奠基者是欧内斯特·伯吉斯（Ernest W. Burgess）和罗伯特·帕克（Robert E. Park）。1915 年，帕克发表了一篇关于芝加哥市犯罪特征的理论研究。这篇论文可能代表了犯罪生态学（Ecological Criminology）的正式开端，后来也称为环境犯罪学（Environmental Criminology）。帕克和伯吉斯尝试通过收集城市的各种数据来验证他们的理论。他们的学生制作了“热点”地图，进行街头访谈，评估与分析了“热点”地图，观察城市中的各种犯罪现象并进行系统记录。以往认为，犯罪行为的实施在地理分布上是具有随机性的，因此犯罪行为在地理上的分布应该是均匀的。但他们很快发现，贫困、疾病和犯罪极为严重的区域，在整个芝加哥范围内分布不均。这些发现在今天看来可能没有什么新奇的地方，但在 20 世纪初是具有重大意义的。虽然在欧洲，几年前就已经开始对犯罪及违法行为进行生态学角度的研究，但当时的研究并未集中于城市中的特定区域。

芝加哥的研究人员还查阅了法院记录，特别是青少年的犯罪记录，于是将注意力聚焦在青少年犯罪人的居住地点。根据他们的地图，不管是男性还是女性，青少年犯罪人都在特定地点居住和活动，并在离家较近的地方实施犯罪行为。起初，青少年法庭的法官和当地社工对这些发现持怀疑态度（E. W. Burgess & Bogue，1967），他们认为这些奇怪的特征和模式可能只存在于芝加哥市，而对于其他城市而言是均匀分布的。然而，后来的研究揭示了其他城市的犯罪现象也存在相同的模式，即分布不均（T. P. Morris，1957）。在城市地区，犯罪行为多集中在建筑破败、贫困和人口流动性大的区域。在高档住宅区，几乎没有犯罪行为存在。此外，在地理上，犯罪发生的频率还巧妙地形成了一种特殊的环形模式，以城市中心为圆心区域，向外围逐渐延伸出四个环形区域。

伯吉斯开始对犯罪生态理论进行细化，并提出了他的“同心圆理论”（Concentric Circle Theory），也被称为区域假设理论（Zonal Pypothesis）。他认为，当时美国城市以城中心为圆心区域，可以向外围逐步扩展出四个环形区域。每个环形区域代表一个具有不同人口特征和物理特征的区域。在芝加哥，过渡区（即向外围延伸出的第一个环形区域）是青少年犯罪、青年帮派、成年犯罪、贫困、配偶遗弃、弃婴和健康问题最为严重的区域。后来，克利福德·肖和亨利·麦凯确认了同心圆理论在青少年犯罪问题上具有适用性（Shaw & McKay，1969）。他们利用 1900 年至 1927 年 10 万多名青少年的家庭地址，发现青少年犯罪率和成年犯罪率最高的地方集中在过渡区域。他们称这一区域为“犯罪温床”（Hot Beds of Crime）。

“过渡区”，是指这些区域内人口的实际流动率较高，即个人和家庭不断地流进流出。当时，一些移民涌入该地区，移民在寻找工作和居住地上面临困难，暂时居住于该地区。当地一些家庭则开始向郊区迁移。此外，该区域的城市建筑（新建的商业建筑）和基础设施（道路、铁路）发生了变化，扰乱了居民原本的生活方式。芝加哥学派使用“社会解构”（Social Organization）这一术语来表述犯罪模式与居住环境之间的联系。值得注意的是，这些社会学家希望犯罪学的研究重点从犯罪人个体缺陷中跳脱出来。因为青少年犯罪并不是青少年个体缺陷的体现，而是由于他们居住地社会环境的解构、失序与干扰。

芝加哥学派的研究对犯罪学领域贡献良多。例如，克利福德·肖后来在芝加哥地区开展了一个项目，这是历史上最早的社区行动项目之一。项目工作人员走上芝加哥街头，与那些因所处区域而被认为有犯罪风险的青少年进行深入交流，帮助、教育他们，旨在降低当地犯罪率。但犯罪生态学的批评者认为，研究焦点过度聚焦于贫困内城区（即过渡区）的青少年上，这些犯罪学家忽视了一个事实，即生活、居住条件更好，相对富裕的青少年和成年人也会实施犯罪行为。犯罪生态学忽视了高社会阶层的犯罪人，关于这一批判，在 20 世纪下半叶持续存在，且至今仍被提及。

环境犯罪学的影响

现代的犯罪地图可以追溯到保罗和帕特里夏·布兰廷汉姆在 1991 年提出并发展的环境犯罪学，特别是他们提出的犯罪模式理论（Crime Pattern Theory），该理论结合了日常活动理论（Routine Activity Theory）和理性选择理论（Rational Choice Theory），这两个理论会在后续进行讨论（Paul & Brantingham，1991）。对于布兰廷汉姆夫妇而言，犯罪生态学派的观察和地图绘制很有趣，但解释过于简单。早期理论家们主要关注犯罪与社会现象（如贫困、社会解构）之间的关联，旨在解释犯罪动机。在 1970—1980 年，环境犯罪学崭露头角，重点研究犯罪机会的分布如何影响犯罪行为发生。环境犯罪学的一致结论是，大多数犯罪人会在离家较近的区域实施多起犯罪。布兰廷汉姆观察到，犯罪通勤的平均行程其实很短。事实上，离居住地越远，犯罪人实施犯罪的可能性越小，这一发现被称为“随距衰减”（Distance Decay）理论。他们还指出，无论是成年人还是青少年，犯罪人的居住地往往在城市的相同区域聚集。

根据布兰廷汉姆的观点，犯罪人居住地较为集中是人类群体在空间分布上的一个特殊现象。“人类可以根据特定指标或特点分为不同亚群体。例如，从社会人口统计维度而言，可以根据财富、年龄、性别和种族分为不同亚群体。犯罪人在亚群体中的基本比率也呈现分布不均的特点”（Brantingham，1991，p. 33）。因此犯罪人的居住地和犯罪的热点地区会集中在特定的区域。

对于犯罪人来说，城市中的大部分地方是未知的，要么在他们的认知中根本不存在，要么因为陌生而充满恐惧。因此他们往往将犯罪地点选在自己熟悉的区域内，如居住地附近或工作、娱乐、购物的地方。

关于布兰廷汉姆的理论我们暂告一段落，但在讨论犯罪地理侧写时，我们会再次提及并进行深入分析。

当代的犯罪地图绘制

在《海军罪案调查处》（*NCIS*）或《犯罪现场调查：迈阿密》（*CSI*：*Miami*）这样的美剧里通常可以看到，环境犯罪学仍然以一种更为复杂的方式存在。在城市地区的警察局，一些警察通过培训成为犯罪地图绘制员（Geographic Crime Mappers）或者雇用专业人员来承担这项工作。实际上，犯罪地图已成为许多警察局、应急管理机构和国土安全局的常见分析工具（Bourque et al，2009；R. Wilson，2008）。自 20 世纪 90 年代以来，通过地理信息系统（Geographic Information System，GIS）的发展，现代的犯罪地图应运而生。在地理信息系统广泛应用于执法工作前，警察靠手绘或图钉来分析犯罪活动的地理模式。如今，依靠地理信息系统，我们可以用高级的空间统计来分析犯罪活动的地理特征（R. Wilson，2008）。这种软件不仅可以让研究人员的数据可视化，还可以对人类行为的地理特征分布进行评估，包括识别某种空间分布模式、检验某一空间分布理论、验证某一地理分布特征对犯罪行为或公共安全的影响。使用地理信息系统下的网格制图功能既可以用来识别“热点”地区或特定区域，也可以用来绘制密度地图（Filbert，2008）。这些软件使用的技术通常被称为“街道地理编码”（Street Geocoding）。然而，“根据近年来的文献记录，街道地理编码技术可能会出现较为严重的失误”（Zandbergen，2008，p. 1449）。

一款常用的犯罪地图软件是“CompStat”，这是一种用于追踪犯罪和管理犯罪信息的系统，最早在纽约开发，并在美国其他主要城市广泛使用。虽然一些部门认为，这一系统广泛应用于执法工作有效降低了暴力犯罪率，但对于这一观点，仍然存在争议。2010 年夏末，国家公共广播电台的《这就是美国生活》（*This American Life*）节目报道，某警局指挥官滥用该系统，他们下令非法逮捕公民，并篡改了系统对案件严重等级的评估规则，从而使严重暴力犯罪看似有所减少。另一款常用于犯罪地图绘制的软件是“GeoDa”，由卢克·安塞林及其在伊利诺伊大学空间分析实验室的同事开发（Anselin，Syabri & Kho，2006）。

所有犯罪地图软件都有一个附带的统计工具，以帮助执法机关和研究人员识别犯罪模式，从而协助犯罪侦查和预防工作。今天，大数据库的分析和新的分析工具的运用正在推动预测性警务（Predictive Policing）的发展。这个术语指的是“通过信息的挖掘、使用和高级分析，来优化警务策略和战术，以应对前瞻性犯罪预测提出的各种挑战”（Uchida，2011，p. 3）。贝斯·皮尔萨尔提供了另一种定义：“预测性警务……是从不同的信息源中获取信息和数据，对其进行分析，然后利用结果来预测、预防并更有效地应对未来的犯罪”（Pearsall，2010，p. 16）。

4.2　犯罪地理侧写

犯罪地理侧写（Geographic Profiling）与犯罪地图绘制不同，它聚焦于单一犯罪人或小群体犯罪。这一侦查技术旨在提供与连环犯罪人活动区域相关的信息（Rich & Shively，2004）。地理侧写是一种技术、工具或过程，能够帮助识别连环犯罪人可能的居住区域、活动范围或作案地点（如酒吧、女友家、工作地点）。需要强调的是，地理侧写并不是一种万无一失的方法来准确定位犯罪人的具体住所或地点，但它可以作为一种有力的辅助性工具，在警方跟进线索、缩小侦查范围方面提供相关参考意见。尽管地理侧写有多种方法，该领域正迅速向智能化发展，即运用计算机程序来预估犯罪人住所的位置。计算机程序通常会智能生成不同主题的一系列地图，类似于犯罪地图绘制。对于地理侧写而言，这些地图通常呈现为具有概率梯度的表面，类似于地形图上的等高线。最高峰（通常称为最优侧写区域）代表了对犯罪人住所的最优预估，即犯罪人居住于该范围内的可能性最大（见图 4.2）。

通过对地理侧写相关软件的开发与训练，这些地图通过复杂且精细化的软件生成。随着全球范围内数字化警务的快速发展，这些地图和计算机程序变得越来越精细、复杂，因此鼓励使用计算机软件来分析大规模的犯罪行为模式（Canter，2009）。然而，地理侧写不仅仅涉及地图和计算机软件，更多相关内容将在后续提及。但在此之前，我们简要回顾一下地理侧写的历史和理论背景。

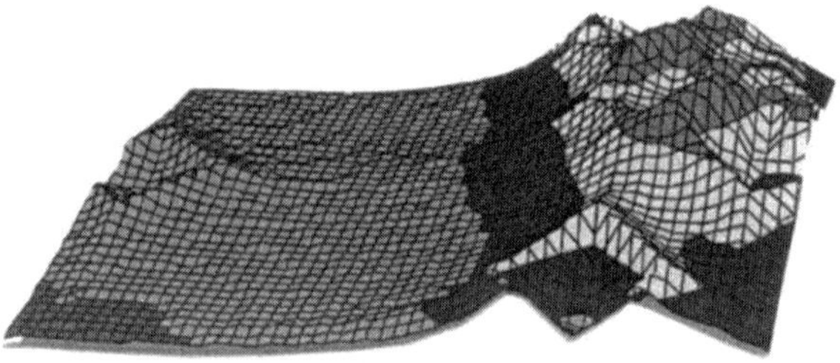

图 4.2　计算机生成的地理侧写地图示例

理论基础与早期历史

早期研究工作中，帕克（Park）和伯吉斯（Burgess）、肖（Shaw）和麦凯（McKay）以及之前在犯罪地图绘制部分讨论的芝加哥学派对犯罪地理侧写的发展起着重要作用。这些早期工作促使研究人员和学者继续沿用这些研究方法，尽管重点有所不同。

地理侧写的两个主要犯罪理论是日常活动理论和理性选择理论。保罗和布兰廷汉姆将这两个理论，尤其是日常活动理论，融入了极具影响力的犯罪模式理论中，这标志着环境犯罪学的开始。

日常活动理论

这一理论最初由科恩和费尔森在 1979 年提出，作为一种受害人视角的理论，该理论旨在解释为何某些人会成为掠夺性犯罪的受害人（Cohen & Felson，1979）。该理论的核心观点是，犯罪人会在潜在受害人的日常活动中了解到犯罪的可能性或主动寻找犯罪机会，如在上班、上学、拜访亲友、购物或娱乐的途中。犯罪的发生，需要同时具备三个因素，并且这些因素必须发生在同一地点：一个有动机的犯罪人、一个合适的受害人以及受害人身边没有保护性因素。如果三个因素中缺失任意一个，犯罪发生的可能性就会大大降低。

根据布兰廷汉姆夫妇的观点，犯罪人的日常活动以及潜在受害人的日常活动都应该被考虑在侧写范围内。即犯罪人日常活动的区域形成了布兰廷汉姆所称的“行动空间”（Action Space）或“活动空间”（Activity Space），这一空间覆盖了他们非法和合法行为的活动范围。犯罪人在这一区域内的行为有助于他们形成一个“意识空间”（Awareness Space），其中包含他们对城市空间以及地理位置的了解、熟悉性。意识空间，是指以犯罪人居住地、工作场所或学校、购物地点、娱乐场所为节点，将这些节点相连接形成的区域（见图 4.3）。布兰廷汉姆假设，犯罪人通常不会走出他们所熟悉的区域（即他们的意识空间），因为相比于专门去其他不熟悉的地方实施犯罪，在日常生活范围内实施作案要容易得多。在购物、娱乐场所和工作地点较为分散的郊区、农村地区，意识空间往往较大。而在这些活动地点更为集中的城市地区，意识空间则较小。“对于所有人，包括犯罪人，城市中的大部分地方是未知的，要么在他们的认知中根本不存在，要么因为陌生而充满恐惧”（Brantingham & Brantingham，1991，p. 37）。

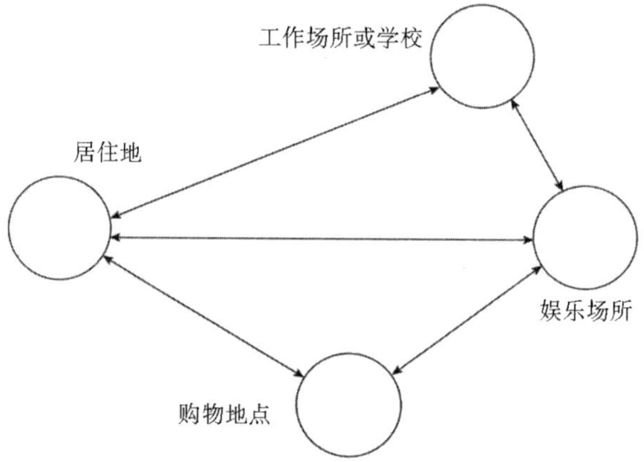

图 4.3 意识空间的形成过程

在日常活动过程中，犯罪人会形成一个目标背景（Target Backcloth）（Brantingham & Brantingham，1993）。目标背景，是指合适的犯罪目标或受害人在时间和地理上的分布情况（从犯罪人的角度来看）。能够接触到这些目标的可能性随着社区、邻近区域甚至城市的不同而发生显著变化，且会受到时间、日期、季节的影响（Rossmo，1997，p. 165）。

日常活动理论为地理侧写的发展奠定了基础，但正如坎特和杨斯指出，该理论将犯罪人在环境中的角色设定为被动的，仅通过犯罪人从事非犯罪活动时所揭示的环境信息来把握犯罪机会。坎特认为，犯罪人根据犯罪机会的认知地图（Mental Map），即对犯罪机会在地理上分布情况的认知，主动选择在环境中进行移动（Canter，2005a；Canter & Youngs，2009）。犯罪人不仅是在了解环境中的犯罪机会，还在建立区域内物理建筑和活动的认知地图，这一认知地图会随着犯罪人在该区域的经历不断更新和发展。关于认知地图的相关内容将在后续详细讨论。

理性选择理论

“理性”这一概念在犯罪学理论中有着悠久的历史，尤其是在犯罪学“古典学派”理论中。18 世纪和 19 世纪的哲学家们，如切萨雷·贝卡里亚（Cesare Beccaria，1767）和杰里米·边沁（Jeremy Bentham，1823）主张自由意志理论，人类拥有自由意志，在选择是否实施犯罪行为时作出有意识的决策。换言之，犯罪行为就像其他行为一样，是自由选择的结果。他们运用“成本与收益”的分析进行决策。“收益”，是指通过实施犯罪行为自身所得到的好处；“成本”，是指实施犯罪行为的代价，包括犯罪后的潜在后果，即惩罚。他们认为打击犯罪的方法是建立惩罚机制，这些惩罚应超过犯罪人通过犯罪行为获得的“收益”。但是他们也反对过度或不人道的惩罚方式，惩罚程度应该与其犯罪行为相适应。例如，贝卡里亚反对死刑，并谴责那个年代常见的体罚，如鞭打。

现代的理性选择理论由著名的犯罪学家，如康沃尔和克拉克、纳金提出（Cornish & Clark，1986；Nagin，2007）。他们基于早期的“理性”概念对该理论进行发展与完善。该理论将犯罪人视为理性存在，不断分析犯罪的“成本”与“收益”。“威慑”（Deterrence）的概念在这一理论中发挥了重要作用：刑事司法系统通过提高犯罪风险（即惩罚强度）的方式来阻止人们实施犯罪行为。因此该理论的支持者倾向于通过实施相关政策来约束人们的行为，如在街头增派更多执法人员或对犯罪行为赋予更严厉的惩罚。在解释这一理论时，康沃尔和克拉克认为：

> 该理论的出发点是假设，犯罪人旨在通过实施犯罪行为寻求自身利益。虽然这只是一个初步的想法，但这涉及犯罪人的决策和选择。而这一决策和选择过程中，犯罪人会表现出一定程度的理性，但这种理性也会受到时间和能力的限制以及其他相关因素的约束（Cornish & Clark，1986，p. 1）。

本质上，理性选择理论基于这样一个假设：犯罪人是理性人，会权衡手段和目的，并且不太可能在没有足够利益的情况下进行冒险行为。

具体到环境犯罪学，犯罪人不太可能离开自己熟悉的环境实施犯罪。坎特和杨斯将这一理论整合到犯罪地理侧写中，认为犯罪人实施犯罪的地点离家越远，所面临的风险和成本就越高；因此如果犯罪人通勤距离较远，那是因为他们认为这样能够获得更大的利益（Canter & Youngs，2009）。以连环凶杀案杀手处理尸体的地点为例，连环凶杀案杀手在处理尸体时，离熟悉的环境越远，面临的风险和成本（被抓获的可能性）就越高。有些连环凶杀案杀手会在家中处理尸体，如在地下室、阁楼或院子里。

犯罪地理侧写的历史

坎特、科菲、亨特利和米森提出，斯图尔特・肯德（Stuart S. Kind）是最早将犯罪模式的地理特征直接应用于刑事侦查过程的人之一（Canter，Coffey，Huntley & Missen，2000；Stuart S. Kind，1987）。他对“约克郡开膛手”彼得・萨特克利夫（Peter Sutcliffe）的案件进行了开创性的侦查。萨特克利夫于 1975 年至 1980 年的 5 年间，在英国西约克郡谋杀了 13 名女性，并袭击了 7 名受害人。作为前皇家空军导航员的肯德，将犯罪人的定位方法类比为导航中的目标锁定过程（Canter & Youngs，2008）。肯德在萨特克利夫被捕之前写下一份报告，之后一直未得到警方注意，直到坎特在几年后重新发现了这份报告。显然，这份报告在侦查过程中并未得到充分利用，但事后看来，这份报告相当准确（Canter，2005）。肯德通过对多起案发地点的分析确定了这些连环案件的“重心”（Center of Gravity）。肯德将“重心”定义为“将所有案发地点相连形成的区域内的一点，该点到每一案发地点都是最小距离”（Canter et al，2000，p. 459）。本质上，重心代表着犯罪人最可能居住的地方。这一分析结果在识别萨特克利夫居住地方面相当准确。距离这一点越远，犯罪人居住于该地的可能性越低。

犯罪地理侧写的软件

如犯罪地图绘制一样，犯罪地理侧写越发受益于复杂、精妙的软件。但如前所述，使用“街道地理编码”技术的准确性目前仍然存疑（Zandbergen，2008），这表明侦查人员在使用这一技术时应该持谨慎的态度。

目前用于犯罪地理侧写的程序主要有三种：Rigel、CrimeStat 和 Dragnet。Rigel 由金·罗斯姆（Kim Rossmo）博士开发，他是加拿大首位获得犯罪学博士学位的警官。罗斯姆在西蒙弗雷泽大学犯罪学学院（不列颠哥伦比亚省温哥华）撰写了关于犯罪地理侧写的博士论文。受保罗和布兰廷汉姆研究的影响，他将布兰廷汉姆模型进行发展，以回答“如何通过犯罪地点来预测犯罪人居住地?”的问题。后来，罗斯姆成为温哥华警局犯罪地理侧写的刑侦督察，他开发了一个名为犯罪地理目标（Criminal Geographic Targeting，CGT）的计算机模型。

但有趣的是，罗斯姆在 2000 年被温哥华警局解雇，尽管他在该部门工作了约 5 年。表面上是因为犯罪地理侧写成本高且对警局的实质性帮助不大，但他的支持者、部分上级认为他的学术资历是一种较大的威胁，在城市犯罪率持续上涨的问题上，部分上级对他的建议持抵触态度。

自 1971 年以来，已有约 40 名女性在温哥华街头失踪，其中 1995 年至 1998 年有 16 人失踪。罗斯姆呼吁警方成立专案组进行侦查，并告诫温哥华市民可能有一名连环凶杀案杀手在市内活动，特别是针对性工作者。在他被解雇时，警局向罗斯姆提供了一份为期 2 年的工作合同，但罗斯姆拒绝了。随后，罗斯姆起诉警局非法解雇，但最终他的诉讼被驳回。

对于罗斯姆来说，他的故事还算是有一个比较好的结局。他现在是得克萨斯州州立大学地理空间情报与侦查中心的研究教授。2005 年，加拿大 55 岁的猪农罗布特·皮克顿（Robert Pickton）被控谋杀 27 名女性，最终在 2007 年被判谋杀 6 人。皮克顿被判终身监禁，25 年不得假释。2010 年，一份 400 页的报告向公众发布，该报告记录了警方在案件处理过程中的情况和失误。不久后，温哥华市市长向罗斯姆发布了书面道歉，承认之前对他工作上的批评是不实的、不准确的、具有误导性的。

在经历了上述跌宕起伏的开端后，其他部门对罗斯姆的方法及其他地理侧写的方法表现出较大的接受度，并发现这些方法对他们日常工作具有一定价值。犯罪地理目标模型是一种计算机程序，旨在通过算法来分析特定犯罪人犯罪地点的地理或空间特征。算法，是一套逐步解决问题的程序，大多数以计算机编程为基础。犯罪地理目标模型能够生成一个三维地图，将统计学概率分配给犯罪人活动范围的各个区域，再将三维地图覆盖在犯罪发生的街道或地形图上。该程序充分考虑到犯罪人已知行动路径或模式、潜在舒适区、被害人搜索范围三个因素，并在程序中通过算法将三个因素充分结合，得出犯罪人居住地或活动重心的大致范围。

犯罪地理目标模型后来获得了专利，并被纳入了 Rigel 和 Rigel Analyst 软件应用程序中（Rich & Shively，2004）。Rigel Analyst 主要用于连环财产犯罪，而不是连环凶杀或强奸犯罪。Rigel 和 Rigel Analyst 价格昂贵但功能强大。Rigel 内置基本地图，能够对犯罪嫌疑人作案的可能性进行优先排序甚至还具有智能报告生成功能。根据布兰廷汉姆的说法，在一开始，通过 Rigel 获得的信息能够被视为法庭审判的支持性证据（Brantingham，2004）。然而，许多法庭对科学有效性尚未确立的新技术持怀疑态度。

另一套用于地理侧写的软件叫作 CrimeStat。该软件由国家司法研究所资助，内德·莱文（Ned Levine）主导研发。该软件以 Windows 系统为基础，与大多数地理信息系统（Geographic Information System，GIS）程序兼容。地理信息系统能够让我们观察、解释地理数据，并将这些数据可视化，从而在地图上揭示某种关系、模式与特征。CrimeStat 3.0 版本于 2004 年发布，CrimeStat 3.3 版本于 2010 年发布。该软件在罗斯姆现有成果的基础上进一步发展与完善，增加了建模功能，并采用犯罪通勤（即犯罪人从居住地到作案地点的过程）需求模型，用于分析特定区域内连环犯罪人的犯罪通勤过程。通勤需求模型利用道路和交通网络进行分析，模型运用数学方程来表示每个犯罪人的决策过程，包括何时、何地、如何进行通勤、通勤的路径如何选择以及采用这种通勤方式的原因。根据瑞奇和谢夫利的说法：

> 该模型是通勤需求理论的一种实践，广泛应用于交通规划与管理中。模型可以预测犯罪人的起始地和目的地以及其间的过程，预估在犯罪通勤中使用的交通方式以及推测可能的通勤路线（Rich & Shively，2004，p. 12）。

CrimeStat 采用空间分布法，并以地理侧写原理与统计学方法为基础（Levine，2000）。简单来说，该软件运用空间统计法，通过多个犯罪地点的空间分布情况来计算出中心点，这个中心点也被称为最小距离中心（Center of Minimum Distance）。最小距离中心的重要性在于它是距离所有犯罪地点最近的地点。该模型非常复杂，用户需要进行大量的数据收集和校准。

坎特在 20 世纪 90 年代开发了 Dragnet 软件，这是他与英国警方合作的成果，具体合作内容详见第 3 章（Canter，1999，2004）。Dragnet 是一个交互式系统，适用于 PC 端，操作简单、上手快，经过简单培训即可进行操作。该软件“作为一种辅助工具而开发，能够评估犯罪人居住在特定区域内的可能性，并能为并案分析提供依据”（Canter & Youngs，2009，p. 405）。目前，Dragnet 既是警方侦查过程中的操作工具，也被用于分析犯罪人对犯罪地点进行选择和决策的相关研究中。

这三款软件应用程序具有较大的差异性。Rigel 作为商业软件，具有比其他两款软件更广泛的输入、分析和输出功能。Rigel 是三者中唯一一个能够智能化创建搜索区域的软件，这也是地理侧写的主要目标。正如瑞奇和谢夫利指出的那样，毫无疑问，将地理信息系统（GIS）纳入并运用于三款地理侧写软件包中，能够发挥其较大的优势（Rich & Shively，2004）。因为地理信息系统能够显示街道、地标、政治边界以及犯罪地点周边的其他地理特征。但截至目前，Dragnet 并未将地理信息系统纳入其软件包中。

接下来我们首先将简要讨论与地理侧写准确性及判断指标相关的问题。其次，我们将介绍地理侧写相关的重要概念。最后，我们将讨论该领域的新兴研究。

地理侧写的准确性

目前，有多种方式能够用于评估地理侧写软件的准确性和有效性（Harries & LeBeau，2007），但这些评估方式都需要在案件侦破后才能使用。也就是说，只有当犯罪人被逮捕且定罪以后，我们才能使用这些评估方式判断其有效性、准确性。当然，犯罪现场侧写也是如此，因为在犯罪人被捕且定罪前，我们无法知道侧写是否准确。误差距离（Error Distance），是指预估的犯罪人居住地与犯罪人实际居住地之间的距离，即预测犯罪人居住地位置时出现的距离偏差。但哈瑞斯和勒博认为，使用误差距离这一指标来判断地理侧写的准确性并不现实。对于侦查人员而言，相比于关注一个确切的地点，关注一个区域更为有用，因为“概率分布峰值点与犯罪人住处完全重合的可能性非常小”（Harries & LeBeau，2007，p. 329）。搜索成本（Search Cost）或命中率（Hit Score）是“一个用网格计算出的百分比，假设在地图上覆盖一层网格，为了找到含有犯罪人居住地的那一网格而进行搜索的网格数量，这一网格数量与总网格数量的比值就是搜索成本或命中率”（Rich & Shively，2004，p. 17）。这一指标衡量了侧写过程从一定程度上能够缩小总的搜索范围，也是侧写软件应用程序的一个关键指标，三款主要的地理侧写程序都能够智能生成“命中率地表分布图”，即“概率梯度分布图”。但是这一指标很大程度上依赖于对搜索区域的初始界定以及侧写程序生成“命中率地表分布图”的能力。

如上所述，误差距离，是指犯罪人实际居住地到预测概率最高点（即侧写预估的犯罪人居住地）的距离（见图 4.4）。顶级预测区域（Top Profile Area）是最有可能覆盖犯罪人日常活动的区域，如住所、工作地点或其他常去的地方。顶级预测区域占比是“顶级预测区域总面积与总搜索区域的比率”（Rich & Shively，2004，p. 17）。这一概念是评估地理侧写软件有效性的最重要的预测指标，因为它代表了对于警方而言最具重要性的搜索区域，既是最小的搜索区域，也是能够找到犯罪人可能性最大的区域。侧写准确性（Profile Accuracy）是用于评估犯罪人居住地是否位于顶级预测区域内的一个指标。这一指标为侧写是否准确提供了一个简明的判断方式。目前，许多地理侧写软件的程序是由数字和算法驱动，而不是基于某些统计学关系的理论（Canter，2009）。因此我们需要将注意力转向犯罪地理侧写的一些关键概念，理解地理侧写的理论和实证基础。

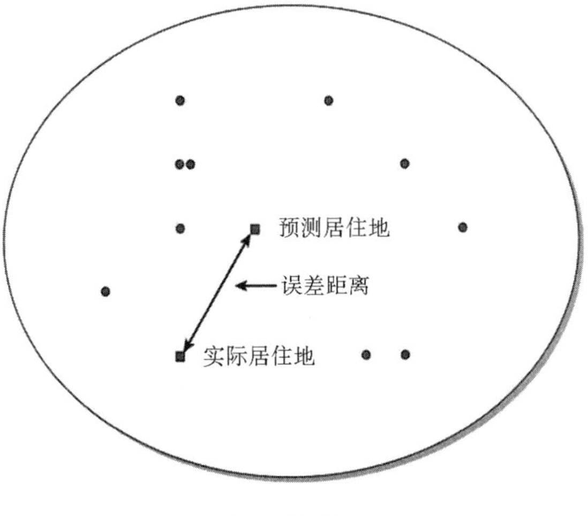

图 4.4　误差距离示意图

地理侧写的重要概念

随距衰减

一个地理侧写的关键概念是随距衰减。罗斯姆利用“随距衰减”（Distance Decay）的概念，提出了一个复杂的、有关连环犯罪人活动范围的模型

(Rossmo, 1995)。随距衰减函数用于描述地区间距离对文化互动与特征的影响，也被视为地理学的核心概念（J. D. Eldridge & Jones, 1991)。随距衰减模型的理论假设认为，不同地区间，文化互动会随着它们之间距离的增加而减少。而在地理侧写中，随距衰减函数指的是“犯罪可能性与犯罪通勤距离之间的关系”(Canter et al, 2000, p. 459)。具体而言，随着犯罪人与居住地的距离增加（即犯罪通勤距离增加)，其实施犯罪的概率也随之下降，即犯罪人实施犯罪的概率随着与居住地距离的增加而“衰减”（见图 4.5)。简言之，犯罪人离居住地越远，实施犯罪的可能性越小。影响随距衰减的因素较多，如坎特等人指出，连环凶杀案杀手的居住地将对其活动范围和犯罪通勤意愿(犯罪人愿意走多远去实施杀人）产生较大影响。一种情况是衰减函数可能会非常陡峭、迅速，即犯罪人不愿意去离居住地较远的地方实施犯罪；另一种情况，犯罪人的活动范围较为广泛，因此衰减函数会更缓慢、平缓。此外，犯罪人居住地周围可能存在一个“缓冲区”（Buffer Zone)，犯罪人在这个区域内实施犯罪的可能性较低，这可能是因为居住地附近存在熟人或认识的人，犯罪人在该区域内犯罪存在被附近邻里认出的风险（Turner, 1969)。

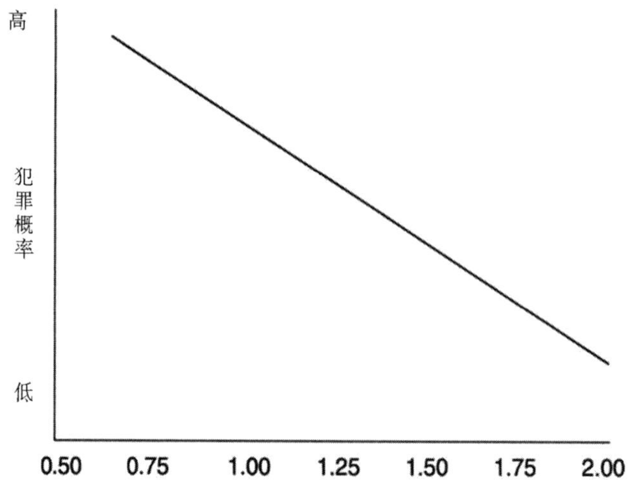

图 4.5　随距衰减模型

缓冲区是由布兰廷汉姆提出的一个概念，指的是犯罪人居住地周围的一个范围较小的区域（Brantinghams, 1984)。在这个区域内，犯罪人实施犯罪行为的可能性极低（不包括在自己居住地内实施的犯罪）（见图 4.6)。如果将缓冲区视为一个圆形，犯罪人居住地则为圆心。对于大多数犯罪人而言，缓冲区的半径不到四分之一英里（约 0.402 千米)，但也有例外。布兰廷汉姆认为，是否存在缓冲区与犯罪类型有关。对于经济犯罪（如抢劫或盗窃）更可能存在缓冲区，而其他犯罪（如强奸和凶杀）则不一定存在缓冲区。这是因为从某程度而言，犯罪通勤的距离反映了对犯罪进行准备、计划的程度（Rhodes & Conley，2008）。犯罪的通勤距离越远，需要的准备和计划就越多。强奸和凶杀往往更具冲动性，这种情况下，犯罪机会更为重要。一般而言，银行抢劫犯的缓冲区为5英里（约8.05千米），而偷车犯的缓冲区大约为1英里（约1.61千米）。总体来说，缓冲区的大小似乎取决于犯罪人对犯罪机会分布的感知。例如，在1英里范围内，汽车分布的密集程度远远高于银行。

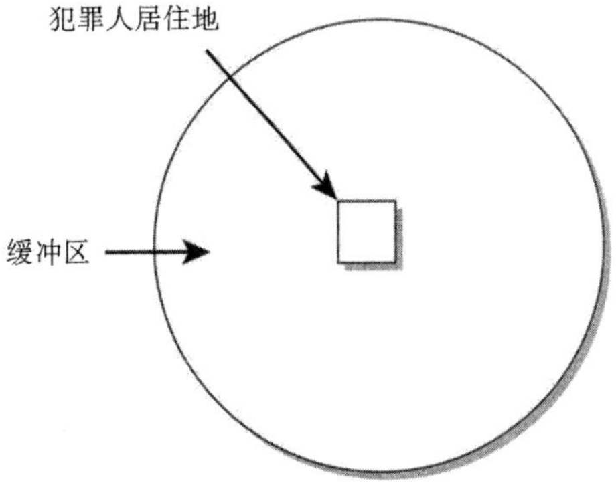

图4.6　缓冲区示意图

一些研究人员提出，对于缓冲区的定义或测量方法普遍缺乏一致的意见（Snook，Taylor & Bennell，2005）。另一些人则指出，犯罪有时发生在离犯罪人居住地非常近的地方，因此他们认为对于某些犯罪人而言不存在缓冲区。尽管缓冲区的概念可能有一定的价值，但目前这一概念仍需进一步研究。

有趣的是，连环凶杀案杀手在抛尸地点的选择范围上有一个特征，即随着他们犯罪次数的增加，抛尸地点的范围会逐渐缩小（M. Godwin，Canter，1997）。随着受害人数量的增加（9~10具尸体），犯罪人往往会将尸体抛弃在离居住地较近的地方，约不到2英里（约3.22千米）。戈德温和坎特指出：

> 抛尸行为越来越体现出这样的特征：他们的犯罪活动逐渐融入日常生活中，并且犯罪的自信程度逐渐增长，或者是为了减少尸体运输过程中的风险，抛尸地和他们的居住地越来越近（Godwin & Canter，p. 36）。

此外，许多连环凶杀案杀手也选择自己的居住地为抛尸地，包括杰弗里·达莫（Jeffrey Dahmer）、约翰·韦恩·盖西（John Wayne Gacy）、罗布特·皮克顿（Robert Pickton）以及安东尼·索威尔（Anthony Sowell），索威尔在2011年8月被判处死刑，他杀害了11名女性，并将尸体丢弃在他俄亥俄州克利夫兰的房子里。

大量研究还表明，相比于其他类型的连环犯罪人，实施财产犯罪的连环犯罪人通常犯罪通勤距离更远（Block，Galary & Brice，2007；Canter & Hammond，2006；Leclerc，Wortley & Smallbone，2010）。这一研究结果佐证了理性选择理论，因为对于许多财产犯罪而言，犯罪人认为其收益（通过犯罪行为获得的经济收获）大于成本（被抓获和判刑的风险）。

然而，其他研究文献对此问题的结论并非完全一致。根据一些研究，暴力犯罪人比财产犯罪人更有可能在离居住地较远的地方实施犯罪。这一特征在性犯罪（如强奸）中尤为明显。沃伦等人研究了565起由连环强奸犯实施的强奸案件（J. Warren et al，1998）。平均而言，这些强奸案件发生在离犯罪人居住地3英里（约4.83千米）的地方。同样地，坎特和格里高利以及伦德里根和恰诺姆斯基研究发现，连环性犯罪人的犯罪地点至少距离他们居住地1.5英里（约2.41千米）甚至更远（Canter & Gregory，1994；Lundrigan & Czarnomski，2006）。

但必须强调的是，性犯罪人这一群体再次犯罪的可能性最低，因此连环性犯罪人是例外且特殊的存在。即便他们再次犯罪，通常也不是性犯罪（A. J. R. Harris & Hanson，2004；Langan，Schmitt & Durose，2003）。杜文、唐纳和图克斯伯里研究了1990年至2002年在明尼苏达州从监狱释放的3166名性犯罪人再次犯罪的空间特征。其中，374人因再次实施性犯罪而被重新逮捕，224人因再次实施性犯罪而被重新监禁。研究人员重点关注了这224名犯罪人，发现他们很有可能在其居住地附近再次实施犯罪，而且大多数受害人是他们认识的人，如家庭成员、邻居或熟人。在这224名犯罪人再犯的案件中，受害人是陌生人的情况很少见，并且作案地点最可能在离犯罪人居住地1英里（约1.61千米）以外的地方，只有不到四分之一的案件发生在离犯罪人居住地1英里以内的地点（Duwe，Donnay & Tewksbury，2008）。

总之，距离衰减是地理侧写中一个重要的概念，但它仍有许多方面需要研究人员继续探索，目前随距衰减在侧写中的运用并不明确。用于描述随距衰减的函数模型有很多，而三种主要的地理侧写软件都依赖于这些函数模型。例如，CrimeStat在智能化分析过程中使用了五种随距衰减函数。随距衰减函数也用于测量个体通过人口稠密或交通繁忙区域的难度，或评估个体为获取犯罪机会而进行不同通勤距离的意愿。

认知地图

另一个地理侧写的关键概念是认知地图（Mental Map）。罗斯姆认为，地理侧写既有定量（客观）成分，也有定性（主观）成分。定量成分运用一系列科学的地理技术和统计测量来分析、解释犯罪人在空间和时间上的移动。“地理侧写的主观成分主要基于对犯罪人认知地图的重建和解释”（Rossmo，

1997, p. 161)。为了更好地理解这个主观成分，我们可以参考心理学中（尤其是认知心理学）的关键概念，它专门研究个体如何理解他们从环境中获取的信息。

一般来说，认知地图是我们用来理解和认识环境的一种结构化的认知模型。认知地图反映了个体对某些地方的感知和偏好，影响着个体处理其环境中位置信息的方式，包括获取、分类、储存、检索和解码的过程。根据基钦的解释，“实际上，认知地图是一个心理工具和储存设备，它有助于简化、编码和整理人类与环境互动这一无尽、复杂的过程”（Kitchin, 1994, p. 2)。简言之，认知地图代表了个体对环境中物理地点最基本的感知。此外，认知地图不仅是一组表示相对位置的空间心理构造，还包含了个体对这些地点赋予的情感、价值和意义。

布兰廷汉姆多年前研究了认知地图。他发现认知地图因个体年龄和社会经济阶层的不同而具有差异性。行动能力较差、活跃范围相对狭小的个体发展出的认知地图较为简单，而行动能力较强、活跃范围较大的个体发展出的认知地图相对复杂且精细度高。此外，“老年人、需要照顾孩子的父母、女性和失业者的活动范围更为有限，因此在居住地附近活跃的时间更长”（Brantingham, 1991, p. 36)。当然，这些观察结果需要根据当时的情况进行调整。

然而，研究表明，认知地图在不同的国籍、宗教、民族、性别、教育水平和社会经济阶层之间差异巨大（VandenBos, 2007)。认知地图本质上是帮助我们在环境中找到特定方向的内部心理表征。没有这些地图，我们会迷失方向，很难找到回家的路。患有痴呆症（如阿尔茨海默病）的人会感到迷失，即使在熟悉的环境中也容易迷路，随着病情的恶化，他们的方向感会逐渐丧失。为了照顾这些患者，通常会将门锁住或设置路障，以防止这些晚期痴呆症患者走失。从本质而言，他们已经丧失了认知地图。

如上所述，许多研究发现，再犯通常在一个有限的区域内实施犯罪，而这个区域往往接近他们的居住地（Canter & Hodge, 2008)。这是因为犯罪人在居住地或活跃区域发展出的认知地图趋于成熟和完善。由于个体在这些地方有丰富的经历和体验，对这些地方熟悉度高，待在该区域内会有心理安全和舒适感，因而这个区域也称为“舒适区”。相反，暴力犯罪（除家庭暴力外）则较少出现这种现象（Duwe et al, 2008)。此外，犯罪人有时会有缓冲区，因此在居住地临近地区实施犯罪行为的可能性较低。

坎特和霍奇认为，让再犯绘制自己的犯罪地图有助于理解他们犯罪行为的思维方式（Canter & Hodge, 2008, p. 251)。这种方法能够为精细化的地理侧写方式提供有用线索。在关于侦查心理学的书籍中，坎特和杨斯列举了一个犯罪人绘制作案地图的例子，这揭示了他入室盗窃的行为及地理模式。其中一个特征是犯罪人的作案地点都在离居住地较近的地方，作者称为“居住地中心性”（Domocentricity）（Canter & Youngs，2009，p. 180）。坎特和杨斯发现，犯罪人通常会绘制非常详细的地图甚至自豪地标出带有特定安保设备（摄像头）或不应该进入的建筑。这些地图代表了犯罪人在空间上的心理约束以及他们对犯罪机会的感知。

1984 年，班尼特和莱特在研究中使用了类似的方法。在英格兰南部的多所监狱，研究者对盗窃犯进行了为期 3 年的研究，并聚焦于这些盗窃犯在犯罪时的决策和认知过程。这项研究的数据收集方法主要是对犯罪人进行半结构化访谈。虽然大多数盗窃犯都有各种财产犯罪的前科，但几乎所有人都将入室盗窃视为自己的主要犯罪活动。因此，这些盗窃犯大多数都可以被视为专业的（而非业余的）入室盗窃犯（T. Bennett & Wright，1984）。

班尼特和莱特发现，绝大多数犯罪人的入室盗窃都是有计划、有准备的。很少有犯罪人是临时决定的。大多数成功的入室盗窃是“认知脚本”和“认知地图”发展成熟、完善的结果。再犯经过反复学习，有关犯罪行为的认知脚本较为成熟与完善。犯罪地点由于在舒适区内，熟悉度高，有关该地区的认知地图发展成熟、精细程高。认知脚本（Cognitive Script），是指个体在特定情境下如何行动和反应的心理计划和预演，可以理解成犯罪人在作案前会在脑海中进行预想和“排练”。这种情况下，认知地图基于熟悉性而不断发展，这种熟悉性，一方面是指对临近地区的熟悉程度，另一方面也是指对成功逃离现场路线的熟悉程度。此外，认知地图也很可能在他们日常生活中逐渐发展。比如，犯罪人在正式实施犯罪前通常会去现场“踩点”，以选择潜在作案目标。这一过程也有助于犯罪人在该地区认知地图的发展，从而增强熟悉程度。

坎特和杨斯认为，认知地图不仅是犯罪人犯罪通勤路径的心理表征，更重要的是，犯罪人能够通过感知犯罪机会在认知地图上的分布情况，而作出决策和选择（Canter & Youngs，2008，p. 14）。犯罪人可能并不清楚到达犯罪地点的具体路线，但他们对大致方向有一定的了解。经典的抢劫主题的电影，如由罗伯特·德尼罗和阿尔·帕西诺出演的《盗火线》（*Heat*），由本·阿弗莱克主演的《抢劫风云》（*The Town*），都可以生动形象地体现认知地图的应用。这些电影中的抢劫计划详细、准备程度较高。作案地点无论是银行还是体育场馆，犯罪人都会熟悉作案目标，了解犯罪地点相关人员的进出情况。这些电影通常会有这样一个场景，犯罪人会在正式实施犯罪前绘制一个作案地图，以向同伙说明抢劫的策略和战术。这种地图就是认知地图的具象化。

中心性理论

地理侧写中再一个基本概念是“中心性”（Centrality）或称为“重心”

(Center of Gravity)。地理侧写的基本假设之一是，个体对某一地点的熟悉性将会影响个体将该地选择为犯罪地点的可能性（Canter & Youngs, 2008）。这一假设对大部分犯罪人来说都适用。中心性理论（Centrality Theory）假设，许多连环性犯罪人的犯罪地理模式呈现出一种“中心性”特征，以犯罪人的居住地为圆心，向周围延伸出一个圆形区域，犯罪地点可能就在这个圆形区域内，即上述的“居住地中心性”（见图 4.7）。之所以使用“许多”一词，是因为这种特征也存在例外情况。有些连环性犯罪人的犯罪地点并不集中于以居住地为圆心延伸出的圆形范围内，而是表现出一种以非居住地为中心的聚集模式，即犯罪地点聚集在另一个中心点，而非以居住地为中心。这一结论通过发展，形成了一种重要的犯罪人分类法：掠夺者和通勤者。前者以居住地中心性为特征，而后者的中心性并不集中于居住地。

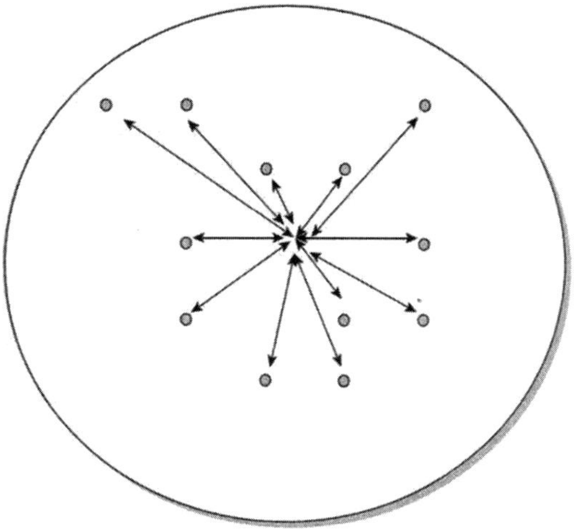

图 4.7　连环强奸犯犯罪地理模式的“中心性（或居住地中心性）”

掠夺者（Marauder）或掠夺型犯罪人从其居住地出发实施犯罪，完成后返回居住地。以居住地为圆心，他们会去往不同的方向，在不同的时间实施犯罪（Canter & Gregory, 1994）。识别出掠夺型犯罪人的犯罪区域最简单的方法是，找到其多起案件中距离最远的两个犯罪地点，将两点相连成一条直线，再将这条直线视为直径作圆（Canter & Youngs, 2008）。这个圆的中心就是大致接近掠夺型犯罪人居住地的地方。例如，坎特和拉金发现，在英国，87%的连环强奸犯在他们的犯罪地点中体现出这种“中心性”特征。也就是说，他们的居住地就在其犯罪地点区域的中心附近（Canter & Larkin, 1993）。科奇什和欧文在 1997 年通过研究总结出类似的犯罪地理特征，他们发现 82%的澳大利亚连环纵火犯的犯罪地理模式遵循“中心性”特征（Kocsis & Irwin, 1997）。研究还表明，大多数连环凶杀案杀手是掠夺型犯罪人，他们的犯罪地点位于以居住地为圆心向周围延伸的圆形区域内，也就是说，通过其多个犯罪地点形成的区域，该区域的中心范围就是他们的居住地（Bennell，Snook，Taylor，Corey & Keyton，2007；Canter，2003；Lundrigan & Canter，2001；Snook，Cullen，Mokros & Harbort，2005）。

对于通勤者（Commuter）或通勤型犯罪人而言，他们的犯罪活动区域与其居住区域几乎没有重叠。换言之，他们的犯罪活动区域不会像掠夺者一样，以居住地为中心向周围辐射开来。掠夺型犯罪人以其居住地为犯罪活动的中心，通勤型犯罪人则会从住所地出发，前往另一个区域进行犯罪，他们的犯罪活动区域并不会像掠夺者那样集中于居住地周围，而是集中于偏离居住地的另一区域（见图4.8）。通勤型犯罪人会选择与居住地有一定距离的另一区域实施犯罪，可能是因为该区域有较多适合的犯罪目标或潜在受害人。

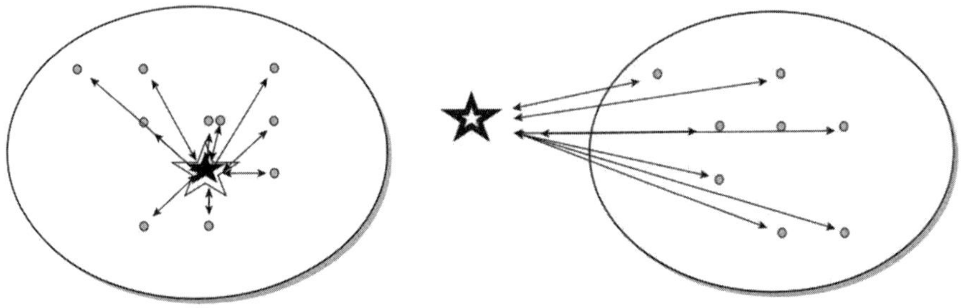

图4.8　掠夺型、通勤型犯罪人的犯罪地理模式

大量研究表明，犯罪通勤距离在一定程度上取决于犯罪类型以及国家。伦德里根和坎特研究发现，在美国，只有11%的连环凶杀案杀手属于通勤型犯罪人，而在英国这个比例则为14%（Lundrigan & Canter，2001）。也就是说，如果仅考虑上述研究，我们可以相对自信地认为连环凶杀案杀手通常是掠夺型犯罪人而非通勤型犯罪人，但对于其他犯罪类型的连环犯罪人而言，我们必须更加谨慎。保罗森的研究数据表明，在美国，51%的连环强奸犯符合通勤者的作案模式（Paulsen，2007）；在加拿大，43%的连环性侵犯罪人符合通勤者的作案模式；在芬兰，63%的抢劫犯符合通勤者的作案模式；在澳大利亚，52%的盗窃犯符合通勤者的作案模式。以上数据表明，如果将中心性假设运用于某些犯罪类型的地理侧写中，有大约50%的可能性会使侧写出现失误。但目前，关于预测通勤型与掠夺型犯罪人的研究仍然非常有限。

在一项研究中，德瑞克·保罗森研究了美国25个司法管辖区的106起连环犯罪。数据来源于官方已侦破案件的档案，档案记录了该犯罪人的所有犯罪地点以及犯罪人的日常活动地点，如居住地、工作单位等位置信息。犯罪类型包括纵火、谋杀、抢劫、入室盗窃和性侵。值得一提的是，在 24%（约 1/4）的案件中，犯罪人有多个居住地或日常活动场所（Paulsen，2007）。

这项研究中，64 名（约 60%）犯罪人是掠夺型，42 名（40%）犯罪人是通勤型。令人惊讶的是，保罗森发现，通勤型犯罪人的犯罪地点较为集中，犯罪活动区域明显较小，而掠夺型犯罪人则与之相反，犯罪地点较为松散。这一研究结果似乎与先前的中心性理论假设相矛盾，因为中心性理论假设认为掠夺者更可能在居住地附近的较小区域内作案。但是保罗森还是发现了与中心性假设相符的结果，即掠夺者的居住地确实在其犯罪活动区域的中心附近，即使掠夺者的平均移动距离（即犯罪通勤距离）大于通勤者的平均移动距离，也就是说，掠夺者的犯罪地点分布较为松散。另外，通勤者的犯罪活动区域大致集中在其居住地附近，但居住地并不是位于靠近犯罪活动区域中心的地方，而是位于圆形（即犯罪活动区域）的边缘或圆外的地区。保罗森建议："应该提高对掠夺型、通勤型犯罪人的预测能力，从而尽量减少地理侧写的失误，但在侦查过程中也应该将侦查资源分配给其他更高效的技术"（Paulsen，2007，p. 350）。

回想一下你每天离家后的通勤模式。在过去的两三周里，将你去工作、学校、朋友家、购物、娱乐场所、网吧、酒吧以及其他常去的地方标在地图上，你会发现什么？如果你将这些点连成一个区域，你的居住地位于这个区域的中心吗？还是在这个区域的边缘或区域之外？你的通勤模式更像掠夺者还是通勤者？这是一个相关练习，因为中心性理论有时成立、有时不成立。

一些研究人员发现，地理侧写中，另一个必须考虑的变量是犯罪人的情绪状态。具体而言，如果犯罪人的某种情绪或性欲被激发，从而实施表现型犯罪，则其犯罪地点与居住地之间的距离往往较短（Laukkanen，Santtila，Jern & Sandnabba，2008）。从逻辑上推断，由情绪驱动的表现型犯罪人更可能是掠夺者的作案模式，这项研究基本佐证了中心性理论。而工具型犯罪，即犯罪动机是为了满足自身某种物质需求（钱财、物品），更可能体现出通勤者的犯罪模式。

2001 年，卡特瑞纳·弗瑞特松研究了 156 起非连环纵火案件的犯罪现场，这些案件由某一个纵火犯或小规模团伙实施（Katarina Fritzon，2001）。数据来源于警方已破获的案件档案。弗瑞特松发现，相比于通过纵火来达到某种利益或目标的纵火犯（工具型纵火）而言，那些犯罪行为中含有强烈情绪因素的纵火犯（表达型纵火）通勤距离往往较短；相比于通过纵火掩盖其他犯罪行为的纵火犯（工具型纵火）而言，带有报复心理、愤怒情绪的纵火犯（表达型纵火）通勤距离往往更短。此外，弗瑞特松还发现，相比于通过纵火来焚烧某些物品或建筑的纵火犯而言，通过纵火来攻击他人的纵火犯通勤距离往往更远。这些研究发现强调了地理侧写在犯罪人分类学或犯罪分类学背景下的重要性。现有研究还表明，当犯罪人的地理模式符合坎特和拉金的中心性理论时，对犯罪人居住地的预测往往更为准确。

本章开篇提到，犯罪地理侧写的主要目标是根据犯罪地点，大致确定犯罪人的居住地。然而，连环犯罪人的行为模式往往很复杂。

例如，在一起凶杀案中，可能存在几个不同的地点：一是犯罪人首次遇见受害人的地点；二是受害人遭受犯罪人攻击的地点；三是受害人被杀害的地点；四是处理受害人尸体的地点（Canter & Youngs，2008，p. 7）。

上述地点及地点间的关系，可能为侦查人员提供有价值的线索。但多个地点也可能为地理分析带来麻烦，从而无法准确地定位出犯罪人的居住地。此外，不可能每个犯罪人都从居住地开始通勤实施犯罪。犯罪人有可能经常在酒吧、酒馆、夜总会等地方活动，或者犯罪人没有固定居住地又或者居住在伴侣或朋友的家中。这种情况下，定位出的地点可能并非犯罪人的居住地，而是犯罪人经常出入的场所（如某个酒吧、酒馆、夜总会等）。

坎特和杨斯后续也承认，中心性假设可能对所有掠夺型犯罪人来说过于简单化（Canter & Youngs，2009）。中心性假设的一个缺陷是，它忽略了区域的实际地理情况。中心性假设认为犯罪人向各个方位移动的可能性是相同的。但是如果某一方向存在湖泊、河流、死胡同、工业区、主要道路或州际公路等物理障碍，犯罪人可能就无法进入这些区域。因此犯罪人选择向该方向移动的可能性大大降低。此外，中心性假设忽略了犯罪人自身的偏好或倾向，犯罪人可能会倾向于朝某一特定方向移动。这一点可以用“雨刷器效应”（Windshield Wiper Effect）来说明（见图 4. 9）。这是伦德里根和坎特提出的一个模型，之所以称为“雨刷器效应”是因为他们发现连环凶杀案杀手的犯罪活动区域并非以居住地为中心向外辐射出的圆形，而是一个扇形（Lundrigan & Canter，2001）。他们研究了 79 名美国连环凶杀案杀手的犯罪地点，分别将每名连环凶杀案杀手的作案地点进行标记，找到距离最远的两个犯罪地点，两地分别与犯罪人居住地相连能够形成一个夹角，这个夹角代表了该名连环凶杀案杀手的犯罪活动区域。这 79 名连环凶杀案杀手犯罪活动区域的平均夹角为 60 度。也就是说，如果将某一点视为犯罪人居住地，则犯罪人的作案区域是以扇形向外辐射，而不是以圆形向外周 360 度的辐射。

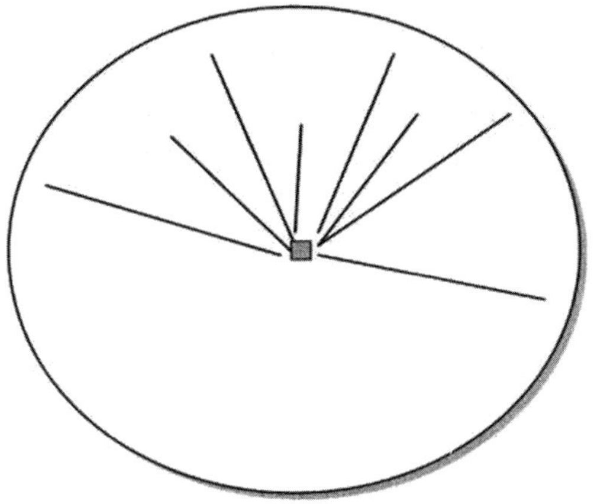

线条代表前往犯罪现场的行程

图 4.9　“雨刷器效应”示意图

4.3　对受害人的“狩猎”模式

金·罗斯姆提出了一种较为复杂的犯罪人分类法，与上述的掠夺者—通勤者分类法相似，突出了连环犯罪人在空间、时间运动层面的地理模式（Kim Rossmo，1997）。罗斯姆认为，掠夺型犯罪人在搜索和攻击受害人的过程中会具有多种不同的“狩猎”风格。所谓“狩猎”风格或模式，是指犯罪人搜寻潜在受害人的方式。一些连环犯罪人倾向于在特定区域内实施犯罪，因此他们的地理模式是相对稳定的。而另一些连环犯罪人的地理模式流动性较强，不断从一个地方移动到另一个地方。他进一步指出，犯罪人的“狩猎”风格将影响犯罪地点的空间分布。这表明，对掠夺型犯罪人居住地的预测必须考虑到他们的“狩猎”风格。

罗斯姆将犯罪人的“狩猎”模式（Hunting Patterns）或搜寻潜在受害人的方式分为四类：捕猎者、偷猎者、游荡者、诱捕者。第一类，“捕猎者（Hunters）是那些专门从居住地出发寻找潜在受害人的犯罪人，他们会在自己的‘意识空间’内搜寻潜在受害人，并认为意识空间内存在适合的目标”（Kim Rossmo，1997，p. 167）。捕猎者对犯罪地点的选择在地理上具有稳定性，通常在犯罪人居住地附近实施犯罪。第二类，偷猎者（Poachers）在地理上流动性更强，通常会从居住地附近出发，在离居住地较远的区域搜寻潜在受害人。罗斯姆认为，捕猎者和偷猎者这两个术语类似于坎特和拉金提出的掠夺者和通勤者。第三类，游荡者（Trollers）。他们并不会专门安排行程去搜寻潜在受害人，而是在日常生活过程中观察并随机搜寻潜在受害人。第四类，诱捕者（Trappers）。他们会故意创造一个情境以诱骗受害人。所谓“诱骗”，是指犯罪人可能会制造一个情境来吸引受害人，如相亲、约会、招室友、找玩伴、招职工或假装自己需要帮助（如假装受伤、问路等）。大多数的女性连环杀手都属于诱捕者，如“黑寡妇”“死亡天使”“看护杀手”（Rossmo, 1997, p. 169）。

罗斯姆还提出了这四类犯罪人会使用的三种接近、攻击受害人的主要方法（Rossmo, 1997）。第一种是速攻型（Raptor），指的是犯罪人在遇到受害人时立即进行攻击。第二种是跟踪型（Stalker），指的是犯罪人在遇到受害人后，首先跟踪受害人，然后再进行攻击。第三种是伏击型（Ambusher），指的是犯罪人先将受害人引诱到一个由犯罪人控制的地点（如住所或工作场所），然后进行攻击。受害人的尸体通常被隐藏在犯罪人属地上的某个地方。

接近、攻击受害人的方式会受犯罪人活动范围、狩猎模式和受害人背景的影响。根据罗斯姆的观点，对于地理侧写而言，偷猎者和跟踪型犯罪人通常不会提供较多有价值的线索。此外，与跟踪型的捕猎者、速攻型的诱捕者相比而言，速攻型的捕猎者、伏击型的诱捕者在犯罪人群体中更为常见。

罗斯姆建议，在侦查过程中，应将地理侧写与犯罪现场侧写结合使用，从而最大限度地提高识别犯罪人的概率。罗斯姆认为，地理侧写结合了多项基本的警务工作，包含了物理环境、地理知识、对犯罪嫌疑人的了解以及相关数据库、犯罪现场勘查等多个因素，它们都是精细化侦查过程的组成部分（Rossmo, 2000）。此外，他还认为，地理侧写的本质是一种侦查工具，它并不一定能够解决案件，但有助于对特定地点的分析、重点侦查以及布控。罗斯姆提出的“狩猎”模式分类虽然很有趣，但由于这种分类法在现有文献中并未广泛记录，且缺乏实证科学研究，批评者认为这种分类法对警方的侦查过程起不到建设性作用。

4.4 犯罪地理侧写的基本假设

犯罪地理侧写是一个有趣的研究领域，对警方侦查过程，尤其是对于单一犯罪人或小规模团伙的连环犯罪而言，可能会起到关键作用。然而，如果我们要得出如下结论：通过犯罪地理侧写能够有效定位犯罪人的居住地，必须要满足以下六个基本假设。如果这些假设没有被合理的验证，那么这一结论就可能存在错误。

1. 通过并案分析能将连环案件锁定于一名犯罪人。
2. 目前应有 3~4 起犯罪，否则无法进行有效的并案分析。
3. 犯罪地点应分布较广，并存在一个中心位置。
4. 犯罪人应有一个固定的居住地。
5. 每起犯罪间应有较短的时间间隔。
6. 连环犯罪必须在一段时间内持续发生。

并案分析

为了充分发挥地理侧写的有效性，其适用范围必须是由同一名犯罪人实施的一系列连环犯罪。相关部门更倾向于将并案分析称为“战略性犯罪分析”（Tactical Crime Analysis），并有时会聘请战略分析师来完成这一任务。并案分析可以通过法证、法医的分析来实现，如 DNA 样本、纤维、物质痕迹、笔记或隐性指纹。正如第 2 章所述，犯罪现场标记或特殊性的作案手法是并案分析的有效方式。然而，由于在多次犯罪经历中的学习与情境变化，许多犯罪人随着时间的推移，其作案手法会出现变化。贝内尔和琼斯认为：“因此，目前将作案手法作为连环犯罪的并案分析工具的情况较少，且应极为谨慎”（Bennell & Jones，2005，p. 24）。

虽然关于作案手法一致性的问题未有定论，但越来越多的实证研究表明，犯罪人在一定程度上是具有一致性和特殊性的（Tonkin et al，2011；Woodhams & Toye，2007）。

> 这些研究调查了各种犯罪行为的一致性和特殊性，包括但不限于接近犯罪目标的方法、手段，被盗财物的类型和目标财物的类型（在汽车盗窃、入室盗窃和抢劫案件的研究中）以及犯罪准备、计划程度、控制行为、性行为和暴力行为（在抢劫、强奸或性侵、凶杀案件的研究中）（Tonkin et al，2011，p. 1070）。

此外，研究显示，在众多犯罪行为特征中，犯罪人的空间行为与时间行为表现出显著的一致性与特殊性。具体而言，用犯罪地点间的距离（犯罪地点的空间间隔）和犯罪时间相隔的天数（每两起犯罪的时间间隔）来识别犯罪人具有较高的准确性，其准确度甚至超过了其他可用于识别犯罪人的行为特征（Tonkin et al，2011）。

坎特和杨斯认为，也许在缺乏实质性证据的情况下，将多起犯罪与单一犯罪人进行并案分析的一个有效方法是识别出相邻或临近的犯罪地点（Canter

& Youngs，2008）。例如，如果犯罪人倾向于在靠近居住地的区域实施犯罪，那么他选择的作案地点应该会彼此接近。所以当几个犯罪地点具有临近性时，这可能表明这些案件是由同一名犯罪人所为。格拉宾等人通过对连环强奸犯的实证研究，佐证了这一观点（Grubin et al，2001）。他们发现，将多起犯罪与单一犯罪人进行并案分析最简单的方法就是观察犯罪地点的临近性。

虽然贝内尔和琼斯认为将作案手法的特殊性运用于并案分析，且能够将多起犯罪关联至单一犯罪人的做法值得怀疑，但他们发现在盗窃案件中（针对公共场所及私人住宅），确实有一些行为特征能够用于并案分析。具体而言，在这些连环盗窃案件中，可以识别出一些具有相对一致性和特殊性的行为特征，其中一个就是各个犯罪地点间的距离（Inter-Crime Distance）。不管是在公共场所还是在私人住宅进行盗窃，连环盗窃犯的作案模式在地理上会呈现出一种特殊的特征，即犯罪地点较为集中，每起案件地点间的距离较短。"案件地点间的距离越短，就表明这两起案件是由同一名犯罪人实施的可能性越大"（Bennell & Jones，2005，p. 23）。

地理侧写在单一案件、单一地点中的运用

发挥地理侧写有效性的重要假设是，现目前应有 3～5 起案件（最好更多）来进行并案分析，从而将这些案件关联至某一连环犯罪人。在使用计算机程序进行地理侧写时，案件数量越多，提供的数据就越多，预测的准确性也就越高。样本量较小可能导致较大误差。然而，一些学者质疑这一假设。

例如，科奈比·尼可和艾立森认为，地理侧写师在单一的、非连环案件中也可以给警方侦查人员提供帮助（Knabe-Nicol & Alison，2011）。比如，在一起案件中，犯罪人在某一地点遇到受害人，将受害人带到另一个地点实施强奸或谋杀，然后又在另一个地方释放受害人或弃尸，这种情况也能提供许多关键的、与犯罪地理特征相关的线索。也许犯罪人还会将盗取的财物或用于攻击的凶器放在另一个地点，这一行为进一步提供了犯罪地理特征的相关线索，即犯罪人对不同地点的熟悉程度以及在整个作案过程中的决策、思维方式。侦查人员和地理侧写师可以通过目击者的证词、监控录像或 GPS 定位等方式获取案件相关的地点信息。犯罪人在空间和时间上的移动模式也能为侦查人员提供关于其日常活动范围或居住地位置的大量信息。即使案件看似是一起单一案件，通过地理分析，它也可能会关联至某一系列案件中。研究表明，连环犯罪人对犯罪地点类型的选择也具有高度一致性，因为对大多数人而言，个体在实施同一行为时所选择的地点类型具有一致性（Rossmo，1997）。也就是说，虽然连环犯罪人不太可能会回到同一个地方再次实施犯罪，但他们会回到相同类型的地点，如仓库、私人住宅或公园。

科奈比·尼可和艾立森进一步认为，即使在只涉及单一犯罪地点的单一案件中，地理侧写师也可以协助侦查人员，尽管提供的信息可能远不如涉及多个地点的单一案件准确（Knabe-Nicol & Alison，2011）。单一犯罪地点，是指遇见、袭击受害人的地点与犯罪发生的地点、释放受害人或处理尸体的地点以及处理赃物或凶器的地点都在同一个地方。具体而言，犯罪人在某一地点遇到受害人，在同一地点袭击受害人或实施犯罪，随后也不移动受害人或尸体。涉及多个地点的单一案件可能表明犯罪人首先在某一地点遇到受害人，将受害人带到另一地点进行强奸或谋杀，然后将受害人或尸体转移到另一个地点进行处理，最后在返回居住地途中的某地处理赃物或凶器。因此在涉及多个犯罪地点的单一案件中，定位出犯罪人居住地的可能性更大。

科奈比·尼可和艾立森进行了一项研究，要求专业地理侧写师对 13 起单一案件（非连环犯罪）中犯罪人的居住地进行预测。其中一些案件只涉及单一地点，另一些案件则涉及多个地点。正如预期的那样，在涉及多个地点的案件中，侧写师的表现显著优于对单一地点案件的分析，但他们在单一地点案件中的预测也相当准确。对于涉及多个地点的案件，侧写师识别犯罪人居住地的准确率为 75%，而在单一地点的案件中的准确率为 52%。因此地理侧写被认为在这两类案件中都能够加以运用，协助警方定位犯罪人居住地。但是参与这项研究的专业地理侧写师人数极少（N = 4），案件数量也较少（N = 13），因此研究结果也只能被视为具有一定启发性建议（Knabe-Nicol & Alison，2011）。研究人员一致认为，这一领域仍需进行更多研究，也许最终犯罪地理侧写的适用范围将得到延伸，不再仅用于连环案件，对于单一案件也同样适用。

密集分布与分散分布

犯罪地点必须相对均匀地分布在犯罪人的居住地周围。如果犯罪地点非常密集地聚集在一个区域，如保罗森研究中讨论的通勤型犯罪人，这可能会阻碍对犯罪人居住地的识别。例如，如果所有的犯罪地点都紧密地集中于某一特定区域，而不是相对分散地出现在某一区域，这会使犯罪人居住地的定位相对困难。

虽然大多数犯罪都发生在离犯罪人居住地较近的地方，但从居住地到犯罪地点的距离受多个因素的影响，包括犯罪人的特征、犯罪目标、情境以及犯罪行为本身。如果犯罪人表现出掠夺型犯罪人的特征而不是通勤型犯罪人的特征，这种情况下更有利于地理侧写，因为犯罪地点密集地集中于某一区域时，犯罪人的居住地可能位于这些地点的中心区域（中心性理论）。

如前所述，劳卡宁和桑迪拉认为，表现型犯罪（强奸、性侵、报复性纵火等由强烈情绪驱使的犯罪行为）的犯罪通勤距离往往比工具型犯罪（抢劫、入室盗窃等通过外部获取满足自身需求的犯罪）更短（Laukkanen & Santtila，2006）。例如，有研究发现，一些职业抢劫犯在对犯罪进行精心准备、计划后，愿意从居住地出发，通勤很长距离实施犯罪，特别是当抢劫金额较大时（Van Koppen & Jansen，1998）。此外，他们的研究还表明，在针对公共场所的抢劫中（如抢劫银行、商铺等），大部分（63%）抢劫犯的空间模式都属于通勤型。在抢劫犯持有火器的情况下，通勤型特征更为明显（Capone & Nichols，1975）。

单一且稳定的居住地

犯罪人有单一、稳定的居住地，且在犯罪期间保持不变。如果犯罪人生活在多个地点，晚上睡在不同的地方，地理侧写的误差就会变大。例如，在"环城公路狙击手"案件中（第1章提及），两名犯罪人约翰·艾伦·穆罕默德和李·博德·马尔沃在案发期间住在一辆雪佛兰轿车中，还可能住在旅馆和熟人家中。正如哈瑞斯和勒博所指出的那样，该案的突破点在于，最初在马里兰州发生的多起狙击事件表明犯罪人可能在马里兰州有一个稳定住处，但随后狙击事件却发生在弗吉尼亚州（Harries & LeBeau，2007）。如果就地理侧写的概念而言，那些跨越全国的连环杀手很难被识别并抓获。例如，长期担任长途卡车司机的基思·亨特·杰斯珀森（Keith Hunter Jesperson），因其给媒体的信件中画有一个笑脸而被称为"笑脸杀手"（Happy Face Killer），他声称在那些受害人的尸体被发现前，自己杀人已经超过1年之久（Quinet，2007）。他在4年间杀害了至少8名女性，包括他的女友。在这起连环凶杀案中，即使在找到尸体的情况下（埋尸地点已知的情况下），也很难通过地理侧写来进行并案分析，从而找到犯罪人的居住地，用前几章讨论的犯罪现场特征来进行并案分析可能成功率更高。

较短的犯罪时间间隔

为了使地理侧写发挥有效性，连环案件应该在时间和空间上相对集中，即这些案件应在合理的时间范围内发生，可以是几周或几个月，但不能是几年。犯罪间隔过长会加大侦查人员进行并案分析的难度。如果犯罪发生在不同的执法管辖区，即在空间上过于分散，也会面临同样的情况。哈瑞斯和勒博认为：

> 可以设想一种最坏情况，一系列连环犯罪，每起犯罪都发生在不同但邻近的管辖区内，而辖区内的执法机关没有认识到这些案件的关联性，也没有

进行信息共享（Harries & LeBeau，2007，p. 324）。

如果 2002 年的“环城公路狙击手”案件中的 10 起凶杀案没有得到媒体的广泛报道，且如果犯罪人的作案手法不那么轰动，这一案件可能就是上述设想的最坏情况。

连环犯罪必须在一段时间内持续发生

连环案件在同一天发生，即某一犯罪人在一天内实施多起犯罪，这种情况并不利于地理侧写，也不太可能定位出犯罪人的居住地。如果这名犯罪人在犯罪过程中多次返回居住地，这将更有利于地理侧写。事实上，时间因素有可能显著提高定位犯罪人居住地的准确性。通过将时间因素添加到空间分析中，使地理和统计分析能够从三维变成四维。空间分析涵盖了三个维度（经度、纬度和地理高度），而时间分析则成为第四维度。此外，四维方法在地理侧写中更准确地对应了犯罪人在时间和空间上的移动方式。科奈比·尼可和艾立森指出，在夜间（尤其是周末夜晚）出现在公园、街道或人行道的群体可能与白天在该地出现的群体截然不同（Knabe-Nicol & Alison，2011）。每个犯罪地点都应该在犯罪发生时（甚至在那一天）进行走访调查，以评估该地点在特定时间内流动群体的基本情况。

例如，一起案件发生在深夜，如果犯罪地点附近并没有晚间娱乐场所、商店或其他人会出现在那里的理由，这表明犯罪人可能居住在该地区附近（p. 137）。

另外，如果犯罪发生在高峰期时段，这可能表明犯罪人是在前往或返回工作地点的途中作案，这种现象有些地理侧写师称为“位移”（Displacement）。

科奈比·尼可和艾立森研究得出的另一个关于时间因素的结论是，一些犯罪人会回到他们犯罪的地点，通常是在犯罪发生的同一时间段，如凌晨 1~3 点，以重温实施犯罪带来的快感（Knabe-Nicol & Alison，2011）。因此地理侧写师可能会建议执法机关在犯罪发生的时段对犯罪地点进行监控。许多连环强奸犯具有这种行为特征，即在犯罪后重新回到犯罪现场。

下面是 ATF 的行为侧写师和地理侧写师的培训及服务（见焦点 4. 1）。

焦点 4.1

ATF 犯罪和地理侧写系统

自 1986 年以来，烟酒火器及爆炸物管理局（Bureau of Alcohol，Tobacco，Firearms and Explosives，ATF）会将特派探员（犯罪侧写师）派遣至位于弗吉尼亚州匡提科的联邦调查局国家暴力犯罪分析中心（NCAVC）。目前，一名 ATF 的行为侧写师和一名地理侧写师被分配到国家暴力犯罪分析中心。行为侧写师的任务是通过分析犯罪人的行为，协助纵火、爆炸案件的侦查，辅助识别、逮捕和起诉犯罪人。地理侧写师的任务是分析相关犯罪地点，试图确定犯罪人最可能居住的区域。目前，ATF 是美国唯一拥有地理侧写师的联邦机构。

ATF 的侧写师会接受为期两年的培训，内容包括行为科学原理、犯罪现场分析与解读、法证学、法医病理学。培训完成后，侧写师会获得国际刑事侦查分析协会（ICIAF）的认证，该协会在第 2 章中有讨论。获得认证的侧写师能够向美国及全球的各种执法和消防局提供服务。

ATF 的侧写师提供的服务还包括证词分析，即分析犯罪嫌疑人的口头和书面语言，以识别犯罪嫌疑人是否说谎，发现犯罪行为背后的意义和动机，并制定讯问大纲。服务还包括威胁性评估，即评估已知个体在特定情况下采取暴力行为的可能性或为未知犯罪人进行心理—社会语言学侧写，以评估该个体持续对社会带来威胁的风险性。其他服务还包括并案分析、对特定犯罪人进行侧写和提供讯问策略的相关建议。ATF 的侧写师还会为执法和消防人员提供行为侧写和地理侧写技巧的培训，并进行关于爆炸案和纵火案侧写的研究。

4.5 犯罪地理侧写的近期研究

虽然地理侧写技术在相关研究上取得了成功，但也有若干实际案例表明地理侧写技术在预测犯罪人居住地大致位置时会出现失误。例如，一些地理侧写系统的软件包非常复杂，因此其预测结果高度依赖于输入信息本身的质量和准确性。不完整或不准确的信息可能会导致预测结果出现严重误差。此外，地理侧写的实践包括两个阶段：（1）通过并案分析，将一系列连环犯罪行为关联到同一犯罪人；（2）形成地理侧写，预测犯罪人居住地或活动地点的大致区域。第一阶段通常更具挑战性，容易出现错误。迄今为止，没有任何地理侧写软件包经过严格的独立或比较性评估来判断其准确性、可靠性、有效性或在特定情况下的适用性。以下内容将分别探讨这些问题。

简单的启发法或许优于计算机软件

除了使用复杂的地理侧写计算机程序来预测连环犯罪人的居住地范围，相关人员还研究了计算机地理侧写软件的替代方案。这些研究大多集中在使用简单的法则来预测犯罪人居住地。一些研究专注于简单的认知启发法如何帮助人们作出准确的决策和预测。贝内尔等人将认知启发法定义为“能够快速且几乎不费脑力地作出决策的认知机制”（Bennell et al，2007，p. 120）。回顾一下我们在第 3 章讨论的启发法，的确，启发法的结果可能会存在错误。然而，贝内尔等人的研究表明，基于启发法作出的决策与计算机软件生成的结果（如前述的地理侧写软件）在预测的准确度上并没有显著差异。此外，个体可以通过培训，使用简单的启发法准确预测连环犯罪人的居住地。在第 3 章中，我们没有讨论启发法的培训，因此这是一个重要的补充点。

斯努克、坎特和贝内尔认为，即使对于一个没有任何犯罪行为分析或刑事侦查经验的人来说，也可以快速理解和使用简单的启发法。

> 他们能够很好地理解、运用启发法，从而提高他们预测连环杀手居住地范围的准确性。在本次研究中，他们能够有效地利用这些方法，使他们对连环杀手居住地的预测与地理侧写软件的结果有一致的准确性（Snook，Canter & Bennell，2002，p. 116）。

在斯努克等人的研究中，两组学生被提供了 10 张地图，每张地图上标出了 5 个同一连环杀手的不同犯罪地点（Snook et al，2002）。这些学生需要在每张地图上标记出这 10 个连环杀手的居住地。研究开始前，第一组（实验组）接受了上述中心性理论的学习。该组成员被告知，将两起距离最远的犯罪地点相连作为直径，通过这条直径作圆，犯罪人的居住地很可能就在这个圆内。此外，该组成员还学习了随距衰减理论，即大多数犯罪人会在离家较近的地方实施犯罪。第二组（对照组）则被要求完成相同的任务，但没有接受简单启发法培训，即没有学习中心性理论和随距衰减理论。此外，研究人员还用计算机程序 Dragnet 生成了地图上每个位置的概率分布图。

总体结果表明，简单的启发法训练对预测的准确性有显著影响，实验组的预测准确性与计算机软件 Dragnet 预测的准确性相当。这一研究结果引发了警方讨论，到底是应该使用地理侧写师还是使用计算机地理侧写软件？他们认为，警方可以根据实证研究的结果，吸收、内化更多科学化的启发法，从而纠正错误的启发方式。此外，结果还指出，警方没有必要购买昂贵的地理侧写软件。通过对警察进行相关启发法的训练（这些启发法必须是科学的、有实证研究支撑的），他们能够快速、高效、准确地预测出连环犯罪人的活动区域，且成本效益高。可以这样类比理解：通过 GPS 定位系统和地图都能够到达某一地点。一旦你学会了如何阅读地图，找到地点就不难了。而相比于价格昂贵的 GPS 系统，地图是更便宜的替代品。此外，如果你也曾被 GPS 定位系统误导过，你会更加信任用地图来导航。

热衷于《海军罪案调查处》或类似影视作品的观众可能会认为，计算机软件的处理速度更快，这显然是一个好处。此外，这些软件和其必不可少的“应用程序”还可以引导我们找到餐馆、地标建筑、医院等我们想去的地方。然而重点是，它们并不一定是准确的。有证据表明，个体经过一定启发法训练，可能会超越计算机软件预测的准确性。

在后续研究中，斯努克、泰勒和贝内尔对早期的研究程序进行了变动（Snook，Taylor & Bennell，2004）。215 名准本科生（“准”是因为他们还未正式开始到大学上课）收到了一本小册子，包含了 10 张地图，每张地图标注出了已破获的连环凶杀案的前 3 个犯罪地点。小册子每一页按顺序包含了以下内容：（1）一个空白封面页；（2）详细要求被试在每张地图上（用 X）标记出一个他们认为最有可能是犯罪人居住地的位置；（3）10 张地图；（4）详细要求被试记录他们作出预测的方法与思考过程；（5）要求被试将完成的地图放在他们无法接触的地方；（6）启发法学习材料；（7）相同的 10 张地图；（8）详细要求被试记录他们作出预测的方法与思考过程。

其中，分配给被试的第 6 部分，启发法学习材料是不同的，从而能够将被试分为三个组别。第一组（实验组 1）的被试收到了关于中心性理论的启发学习材料。第二组（实验组 2）的被试收到了关于随距衰减理论的启发学习材料。第三组（对照组）的被试没有收到任何启发法相关的学习材料。两个实验组首先在没有学习启发材料的情况下进行预测，随后通过阅读启发学习材料，即在学习了中心性理论或随距衰减理论后，再次进行预测。结果显示，平均而言，中心性理论与随距衰减理论的启发能够提高实验组的预测准确性，达到与地理侧写软件 CrimeStat 相当的预测准确性甚至在某些情况下能够超越 CrimeStat 的预测准确性。因此研究人员认为：“在过去 10 年，地理侧写领域的技术进步实际上可能使一个相对简单的任务变得过于复杂化”（Snook et al，2004，p. 119）。

斯努克等人的研究将准大学生作为被试，他们承认这是一个局限性。学生群体显然没有任何刑事侦查经验。后来，贝内尔等人将英国一个大型警务部门的警察作为被试，复刻了斯努克等人的研究范式进行研究（Bennell et al，

2007)。然而，贝内尔等人的研究增加了两个可能影响预测准确性的因素：犯罪数量和地形细节程度。将这两个因素加入研究中是因为一些专业的地理侧写师认为在进行地理侧写时应该考虑到这两个因素。此外，之前的研究使用的是连环凶杀案的情境，而在贝内尔等人的研究中则使用了连环盗窃案。如前所述，连环凶杀案杀手往往是掠夺者，而财产犯罪更有可能是通勤者。

贝内尔等人的研究包含91名警察，他们被随机分配到对照组、“中心性理论”组或“随距衰减理论”组。所有被试还完成了一份人口统计调查问卷，包括他们的年龄、性别或从业年限，以观察预测准确度会不会受到这些因素的影响，研究结果表明这些人口统计学因素并不会影响个体的预测准确度。但大多数警察在地理侧写方法上的经验或知识很少。本次研究测量的数据是误差距离（Error Distance），即预测地点与实际地点间的距离。整体而言，采集了四个组别的数据：（1）对照组，没有接受任何启发学习的组别；（2）“中心性理论”组，接受中心性理论的启发学习；（3）“随距衰减理论”组，接受随距衰减理论的启发学习；（4）地理侧写软件组，通过CrimeStat预测犯罪人居住地，因为是计算机软件程序进行预测，不管预测几次，结果都不会发生改变。

该研究有两个阶段：培训前阶段和培训后阶段。在培训前阶段，这些警察被要求预测36名连环盗窃犯的居住地。这一过程建立了研究数据的基线（Baseline），即用于进行对比的原始水平。然后，实验组的警察根据他们的组别接受了简短的学习，学习内容为中心性理论或随距衰减理论。对照组则没有接受任何学习。随后，三组警察被要求重新预测连环盗窃犯的居住地，这一过程称为重测（Re-Test）（见图4.10）。研究过程中，要求被试独立工作，并且按照自己的节奏和速度进行。

研究中对准确性的判断标准是误差距离（见图4.4），误差越小准确性越大。整体结果表明，警察能够准确地预测出犯罪人的居住地。“在没有接受任何启发学习的情况下，许多警察的预测结果与计算机地理侧写软件的预测一样准确”（Bennell et al，2007，p.128）。在研究第一阶段，对照组和“中心性理论”组的警察（而不是“随距衰减理论”组）作出的预测准确性与CrimeStat的预测没有显著差异，这表明警察群体本身可能就具备隐性知识、经验和其他启发法来预测犯罪地点。但是第一阶段的数据也表明，警察在启发法的使用方式上存在较大的个体差异。一些警察可能根本没有使用启发法，也可能使用了错误的、没有科学依据的或不恰当的启发法。第二阶段研究表明，关于中心性理论和随距衰减理论启发法的培训能够提高警察预测犯罪人居住地的准确性。如图4.10所示，接受中心性理论和随距衰减理论启发学习的两个组别在重测中的平均误差距离均小于地理侧写软件CrimeStat，这表明两个实验组在重测中的预测准确性均高于地理侧写软件。但是这次研究中加

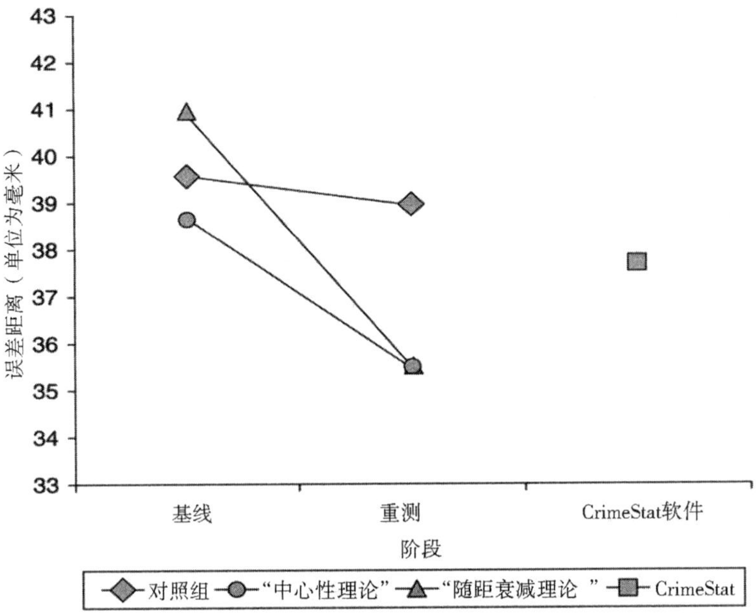

图 4.10 对照组、“中心性理论”组、“随距衰减理论”组与 CrimeStat 在基线与重测上的平均误差距离

入的两个新变量——犯罪数量和地图上的地形特征，并不会影响警察预测的准确性。因此“在地理侧写中加入这两个变量能够提高预测准确性”的观点并未得到支持。警察显然也不需要“犯罪数量”或“地形特征”来提高对连环盗窃犯居住地预测的准确性。

计算机模型通过贝叶斯法表现更优

上述研究有力地质疑了计算机软件在预测犯罪人居住地方面的理论和实践。如布洛克和贝纳斯克指出，“开发的工具仅利用了随距衰减函数，而几乎没有运用环境犯罪学、日常活动和理性选择理论这些丰富的理论框架，尽管这些理论框架被声称是计算机软件的基础”（Block & Bernasco，2009，p. 188）。莱文也同意这一观点。计算机软件模型的实质是数学模型，而非地理模型（Levine，2009）。因此这些计算机软件忽视了社会中的地理环境特征和犯罪机会，正如斯努克、贝内尔等人的研究表明，计算机模型在预测犯罪人居住地上表现不佳。总体而言，这些计算机程序预测的准确性比较令人失望。“它们往往不如简单的技巧（如最小距离中心法）准确，也不能超过仅使用一两个启发法的警察和学生”（Block & Bernasco，2009，p. 188）。

莱文在对马里兰州巴尔的摩县 50 名连环犯罪人进行研究后，发现了类似的问题。他发现，仅仅依赖随距衰减函数而忽略其他诸多因素将会导致较高的误差率（Levine，2000，2009）。同样，保罗森通过使用多种不同的测量方法，包括四种不同的计算机软件包，对巴尔的摩县 247 名连环犯罪人进行了分析。他发现，像中心性理论这样简单的测量方法比更复杂的计算机软件更为准确（Paulsen，2006）。

为了纠正计算机模型的不足，提升其预测准确性，研究人员已开始将贝叶斯法（The Bayesian Method）纳入他们的程序和算法中。这种方法不仅运用了犯罪通勤距离，还结合了对犯罪人的先验知识（如以往同类犯罪人的居住地）、犯罪地点以及这些信息之间的联系，来预测连环犯罪人的居住地（Block & Bernasco，2009）。简言之，它使用了同类犯罪人既往的具体信息，而不是仅仅依靠犯罪通勤距离来生成预测结果。

例如，在 CrimeStat 3. 1 版本中，该软件能够通过新贝叶斯法预估犯罪通勤距离，并在地图上形成三个风险层。第一个风险层由常规的犯罪通勤距离和随距衰减函数生成。第二个风险层对应以往同类犯罪人的居住区域，这与他们的作案地点无关。第三个风险层基于“起点—终点区域矩阵”（Origin-Destination Zone Matrix）（Block & Bernasco，2009，p. 190）。贝叶斯法聚焦于当前连环案件发生的区域，然后计算出每个区域内犯罪人居住在该地的概率。

这套程序不仅自动考虑了两个区域之间的距离，还考虑了通勤时间、特定的障碍物以及可能阻碍或促进犯罪人跨区域移动的因素。例如，通勤的费用可能是一个考虑因素。一些区域是帮派的领地，因此犯罪人可能会避免这些区域。一方面拥有私人交通工具的犯罪人比那些只能步行或乘坐公共交通工具的犯罪人更具灵活性（Levine，2009）。另一方面停车许可可能会限制车辆的使用，在某些地点，骑自行车可能是一些犯罪人首选的交通方式。

布洛克和贝纳斯克对 62 名盗窃犯的研究发现，相比于传统的随距衰减法，使用新贝叶斯法对连环盗窃犯的居住地进行预测的准确性更高（Block & Bernasco，2009）。正如预期那样，对掠夺型盗窃犯的预测比通勤型盗窃犯更为准确。

迈克尔·莱特纳和乔什·肯特扩展了新贝叶斯犯罪通勤模型，包括了由单一犯罪人实施的多种犯罪类型（Leitner & Kent，2009）。研究文献发现，连环犯罪人通常会实施多种类型的犯罪。例如，马里兰州巴尔的摩县数据库包含了 41979 起已破获的犯罪案件，其中有 3484 起连环案件涉及 3 起及以上的犯罪事件。大约有 73%的连环犯罪涉及多种犯罪类型，如 2 起入室盗窃、3 起机动车盗窃和 1 起纵火。其余 27%的连环犯罪则属于相同犯罪类型，如 6 起抢劫或 8 起入室盗窃。大多数关于地理侧写的研究集中在单一犯罪类型上，如连环凶杀或连环强奸。莱特纳和肯特的研究使用了巴尔的摩县数据库中的 850 个含有不同犯罪类型的连环犯罪案件。结果显示，相比于单一类型的连环案件，如果将不同类型的案件整合在一起分析（前提是这些不同类型的案件是由同一名犯罪人实施的），大多数地理侧写的准确性和精确性得到显著提高。这些结果挑战了传统的地理侧写方式。准确性和精确性得到提高的主要原因之一是更多的掠夺型犯罪人被识别出来。在不同类型的连环犯罪中，较多的连环犯罪人属于掠夺型。因此研究人员建议执法机关谨慎使用单一犯罪类型的连环案件来构建地理侧写，当然，前提是这些不同类型的案件是同一名犯罪人实施的。

4.6 本章总结

地理侧写，即对犯罪行为空间模式的分析与识别，起源于20世纪初期美国的犯罪生态学，该学派反对以个体心理缺陷为中心的犯罪观。犯罪生态学派的研究者发现，一些地理区域比其他区域更容易发生犯罪，且犯罪发生的频率也更高。随后，他们将这些区域在地图上详细地进行标注，这引起了许多犯罪学家的兴趣。此后，一些学者与社会服务机构合作，为犯罪频率较高的社区及其居民提供服务。

这些早期的犯罪预防，经过不断发展，成为今天更为复杂的犯罪地图绘制和犯罪地理侧写。尽管这两个术语常常被交替使用，但我们在本章中还是进行了微妙的区分。现代犯罪地图得益于复杂的计算机系统，这些系统能够精准定位某一地区的犯罪发生情况。执法机关可以通过犯罪地图识别犯罪“热点”区域，并据此合理分配警力资源。而犯罪地理侧写则是基于犯罪人的日常活动模式及对犯罪地点的选择，识别出犯罪人的居住点或活动范围。日常活动理论和理性选择理论强调，犯罪人在犯罪活动中作出有意识的决策，这些决策通常受到地理环境、意识空间以及潜在受害人活动的影响。

地理侧写特别适用于连环犯罪，如连环入室盗窃、汽车盗窃、纵火、强奸或凶杀等，但一些支持者认为，即使在侦查单一犯罪案件时，这种方法也具有价值。虽然地理侧写最初是为侦查凶杀、强奸和纵火案件而设计的，但现在也被用于连环案件，如连环爆炸、银行抢劫和儿童绑架等案件（Guerette，2002）。地理侧写专家汇集了他们对犯罪空间模式的理论知识以及在这一领域的相关研究（如关于随距衰减理论、中心性理论或缓冲区理论及其研究）。

然而，地理侧写在连环犯罪中的预测准确性仍有待提高。地理侧写的准确性依赖于多个假设的成立，包括通过并案分析能够将多起犯罪与同一犯罪人相关联，且多起犯罪间应有适当的时间间隔。此外，研究表明，许多昂贵的用于地理侧写的计算机软件，其预测准确性没有经过启发学习的警察和学生高。然而，基于贝叶斯模型的计算机软件似乎具有一定潜力，能够提高预测准确性。

本章专业术语汇总

缓冲区
中心性
认知脚本
通勤者
犯罪模式理论
GrimeState
随距衰减
Dragnet
环境犯罪学
犯罪生态学
误差距离
犯罪地图绘制
犯罪地理侧写
地理侧写师
捕猎者
掠夺者
认知地图
偷猎者
预测性警务
侧写准确性
理性选择理论
Rigel and Rigel Analyst
日常活动理论
最优侧写区域
诱捕者
游荡者

第5章

犯罪侧写在具体案件中的应用

在第3章和第4章中讨论的犯罪现场侧写和地理侧写通常运用于严重恶性案件，尤其是连环犯罪，不仅对执法机关提出挑战，还对社会治安造成严重威胁。如连环强奸、杀人、爆炸案件通常让警方感到棘手。抓获西雅图的“绿河杀手”（Green River Killer）花了至少20年时间；抓获“大学航空炸弹客”（Alias the Unabomber）也花了近20年；抓捕“铁路强奸犯”则花了6年时间。强奸、纵火或入室盗窃等连环案件或是儿童绑架案件，都会对当地治安造成严重威胁，耗费较多警力资源。当地负责这些连环犯罪的侦查机关通常会向行为科学部发送协助请求。当侧写师或行为分析师受邀去当地协助侦查时，如果他们的工作是基于以往的犯罪数据从中获取线索（即精算侧写），则他们的侧写工作将会发挥较大价值。这一点在本章中尤为关键。在本章，我们将关注具体的犯罪行为，讨论实施这些犯罪的犯罪人以及其受害人的相关内容。

在本章中，我们将针对不同犯罪类型讨论简要的背景信息，包括对该犯罪的定义和案发率；在可能情况下，还会讨论有关受害人的相关研究；犯罪人的特征。对于一些犯罪行为，我们还将介绍研究和临床人员提出的各种分类模式。在对这些信息进行综合分析、总结时，我们并不是提供有关犯罪人或受害人的明确侧写。本章涵盖的人口统计学和行为特征以及各种分类学，旨在为侧写提供相关线索，而不是建立明确的侧写。例如，你会了解到非家庭成员的儿童绑架犯通常是40岁以下的男性。虽然可以理解侦查人员会根据这些信息将侦查重点放在具有这些人口统计学特征的个体上，但如果此时出现一名女性，45岁，曾参与过一次绑架，你会把她排除在犯罪嫌疑人范围之外吗？

5.1　犯罪侧写在儿童绑架案中的应用

埃坦·帕茨（Etan Patz）、亚当·沃尔什（Adam Walsh）、乔恩贝内·拉姆塞（JonBenet Ramsey）、玛德琳·麦坎（Madeleine McCann）、凯莉·安东尼（Caylee Anthony）、杰西·杜加德（Jaycee Dugard）、伊丽莎白·斯马特（Elizabeth Smart）、安伯·哈格曼（Amber Hagerman）、利比·克莱茨基（Leiby Kletzky）——如果有一个公开的儿童绑架案件名单，上述名字无疑会被包含在内。有些人幸存下来，现在已成年；有一些人从未被找到；还有一些人被发现时已经死亡，但犯罪人却从未被找到，也没有受到法律的制裁。在某些情况下，我们并不能够确定是否发生了绑架。根据国家失踪与受虐儿童中心（National Center for Missing and Exploited Children，NCMEC）的数据，每年有超过 20 万名儿童被家庭成员绑架（A. -J. Douglas，2011）。另外还有 5.8 万名儿童被非亲属绑架，且犯罪人主要是出于性动机实施绑架。需特别指出的是，在 2010 年的儿童绑架案件中，已登记在册的性犯罪者作案的比例不足 1%，他们极少构成此类案件的主要威胁（A. -J. Douglas，2011）。

然而，看待上述数据必须保持谨慎。由于多种原因，获取准确的儿童绑架案资料较为困难（Boudreaux，Lord & Etter，2000）。社会上广为报道的陌生人绑架案件往往加剧了公民对绑架问题的担忧程度，并倾向于高估此类案件的发生率。此外，由于对该类犯罪定义范围的不同（如家庭绑架和非家庭绑架、青少年和儿童绑架、绑架与诱拐），国家统计数据通常会将多种不同类型的绑架案件合并在一起。大卫·芬克霍尔及其同事认为，当我们在分析儿童绑架案时，有两个定义起到了重要作用：法律定义和“大众媒体所认为”的定义，后者也称为刻板印象定义（Stereotypical Definition）（Finkelhor，Hotaling & Sedlack，1992）。根据法律定义，如果个体非法引诱、拐走、诱骗或拘禁一个未满指定年龄的儿童，意图将该儿童从其父母、监护人或其他合法监护人身边隐藏或带走，该个体则构成儿童绑架罪（或诱拐罪）（Finkelhor et al，1992）。这一定义的变体在联邦法和大多数州立法中都有使用。请注意，这一定义可以涵盖非常广泛的情况，包括离婚后没有监护权的父亲将孩子带走或 20 岁的男生说服 14 岁的女友陪他一起去得克萨斯州。

另外，一些大肆报道且悲剧的绑架案件往往会促进大众对儿童绑架案刻板印象的形成（Finkelhor et al，1992），这些案件的受害人被长期拘禁或在被绑架后不久杀害。2 岁的凯莉·安东尼（Caylee Anthony）在一开始被认为遭到绑架，她的尸体最终被找到，但她的母亲在这起案件中被判无罪，我们可能永远无法知道这个孩子是否遭遇绑架以及在她失踪期间到底经历了什么。杰西·杜加德（Jaycee Dugard）在 11 岁时被绑架，在犯罪人被捕前，她被囚禁了 18 年，在她重获自由后，根据她的亲身经历写了一本书。莱比·克莱茨基（Leiby Kletzky）在从社区日间夏令营返家途中被绑架并惨遭杀害，警方怀疑凶手是利维·阿伦（Levi Aron），但在 2011 年 10 月其律师以利维精神失常进行辩护。虽然这些案件让人毛骨悚然，但这些案件极为罕见，案发率极低。

大众对儿童绑架案的刻板印象通常指的是那些案情严重的恶性案件，其中犯罪人是陌生人，并且：

(a) 儿童离开了一整晚；

(b) 儿童被转移了 50 英里（约 8.05 千米）或更远距离；

(c) 儿童被杀害；

(d) 儿童被勒索；

(e) 犯罪人表现出有意长期拘禁儿童的意图（Finkelhor et al.，1992，p. 228）。

无论案件是否符合法律定义或大众的刻板印象定义，侦查人员在一开始将孩子的父母或监护人作为犯罪嫌疑人进行询问的情况并不罕见（Canning，Hilts & Muirhead，2011）。毕竟，在发达国家中，美国的父母弑童案发生率排名第四（Briggs & Cutright，1994）。此外，“由于大多数案件发生在家中或其他私人场所，因此案件中通常没有证人，其他家庭成员除外”（Canning et al，2011，p. 794）。

在本节我们将集中讨论符合大众刻板印象的绑架案件，因为这些恶性案件对社会负面影响大，侦查过程较为困难，通常会请求侧写师协助共同侦破案件。此外，我们还将把本节内容限定在既遂的绑架案件上。

儿童绑架案的相关数据

为了了解美国儿童绑架案的发生率，芬克霍尔等人通过使用多种流行率测量法发现，1988 年符合刻板印象定义绑架（Stereotypical Abduction，SA）标准的案件有 200~300 例（Finkelhor et al，1992）。在 1999 年进行的第二项研究中，研究人员估算出当年有 115 名儿童是符合刻板印象绑架案的受害人（Finkelhor，Hammer & Sedlak，2002）。研究人员推测，数据差异主要是由于两项研究使用的方法和测量标准不同。这也可能反映了 10 年间的社会变化，包括公众对儿童绑架案的关注度提高，儿童失踪预警系统的建立，如广受欢迎的“安珀”警报（AMBER Alert）。虽然也有研究者对预警系统的有效性表示质疑（Griffin & Miller，2008；Sicafuse & Miller，2010）。

“115”这一数据与联邦调查局的调查结果一致，更能反映现实情况。由于儿童绑架性质的严重性和时间上的持续性，联邦执法机关通常会介入侦查过程，启动儿童绑架快速反应小组（CARDs）（见焦点 5. 1）。虽然 115 个案件相对较少，平均而言每个州略多于 2 个，但这些犯罪的恶劣性质能够对当地公众和社会造成创伤性影响（Finkelhor et al，1992）。此外，这些绑架案件经过媒体的大肆报道，公众对陌生人绑架杀人案件的看法更会形成强烈的刻板印象，从而高估该类案件的风险和发生率。

焦点 5.1

儿童绑架快速反应小组（CARDs）

儿童绑架快速反应小组（Child Abduction Rapid Deployment Teams，CARDs），也称为儿童绑架快速部署小组，隶属执法机关的常务小组。小组成员是社会中的各种专业人士，他们会对失踪、绑架或处于危险中的儿童案件进行即时响应，包括警察、社会服务工作者、教师、儿童日托管理人员等。该小组由美国司法部资助，小组成员由警察学院或大学进行相关培训。

培训课程包括基本概述，如儿童绑架的形式和发案率以及小组成员所需的技能和策略。课程内容涵盖侦查策略和可能出现的法律问题以及在绑架发生时如何应对媒体。培训者能够获得相关资源和信息，有时受害儿童（被绑架或被杀害的儿童）的父母会为他们讲述案发经过、亲身经历等内容，从而能够将他们代入受害人的视角进行分析。此外，培训通常还包括情景模拟，即模拟在特定情境中个体的反应。

需要强调的是，陌生人绑架儿童的案件非常少，以至于大多数小组成员从未将培训内容应用于实际案例中。联邦调查局首次对该小组进行部署是在2006 年 3 月，直到 2007 年 12 月，该小组在 18 个州进行了 26 次行动（Office of the Inspector General，2009）。在这 26 次行动中，11 次（42%）找回了仍然生还的失踪儿童，13 次（50%）最终找回了失踪儿童的尸体，而剩余 2 次（8%）侦查无果，儿童仍然失踪。受害人年龄从婴儿（最小仅 4 天）到 17 岁不等。

联邦调查局下设的儿童绑架快速反应小组通常由专业探员组成，他们活跃于司法领域中，并有丰富的儿童绑架案件的侦查经验。一旦接到行动请求，小组成员会前往犯罪现场，并作为技术顾问协助当地负责该案的执法机关。小组的目的是提供帮助、协助侦查，而不是接管案件。

联邦调查局将儿童绑架案件分为三类：不涉及赎金的儿童绑架案件（非亲属绑架）、国际范围内的父母绑架案件和国内范围的父母绑架案件。涉及赎金的儿童绑架案件由国家暴力犯罪部门处理。以下表格展示了联邦调查局从 2000 年到 2007 年的立案数量。此外，在大多数案件中，联邦调查局并没有部署儿童绑架快速反应小组。

联邦调查局儿童绑架立案数量

案件类型（件）\ 时间（年）	2000	2001	2002	2003	2004	2005	2006	2007	总数
无赎金的绑架	106	94	102	90	79	87	87	77	722
国际父母绑架	139	118	100	81	66	57	44	48	653
国内父母绑架	126	84	73	83	87	65	72	58	648
总数	371	296	275	254	232	209	203	183	2023

值得注意的是，只有10%的刻板印象绑架案件持续了24小时甚至更久。然而，在所有刻板印象绑架案中，40%的受害人被杀害，4%的受害人仍然失踪（Finkelhor et al，2002）。这些数据表明，大约每10000起失踪儿童报告中就有1起是绑架凶杀案（Hanfland，Keppel & Weis，1997）。儿童被杀害通常发生在被绑架后的24小时内（Lord，Boudreaux & Lanning，2001），也有一些统计数据显示，前3小时是最关键的黄金解救时间（Hanfland et al，1997）。"24小时内"的时间限制时常被提及，这通常被解释为：如果儿童在24小时内没有找到，就会被杀害；但正确的解释是，如果儿童被杀害，杀害通常会发生在24小时内。

另外，32%的刻板印象绑架案的受害人受到一定程度的身体伤害，需要医务人员进行处理。这表明大约有三分之二的陌生人绑架案件，儿童在没有受到身体伤害的情况下被发现。

如上所述，一些研究表明，儿童被绑架后的3小时内至关重要，因为大多数（74%）儿童绑架凶杀案的受害人在这一时间段内死亡（Hanfland et al，1997）。更令人震惊的是，44%的案件中，受害人在被绑架后的1个小时内就已死亡（Hanfland et al，1997）。更不幸的是，近一半的受害人在报警之前就已经被杀害。2011年发生在纽约布鲁克林的一起儿童绑架凶杀案中，一名8岁儿童在失踪2天后，警方在犯罪人的公寓内发现了部分尸体。

安珀警报系统

家庭成员和媒体常常抱怨执法人员在侦办儿童绑架案时响应缓慢。为了加快警方响应速度，安珀警报系统应运而生。安珀警报系统的建立来自1996年得克萨斯州阿灵顿发生的一起绑架凶杀案。受害人是9岁女孩安珀·哈格曼（Amber Hagerman），在绑架后被残忍地杀害，凶手至今未被找到。由于该案有目击者，一些人认为，如果关于这起绑架案的信息能够迅速公开，安珀可能仍有生还机会（Griffin & Miller，2008）。安珀警报系统则是基于这样的宗旨：官方层面更快速地响应，是拯救被绑架儿童的生命所必需的。但是正如格雷芬和米勒指出的："响应缓慢并不一定会导致受害人的死亡；而在最糟糕的情况下，如果犯罪人有杀害受害人的意图，不管多快的响应可能都来不及"（Griffin & Miller，2008，p. 165）。他们进一步写道："在这种情况下，受害人被绑架后很快被凶手杀害，犯罪人以较快的速度杀人，这使得大众刻板印象中的儿童绑架凶杀案无法找到有效的解决办法"（Griffin & Miller，2008，p. 165）。尽管如此，安珀警报系统也可以为受害人家庭成员提供一些安慰和希望，有关失踪儿童的信息正在社会面广泛传播，可能会有人提供有用的信息。根据美国司法部 2008 年的数据，安珀警报系统已经帮助过数百名被绑架的儿童，并且该系统得到了公众、政策制定者和执法机关的一致认可（Sicafuse & Miller，2010）。司法部进一步声明，安珀警报系统已经成为美国公共安全系统的组成部分。目前，美国 50 个州都设有州级安珀警报系统。

一开始，安珀警报系统是为侦破陌生人绑架案件而设立的，专门用于处理那些儿童被绑架并可能遭受严重伤害或性侵犯的案件。发布安珀警报的标准是：（1）儿童（未满 18 岁）已经被绑架。（2）该儿童面临严重身体伤害或死亡威胁。当符合标准时，安珀警报就会被激活。然而，一些人认为该系统存在一个缺陷，当儿童被非监护人或其他家庭成员带走时也会触发安珀警报，系统会将这种情况判定为"儿童绑架"。但实际上，这一情况并不符合一开始安珀警报所设想的标准（Griffin & Miller，2008；Griffin，Miller，Hoppe，Rebideaux & Hammack，2007）。

每年，刻板印象儿童绑架案件的确切数量很难确定，到目前为止，关于这一主题的研究非常有限。现有数据表明，大约四分之一的儿童是被非家庭成员绑架的，但这些数据通常包括男友、前男友和认识的熟人。在格瑞芬等人对 275 个安珀警报的研究中发现，大约 20%的绑架案件是由陌生人或熟人所实施的（Griffin et al，2007）。根据国家失踪与受虐儿童中心（National Center for Missing and Exploited Children，NCMEC）的最新数据，安珀警报系统中 29%的案件是由非家庭成员（如男友和前男友）所实施的（NCMEC，2010）。

2009 年，安珀警报系统中 9 名儿童已被发现死亡（NCMEC，2010）。其中 4 起案件犯罪人是家庭成员，其余案件犯罪人身份无法确定，既有可能是家庭成员，也有可能是陌生人或者儿童自己走失而发生的意外。例如，一名通过安珀警报公开寻找的儿童被发现溺死在家附近的湖泊中。没有人知道这是一起故意的绑架杀人，还是儿童在没有监管的情况下走失发生的意外。然而，安珀警报系统的数据依然表明，即使是家庭成员实施的绑架，儿童也可能面临严重的生命威胁。例如，在安珀警报中有一起案件，一名 3 岁的小女孩被她的叔叔从桥上残忍抛下。另外，离婚后没有监护权的父亲或母亲也很少有伤害亲生孩子的动机（Griffin et al，2007），虽然“很少”，但也存在例外情况。例如，2003 年，新罕布什尔州康科德的当地警方通知了联邦调查局，并上报了一起案件：犯罪人，即一名父亲在探视期间绑架了他的两个孩子（Office of the Inspector General，2009）。后来这名父亲将他的两个孩子残忍地杀害。

虽然安珀警报系统并不完美，但它得到了公众和执法机关的认可，并在美国及其各州持续使用。犯罪学家和公共政策研究者从不同角度对安珀警报系统进行了相关研究，并提出了一些改进建议。例如，有专家建议，如果向公众发布的被拐儿童的照片数量更多一些，警报可能会更有效，因为能够减少虚假目击（Gier，Kreiner，Hudnell，2012）。通常，安珀警报上发布的儿童的照片都是面带微笑的形象，一般是学校校卡上的照片。我们在牛奶盒、传单、互联网和电视节目上看到的儿童常常都是面带微笑、精心打扮且快乐的。但被绑架的儿童，尤其是被陌生人绑架的儿童，不太可能以这种形象出现在大众的视野。

在一项涉及三个复杂实验的研究中，吉尔及其同事向被试展示了一个模拟的安珀警报，其功能、画面与原版安珀警报类似。随后，向被试提供了一本相册，里面有多名“失踪”儿童的照片（Gier et al，2012）。

相册中儿童的照片以两种风格呈现：一种是“干净型”照片，即儿童面带笑容，精心打扮、梳洗，给人洋溢着快乐的感觉；另一种是“脏乱型”照片，即儿童蓬头垢面、表情失落、悲伤的样子。当给出的儿童照片风格与警报中发布的照片风格一致时，被试在对这些儿童的识别过程中表现更佳。吉尔等人的这项研究非常复杂，他们自己也指出，关于面部识别、记忆准确性和目击者特征等内容，仍然存在许多问题。然而，对于目前研究结果而言，执法机关及其相关组织应鼓励父母或监护人准备好儿童两种风格的（干净的或脏乱的）照片。

儿童绑架案的受害人

大多数陌生人绑架案件中的犯罪人实施犯罪是出于机会主义，即在大多数情况下，犯罪人在绑架时并没有主动寻找特定的儿童。汉芙兰德等人将这些绑架者描述为“等待中的杀手，有适当的犯罪机会且儿童缺乏保护时，他们更可能实施犯罪。在一开始，他们可能只是等待猎物的捕猎者，当犯罪机会出现时，则会转变成掠夺者甚至间歇性的杀手”（Hanfland et al，1997，p. 42）。此外，受害人通常不会因为某些身体特征，如发色、体型或种族而成为犯罪目标。然而，儿童的性别和年龄却非常重要。

在陌生人绑架案中，犯罪人最有可能绑架 6~14 岁的儿童来实施性犯罪，以满足自身性欲（Lord et al，2001）。学龄前儿童很少成为目标，学龄期内的女童被绑架并谋杀的可能性是男童的 3 倍以上。被绑架女童的平均年龄略高于 11 岁（Hanfland et al，1997）。绑架者之所以选择这些儿童，是因为他们的身体发育成熟到足以激发犯罪人的性欲，同时又易于控制、侵犯。

大多数小学生被绑架的地点位于受害人居住地附近，绝大多数受害人在离住所四分之一英里（约 0.402 千米）以内的地方被绑架；中学生则往往在更远的地点被绑架，如游乐场、购物中心和其他休闲娱乐场所；儿童很少在学校内被绑架（Hanfland et al，1997；Lord et al，2001）。

根据罗德等人的研究，小学生的尸体通常会在离绑架现场 1 英里（约 1.61 千米）以内的地方被发现。年龄稍大的中学生的尸体通常会被丢弃在离绑架现场 5 英里（约 8.05 千米）以内的区域被发现（Lord et al，2001）。犯罪人丢弃尸体的地点通常非常接近凶杀案现场，因此在弃尸区域进行彻底搜查对于发现有效的侦查线索（法证、法医学线索）尤为关键。犯罪人通常对弃尸地点非常熟悉，这表明这些地点离他们的住所或工作地点较近。一般而言，犯罪人确实会试图隐藏尸体，但很少会将尸体掩埋（Hanfland et al，1997）。大多数情况下，为了避免犯罪被发现，犯罪人会尽快处理尸体。然而，15%的犯罪人保留尸体的时间会超过必要的保留时间，但会将尸体放置于方便自己搬取的地方，以便快速隐藏或移动。在这些案件中，大多数凶手会将尸体放置在自己的居住地中。在所有儿童绑架凶杀案中，69%的犯罪人保留尸体的时间不超过 24 小时。而那些保留尸体时间较长的犯罪人通常会将尸体当作战利品或用于满足自己的性需求或性幻想。

对儿童绑架杀人案件的犯罪地点与空间关系进行研究的意义在于，如果找不到犯罪人初次接触受害人的地点，可能会更难找到受害人的尸体。此外，大约 25%的犯罪人会在某个时间点返回弃尸地点，另外 20%的犯罪人会离开城镇。许多犯罪人会在杀害受害人后的 3 天内回到弃尸地点，其行为动机具有多样性（如确保没有留下罪证，查看尸体是否已经被发现）（Hanfland et al，1997）。

儿童绑架案的犯罪人

几乎所有陌生人绑架案的犯罪人都是男性犯罪人（98%），大约三分之二的陌生人绑架案件的受害人是女童。绑架儿童的犯罪人平均年龄为 27 岁，绝大多数年龄在 30 岁以下，只有 10% 的人年龄超过 40 岁（Hanfland et al，1997）。犯罪人大多数未婚（85%），其中一半（51%）要么过着独居生活，要么与父母同住（Hanfland et al，1997）。这些犯罪人通常缺乏社交技能、工作不稳定（从事临时工或兼职等收入不稳定的工作）、朋友较少（Lord et al，

2001)。大多数犯罪人教育水平低于高中学历 (Beyer & Beasley, 2003)。一半的人在实施犯罪时处于失业状态，即便是有工作的犯罪人，他们也从事非技术或半技术的劳动职业。就个体和社会层面而言，犯罪人通常不能有效地融入社会交往或社会活动中，从而导致自我控制或社会控制水平较低 (Hanfland et al, 1997, p. 25)。犯罪人搬家频繁，很少在某一个地方居住、停留太久，因此很少与当地社区建立联系 (Beyer & Beasley, 2003)。犯罪人与他人进行有效互动、交往的能力不足，这可能促使他们在实施绑架的过程中采用暴力方式或手段控制受害人。日常生活中，犯罪人通常被他人认为是“古怪的人”，此外，可能会有酗酒和吸毒的行为。犯罪人通常会频繁出入犯罪地点附近，也可能在犯罪地点附近居住、工作。约三分之二的刻板印象儿童绑架案的犯罪人有暴力犯罪的前科，大多数是针对儿童的暴力性犯罪 (强奸或性侵)。因此犯罪人的档案和相关信息很可能已经存储在执法系统中。67%的儿童绑架杀人犯在每起犯罪中采用的作案手法是一致的。

> 对儿童绑架凶杀案的相关研究表明，该类杀人犯与其他类型的杀人犯相比，犯罪手法的一致性较高，甚至高出了预期 (Hanfland et al, 1997, p. 38)。

在第 2 章对连环杀人的讨论中，我们提到作案手法的可变性，即在多起案件中作案手法的不一致，其行为动机可能是为了扰乱警方侦查方向，也可能是犯罪人自身通过学习从而使犯罪手法优化升级。然而，儿童绑架杀人犯在作案手法和现场行为上往往更具一致性。

执法机关在解决性质恶劣的儿童绑架案时通常面临巨大的压力，许多州都设有专门的团队来迅速开展对失踪儿童案件的侦查工作。如上所述，联邦调查局在全国办事处设有儿童绑架快速反应小组 (CARD)，许多州也有类似的应急小组。儿童绑架快速反应小组由 4~6 名经验丰富的人员组成，负责现场勘查、技术和资源支持，协助州立和地方执法机关侦破案件。2009 年，华盛顿州麦克雷里的小镇上曾发生这样一起案件，10 岁的林赛·鲍姆 (Lindsey Baum) 在从朋友家往自己家走的路途中失踪。当地警方请求儿童绑架快速反应小组协助侦查此案。小组调动了侧写师来对未知的犯罪人进行分析，他们研究了林赛的行为和性格特征，希望能够发现一些侦破线索 (Thomas, Jones & Gerstein, 2010)。不幸的是，林赛目前仍未被找到。在 2009 年，儿童绑架快速反应小组共参与了 7 起安珀警报的案件，2006 年甚至参与了 55 起案件 (NCMEC, 2010)。但目前，该小组在多大程度上有助于儿童绑架案件的侦破，我们无从得知。

5.2　犯罪侧写在连环凶杀案中的应用

连环凶杀案的相关数据

据美国司法部估计，美国 20 世纪 70~80 年代，任意时间内活跃的连环凶杀案杀手有 35~40 人（P. Jenkins，1988）。希基也提供了一个活跃且未被抓获的连环凶杀案杀手数量的估计值（Hickey，2010）。但实际上，美国或任意其他国家，关于任意时间内活跃的连环凶杀案杀手的确切数据并不存在（Brantley & Kosky，2005），只有大致的估计值。

同样地，我们也很难准确地估计每年连环凶杀案的受害人数量。许多连环凶杀案犯罪人反侦查意识较强，能够较好地隐藏受害人尸体，使其不被发现。“绿河杀手”加里·里奇韦（Gary Ridgway）承认杀害了 45 名女性，多年间他将尸体巧妙地隐藏了起来（见图 5.1 里奇韦与其律师商谈的照片）。长途卡车司机基思·亨特·杰斯珀森（Keith Hunter Jesperson），即上一章提到的“笑脸杀手”（Happy Face Killer），他因杀害 8 名女性而被定罪，但他声称在多个州杀害了 160 人。虽然他后来又否定了自己这一看似荒谬的说法，但我们仍不能排除他杀害了 8 人以上的可能性，可能的确还有其他的、警方还未发现的受害人。沃夫和拉维奇曾描述一起连环凶杀案件，犯罪人将 8 名女性的尸体隐藏在与父母和姐妹居住的房子里。其中几具尸体被隐藏在窄小的地下室里，其他尸体则被隐藏在脏乱的阁楼中（Wolf & Lavezzi，2007）。在本章，我们将会讨论多个与上述案件类似的连环凶杀案件。

图 5.1　“绿河杀手”加里·里奇韦（右）在 2011 年 2 月的庭审中正与他的律师马克·普罗瑟罗（Mark Prothero）交谈。此次庭审是关于 1982 年的一名受害人丽贝卡·马雷罗（Rebecca Marrero）被谋杀的指控

连环凶杀案的受害人

许多连环凶杀案杀手选择的受害人通常是社会边缘群体，即使他们失踪，也不会有人注意到，就算被注意到了，别人也会认为是离家出走的青少年或自己主动离开之类的情况。对于已知连环凶杀案杀手对受害人的选择，相关研究表明，犯罪人倾向于选择那些容易接触、流动性大且其失踪不易引起警觉或关注的人群。受害人往往是性工作者（尤其是站街的性工作者）、离家出走的青少年、街头的流浪汉、独自闯荡社会的年轻男性、流动性强的农场务工人员。然而，连环凶杀案杀手的受害人社会特征也可能会具有多样性。即便是专门针对性工作者的连环凶杀案杀手，也不一定只选择这个群体。例如，20世纪80年代末期，连环凶杀案杀手亚瑟·肖克罗斯（Arthur Shawcross）在纽约罗切斯特及周边地区作案。案件侦查过程中，警方根据相关线索提出假设：他的受害人都是性工作者，其中一些受害人的亲属大为震惊。但事实上，该案中有一些受害人确实是性工作者，但有的并不是。

也有一些连环凶杀案杀手选择其他群体作为受害人，如年轻女性，尤其是大学校园内或附近的女性，或是孤独的贫困老人。然而，年轻受害人被报告失踪的占比更大。在犯罪人对受害人的选择过程中，起决定性作用的因素是受害人的易受伤害性（Vulnerability）和易接触性（Easy Availability）。易受伤害性和易接触性也是受害人的共同特征。易受伤害性，是指受害人因缺乏保护或处于弱势地位而容易受到伤害和攻击的程度，如儿童、女性和老人的易受伤害性较高。易接触性，是指犯罪人能够轻易接触、接近受害人的程度，如流浪汉、站街性工作者的易接触性明显高于一个每天上下班由专车接送的公司总裁。此外，连环凶杀案杀手极少情况下会闯入陌生人的家中杀人，尽管媒体和影视作品中常有这样的情节。然而，应该指出的是，虽然连环凶杀案杀手在犯罪生涯的初期会选择易受伤害性较高的个体，但随着犯罪人的持续作案，他们一方面累积了丰富的犯罪经验，另一方面建立了充足的犯罪信心。因此犯罪人的行为方式可能会发生变化，如从直接杀人转变成绑架后折磨，再杀人。受害人的类型也可能会随之变化，从易受伤害、易接触的群体转变为社会阶层较高的不易受到伤害、难以接触的受害人群体。犯罪人将这种转变视为犯罪生涯的一种挑战。这一现象也能够补充和解释第2章提及的犯罪人作案手法变化的原因，连环凶杀案杀手作案手法出现变化的情况并不少见。

与单一凶杀案相比，连环杀人案的不同之处在于其受害人通常是陌生人且犯罪人与受害人不存在明显的合意关系，而单一凶杀案中，犯罪人与受害人之间往往存在某种社会关系（通常是家人、朋友和熟人）（Kraemer, Lord & Heilbrun, 2004）。但这一情况也存在例外。例如，罗伯特·皮克顿（Robert Pickton）的许多受害人都是性工作者，她们自愿跟随他到农场，到达后将她们杀害，并将尸体弃于他的农场附近。然而，尽管受害人与犯罪人的初始关系具有自愿性，即受害人自愿跟随犯罪人去农场，但社会关系上而言他们仍然是陌生人。戈德温指出，在他对连环凶杀案杀手的研究中，90%的受害人与犯罪人是陌生关系（Godwin, 2000）。连环凶杀案中，受害人与犯罪人之间缺乏预先接触的社会关系使得侦查尤为困难。

通常情况下，连环杀人犯的杀人方式也与单一杀人犯存在不同。连环凶杀案杀手通常倾向于使用较为直接的手段（徒手攻击），如勒死或手脚殴打致死，而单一凶杀案的犯罪人更喜欢使用枪支杀人（Kraemer et al, 2004）。然而，被称为“沉睡者”（Grim Sleeper）的连环凶杀案杀手在其作案过程中也倾向于使用枪支，弹道证据显示犯罪人至少与 10 起受害人为女性的凶杀案有关，她们被陈尸于洛杉矶南部的街头。“沉睡者”案件的时间跨度达 20 年，其本名为伦尼·富兰克林（Lonnie Franklin Jr.），他于 2010 年 7 月被逮捕，并被控 10 起凶杀案。一年多后，警方还发现他在同一地区还实施了其他 6 起凶杀案（J. Rubin, 2011）。之所以将他称为“沉睡者”是他曾在某一时间段（1988—2002 年）停止了作案。第一轮作案时间是 1985—1988 年，第二轮作案时间从 2002 年持续至 2007 年。“沉睡者”似乎在“沉睡”了 14 年后重新开始作案。但是伦尼声称，他于 1988—2002 年也一直在杀人，有侦查人员对此持怀疑态度（J. Rubin, 2011）。

单一杀人案的犯罪人通常是出于愤怒或因人际冲突引发的情绪失控而杀人，而连环凶杀案杀手作案通常经过深思熟虑的精心计划，犯罪准备充分，通常情况下，这种行为实质上是性掠夺（Sexually Predatory）的体现。连环凶杀案杀手通常不是由人际关系冲突引发的，连环凶杀案杀手往往会表现出较强的计划性、预谋性。比如，受害人的转移：从绑架地点转移至杀人地点，中途为防止受害人反抗，需要采用某些方式束缚受害人，最后再从杀人地点转移至弃尸地点，弃尸地点往往是犯罪人较为熟悉的区域。而单一杀人案的犯罪人在处理尸体上往往技巧性较弱（Kraemer et al, 2004）（见图 5.2）。上述犯罪现场因素是凶杀案侦查人员不可忽视的线索。

图 5.2　侦查与法证人员正在对一起单一凶杀案进行犯罪现场勘查

1993 年，詹金斯认为，当前大众对连环凶杀案杀手有一个刻板印象，即一个因性动机而杀人的白人男性，这是极不准确的（Jenkins，1993）。他认为，如果我们不从受害人的视角去分析这些案件，可能会导致连环凶杀案杀手特征的模糊和扭曲，毕竟连环凶杀案杀手间也存在个体差异，从受害人的视角去审视这些案件有助于发现犯罪人的特殊性。詹金斯认为，目前对连环凶杀案杀手的现有认识受到两个因素的强烈影响：受害人的易得性（Availability）和执法机构对这些受害人的态度。此处的易得性可以理解为，如果以该受害人作为犯罪目标，犯罪人在多大程度上能够成功实施犯罪，包括情境中的犯罪机会、受害人的易受伤害性、易接触性等。此外，詹金斯认为，侦查过程中不仅要关注犯罪人的个体特征，也要分析情境中的犯罪机会以及该名受害人的被害风险。也就是说，我们在侦查过程中对连环凶杀案的认知可能会受到潜在受害人特征和类型的影响。

詹金斯列举了卡尔文·杰克逊（Calvin Jackson）的案件来说明上述观点（Jenkins，1993）。1974 年，杰克逊因在纽约一栋公寓内实施谋杀而被捕。实际上，杰克逊是一名连环凶杀案杀手，但在这一系列凶杀案中，受害人的特征、性质与类型并没有让警方怀疑有连环凶杀案的发生。杰克逊实施的一系列连环凶杀案发生在一个旅馆里，那里的住客都是贫穷，被社会隔离、遗忘的人，且大多数是老年人。警方多次在旅馆处理案件，大多都是因酒精、毒品或自然衰老引起的死亡案件。有时，当某一案件涉及犯罪嫌疑人时，警方也不会考虑连环凶杀案杀手的存在，因为这里的住客不符合他们刻板印象中连环凶杀案受害人的特征，受害人既不是年轻漂亮的女性，也没有证据表明受害人遭遇了残忍的性虐待（即对连环凶杀案受害人的刻板印象）。因此警方几乎没有理由朝着连环凶杀案的方向去考虑。也有一些连环凶杀案杀手会伪造现场，使凶杀案现场看起来像是劫杀案件。因此目前我们对连环凶杀案杀手的认知可能还具有局限性和刻板印象，往往将连环凶杀案杀手的形象固定在某一类特定的犯罪人上，如基于性动机而杀人的白人男性。

连环凶杀案的犯罪人

连环凶杀案杀手可能来自任何种族和民族，但准确而全面的相关数据很难建立。然而，大众的刻板印象可能认为连环凶杀案杀手一定是白人，而黑人和其他种族的群体不可能是连环凶杀案杀手，这种认知是极其错误的（Walsh，2005）。沃尔什发现，在美国，约 22%的连环凶杀案杀手是黑人，并且在“二战”后，已知的黑人连环凶杀案杀手就有 90 名。关于拉丁裔和其他民族连环凶杀案杀手的研究几乎没有。

整体而言，黑人连环凶杀案杀手的受害人数量与白人连环凶杀案杀手相比并没有显著差异。例如，黑人连环凶杀案杀手，杰克·伯德（Jake Bird）杀害了 44 人，仅比白人连环凶杀案杀手加里·里奇韦（Gary Ridgway），即“绿河杀手”的受害人数量少了 4 人（“绿河杀手”的受害人数量为 48 人）。此外，不管这些连环凶杀案杀手来自哪个种族，他们犯下的罪行同样都令人毛骨悚然。安东尼·沃尔什在描述黑人连环凶杀案杀手莫里·特拉维斯（Maury Travis）时写道：

> 特拉维斯在他的地下室里有一个专门用于折磨受害人的“密室”，警方在这里发现了束缚性工具，他强奸和折磨受害人的录像带以及有关受害人（主要是女性性工作者和吸毒者）相关的剪报。特拉维斯承认犯下了 17 起凶杀案后在监狱里上吊自杀（Walsh，2005，p. 274）。

我们可能会认为，几乎所有连环凶杀案的犯罪人都是白人，这与侦查人员的思维方式和侦查方式有关。例如，如果在破旧的公寓或贫困、犯罪率高的社区发现一名黑人遇害，侦查人员可能不太会朝着连环凶杀案的方向去侦查，因为这类受害人不太符合大众对连环凶杀案受害人的刻板印象。这种情况下，侦查人员更可能得出结论，认为该名受害人只是单一暴力案件中的一名受害人。这一点在前文部分中詹金斯也提到过。

此外，安东尼·沃尔什认为，媒体往往更加关注那些由白人实施的耸人听闻的连环凶杀案，却极少报道由黑人和其他种族实施的连环凶杀案：

> 媒体对泰德·邦迪（Ted Bundy）、约翰·韦恩·盖西（John Wayne Gacy）和大卫·伯科维茨（David Berkowitz）的案件大肆报道，使他们成为家喻户晓

的名字；而像沃茨（Watts）、约翰逊（Johnson）、弗朗索瓦（Francois）和华莱士（Wallace）这样的黑人连环凶杀案杀手也在相同的时间范围内作案（20世纪80~90年代），但他们却几乎无人知晓（Walsh，2005，p.274）。

其他犯罪类型的媒体报道中也存在类似的差异性。这种差异通常与受害人的种族有关。通常情况下，白人儿童的失踪或凶杀案件常常会被大肆报道，而同类案件如果受害人是黑人，这些悲剧则很少受到大众关注。

尽管沃尔什认为媒体对连环杀人案的报道会受到犯罪人种族的影响，但种族因素还有可能导致另一种严重的问题，即冤假错案的发生。例如，韦恩·威廉姆斯（Wayne Williams）这一起复杂的连环杀人案。威廉姆斯是一名黑人男子，他于1982年被判定谋杀了2名20多岁的男性。目前，他正在乔治亚州监狱服无期徒刑。然而，他还被怀疑是一系列连环凶杀案的凶手。1979年至1982年，20多名年轻的黑人男性和儿童被杀害，这一系列连环凶杀案被称为“亚特兰大儿童凶杀案”。这个案件在当时受到了媒体极大的关注，时至今日仍有许多人关注，一些受害人的家属表示，他们对威廉姆斯是这些连环凶杀案的凶手持怀疑态度。

在威廉姆斯被判定谋杀2名年轻的黑人男子后，侦查人员停止了对其他潜在犯罪嫌疑人的搜寻，并对“亚特兰大儿童凶杀案”进行了结案。许多人认为威廉姆斯不是连环凶杀案杀手，因为他没有得到公正的司法审判，DNA证据不明确，或者警方隐瞒了其他对威廉姆斯有利的证据，并且在证据不充分的情况下指控他为连环凶杀案杀手。虽然目前没有证据，但有传言认为“三K党”，美国一个奉行白人至上主义的极端群体，可能参与了多起黑人儿童的凶杀案。还有人声称，针对黑人儿童的连环凶杀案在威廉姆斯被捕后并未停止。威廉姆斯以各种理由提出了上诉，但这些上诉都被驳回，没能改变案件的现有情况，威廉姆斯也仍然被囚禁。然而，“亚特兰大儿童凶杀案”仍然是犯罪历史中一个令人不安的篇章，这些案件的结局最终仍未得到令人满意的答案。

连环凶杀案杀手的犯罪背景

连环凶杀案杀手是基因构成、成长经历、社会环境等多种因素，通过不同的发展路径，共同作用所形成的产物。连环凶杀案杀手的形成没有单一且明确的原因（见焦点5.2，了解最近由联邦调查局对连环凶杀案杀手进行研究得出的结论）。许多连环凶杀案杀手的犯罪动机似乎是基于各种心理奖赏（Psychological Rewards）机制的组合，如控制、支配、寻求媒体关注以及个体刺激或性刺激，而非经济利益。然而，绝大多数连环凶杀案杀手（75%~80%）有持续性的犯罪前科记录，通常涉及暴力犯罪（Canter，Missen & Hodge，1996；Harbort & Mokros，2001）。其他研究也表明，连环凶杀案杀手的犯罪历史既具有持续性，也具有犯罪类型多样化的特点，他们的许多犯罪行为具有掠夺性，如强奸和入室盗窃（DeLisi & Scherer，2006）。因此对于侦查人员来说，在侦查过程中深入挖掘过往的既有犯罪人数据是明智之举。

焦点 5.2

联邦调查局的研讨会：以连环凶杀案杀手为研究对象

为了更好地理解连环杀人行为，联邦调查局行为分析部门 2（BAU-2）于 2005 年夏末在得克萨斯州圣安东尼奥组织了一次为期 5 天的跨学科研讨会。来自 10 个不同国家的 135 位专家就连环凶杀案这一主题提出了他们的观点（Morton & Hilts，2005）。这个重要的研讨会代表了现代执法界对连环凶杀案杀手的各种观点，并可能对“如何对连环凶杀案杀手进行侧写”这一论题产生重大影响。

多年来，一些犯罪学家一直在为连环凶杀案（Serial Murder）、大规模凶杀案（Mass Murder）和狂欢型凶杀案（Spree Murder）的定义而苦恼，特别是最后一种狂欢型凶杀案。为了解决这一问题，研讨会最终决定将连环凶杀案定义为同一犯罪人在不同时间、不同事件中对两名及以上的受害人实施非法的杀人行为。连环凶杀案的犯罪人以“冷静期”（Cooling-off Period）作为其显著特征，即每两次杀人行为之间的时间间隔。大规模凶杀案则是指犯罪人在单一地点杀害三名及以上的受害人，且该类案件不存在冷静期。

有趣的是，研究者在对“狂欢型凶杀案”进行定义的过程中感到苦恼。狂欢型凶杀案，是指犯罪人在两个及其以上的地点，分别杀害三人及以上的行为，且该类案件同样没有冷静期。你可能会发现这个定义有一个令人困惑的点，即对“犯罪地点”的定义，特别是当这些地点间的距离较近时，如一个犯罪人在大学校园内的多个建筑中实施杀人。这算是大规模凶杀还是狂欢型凶杀呢？因此研讨会的大多数参会者主张直接抛弃“狂欢型凶杀”这一概念。更重要的是，他们认为“狂欢型凶杀”这一概念对执法工作而言并没有实质性的帮助和意义。主要原因之一是，狂欢型凶杀案的特征与大规模凶杀案非常相似，大多数案件难以区分。

关于连环凶杀案，专家们进一步得出了以下结论：

1. 连环杀人的倾向性与其他暴力犯罪类似，本质上而言，是生物学、社会学和心理学因素相互影响、共同作用的结果，并且并不局限于任何特定的人格或特质。

2. 连环凶杀案杀手的形成涉及这些因素的组合，这些因素在某些个体中以罕见的结构或方式汇聚在一起。这些个体以某种生物学因素为基础，从而表现出某种倾向性，这种倾向被他们的心理结构所塑造，并且在他们社会发展的关键时期表现出来。

3. 虽然大多数专家认为，这些因素没有特定的组合方式，从而能够让我们区分连环凶杀案杀手和其他的暴力犯罪人，但一些专家确实发现了一些连环凶杀案杀手的常见特征。这些特征包括寻求刺激、缺乏愧疚或内疚情绪、冲动行为、控制行为和掠夺行为。这些特征也是“精神病态”（Psychopathy）（第3章提及）的典型特征。实施连环凶杀案的精神病态犯罪人（即使大多数精神病态并不是连环凶杀案杀手）漠视生命，在与受害人的互动过程中极为残忍、冷血。此外，专家认为执法人员应该深入理解精神病态及其与连环凶杀行为间的关系，因为精神病态的犯罪现场行为可能与其他犯罪人具有明显的差异性。

4. 连环凶杀案杀手在基因构成上没有共同的特征组。每个连环凶杀案杀手都彼此不同。

5. 连环凶杀案杀手的犯罪行为受其独特的动机或需求驱使。在命案侦查中，对犯罪人动机的侦查是大多数执法机关的标准程序，因为这可以缩小潜在犯罪嫌疑人的范围。大多数凶杀案件受害人与犯罪人存在某种关系甚至是熟人作案。连环凶杀案则与此不同，连环凶杀案的受害人往往是与犯罪人没有明显社会关系的陌生人，因此杀人动机可能难以推断。犯罪人也可能有多个动机，这些动机在一系列杀人过程中不断发展、变化。对杀人动机的推断、分析与分类只能基于在犯罪现场发现的行为。

6. 连环凶杀案杀手选择受害人的标准包括易得性（Availability）、易受伤害性（Vulnerability）和吸引性（Desirability）。易得性指的是受害人的生活方式或所处的情境、环境。易受伤害性指的是犯罪人从多大程度上能够成功对受害人实施伤害、攻击。吸引性指的是受害人对犯罪人的吸引程度或吸引力，这可能涉及受害人的种族、性别、背景、年龄、职业或其他犯罪人偏好的具体特征。

7. 连环凶杀案杀手在特定的人口统计学因素上不具有共性，可能是任何性别、年龄、种族或信仰任何宗教的个体。

8. 大多数由性动机驱动的连环凶杀案杀手在成长过程中可能出现性欲倒错（Paraphilias）的心理现象，即常规的性行为无法满足个体的性欲，只能通过特殊的方式，如暴力手段，才能够唤起并满足个体的性欲。因此连环凶杀案杀手在成长过程中逐渐将暴力行为转化为一种满足性欲的方式，对他们而言，通过暴力行为能够达到性满足。

当然，目前我们也需要更多的研究来分析连环凶杀案杀手的发展路径。

许多连环凶杀案杀手喜欢引起媒体的关注或者让当地居民感到恐惧。比如，他们会实施残忍得让人难以理解的暴力行为，以此享受公众对他的恐惧感；有时，他们似乎像在“玩弄”媒体，以此获得媒体的关注与报道。“笑脸杀手”杰斯珀森由于他犯下的凶杀案件没有得到媒体的关注及大肆报道而感到愤怒，因此开始给媒体写信，并在信中署名一个笑脸。即将在后文讨论的一名连环凶杀案杀手丹尼斯·雷德（Dennis Rader）同样也给警方和报社寄过信件，他在信件中推荐自己在报道中的昵称，最后将自己命名为“BTK”，意有“捆绑（Bind）、折磨（Torture）与杀死（Kill）”。

大多数研究和临床数据表明，连环凶杀案杀手很少因为某种强迫或无法抗拒的冲动而杀人。如前所述，这些杀人行为更可能是犯罪机会和受害人易得性的结果，通常受害人本身就存在于犯罪人的日常生活中，或者说受害人和犯罪人的日常生活一定会有交集。前一小节讨论过儿童绑架犯罪人可能是那些难以融入社会或当地社区的人，他们或许缺乏社交技能甚至无法进行正常的社会交往。但是对于连环凶杀案杀手，我们不能假设他们也有这样的特征。连环凶杀案杀手往往有家庭、工作稳定，看起来就像是一名普通的公民甚至有宗教信仰，能够通过人际交往融入社会，因此执法人员常常不会认为他们是潜在犯罪嫌疑人。例如，在堪萨斯州威奇托地区杀害了 10 名受害人的雷德（Rader），已婚 33 年，两个孩子的父亲，曾是童子军领袖，多年来是一个虔诚的教会成员，并在教会理事会中担任选举产生的职务，他还在当地政府担任公职，并在几个社区委员会中提供社会服务。罗伯特·李·耶茨（Robert Lee Yates Jr.）杀害了 13 名女性，他在华盛顿州瓦拉瓦拉的州立监狱工作，曾是一名饱受赞誉的直升机飞行员，拥有 19 年的军旅生涯。尽管连环凶杀案杀手在认知过程和价值取向上处于极度异常的状态，尤其是缺乏对受害人的同情、关心及愧疚感，但绝大多数连环凶杀案杀手在各种传统的精神疾病筛查中并不会被诊断为严重的精神疾病患者。他们甚至可能不会被他人认为是特别“奇怪”的人，尽管时常也会有奇怪的行为。

在第 4 章提到过，大多数连环犯罪人会在他们的地理舒适区内实施犯罪，并且会伴随一个他们作案可能性较小的“缓冲区”。然而，舒适区可能会延伸到他们居住地的几英里之外。连环凶杀案杀手确实倾向于在他们的居住地、工作地或娱乐、休闲场所附近寻找受害人、杀人并处理尸体。然而，随着他们犯罪熟练度的提升和犯罪信心的积累，他们可能会在舒适区以外的区域绑架受害人并杀人，但大多数连环凶杀案杀手还是会选择在舒适区内作案。并且，连环凶杀案杀手很少会跨州进行犯罪。那些少数跨州实施连环杀人的犯罪人通常是因为工作性质原因，需要经常出差远行，如流动工人、卡车司机、推销员和军人（Morton & Hilts，2005）。一些专家认为，流动性较强的连环凶杀案杀手，其舒适区通过某些原因（工作出差）得到了扩展与延伸。

连环凶杀案杀手分类学

坎特和杨斯指出，在对连环凶杀案件进行侧写时，大多数专家和侧写师依赖于从犯罪现场收集的信息中推断出有关作案动机和与犯罪人精神疾病相关的内容（Canter & Youngs，2009）。例如，詹姆斯·福克斯和杰克·莱文将连环凶杀案的动机分为五种类型：权力型（Power）、复仇型（Revenge）、忠诚型（Loyalty）、利益型（Profit）和恐怖主义型（Terror）（Fox & Levin，1998，2005）。罗纳德·霍姆斯和德伯格提出了一种以动机为中心的分类学，这一分类法基于心理学的研究方法而得出，得到了较多的研究和关注（Holmes & DeBurger，1988）。我们将在随后的内容中进行详细讨论。

第2章讨论过，“分类学”（Typology）这一术语是指一种用于对人格或行为特征进行分类的特定系统。通常分类学用于将各种个体特征或行为特征根据一定的标准纳入一组类别中。然而，分类学存在许多问题，如类别之间的特征重叠，几乎没有一个类别是能够完全独立于其他类别的。因此往往很难将一个犯罪人“完全地”归入一个特定类别中。此外，一些个体可能同时符合两个或多个分类。例如，如果我们将犯罪人按照动机进行分类，犯罪人可能表现出多种动机的组合。此外，如果我们按照某些特征将个体纳入特定类别，那这些个体特征是否具有跨时间、跨地点的一致性呢？这一点也有待商榷。尽管如此，分类学在研究人类复杂的行为以及动机和行为特征的多样性方面仍然较为有用。

近年来提出了几种连环凶杀案杀手的分类法，但为了举例说明，我们仅讨论罗纳德·霍姆斯和德伯格的分类法（Holmes & DeBurger，1988）以及罗纳德·霍姆斯和史蒂芬·霍姆斯提出的基于动机的分类法（Holmes & Holmes，1998）。

霍姆斯和德伯格的连环凶杀案杀手分类法

霍姆斯和德伯格将连环凶杀案杀手分为四个主要类别，其中一些类别还能够进一步细分。四个主要类别包括：幻想型（Visionary）、任务导向型（Mission-oriented）、享乐型（Hedonistic）和权力/控制型（Power/Control）。

幻想型连环凶杀案杀手认为自己受到某种力量或幻觉的驱使，要求摧毁特定的群体，如性工作者、大学生、同性恋者或流浪汉。幻想型连环凶杀案杀手通常相信自己是在执行上帝或其他某种更高权威的指示。这种类型的犯罪人受到妄想或幻觉的驱动，使得他必须杀人，并且他们的作案手法可能表现出无组织型的特征，即混乱、无序甚至毫无章法。根据霍姆斯和德伯格的描述，幻想型连环凶杀案杀手是连环凶杀案杀手类别中的一个特例，他们本质而言患有精神疾病，且严重脱离现实；但通常情况下，连环凶杀案杀手是没有精神障碍的（Holmes & DeBurger，1988）。因此幻想型连环凶杀案杀手的犯罪行为对侦查人员和公众而言都是最难以理解的类型。犯罪现场混乱、无序，通常有大量物证，包括指纹甚至凶器（Holmes & Holmes，1998）。幻想型连环凶杀案杀手可以进一步分为其他子类别，具体取决于在其幻想中谁或什么在发号指令。两个最常见的子类别是“恶魔指令型”（Demon Mandated）和“上帝指令型”（God Mandated）。

幻想型犯罪人通常会在舒适区内作案（居住地、休闲场所或工作地附近）。因此地理侧写可能在分析这类犯罪人时发挥较大效用。然而，与大多数连环凶杀案杀手不同，幻想型犯罪人没有理想受害人类型（Ideal Victim Type，IVT），只有针对的受害人群体。也就是说，受害人可能都属于某一社会群体，但受害人之间很少有共同的生理特征（如发色、性别、年龄或种族）、职业或人格特征。此外，幻想型犯罪人实施的杀人行为通常具有较大的自发性，计划性较少，符合凶手目标群体的受害人只是恰巧在错误的时间出现在错误的地点。

与幻想型相比，任务导向型连环凶杀案杀手会根据自己的价值观判断某些群体是非主流的、对社会有害的，因此必须被消灭。任务导向型连环凶杀案杀手实施杀人行为并不是基于外界的特殊力量，也不是基于自身的幻觉，而是基于自己的主观价值判断标准。该类连环凶杀案杀手的受害人可能与幻想型连环凶杀案杀手的受害人类似，都属于某一特定的社会群体，可能是某一宗教、种族或少数群体的成员。任务导向型连环凶杀案杀手没有明显的精神疾病，社会交往和日常生活功能正常，生活中也不会表现出明显的异常行为。然而，他们会按照自己设定的任务或计划，试图清除一个世界上不需要存在的群体，如性工作者、天主教徒、犹太人、年轻的黑人男性等。这种类型的犯罪人在无组织型特征的程度上略低于幻想型，在作案手法上兼具有组织和无组织型的特征，因此，可以说他们属于混合型分类，但更接近于无组织型。

享乐型连环凶杀案杀手追求快感和刺激，他们从杀人行为中获得极大的满足感，并将受害人视为满足自身享乐的工具。他们的行为主要由引发受害人的痛苦或恐惧来驱动。受害人的痛苦和恐惧，加上杀人行为本身，为享乐型连环凶杀案杀手带来了极大的刺激和兴奋感。他们的杀人手法通常比任务导向型更具有组织型的特征，但仍具有一定程度的混合型特征。

根据罗纳德·霍姆斯和史蒂芬·霍姆斯的说法，享乐型连环凶杀案杀手可以根据具体的杀人动机进一步分为三种子类型：性欲型（Lust）、刺激型（Thrill）和舒适型（Comfort）（Holmes & Holmes，1998）。性欲型连环凶杀案杀手实施杀人行为的主要动机是性动机，甚至在更极端情况下，即使受害人已经死亡，犯罪人依然会对受害人产生持续的性欲，这种现象被称为恋尸癖（Necrophilia）。“他们为了发泄性欲而杀人，性是驱动他们实施并享受杀人行为的重要因素”，此外，“他们会将性幻想付诸现实，按照性幻想实施杀人并享受其中”（Holmes & Holmes，1998，p. 93）。性欲型连环凶杀案杀手在挑选受害人的过程中有具体的标准，而这些标准往往对犯罪人而言具有性吸引力。例如，对于泰德·邦迪（Ted Bundy）而言，女性的步态和言谈举止是他选择受害人的一个重要因素。

刺激型连环凶杀案杀手主要以引发并享受受害人的痛苦或恐惧为主。通常这类犯罪人与受害人没有直接关系甚至是陌生关系，犯罪人可能会跟踪受害人一段时间。与性欲型类似，刺激型犯罪人选择受害人通常也是基于某些符合其幻想的生理特征。

舒适型连环凶杀案杀手的犯罪动机则是物质的获得（如金钱或商业利益等），从而使其达到舒适和奢华的生活方式。犯罪人认为，受害人的存在妨碍了这一目标的实现。“舒适型犯罪人的主要目标是获得、享受美好生活，并能够直接控制当下的生活环境和品质。”此外，“这类连环凶杀案杀手的攻击方式不具备明显、公开的致命性，大多数舒适型连环凶杀案杀手倾向于在情境允许的情况下隐秘、低调且安静地行凶”（Holmes & Holmes，1998，p. 119）。对于该类犯罪人，杀人行为或受害人的死亡只是追求物质利益和舒适生活的附加结果。他们可能会先锁定一名受害人，当从该名受害人处无法获取更多经济利益后，则开始寻找新的受害人，锁定新的受害人后则会处理掉先前的受害人。在很多方面，舒适型连环凶杀案杀手的行为特征与精神病态犯罪人（Psychopathic Offenders）的特征相似。一些专家认为，女性连环凶杀案杀手往往符合这一类型（Holmes，Hickey & Holmes，1991）。例如，有女性连环凶杀案杀手连续杀害多任丈夫或男友，或是盗取老年患者的资金后将其杀害，然后继续转向其他受害人实施犯罪。

权力—控制型连环凶杀案杀手通过完全控制受害人的生死来获得满足感。其杀人行为中也可能存在“性”元素，但主要动机是对无助的受害人拥有绝对的权力和控制感。这类犯罪人往往选择那些看起来特别脆弱，易受伤害性较高的人为犯罪对象，如儿童。这种类型的连环凶杀案杀手在作案过程中通常表现出有组织型的特征。

罗纳德·霍姆斯和史蒂芬·霍姆斯将连环凶杀案杀手分类法进一步发展，并提供了一系列案例来进行说明、解释（Holmes & Holmes，1998，2002，2009）。2009年，两人出版了《暴力犯罪侧写：一种侦查工具》（*Profiling Violent Crimes：An Investigative Tool*）一书。两人认为，第2章讨论的犯罪现场二分法“在涉及‘性’元素作为主要犯罪动机时非常适用。实施强奸、性侵、肢解行为或具有恋尸癖、捅刺癖等特征的犯罪人，特别适用于犯罪现场二分法，即有组织的非社会型犯罪人和无组织的非社交型犯罪人”（Holmes & Holmes，2009，p. 80）。捅刺癖（Picquerism），是指通过多次捅刺或切割他人的身体以获得性快感的罕见现象，是性欲倒错的一种表现形式（Keppel，Weis，Brown & Welch，2005）。著名的“开膛手杰克案”中，犯罪人用锐器多次对受害人身体（尤其是性部位）进行捅刺、切割甚至被剖腹，带走了受害人的器官（子宫与肾脏）。该案中，犯罪人在作案过程中的行为特征则是捅刺癖的一种具体体现，也是其系列案件的主要驱动因素或动机。在第9章，我们将讨论一个法庭案例，一名法官严厉斥责了一位侧写师，这名侧写师根据尸体身上的多处咬痕，推断犯罪人有“捅刺癖”。法官怒斥这名侧写师是骗子，因为他认为“捅刺癖”根本就是一个不存在的现象。

分类学固然有趣，且有助于我们将散乱、无序的个体特征进行整合、归类。但如上文所述，这些分类学往往具有重叠的部分，类别间并非相互排斥。侧写过程中过度依赖某种分类学可能会使侧写师或侦查人员偏离正确的侦查方向。此外，缺乏实证研究基础的动机分类学通常对侧写过程帮助不大。坎特和杨斯认为，以犯罪动机为对象的研究存在许多问题，这往往导致最终侧写的有效性、准确性有限甚至出现错误（Canter & Youngs，2009）。坎特一再强调，进行侧写的最佳方法之一是研究犯罪风格或中心主题（第3章提及），这可以从犯罪人与受害人之间的互动方式以及犯罪人赋予受害人的角色中进行分析、推论，因为犯罪行为从本质而言是一种人际互动。为了理解杀人行为，必须分析导致犯罪人与受害人进行互动的“事件链”（Event Chains of E-vents）。例如，是否有证据表明受害人是经过精心挑选的，还是仅仅是基于随机的机会、情境的结果。如果受害人是经过精心挑选的，侧写师应该对犯罪人挑选受害人的标准进行分析。特维指出，犯罪人挑选受害人的标准主要可以从以下五个方面进行分析（Turvey，2002）：

1. 地点（室内、户外、林间小径、停车场）；
2. 职业（性工作者、流浪汉、失业者、大学生）；
3. 易受伤害性（年龄小，处于醉酒、分心的状态）；
4. 身体及外在特征（发色、发型、穿衣风格、体重、身高）；
5. 案发时受害人的活动（慢跑、徒步旅行、购物、驾车）。

鉴于受害人与犯罪人的日常活动存在交集，特维建议，重建受害人的生活方式、日常习惯和活动可能会使侦查人员有机会了解到犯罪人自身的生活方式、习惯和日常活动。然而，比选择标准更重要的是分析犯罪人在受害人生前和死亡后对待他们的方式。

受害人的角色

如前所述，侧写师应该关注受害人在犯罪过程中（犯罪人与受害人互动过程中）的角色，特别是犯罪人对待受害人的方式。请注意，这里并不是说受害人主动扮演了某种角色，而是犯罪人赋予了受害人某种角色。根据坎特和杨斯的研究，连环凶杀案杀手可能以三种方式对待受害人：将他们视为一种物体（将受害人物化）或视为情绪宣泄的工具或视为个体或他人（Canter & Youngs，2009）。研究人员认为这些是连环凶杀案的一般主题。因此根据犯罪人对待受害人的方式，可以分为三种类型：物体型（Object）、宣泄型（Vehicle）和个体型（Person）。

如果犯罪人将受害人视为物体，这将在受害人的尸体上得到充分体现。在极端情况下，尸体可能会被肢解和斩首。不管在受害人生前还是死后，犯罪人都会以一种高度非人性化的方式对待受害人。非人性化（Dehumanization）是一个认知过程，犯罪人将受害人降格为非人类的生物或无生命的物体，其典型的方式是否认受害人的个性和尊严。这种情况下，受害人通常会受到严重的身体伤害，伤口数量多、分布广。犯罪人将受害人视为没有人类特质的物体，用于虐待和玩弄。在整个犯罪过程中，对受害人几乎没有同情心。

如果犯罪人用宣泄型的方式对待受害人，那极有可能体现在受害人（还活着的时候）与犯罪人的互动过程中。宣泄型的典型形式包括，犯罪人对受害人进行情绪宣泄和攻击，受害人被视为表达、宣泄欲望和愤怒的工具。但对于犯罪人而言，受害人也不仅仅是一种工具，也可能具有某种象征意义和情感意义，这往往与犯罪人的生活经历有关。在犯罪手法上，犯罪人仍可能采取各种暴力的形式折磨、虐待受害人，如蒙上受害人的双眼，用各种“刑具”或者专业化的作案工具实施虐待（Canter & Youngs，2009）。但本质而言，这种攻击具有随机性和自发性。从极端情况的宣泄型可能会发现，受害人尸体损伤情况较为严重或者受害人的相关个人物品被高度破坏、损毁。但不会表现出上述物体型那样，对受害人进行非人性化的行为特征。

也有许多暴力犯罪人会将受害人视为一个真正的“人”，将受害人赋予某种具有“人性的”他人。犯罪人通过某些行为表达他们想要以某种扭曲的方式亲近和认可受害人，以表明受害人（对犯罪人而言）是一个具有身份的“人”。例如，受害人身体上的咬痕，作为一种亲密接触的体现，则是个体型的表现形式，这一行为在5%的凶杀案中出现（Canter & Wentink，2004）。相比之下，烧伤或用锐器刺伤则符合物体型或宣泄型的行为特征。那些用个体型方式对待受害人的犯罪人通常会在犯罪过程中使用安抚性语言，并表现出对受害人的关心、了解，如说出受害人的住址（Fritzon & Ridgway，2001）。个体型的极端表现形式包括受害人面部严重损毁，因为犯罪人试图模糊受害人的身份，尽管他们能够意识到受害人是一个“人”。

随着研究的深入，坎特提出的中心主题三分类模型（Three-theme Model）很快就被进一步细分，衍生出了子分类。中心主题三分类模型相当重要，因为犯罪人对待受害人的方式在其一系列犯罪中可能存在较高的一致性，从而成为侧写的重要行为证据。

5.3　犯罪侧写在连环强奸案中的应用

连环强奸案的相关数据

2010 年，美国执法部门共接到 84767 起强奸案件（FBI，2011b），因强奸而被逮捕的犯罪人数量为 15586 人，其中 2198 人是未满 18 岁的未成年犯罪人。但是不管以上哪种数据，都无法真实、准确地反映强奸的发案率或确切的数量。有的受害人会出于污蔑进行虚假报案，有的受害人被强奸后选择不报案。此外，2011 年及之前，联邦调查局的强奸案数据仅统计了女性受害人。2012 年，时任司法部部长埃里克·霍尔德将男性受害人也纳入了强奸案件的统计数据。然而，这一变革仍在实施阶段，尚不清楚 2013 年提供的强奸案数据中是否会包含男性受害人的数据。

研究者认为，在强奸案件中，有 64%～96%的受害人并未报警（Fisher，Cullen & Turner，2000；Lisak，Gardinier，Nicksa & Cote，2010；Lisak & Miller，2002）。此外，大多数接到报案的强奸案件，尤其是涉及熟人作案的情况下，犯罪嫌疑人从未被起诉（Lisak & Miller，2002；M. P. Ross，2000）。

这些数据也没有包括那些未被发现的连环强奸犯。几项为数不多的报告较为合理地评估了未被发现的连环强奸犯。大卫·李萨克和保罗·米勒对 1882 名就读于城市大学的男性学生进行了一项调查，参与者有偿完成一系列调查问卷（Lisak & Miller，2002）。问卷包括虐待行为实施问卷（Abuse-Perpetration Inventory，API）（Lisak et al，2000）。该量表中使用了具有性暗示的语言来描述特定行为，但从未提及“强奸”“袭击”“虐待”“殴打”这些词汇。

在 1882 名被试中，有 120 人（6.4%）符合强奸或强奸未遂的标准，其中，76 人（63.3%）承认曾实施多次强奸，不管是对不同受害人还是对同一受害人的多次强奸。这 76 名被试共实施了 439 起强奸。他们不仅报告了多次强奸行为，还表示曾实施了多次其他生理上的暴力攻击，包括殴打、身体虐待和（或）对儿童的性虐待。总体而言，不符合强奸或强奸未遂的被试平均实施了 1.41 起暴力行为，符合单次强奸或强奸未遂的被试平均实施了 3.98 起暴力行为，而多次强奸或强奸未遂的被试平均实施了 13.75 起暴力行为，虽然符合多次强奸或强奸未遂的被试只占总样本的 4%，但他们所实施的暴力行为的占比却达 28%。

基于有限的数据（虽然这些数据仅代表一个城市大学的情况），可以估计，美国男性大学生群体中实施未被发现的连环强奸的占比约为 4%。很显然，对该数据的评估需要更多的研究，但李萨克和米勒的研究是一个良好的开端，其重要性在于对未被发现的连环强奸行为的发生率进行了评估，根据研究结果延伸推测，在众多强奸案件中，其中一部分很可能是由同一犯罪人实施的。

麦克沃特等人后来使用了李萨克和米勒的研究范式，对该问题进行了一次新的探索（McWhorter，Stander，Merrill，Thomsen & Milner，2009）。但这一次，被试群体是 1146 名新入伍的男性海军。研究人员发现被试群体中有 144 名（13%）男性实施过性侵犯，其中 103 名（71%）被试报告称自己实施过多次强奸，平均每人实施了 6.4 起强奸案件，这一结果与李萨克和米勒报告的结果相似。研究结果再次表明，大多数强奸案件可能是由同一名未被发现的个体所实施。此外，麦克沃特等人的研究还表明，除了男性大学生之外，其他群体中也存在未被发现的实施连环强奸的个体。此外，研究还发现，大多数实施连环强奸的个体倾向于使用相同的作案手法，并选择具有相似特征的受害人实施犯罪。例如，他们会在实施强奸之前确保受害人处于醉酒或被药物影响的状态。

连环强奸案的受害人

对强奸犯或连环强奸犯的受害人进行一般化的描述是不科学的，因为这种简化的概括或总结是不合理的。强奸案件的受害人（Rape Victims），许多人更愿意称他们为幸存者（Survivors），可以来自任何社会阶层、种族、年龄范围、地域及职业。连环强奸犯，如同连环凶杀案杀手，有时会根据某些标准来寻找受害人，因此受害人之间可能存在一定的共性或相同特征。但这些标准是截然不同的，可能是特定的年龄阶段以及通勤方式等，如第 3 章讨论的铁路强奸犯。然而，一些特定类型的强奸犯的确会寻找易受伤害性、脆弱性较高的受害人，或是与他们（犯罪人）在社会上有频繁接触、交流的人。此外，犯罪过程中受害人和犯罪人间的行为互动也很关键，即犯罪人在实施犯罪的过程中如何对待受害人。虽然强奸行为（大多数情况下）属于暴力犯罪，但一些强奸犯的作案手法可能与暴力犯罪人存在明显不同。

对受害人的选择

受害人的选择（Victim Selection），是指犯罪人选择或锁定受害人的过程。研究表明，每个犯罪人都有自己的选择标准，这些标准会涉及一个相对理性的犯罪决策过程。连环强奸犯在决定如何选择、对待受害人时，不仅会考虑受害人的感知特征，即对受害人个体特征的整体感觉，还会考虑当时的情境特征。正如德斯洛瑞斯和博雷加德所指出的，“先前研究显示，性犯罪人对受害人的选择过程高度依赖于社会、物理和地理环境以及受害人在犯罪发生前的行为和位置”（Deslauriers & Beauregard，2010，p. 320）。

详细分析强奸犯对受害人的选择过程尤为重要。类似于连环凶杀案杀手对受害人的选择过程，强奸犯很可能使用相同的标准来选择受害人，并且采取相同的手法作案。因此侧写师应该注意有关犯罪人选择标准及作案手法的线索。如下文所述，一些研究者已经开始分析犯罪人选择标准及攻击方式的差异性。

德斯洛瑞斯和博雷加德根据受害人在犯罪发生前的活动及情境，将目标选择脚本（Target Selection Scripts）（可以理解为根据受害人所处的情境来选择、接近及攻击受害人的方式）分为三种：家庭脚本、户外脚本和社会脚本。家庭脚本包括：入侵型（Intrusion Track）和受邀型（Invited Track）。户外脚本包括：非强制型（Noncoercive Track）和强制型（Coercive Track）。社会脚本包括：现场型（Onsite Track）和非现场型（Off-site Track）。

在家庭入侵型的情况下，强奸犯通常会闯入受害人的家中，并在受害人独自一人时对其进行性侵犯。这种情境下，犯罪人常常会使用武器来控制受害人，这是一种“理性地”选择受害人的方式，因为实施强奸的收益（获得性满足）通常会超过实施强奸的风险（受害人独自一人，易受伤害性、脆弱性较高；通过武器威胁，易于控制受害人。因此风险较小）。在这种情况下，犯罪人会寻找受害人独居或独处的线索，并通过隐蔽的方式潜入受害人家中。在家庭受邀型的情况下，强奸犯通常会与受害人建立一定的关系，直到受害人邀请犯罪人进入她的家中或公寓。这种情况下，受害人与犯罪人可能相互认识，但犯罪人较为笃定的是，受害人在其性侵后报案的可能性较小。

在户外脚本中，犯罪人在户外场景下接触受害人，且会花费相当多的时间选择受害人，并进行犯罪准备。在非强制型的情境中，犯罪人会通过非暴力的方式接近受害人。例如，受害人可能正在公园里慢跑或在长椅上读书；犯罪人会逐渐赢得受害人的信任，如假装偶遇的方式（但实则是精心伪装的跟踪）。经过一段时间的联系，犯罪人会邀请受害人到他家中或其他地点，受害人同意后，犯罪人便会在该地点实施强奸。这与家庭受邀型类似，只是在户外非强制型中，提出邀请的是犯罪人。户外强制型，与非强制性相反，犯罪人往往会使用暴力手段。这种类型的连环强奸犯往往会在户外等待犯罪机会，在锁定目标后袭击受害人。通常这类连环强奸犯会绑架受害人。这种选择方式对犯罪人来说具有更高的风险性，因为在户外袭击受害人，受害人的求救和抵抗极有可能会引起他人的注意。

一个很好的案例可以说明户外强制型犯罪的特征，即“泪滴强奸犯”（Teardrop Rapist）连环案件。该系列连环案件发生在美国洛杉矶，始于 1996 年，并持续到 2005 年。随后，似乎在 2011 年秋季，犯罪人再度作案。在 2011 年的案件中，受害人是一名 15 岁的女孩，她在上学的路上遭到袭击。侦查人员分析出了这名犯罪人较为一致的作案手法：受害人通常是在清晨独自步行，被一个持有枪械或刀具的男子拖入树林中，遭到强奸。大多数受害人对犯罪人的描述也较为一致，他是一名拉丁裔男性，且他的眼睛下方有一处类似于眼泪的文身。警方至今也未找到这名“泪滴强奸犯”，且目前通过并案分析，已有 28 起强奸案件被认为是由这名“泪滴强奸犯”实施的。

社会脚本，是指犯罪人在参与社会活动的过程中寻找、锁定受害人。比如，各种娱乐活动，包括酒吧、游泳池、音乐会、购物中心、剧院或滑雪场等地点。这种情境下，连环强奸犯通常会前往特定的娱乐场所，以寻找适合的受害人，且犯罪人往往并没有提前计划此次犯罪，也没有特定的受害人人选。犯罪人在实施犯罪的过程中，通常使用胁迫的方式来控制受害人。这种类型的连环强奸犯很可能会直接行动，没有与受害人的初步互动，而是等待最佳的犯罪时机，即袭击受害人的时机。社会脚本下的现场型，是指强奸发生在社会活动地点的室内，如购物中心的洗手间或游泳池的更衣室。非现场型的目标选择则与户外强制型相似，接触、袭击受害人都发生在户外，且于受害人独自一人时。通常情况下，犯罪人会将受害人移至其他地点实施犯罪。

近年来，研究人员还发现，一些连环强奸犯表现出“犯罪变化”（Crime Switching）的趋势或“交叉倾向”（Crossover Tendency）。交叉型性犯罪人（Crossover Sexual Offenders），是指其受害人来自多个年龄、性别和关系类别（Heil，Ahlmeyer & Simons，2003）。许多连环犯罪人并不只选择一种类型的受害人。这一点在机会型强奸犯（Opportunity Rapists）中尤为明显。机会型强奸犯并不一定提前计划犯罪或在犯罪前已经锁定了特定受害人，而是在犯罪机会出现时再实施犯罪，即是否实施强奸行为高度依赖于情境中的犯罪机会。根据犯罪机会，他们可能会选择男孩，也可能会选择年轻或年长的女性。此外，研究人员还发现，“性犯罪行为中，具有机会主义倾向且可塑性强（即对受害人的选择具有多样性）的犯罪人可能与传统的性犯罪人分类法相互矛盾”（Heil，Ahlmeyer & Simons，2003，p. 233）。传统的性犯罪人分类法，是指只依赖于受害人特征进行分类的方法。而机会型性犯罪人依赖于受害人特征的程度较小，很大程度上取决于情境中的犯罪机会。如果我们将上述“交叉倾向”与目标选择脚本理论结合起来进行分析，可以发现，强制型、现场型与非现场型可能与交叉型性犯罪人有较高的相关度。因为不管是户外强制型还是社会现场型或非现场型，犯罪人对受害人的选择、袭击高度依赖于户外、社会情境中的犯罪机会。

受害人的虚假指控

如前小节所述，大多数连环强奸犯仍未被发现。超过一半的强奸案件甚至高达 90%的案件，可能警方从未知晓，这还是保守估计的情况（Belknap，2010）。然而，确实也存在另一种情况：一些“受害人”虚假报案或虚假指控。李萨克等人的研究发现，在他们所分析的近 10 年的强奸案数据中，虚假指控占 6%（Lisak et al，2010）。而在联邦调查局发布的统一犯罪报告（Uniform Crime Reports）中，这一数据只占 2%（Lonsway，2010）。大多数研究发现虚假指控的比例占总强奸案报警数量的 2%～10%（Lisak et al，2010；Lonsway，2010）。

坎特和杨斯指出，在强奸案件中，确定受害人指控的真实性是警方的重要任务。因此警方聘用心理学家（包括侧写师）应当向侦查人员提供相关领域的研究数据（Canter & Youngs，2009）。例如，朗斯威提出了三种虚假指控的动机及解释（Lonsway，2010）。第一种，“受害人”可能正遭受某种心理或认知障碍，或经历了情感和人际关系的困扰。第二种，与前者密切相关，“受害人”可能希望获得他人的关注和同情，因此谎称自己受到袭击。坎特和杨斯报告称，18%的虚假指控案件属于这一类别。第三种，“受害人”将虚假指控视为对他人的报复，这里的“他人”通常是指拒绝自己的男性、出轨的男友。例如，“受害人”对于男友的抛弃感到愤怒，因而通过虚假指控使其陷入麻烦。根据坎特和杨斯的研究，27%的虚假指控属于这一类别。

坎特和杨斯还发现，大多数虚假指控与卡宁提出的第四种解释相关：所谓的强奸只是“受害人”的一种“借口”（Kanin，1994）。“受害人”正在寻找一个解释，“解释某种突然出现的不幸后果，这种后果通常是与熟人发生的自愿性行为”（Canter & Youngs，2009，p. 304）。卡宁认为，许多虚假指控代表了“受害人”的冲动和绝望的行为，以应对个人和社会压力情况。例如，一名年轻女性同意与熟人发生性关系，然后意识到她的男朋友可能会知道（即突然出现的不幸情况），因此她声称性行为并非自愿，而是强迫。

虽然虚假强奸指控对被指控者，即无辜的“犯罪人”，可能会造成严重伤害，但这类案件的数量在强奸案总数（警方接到的强奸报案数量）中的占比极小，而警方接到的强奸案总数在真实发生的强奸案数量中的占比也极小。当“受害人”撤回自己虚假的指控时，往往会被媒体大肆报道。虽然这种报道对被指控的人有利，能够还其清白，但也有可能形成大众的刻板印象，即虚假指控的情况比其他强奸案件更为常见，也可能会掩盖大多数强奸案件根本未被发现的事实。

连环强奸案的犯罪人

大部分连环强奸犯以陌生人为目标（Petherick，2006）。因此此处我们主要针对陌生人的性侵犯进行讨论。美国和英国的数据显示，连环强奸犯平均犯下5~6起强奸案件，他们的平均年龄约为26岁（Canter & Larkin，1993；Warren et al，1998）。较为年轻的强奸犯（年龄20~23岁）通常在离居住地较近的地方实施犯罪，大约在离居住地2英里（约3.22千米）的半径范围内；而年长的强奸犯则往往会在通勤较远的距离实施犯罪，大约在离居住地5英里（约8.05千米）的半径范围内（Petherick，2006）。从这个角度来看，年轻的强奸犯倾向于是“掠夺者”，而年长的强奸犯则更像是“通勤者”。但也有研究表明，强奸犯通常是“掠夺者”，他们在离自己居住地或工作地较近的地方作案（Canter & Larkin，1993；Kocsis，1997）。实施单一强奸案的犯罪人通常是冲动作案，而连环强奸犯往往犯罪准备程度较高，犯罪行为经过精心谋划。

目前，与强奸案件相关的分类法较多，包括联邦调查局的分类法（Hazelwood & Burgess，1995）、纳格亚马-霍尔的分类法（Nagayama-Hall，1992）以及广为引用的尼古拉斯·格鲁斯的分类法（Nicholas Groth，1979a）。其中，经过实证研究检验的，且被广为引用的分类法是马萨诸塞州治疗中心（Massachusetts Treatment Center，MTC）提出的分类模型，目前已经过三次修订（MTC-R3）。该分类法较为重要，我们将进行详细讨论。但是这种分类法，至少对于行为侧写而言，其局限性在于主要侧重对犯罪人心理特征的分析。如果分类学中包含了对犯罪现场信息的分析，则将更加有助于对强奸案件进行侧写。比如，通过分析犯罪人对待受害人的方式，从而发现犯罪人在生活中与他人的互动模式。正如坎特及其同事根据研究指出，陌生人强奸案件可以根据犯罪人与受害人之间的互动方式进行分类（Canter，Bennell，Alison & Reddy，2003）。因此我们将聚焦于受害人报案的证词，分析犯罪人对待受害人的行为方式，从而弥补现有的动机分类系统（如MTC分类法）的局限性。

在我们继续讨论之前，需要再次强调，行为和动机分类法充满了缺陷和局限性。一个明显的问题是，个体通常无法被明确地划分到某一个特定的类别中。这一点对连环强奸犯而言也不例外。

马萨诸塞州治疗中心的分类系统

马萨诸塞州治疗中心一开始建构了一个大致的框架，旨在将性侵行为与动机进行概念化。在经过详细地分析和进一步发展之后，MTC 将强奸犯罪人分为四种主要类型和九种子类型，分类系统如图 5.3 所示。

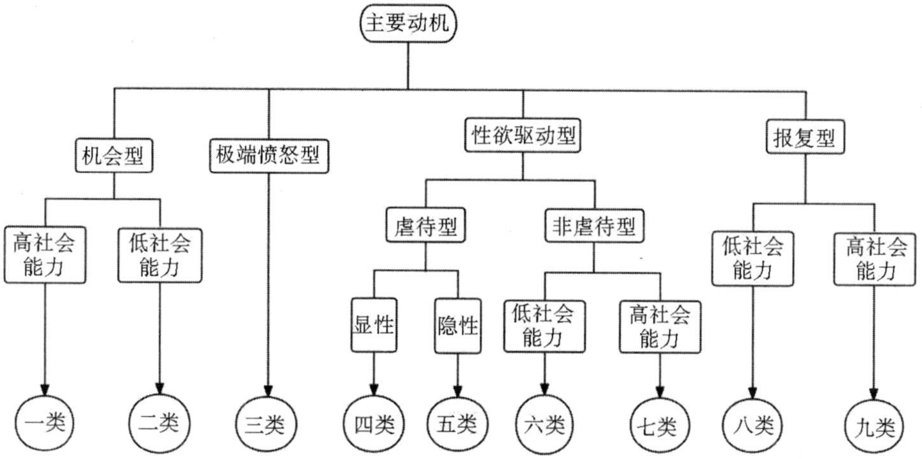

图 5.3　马萨诸塞州治疗中心的分类系统

机会型强奸犯（一类和二类）

机会型强奸犯（Opportunistic Rapist）或冲动型强奸犯（Impulsive Rapist）实施性侵犯极大程度上是由于犯罪机会的出现。这类犯罪人更多受情境因素和犯罪机会的驱动，而非由内部的性幻想驱动（Prentky & Knight，1991）。机会型强奸犯可能会在其他犯罪的过程中实施性侵。例如，在抢劫或入室盗窃的过程中对受害人进行性侵犯。此类犯罪人最突出的特征是冲动性，他们的自我控制程度较低，缺乏自制力以及深思熟虑。这种缺乏自我调节的行为机制将会导致犯罪人持久且程度较高的冲动性以及不负责任的生活方式。因此此类犯罪人很可能有犯罪前科，犯罪数量较多，且犯罪类型多样。此外，他们只将受害人视为满足性需要的对象，对受害人的恐惧或害怕毫不在意。机会型强奸犯必须具有以下行为特征：

1. 犯罪人在实施犯罪的过程中对受害人冷漠无情，对受害人的感受无动于衷；

2. 使用的暴力程度仅限于使受害人顺从所需的最低程度。任何过度的暴力行为都不属于该类型；

3. 犯罪人冲动行为明显，如频繁打架、破坏性行为以及其他由冲动性驱动的反社会行为。

机会型强奸犯可以进一步细分为一类和二类，细分依据或标准有两点：一是犯罪人的社会能力；二是首次注意到犯罪人缺乏自我调节机制的成长阶段。社会能力强且在成年期表现出较高冲动性的犯罪人属于一类；社会能力低且在青少年时期就表现出较高冲动性的犯罪人属于二类。

极端愤怒型强奸犯（三类）

极端愤怒型强奸犯（Pervasively Angry Rapist），是指那些在生活中各个方面都表现出高度愤怒的犯罪人，这种愤怒针对的对象范围较广。该类犯罪人的行为反复无常且伴随着随机性暴力，受害人可能在某些方面（甚至受害人都意识不到的细微方面）惹怒了犯罪人，因此他将会攻击任何一个不幸在错误时间出现在错误地点的人（Prentky & Knight，1991）。当极端愤怒型强奸犯袭击受害人时，他们的暴力和攻击行为并不会表现出较多“性”方面的冲动，其攻击往往会对受害人造成较大的生理伤害。

这类犯罪人职业相对稳定，且在职业生涯上有一定成功业绩。他们认为自己强壮、健硕且具有男子气概。他们从事的往往是较“男性化”的职业，如卡车司机、木匠、机械师、电工或管道工。认识他们的人会觉得他们脾气暴躁且容易发怒。

极端愤怒型强奸犯必须具有以下行为特征（Knight & Prentky，1987）：

1. 表现出高度的非“性”方面的冲动或愤怒，并通过言语或行为侵犯来表达这种愤怒，这种攻击性明显超出使受害人顺从所需的程度；

2. 在青少年和成年期表现出由暴力和愤怒所驱动的反社会行为；

3. 犯罪人的攻击通常是没有计划和预谋的。

到目前为止，尚未确定极端愤怒型强奸犯是否存在子分类。因此这种类型的强奸犯被简单地称为三类。

性欲驱动型强奸犯（四类、五类、六类、七类）

1. 性欲驱动的虐待型强奸犯（四类和五类）

接下来四种类型的强奸犯与“性动机”相关，其攻击行为存在显著的“性”元素或虐待性的幻想和认知，这些因素对其攻击行为有强烈的影响。所有四种类型的共同点是存在明显的性占有和性幻想，且能够在犯罪现场的行为中体现出来。受性欲驱动的强奸犯（Sexually Motivated Rapists）可以分为虐待型和非虐待型（见图 5.3）。性欲驱动的虐待型强奸犯从精神病理学的角度而言，属于性欲倒错（Paraphilias）的一种形式，即个体通过非常规的方式达到性唤起。对虐待型强奸犯而言，犯罪人通过对受害人实施暴力行为才能达到性满足。虐待型性犯罪人又分为显性虐待型（Overt，四类）和隐性虐待型（Muted，五类）。显性和隐性的分类标准取决于其性侵行为是通过实施暴力行为的方式直接表现出来（显性虐待型）还是仅仅是幻想（隐性虐待型）。隐性虐待型强奸犯的特点与显性虐待型强奸犯相似，但是隐性虐待型对受害人造成的身体伤害较小（Knight & Prentky，1990）。隐性虐待型强奸犯的动机是受害人的恐惧或是对受害人的暴力幻想，这些因素促进了性唤起。具体而言，受害人的恐惧使他兴奋，或者他依赖某种性幻想达到性唤起。显性虐待型强奸犯在性侵过程中兼具“性”元素与“攻击”元素。此外，受害人高度的生理痛苦和不适感是他达到性唤起的必要前提条件。他认为受害人会“享受”被虐待、强暴、支配和控制的感觉。最初，犯罪人的侵犯可能以引诱性的尝试开始，如诱导、说服受害人参与虐待行为，但随着受害人的抵抗增加，此类犯罪人行为的攻击性将变得越来越强。

显性虐待型强奸犯通常已婚，但对婚姻生活采取不负责任的态度。通常从青少年时期到成年时期都表现出反社会行为，犯罪前科较多，从逃学到强奸甚至凶杀都有可能涉及。少数情况下，显性虐待型强奸会表现出极端的性虐待行为，以至于受害人死亡。案件性质也由强奸案变成了凶杀案。

性欲驱动的虐待型强奸犯必须具有以下行为特征：

（1）暴力攻击的程度明显超过了使受害人顺从所必需的水平；

（2）有明确证据表明，暴力攻击行为能够引起犯罪人的性刺激或性兴奋。具体体现为犯罪人通过实施暴力手段能够达到性快感，或者受害人伤口集中在某些具有“性”意味的身体部位上；

（3）较强的攻击性或力量来使受害人顺从；

（4）有明确证据表明，充满暴力的性幻想或受害人的恐惧能够引起犯罪人达到性兴奋、性刺激。

2. 性欲驱动的非虐待型强奸犯（六类和七类）

非虐待型强奸犯实施性侵，是因为受到特定的刺激源而产生了强烈的性兴奋，这些刺激来自受害人身上的某种特质。尽管强奸本质上是一个暴力行为，但在这种类型的犯罪中，犯罪人的暴力性或攻击程度并不明显甚至还会宽慰受害人（如“不要紧张，放轻松，我不会伤害你”等）。其根本动机是为了向受害人证明自己的性能力和自我价值。这类犯罪人生活在自己幻想的世界里，在他们的幻想中，受害人对他们的强奸行为感到渴望，并且自己能够用性行为或性技巧征服受害人，从而施展自己的男性气概和性能力。在性侵过程中，这类强奸犯表现出高度的性兴奋，并且会将自己的幻想代入犯罪时的情景，表现出对现实认知的扭曲和控制力的缺乏。

虽然该类犯罪的受害人通常是陌生人，但犯罪人可能已经观察并跟踪了受害人一段时间。在性侵过程中，他们的侵略性、暴力攻击性程度非常低。成功实施性侵后，他们可能会在之后联系受害人，询问她的近况甚至要求和她约会。一般而言，这种类型的犯罪人其犯罪行为只限于性侵犯，不涉及其他形式的反社会行为（如暴力行为）。

性欲驱动的非虐待型强奸犯必须具有以下行为特征：

（1）自我安慰和自我肯定的言语；

(2) 以扭曲的方式尝试与受害人建立情感联系;

(3) 在性侵过程中,表现出对受害人的关切(如关心受害人的舒适度、是否享受等)。

相关研究表明,性欲驱动的非虐待型强奸犯还可以划分为两种子类别,这类似于机会型强奸犯的两个子分类(Knight & Prentky, 1987; Knight et al, 1998)。第六类犯罪人性格安静、社交能力不足、顺从度高。虽然他们在工作上较为可靠,但由于人际交往能力不足、自卑,导致他们在职业的晋升上不太成功,因此称为低社会能力型(Low Social Competence)。相反,第七类犯罪人人际交往能力较强,能够取得更多的晋升机会和事业的成功。这种强奸犯被归类为高社会能力型(High Social Competence)。

报复型强奸犯(八类和九类)

报复型强奸犯(Vindictive Rapist)出于对女性的愤怒实施强奸行为。他们将强奸行为当作一种工具来伤害、羞辱和贬低女性。对这类犯罪人而言,暴力性的性侵犯是最具羞辱性和支配性的行为。犯罪人会对受害人实施残忍的身体攻击,往往还伴随着虐待行为,如身上出现严重的咬伤、割伤甚至出现肢解行为。在大多数情况下,该类案件受害人是陌生人。除身体虐待外,犯罪人还会对受害人进行情感虐待,如威胁、辱骂受害人。

这类犯罪人大多已婚,但他们与伴侣(妻子、女朋友)的关系通常以周期性的虐待和家庭暴力为特征。他们通常将女性视为欲求不满、敌对和不忠的人,认为女性需要被支配和控制。在许多情况下,报复型强奸犯选择受害人的标准是基于性格与社会特征。比如,这类强奸犯会选择他们认为果敢、自信、独立的女性,或是职业成功或地位较高的女性实施性侵。犯罪行为通常发生在犯罪人与另一名女性(如妻子、女友、母亲或上司)发生了负面的事件后。比如,与妻子或女友争吵、被母亲教育、被上司批评等。犯罪人将该负面事件解释为女性对其个人的贬低与侮辱。

与机会型和非虐待型强奸犯类似,报复型强奸犯也可以根据其社会能力的高低进行细分,形成子分类:低社会能力型和高社会能力型。

报复型强奸犯必须具有以下行为特征:

1. 言语或行为中明显表现出贬低、贬损或羞辱受害人的意图;

2. 没有证据表明犯罪人通过暴力行为能够获得性满足或从身体伤害行为中获得性快感;

3. 暴力攻击行为没有针对具有“性”意味的身体部位(如乳房、阴部等)。

坎特的侵犯等级论与中心主题论

坎特及其同事认为，MTC-R3 对于陌生人强奸案件的侦查颇具价值，但该分类法还不够全面（Canter & Heritage，1990；Canter et al，2003）。他们认为，陌生人强奸可以从三个侵犯等级以及四个中心主题进行研究（中心主题相关内容在第 3 章讨论过）。这三个等级分别是个人等级（Personal）、身体等级（Physical）和性等级（Sexual），依次表示侵犯程度的递增，即个人等级代表最低的侵犯等级，而性等级则代表最高的侵犯等级。

在个人等级的侵犯上，犯罪人可能会暗示自己认识受害人，迫使受害人在语言上表现出对与其发生性关系的“自愿”与“享受”，并希望在性侵犯的过程中得到受害人的积极反馈；当受害人表示不适时，犯罪人还可能向受害人道歉。身体等级上的侵犯行为包括：言语和身体上的贬低与侮辱、撕扯受害人的衣物、捆绑受害人、堵住受害人的嘴、蒙住受害人的双眼。性等级的侵犯行为包括：进入式性行为、期望受害人表现出主动参与性行为、和受害人亲吻。这类侵犯等级的犯罪人甚至还会期望受害人对他的性行为或性能力作出积极的评价。对犯罪侧写师来说，考虑侵犯等级非常重要，因为连环强奸犯通常会在多次强奸中表现出同一侵犯等级。

除了不同的侵犯等级外，坎特及其同事还描述了在强奸案件中常见的三种中心主题（Canter et al，2003）。之前在讨论连环凶杀案的中心主题，即犯罪人对待受害人的方式及赋予受害人的角色时，坎特提出了三类角色，即物体型、宣泄型与个体型，这三类角色类型与此处的中心主题相对应，也就是说，受害人可以是一个物体、一个宣泄工具、一个“人”。当把这类角色应用于强奸案件时，术语稍有变化，但类型特征仍具有相似性。具体而言，坎特把强奸案的中心主题分为“控制（对应物体型）”“敌意（对应宣泄型）”“参与（对应个体型）”三种类型。随后，研究人员还提出了第四种类型：“盗窃”。对于前三种类型，当犯罪人把受害人当作物体使用时，则是“控制”主题；当犯罪人把受害人当作宣泄工具使用时，则是“敌意”主题；当犯罪人将受害人视为有身份、有个体特征的“人”时，则是“参与”主题。每个主题的解释如下。

在“控制”主题（Control Theme）中，犯罪人将受害人视为一种无生命物体，可以像物体或货物那样被捆绑、束缚，也可以通过施加外力来使受害人妥协、服从，从而磨灭受害人的个人意志或个体特征，也就是将受害人进行“物化”的过程。但犯罪人不会试图贬低、侮辱受害人。使用“控制”一词是因为犯罪人的犯罪行为所体现的中心主题是使受害人失去行动能力，从而可以完全地控制受害人。控制的方法可能包括捆绑、蒙眼或堵嘴。犯罪人通常会使用武器进行胁迫，对受害人没有同情和怜悯，对其犯罪行为没有悔意和愧疚。“敌意”主题（Hostility Theme）的典型行为特征包括语言暴力、使用侮辱或贬低性的语言、撕扯受害人的衣物等以及对受害人的暴力倾向表现出多样性的特点，包括多种攻击方式的使用、多个身体部位遭受伤害。“参与”主题（Involvement Theme）的特点是犯罪人表现出对社会交往和亲密关系的渴望。这一主题下，受害人被视为一个有个体特征的、活生生的人，而不仅仅是一个进行性行为的对象或工具。犯罪人可能会亲吻受害人，赞美受害人的外貌或身体，并期望受害人对其性能力与性行为作出评价。在“盗窃”主题（Theft Theme）中，强奸发生在犯罪人实施其他犯罪行为（如入室盗窃、劫车或抢劫）的过程中。“犯罪人利用作案过程中出现的犯罪机会，以实现某些未来的工具性目标（通常是金钱、财物等），而不仅仅是为了获得即时的性满足”（Canter et al，2003，p. 162）。

坎特等人认为，三种侵犯等级加上四种互动方式（即中心主题），将形成一个陌生人强奸案的综合分类模型，这一模型有助于对犯罪人进行侦查与侧写。在对112起陌生人强奸案件进行研究后，坎特等人得出结论，73%的强奸案件可以归入一个明确的中心主题。具体而言，26%的案件可以归类为“敌意”，10%的案件可以归类为“控制”，5%的案件可以归类为“盗窃”，其余32%的案件可以归类为“参与”。这些研究结果表明，陌生人强奸更应该从“敌意”和“参与”主题的角度来解释、分析，而非权力和控制因素。此外，“控制”主题的案件主要表现为对受害人身体等级的侵犯。“盗窃”主题的案件主要表现为对受害人个人等级的侵犯，“参与”主题的案件主要表现为对受害人性等级的侵犯，而“敌意”主题的案件往往结合了三种等级的侵犯。

最后，坎特等人得出结论，在强奸案件中，具体的性行为方式和犯罪人的行为通常并不是划分强奸案件类型或犯罪人的最佳指标，而是犯罪人与受害人之间的互动过程。也就是说，“强奸案的类型可以根据犯罪人与受害人间的互动方式来进行分类”（Canter et al，2003，p. 171）。此外，对强奸案件犯罪人行为的中心主题研究表明，重要的可能不是犯罪人在犯罪过程中的具体行为，而是这些行为所服务的主要功能或中心目的，即中心主题。“换句话说，犯罪人在犯罪现场的具体行为可能没有犯罪的中心主题重要。”本质上，与详细分析具体的犯罪行为相比，对中心主题的识别与分析更为重要，这一结论在侦查其他连环犯罪案件中同样适用（Yokota & Canter，2004）。如第3章所述，犯罪现场的中心主题不仅从人际互动的视角揭示了犯罪人与受害人间的互动过程与模式，还有可能提供与犯罪人日常生活有关的重要线索，如犯罪人在日常生活中与其他人的互动模式。

坎特的研究与 MTC 模型对陌生人强奸案的侧写而言，提供了迄今为止最优的研究方法论，也是一个良好的开端，但更多的相关研究，仍有待进行。

5.4　犯罪侧写在连环纵火案中的应用

连环纵火案的相关数据

纵火案件被定义为“任何故意或恶意地纵火或试图纵火的行为，无论是否有欺诈意图，包括住宅、公共建筑、机动车辆或飞机、他人的个人财产等”（FBI，2005，p. 53）。2010 年，美国发生了近 60000 起纵火事件（FBI，2011b）。此外，同年估计有 8806 人因纵火而被逮捕。其中 40%的犯罪人年龄在 18 岁以下，23%在 15 岁以下。进一步估计，许多纵火案件是由连环纵火犯实施的，连环纵火犯被定义为故意纵火三次及以上的犯罪人。尽管很难估计在任何特定时间内活跃的连环纵火犯数量，但如果以目前纵火案的再犯率（Recidivism）为参考，这一数值可能相当大。此外，许多连环纵火犯实施的纵火案件尚未侦破。根据美国消防管理局（U. S. Fire Administration）2011 年的数据，目前美国许多社区的火灾数量显著增加，其中一些案件是由连环纵火犯所实施的。

连环纵火案的受害人

每年有数百人因故意纵火引发的火灾而丧生，还对数千人造成严重伤害（烧伤）。此外，故意纵火对受害人乃至整个地区来说，也会造成巨大的经济损失。更重要的是，连环纵火案件的受害人或受害群体没有明显的一致性特征。来自任何经济阶层、种族、宗教的个体、群体、商业机构或组织都有可能遭受连环纵火犯的侵害。

连环纵火案的犯罪人

目前，几乎没有可靠的相关信息、线索可以指导侦查人员或侧写师对连环纵火案件的侦破（Ducat & Ogloff，2011）。一些研究表明，那些持续且重复纵火的犯罪人往往还涉及各种其他的反社会行为和犯罪行为（Del Bove & Mackay，2011；Lambie & Randell，2011；Vaughn et al，2010）。此外，研究还进一步指出，许多纵火犯存在多种心理障碍（Brett，2004；Dickens et al，2009）。

消防员纵火犯

一种特殊的现象是，在这些连环纵火犯中，有一小部分纵火犯本身是消防员，他们故意实施纵火，然后再去灭火。关于此类案件的具体发生率仍然未知（Stambaugh & Styron，2003）。根据侦查人员的说法，这类案件有一个明显的迹象是，在某个消防员所负责的区域内，小型火灾数量的增加。消防员纵火犯通常在部门中任职时间较短，往往不到 3 年。其主要动机可能是出于兴奋与刺激，尤其是那些年轻的消防员纵火犯希望向同事和社区展现出自己极具“英雄形象”的一面。消防员纵火犯通常会从引发一些小型火灾开始（如在草地、灌木丛、垃圾桶或垃圾堆纵火），然后逐渐转向废弃的车辆和无人居住的建筑物。纵火犯也可能是第一个抵达现场的消防员，其行为举止可能表现得非常急切（见焦点 5.3，记录了一起臭名昭著的消防员纵火犯的案例）。当然，消防员纵火犯在连环纵火犯中属于特殊情况，而非普遍现象；更常见的情况是，这些连环纵火犯是青少年、成年人或受情绪困扰的个人，这些情况我们将在下文讨论。

焦点 5.3

当消防员成为纵火犯

约翰·奥尔（John L. Orr）是南加州格伦代尔消防局的消防队长，一名看似忠诚的职业消防员和首席纵火侦查员。令人意想不到的是，他竟然是一名纵火犯。

在 20 世纪 80~90 年代初期，南加州和中加州的城市经历了多起可疑的大型火灾，这些火灾造成了数百万美元的损失，并导致 4 人遇难。这些纵火案件的作案手法非常相似，都是由一种简易的定时纵火装置引发的火灾，这种装置由点燃的香烟和 3 根火柴组成，再用黄色的笔记本纸包裹住，最后用橡皮筋固定。1984 年，其中一起火灾发生在帕萨迪纳的一家五金店，导致 4 人遇难，其中一人是 2 岁男孩。当时，火灾侦查员得出的结论是由于电气故障引起的意外，但奥尔坚称这场火灾是人为的故意纵火案。

随后，在弗雷斯诺和贝克斯菲尔德又发生了几起可疑火灾，具有讽刺意味的是，这些火灾就发生在纵火侦查员开展案情分析大会期间。所有火灾均发生在靠近高速公路的购物中心内的商店。在这些火灾现场的废墟中，侦查人员在一张黄色笔记本纸上发现了一枚指纹，这张纸正好是纵火装置的一部分。贝克斯菲尔德消防局的侦查员开始怀疑犯罪嫌疑人可能是来自洛杉矶地区的一名纵火侦查员，因为至少有 10 名洛杉矶地区的侦查人员参加了此次案情分析会。连环纵火案件开始的时间大致就是他们来到当地参会的时间。

在对近120万枚指纹进行长时间配对后，这枚指纹终于与约翰·奥尔匹配上了。包括联邦当局在内的人员开始对奥尔进行全方位的侦查工作，包括使用各种监视手段。1991年，联邦大陪审团对奥尔进行了起诉，指控他在3年内于8家商店实施纵火或企图纵火（Stambaugh & Styron，2003）。当时，除了这8起外，奥尔还涉嫌另外（至少）15起火灾，其中几起案件还导致了人员死亡，但由于证据不足，未能对他提出指控。但是奥尔因这8起火灾而被定罪，并被判处三次连续的10年监禁。

有趣的是，奥尔本人为侦查人员提供了相关线索，这些线索可能会导致他遭受额外的、更严重的指控。侦查人员在对奥尔进行侦查的过程中，发现了一部他正在创作但未出版的小说，书名为《起点》（*Points of Origin*）。这本书详细讲述了一名消防员变成连环纵火犯的故事。在书中的某一章节，纵火犯在帕萨迪纳纵火焚毁了一家五金店，导致一名女性和她年幼的儿子遇难，书中的这一情节就是奥尔的真实经历。后来，警方积累了更多指控奥尔的罪证，1998年，奥尔因五金店火灾被判4项一级谋杀罪。最终，他被判终身监禁，加20年刑期，且不得假释。

青少年纵火犯

在对1000多名被定罪的青少年纵火犯和成人纵火犯进行综合性调查后，伊科维和埃斯特普发现，近一半的纵火案件中，犯罪人的动机是故意毁坏（Icove& Estepp，1987）。研究一致表明，大多数青少年实施纵火的动机包括对权威的报复、在同伴中获得地位的欲望或寻求刺激的冲动。伊科维和埃斯特普的研究显示，绝大多数（96%）以故意破坏为动机的纵火案件是由青少年实施的，他们通常在离家1英里（1.61千米）的范围内纵火。这些孩子往往经受过他人的虐待，他们的主要动机是针对虐待者的报复、愤怒。此外，青少年纵火犯通常伙同他人（朋友和同伴）一起实施纵火行为。约一半的青少年纵火犯在实施纵火后会留在现场，观察消防员灭火。“研究表明，纵火行为与家庭功能障碍、遭受虐待、学校问题（行为表现和成绩较差）、反社会特征（冲动性和敌意）有很强的相关性，并伴随着违法或越轨行为的出现”（Vaughn et al，2010，p. 217）。沃恩等人发现，年龄在18~35岁的纵火犯往往参与过多种反社会行为，包括虐待动物、抢劫、强奸、袭击、严重袭击和使用武器（Vaughn et al，2010）。经统计，美国人口一生中实施过纵火的个体占总人口的1%。

连环纵火犯

一般而言，如果纵火犯有多次纵火的犯罪记录，且在作案过程中使用了燃料和其他助燃剂，则会被评估为高风险、高威胁性（Dickens et al，2009）。成年的连环纵火犯（超过 18 岁）往往较为年轻，处于成年早期、未婚，并且在早期就开始了他们的犯罪生涯（Dickens et al，2009）。他们可能有多次长期被监禁的记录，并有其他财产犯罪的前科。

坎特和弗里松通过对纵火案件信息的搜集，提出了一种纵火犯的分类法（Canter & Fritzon，1998）。在此之前，许多纵火案的分类系统都是仅仅以犯罪人的动机为参照指标来进行分类的。而坎特和弗里松分类系统的标准是基于犯罪人的行为特征和动机，而不是仅仅依赖于动机。与仅依靠动机为分类标准而言，行为特征更能够为执法机关提供一个有效、可靠且价值更高的侦查工具或分类系统。纵火的动机往往是在纵火犯被捕后才能够确定的，而警方侦查人员更可能通过"中心主题法"来缩小侦查范围。坎特和弗里松的观点与许多其他专家的结论一致，即纵火行为可以由多种不同的心理状态引起，"一些纵火犯有较多的犯罪前科，犯罪行为成为生活的常态化，对他们而言，纵火就是一种为实施犯罪而使用的工具，尤其是对于那些缺乏智力与体力优势的犯罪人而言（因为实施纵火对犯罪人的智力与体力要求不高）"（Häkkänen，Puolakka et al，2004，p. 90）。对于另一些纵火犯来说，纵火行为可能是处理人际冲突的方式。还有一些纵火犯，可能具有某种"自我毁灭"的倾向，他们迫切希望得到外界的关注。

坎特与弗里松提出了一个四分类模型，根据纵火的目标（想要烧毁的对象是人还是物）和动机（是工具型还是表现型）来对纵火行为进行分类（Canter & Fritzon，1998）。该模型的提出是基于对英格兰 175 起已侦破的纵火案件的分析，最终揭示了纵火行为的四种中心主题。

研究者发现，纵火可以根据两个基本的动机与两个行为特征进行区分：表现型和工具型。在表现型动机主题（Expressive Motivating Theme）中，犯罪人受到强烈情绪（如愤怒）的驱动，通过纵火来表达、宣泄这些情绪。在工具型动机主题（Instrumental Motivating Theme）中，犯罪人受到特定现实目标的驱动，如报复、复仇或得到某种经济利益或掩盖其他罪行。

行为特征取决于纵火目标的特征，目标可能是人（Person），也可能是物（Object），同样可以分为工具型或表现型。目标可能是某一物，与犯罪人没有人际情感的联系；也可能是某个人，与犯罪人具有一定的私人或社会关系。将动机类型与纵火目标两两组合，从而能够得出纵火行为的四种分类。

根据坎特和弗里松的研究，纵火的目标可以根据物（如学校、车辆、机构、企业或住宅）和人（往往与犯罪人有一定个人或社会关系）来区分。纵火动机可以划分为工具型（通过纵火达到某种现实的结果）和表现型（由强烈的情绪引发的纵火行为）（见表 5.1）。针对某人的表现型纵火（Expressive

-Person Arson）往往与犯罪人强烈的消极情绪有关，如抑郁、愤怒与无助。针对某物的表现型纵火（Expressive-Object Arson）具体表现为，犯罪人会选择具有象征性和情感意义的目标，如学校或教堂（Santtila，Häkkänen，Alison & Whyte，2003）。然而，大多数纵火犯选择无人居住的建筑或住宅实施纵火（Häkkänen，Puolakka et al，2004）。选择某物表明犯罪人并不试图伤害他人，而是享受与纵火相关的过程，如享受剧烈的火焰、消防员灭火的过程或围观群众的惊讶、兴奋。

针对某物的工具型纵火（Instrumental-Object Arson），典型案例是一名盗窃犯为了掩盖盗窃的罪证而实施纵火。这个中心主题也可以体现在骗保案中，如犯罪人有一套搁置已久的废弃的房产，通过实施纵火从而骗取保险。针对某人的工具型纵火（Instrumental-Person Arson），犯罪人将纵火视为消除受害人的手段或工具，通常情况下，受害人可能阻碍了犯罪人某种现实目标的达成，也可能由于犯罪人对受害人感到愤怒或沮丧，并希望受害人消失，因此通过纵火故意伤害对方。在一些情况下，受害人可能是某个权威人士，如教师或教会人员，也可能是犯罪人的上司。与针对某人的表现型纵火相比，不同之处在于，工具型纵火行为可能改变犯罪人的情绪状态，即他们在对目标施加某种形式的报复、惩罚后心理上会有舒适感。

表 5.1　纵火行为的四种中心主题

动机 目标	表现型（Expressive）	工具型（Instrumental）
人（Person）	针对某人的表现型纵火	针对某人的工具型纵火
物（Object）	针对某物的表现型纵火	针对某物的工具型纵火

坎特和弗里松的研究还细化到了犯罪人的个体特征。例如，研究显示，针对某物的工具型纵火，犯罪人很可能是青少年或处于成年早期的个体；针对某人的表现型纵火，犯罪人很可能有情绪问题甚至精神疾病史，他们通过纵火希望引起大众对自身问题的关注；针对某物的表现型纵火，犯罪人很可能是连环纵火犯，也可能有精神病史；针对某人的工具型纵火，往往犯罪人在人际交往中遭遇失败，纵火行为成为他们表达愤怒和挫败的主要方式。

行为系统模型。弗里松、坎特和威尔顿基于行动系统理论（Shye，1985），在 2001 年提出了一个与上述“四分类中心主题”相似的模型（Fritzon，Canter & Wilton，2001）。然而，该模型不仅可以应用于纵火案，还可以应用于其他犯罪行为中，如劫持人质案件。经过修订后，这个新模型同样分为四个主题，虽然四个主题的术语略有不同，但仍与上述“四分类中心主题”

紧密相关。具体描述如下：

表现型主题（Expressive Theme）：这类纵火犯更可能是连环纵火犯或其他连环犯罪人。他们认为实施犯罪行为是处理人际关系的最佳方式。因此犯罪人作案的目标可能对他们自身而言具有某种象征性和情感意义。

综合型主题（Integrated Theme）：这类犯罪人通常患有精神障碍或存在情感、情绪问题甚至有过自杀行为。他们的行为旨在引起大众关注，但可能会危及自身和他人的生命安全。

保守型主题（Conservative Theme）：这类犯罪人利用火灾、财产毁坏甚至劫持人质来报复、惩罚受害人。通常他们与受害人存在一定个人或社会关系。例如，纵火行为可能是由于人际关系的破裂或者为自身遭遇的某种不公而寻求报复。

适应型主题（Adaptive Theme）：与综合型主题类似，这类犯罪人通过犯罪行为来获得关注。不同之处在于，他们通常不会表现出传统意义上的精神障碍，如高度抑郁。大多数情况下，这类犯罪人有犯罪前科，并在学校或家庭中表现出行为问题。一个为了掩盖盗窃罪证而纵火的犯罪人也可以被视为适应型纵火。

上述模型一定程度上有助于犯罪侧写。如果纵火目标是某物，那么犯罪人很可能曾多次实施纵火。此外，针对某物的纵火犯通常在离居住地不远的地方实施犯罪，因此在纵火区域建立有效的监控系统尤为重要（Fritzon et al, 2001）。在公共区域（如医院和学校）进行纵火的犯罪人很可能有纵火的犯罪前科，侦查范围可以聚焦于那些有纵火前科的犯罪人。当有证据表明，纵火行为是经过精心谋划的，准备程度较高，且涉及助燃剂的使用时，表明犯罪人的针对性较强，很可能是针对特定的受害人，通常与犯罪人存在一定个人或社会关系，受害人甚至可能认识犯罪人。

该模型也为犯罪嫌疑人的审讯提供了一些建议。例如，针对表现型纵火，讯问应该集中在犯罪嫌疑人的情感、情绪问题上。在表现型纵火中，犯罪人因纵火可能会被烧伤甚至伤势严重。“如果这些情感、情绪问题严重到让犯罪人纵火自焚，那么他们很可能愿意与警方谈论这些问题”（Fritzon et al, 2001, p. 677）。对于综合型纵火，犯罪人试图通过纵火吸引大量的关注。这种情况下，审讯策略可以反其道而行之，避开谈论那些犯罪人希望获取关注的行为（如纵火），有可能犯罪人自己会（因希望获得关注）坦白罪行。适应型主题的审讯过程则更具挑战性，因为犯罪人很可能不希望引起警方对他的其他犯罪的注意。例如，为掩盖盗窃罪证的纵火犯不希望警方察觉到自己纵火是为了掩盖盗窃。对于保守型纵火，犯罪人遭遇人际关系的失败或破裂，因此警方在审讯中可以强调对犯罪人的理解，如“我能够理解你这么做的原因”“我非常能理解你的苦衷”等。通过这种方式，犯罪人更有可能坦白罪行。

其他纵火分类模型。哈里斯和莱斯还提出了四种纵火犯类型，分别是精神病型（Psychotics）、低自信型（Underassertives）、多次纵火型（Multi-firesetters）和犯罪型（Criminals）（Harris & Rice，1996）。这些类型在临床特征和纵火可能性上有很大差异。研究对象为 243 名在最高安全级别精神病院的男性纵火犯。精神病型：这类犯罪人纵火的动机主要是妄想（Delusion），他们纵火的前科和其他犯罪记录极少。低自信型：这类犯罪人因愤怒或报复而纵火。他们几乎没有犯罪记录，工作稳定，表现良好。多次纵火型：这类犯罪人表现出较高的攻击性，童年和成年期曾多次纵火，通常未婚。犯罪型：这类犯罪人犯罪前科丰富、犯罪类型多样，成年后有攻击行为。他们实施的纵火案中，与受害人通常是陌生关系，且极有可能在夜间纵火；审讯过程中极度不愿意承认罪行；释放后再次纵火或实施其他暴力犯罪的可能性较高，这类犯罪人也可以被称为高自信型。根据弗里松等人的说法，低自信型与保守型主题类似。多次纵火型代表了表现型主题的极端形式，因为他们通过实施纵火达到情感释放的目的。犯罪型类似于适应型主题，因为他们通过纵火掩盖自己犯下的其他罪行。精神病型可以被视为综合型主题，因为犯罪人都受到情感、情绪的困扰。

纵火癖

根据美国精神医学会（American Psychiatric Association，APA），纵火癖（Pyromania）被定义为“个体出现多次故意、有目的的纵火行为”（APA，2000，p. 614）。患纵火癖的个体会表现出对火焰的强烈痴迷，因而无法抗拒纵火的冲动。这种情况下，纵火行为通常没有明显的动机，如经济利益、愤怒情绪、报复或吸引注意等。此外，患纵火癖的个体在实施纵火行为前，会出现情绪异常激动的现象，也就是高水平的情绪唤醒。实施纵火后则会得到缓解或情绪逐渐低落，即情绪唤醒水平的降低。在心理学和精神病学的研究文献中，它通常被称为一种冲动控制障碍（Impulse Control Disorder），即个体在特定情境下难以控制冲动行为。虽然纵火癖这一概念在临床文献中已有约 100 年的历史，但关于它的实证研究却非常少。如果这种疾病能够成为一种具有临床诊断意义的概念而存在，确实非常罕见（Brett，2004；Doley，2003）。最后，“纵火癖”的概念中提到，患者受“不可抗拒的冲动”驱使实施纵火，这种“不可抗拒的冲动”对侧写而言较为抽象，实用性也不强。然而，绝大多数连环纵火犯并不符合“纵火癖”的定义，他们并不是受不可抗拒的冲动驱使实施纵火。

5.5 犯罪侧写在连环盗窃案中的应用

连环盗窃案的相关数据

入室盗窃（Burglary），特指非法进入建筑物内以实施盗窃犯罪。这种犯罪行为常常被心理学研究者忽视。作为一种非暴力犯罪，它通常没有暴力犯罪吸引眼球，而且这类案件的动机似乎也很明确，犯罪人想要通过盗窃财物、毒品或金钱等来满足自身物质需求。然而，正如本章之前提到的，一些入室盗窃案件可能会转变为强奸或凶杀案。坎特曾提到，在寻找连环强奸犯的过程中，侦查人员不应该忽视那些有盗窃前科的犯罪人。

入室盗窃是一种常见的犯罪类型，约占美国非暴力犯罪的23%以及约占暴力和非暴力犯罪总和的9%。约四分之一的入室盗窃案犯罪人是未满18岁的未成年人（Pollock，Joo & Lawton，2010）。该类案件中，犯罪人动机同样具有多样性。虽然大多数犯罪人，尤其是职业盗窃犯，会在犯罪现场寻找可以使用或变现的物品；但有一些犯罪人是出于一种病态的心理，即盗窃癖（Kleptomania）（同样是一种冲动控制障碍），这是指一种难以抗拒的、迫切想要实施盗窃的冲动，即使盗取的物品对个体没有实际价值，盗窃行为主要是为了减轻内心的紧张感；也有一些犯罪人会在犯罪现场破坏受害人的财物，以达到让受害人害怕、恐惧的目的；还有一些犯罪人实施入室盗窃是一种“考察”行为，为了日后实施其他类型的犯罪活动，通过入室盗窃来熟悉作案地点、现场环境，为后续犯罪活动提供参考。此外，许多强奸犯有过盗窃的前科，而非性犯罪记录。盗窃犯大多是男性。过去10年中，约85%的被逮捕的盗窃犯为男性。收集有关盗窃犯及盗窃案件的数据与信息，了解、熟悉相关研究与文献，这对于连环盗窃案件的侧写至关重要。

连环盗窃案的犯罪人

入室盗窃（Burglary），理论而言可以分为非法进入住宅的入室盗窃，即住宅性入室盗窃（Residential Burglary）和非法进入商业地区的入室盗窃（Commercial Burglary），如银行、公司或商店等。本章我们主要聚焦于住宅性入室盗窃，而非商业性入室盗窃，因为前者不仅数量上占比大，且更吸引侧写师的关注。2010年，美国的住宅性入室盗窃案件占所有盗窃案件的73%（FBI，2011）。早在30多年前，德莫特·沃尔什就提出所有住宅性入室盗窃都涉及人际、情感因素。他认为，住宅性入室盗窃与商业性盗窃相比，在心理上存在本质的不同。“住宅性入室盗窃的情况与公共场所或工作场所的盗窃非常不同，因为住宅是具有私人性质的场所，而非公共场所，入室行为代表了一种强制性的亲密关系，因此入室盗窃更会引发受害人人际关系层面和情感上的不安感，受害人会感觉到在人际上受到侵犯，心理上产生恐惧情绪”（Walsh，1980，p. 17）。在某些情况下，入室盗窃犯的行为是为了引发受害人的某些心理反应。但大多数入室盗窃犯可能并不具备这种意图。

之后，玛丽和哈森特提出了一种基于犯罪现场特征的入室盗窃四分类（或中心主题）法，通过对德莫特·沃尔什的论点进行补充与扩展，形成了两个维度：第一个是人际脚本维度与犯罪技术维度（Merry & Harsent，2000）。该分类法的独特之处在于它考虑了入室盗窃对受害人的影响。与沃尔什的观点类似，玛丽和哈森特也认为住宅性入室盗窃具有独特的侵入性（Invasive Quality）。这种特性不仅满足了盗窃犯的心理需求，还会使受害人受到情感、情绪上的困扰，即使盗窃犯并无意对受害人的心理进行伤害。玛丽和哈森特称为住宅性入室盗窃的人际脚本维度（Interpersonal Script Dimension）。他们认为，人际因素存在于一个连续体上，两端分别是隐性和显性的人际行为。隐性人际行为（Implicit Interpersonal Behavior），是指犯罪人于受害人不在家时进入住宅并窃取对受害人情感意义较低的物品，如现金。这种情况下，犯罪人并不旨在让受害人感到不安或造成情感、情绪的困扰。而显性人际行为（Explicit Interpersonal Behavior）则表现为明显的旨在引起受害人恐惧或某种心理反应的行为。这些行为包括受害人在家时进入住宅，损坏、窃取对受害人具有明显情感意义的物品，如打烂受害人挂在墙上的写真、毁坏受害人的衣物等。

第二个是盗窃行为所体现的犯罪人的技术水平，即犯罪技术维度（Degree of Craftsmanship）。该维度也被视为一个连续体，两端分别是低犯罪技术（Low Craft）和高犯罪技术（High Craft）。“低犯罪技术表现为犯罪技能的缺乏，犯罪人实施盗窃未经过缜密的计划、作案过程中缺乏相关知识，整个过程体现出反应性而非主动性”（Merry & Harsent，2000，p. 48）。这种情况下，现场会体现出犯罪人较多的风险行为，如偷窃易携带的物品，没有对更值钱的物品进行细致搜寻，并且无视在现场留下的物证痕迹。高犯罪技术的盗窃犯拥有较高的认知能力和预见性，盗窃经过周密地预谋和规划。犯罪技术水平较高的盗窃犯，有时被称为专业盗窃犯（Professional Burglary），会花更多时间来寻找，并迅速识别出那些更值钱的物品（如古董、硬币、钟表、珠宝），而且犯罪人通常熟悉、了解受害人最喜欢隐藏贵重物品的典型位置。人际维度与技术维度两两结合形成一个四分类模型或中心主题（见表5.2）。

根据现有研究，我们将从这四个中心主题讨论盗窃犯的行为特征并讲述相关案例。

表 5.2　入室盗窃的四分类模型（或中心主题）

犯罪技术维度 / 人际脚本维度	低犯罪技术（Low Craft）	高犯罪技术（High Craft）
隐性人际（Implicit Interpersonal）	偷窃型（Pilferers）	偷袭型（Raiders）
显性人际（Explicit Interpersonal）	侵入型（Intruders）	侵略型（Invaders）

偷窃型（Pilferers）。这类盗窃犯对受害人的影响通常最小，盗窃行为并不旨在对受害人造成心理及人际伤害。这类盗窃犯在实施犯罪的过程中，几乎不会造成对受害人的干扰，通常盗取的是易于携带、对受害人没有情感意义的物品，如现金。这类盗窃犯对受害人及其财产的敌意和支配程度处于较低水平，他们的刺激点更多在于潜入受害人住所的刺激、好奇与挑战性。总体来说，盗窃的赃物通常较少。犯罪目标通常是那些易于潜入的、没有（或有较少）安全措施的住宅。例如，没有锁的住宅、无人居住的住宅。这类盗窃犯通常是青少年。

偷袭型（Raiders）。这类盗窃犯的关注点主要聚焦于物质收益，他们盗窃的物品可能是笔记本电脑或其他电子设备、珠宝、相机和古董这类值钱的物品。此外，这类盗窃犯往往对受害人表现出一定的尊重且敌意程度极低，对住宅造成的损伤也很小；他们同样不旨在让受害人感受到人际侵犯或引发恐惧情绪。偷袭型盗窃犯犯罪技术与犯罪准备程度较高，灵活运用各种犯罪技巧非法进入住所，并尽量避免与受害人产生接触。这类犯罪人很可能是专业的、有经验的连环盗窃犯。

侵入型（Intruders）。这类盗窃犯“进入和侵犯受害人住所的方式比其他类型而言更加粗暴而大胆”（Merry & Harsent，2000，p. 49）。他们会恶意破坏受害人住宅，肆意上下楼，在现场有较多冒险行为，并做好了与受害人接触的准备。他们的犯罪特征不仅具有入侵性和干扰性，往往还超出了盗窃行为本身，即做出一些对成功实施盗窃而言非必要的行为。这类盗窃犯的作案过程缺乏计划性，主要由暂时性的欲望满足所驱动。本质而言，他们的行为具有表现性，会对受害人产生较大的消极影响，如使受害人感受到较高水平的侵犯，引发受害人的恐惧情绪。美国最近的住宅性入室盗窃数据显示，过去 5 年里，370 万起盗窃案件中有 28%的案件发生在受害人在场的情况下。此外，这类盗窃案件中有 7%的受害人遭受到某种形式的暴力，更进一步地发现，在这些受害人遭受到暴力袭击的盗窃案件中，有 65%的案件受害人认识犯罪人（Catalano，2010）。

侵略型（Invaders）。这类盗窃犯的行为兼具表现性和工具性特征。既希望通过实施盗窃获得物质上的满足，也旨在让受害人感受到人际侵犯，引发其恐惧情绪。他们通常会把受害人家里弄得混乱不堪，把东西乱扔一气，还会偷走或毁坏对受害人具有情感意义的物品，如价值较高的“传家宝”。他们还可能会砸坏、撕毁挂在墙上的“全家福”，在受害人家中写下留言，并留下犯罪标记。这种情况下，他们留下了“有关权力、控制、敌意、报复和刺激的明确行为证据”（Merry & Harsent，2000，p. 51）。

玛丽和哈森特认为，这四个主题所涉及的元素，人际与技巧，在不同的犯罪现场都能够找到，且有助于侧写过程的分析。虽然犯罪人在盗窃过程中，有的行为确实会受到特定情境的影响，如受害人的反抗、现场出现目击者等突发情况，从而导致一些案件存在特殊性，“但制造混乱与破坏性、偷走物品的性质以及留下的犯罪标记，这些行为与特征对连环盗窃犯而言，在特定时间内是具有相对一致性的”（Merry & Harsent，2000，p. 52）。研究人员进一步假设，青少年实施的盗窃更偏向于偷窃型，而年长且犯罪经验丰富的盗窃犯则会更多表现出偷袭型或侵略型的行为模式。

玛丽和哈森特提出的四类主题使盗窃案件（这一被忽视的案件类型）的侧写有了积极的进展。然而，我们仍然需要更多的研究来评估这一分类法对侧写的有效性和准确性。根据作案手法或中心主题对盗窃案件进行并案分析仍存在一些局限性，也就是说，通过作案手法或中心主题的分析不一定能够识别出由同一名犯罪人所实施的连环案件。例如，在某些情况下，犯罪人进入住宅的过程中可能会受到住宅安保措施和物理布局与环境的影响。此外，正如贝内尔和琼斯所述，被盗财物可能取决于受害人与住宅的性质（Bennell & Jones，2005）。例如，在富豪豪宅中盗窃所得的财物，显然比在打工人公寓中盗窃所得的财物更值钱。然而，坎特认为，无论犯罪人遇到怎样的意外情况，与主题相关的某些行为特征总是存在相对一致性的（Canter，2004）。此外，他再次强调，犯罪人对待受害人的方式仍是一个非常重要的特征，值得深入分析与研究。

近年来，一些对连环住宅性入室盗窃的研究表明，盗窃地点间的距离能够有效预测案件的关联性，也就是说，犯罪地点间的距离能够有效应用于并案分析，且这一特征是犯罪人在实施多起案件中最具一致性的特征（Bennell & Jones，2005；Goodwill & Alison，2006；Markson，Woodhams & Bond，2010）。实际上，通过分析犯罪地点间的距离以及多起案件间的时间间隔（时间上具有临近性），是对连环住宅性入室盗窃进行并案分析的最佳办法。一项有趣的研究发现，许多住宅在相对较短的时间内被同一盗窃犯多次盗窃

(Bernasco, 2008)。“在监控少、逃跑路线良好、安全性差或在犯罪率较高的区域内较为豪华的住宅，可能会多次成为盗窃犯的犯罪目标”（Sagovsky & Johnson, 2007, p. 3)。此外，某一住宅成为盗窃目标的可能性也与附近已经被盗窃住宅的距离有关。如果某一住宅离已经被盗窃的住宅越近，则该住宅未来被盗窃的风险就越高；离已经被盗窃的住宅越远，未来被盗窃的风险就越低。这一现象在某一住宅被盗窃后的一周内尤为明显，研究人员称为“接近—重复型”(Near-Repeat)（Bernasco, 2008; F. Morgan, 2001)。因此如果你的邻居被盗窃，在接下来的一周内，你应该时刻注意你家的安全状况，因为你的住宅很有可能成为下一个目标。研究进一步表明，实施“接近—重复型”盗窃的犯罪人与该地附近盗窃案件的犯罪人很可能是同一人。此外，连环或“接近—重复型”盗窃犯也很可能在作案时间上保持一致性（与第一次实施盗窃的时间相同，如凌晨两三点)，这种时间一致性通常会持续几周(S. D. Johnson, Bowers & Hirschfield, 1997; Sagovsky & Johnson, 2007)，但随着时间的推移，被盗的风险会逐渐降低。如果最初被盗住宅的受害人仍然未做好安保措施，“接近—重复型”盗窃犯可能将对该住宅进行二次盗窃（Bernasco, 2008)。值得注意的是，犯罪人的这种“接近—重复”现象，即在初次犯罪地点附近进行再次犯罪，不仅出现在入室盗窃案件中，在其他案件，包括枪击案、抢劫案与汽车盗窃案中也出现了这种现象（Youstin, Nobles, Ward & Cook, 2011)。

那么，为什么盗窃犯会回到同一个地点再次作案呢？这类犯罪人大部分都是犯罪技巧较为熟练的“专业盗窃犯”，他们企图利用自己对住宅及周边环境的了解来最大限度地降低犯罪风险。在初次入室盗窃后，这个住宅从一个假定的理想目标变成了一个已知的、确定的犯罪目标（S. D. Johnson, 2008; Youstin et al, 2011)。这种情况下，一次盗窃增加了再次盗窃发生的概率(Youstin et al, 2011)。盗窃犯还会了解当地居民的生活习惯，包括他们的工作、购物和上学的时间。这类盗窃犯可能在第二次盗窃时偷走第一次盗窃时想要偷走，但不得不留下的贵重物品，其原因可能在于当时没有确定买家、物品过重而难以搬移或是自己已经拿不动了（Sagovsky & Johnson, 2007)。他们还可能在第二次盗窃中偷走受害人替换的新物品，如在第一次盗窃中偷走了笔记本电脑，随后受害人又购买了一台新的笔记本电脑，在第二次盗窃中，犯罪人很有可能偷走这台新的笔记本电脑。

正如在第 4 章中所写的，越来越多的研究表明，犯罪人通常不会选择离居住地较远的地方实施犯罪。有关住宅性入室盗窃案件的研究强有力地佐证了这一观点。

5.6　本章总结

了解、熟悉关于某类犯罪和犯罪人的研究文献与结果，这对于将犯罪侧写转化为具有科学性质的工作至关重要。在案件侦查阶段，犯罪侧写师必须了解现有犯罪学研究的结论，但在许多情况下，这些结论只能以概率或可能性的形式表达，例如，陌生人绑架极为罕见；对住宅纵火的犯罪人往往是青少年；大多数盗窃犯是男性。然而，这种只包含单一变量的信息帮助有限。正如第 3 章所述，要将犯罪侧写发展并使之成为一门科学技术，我们需要非常庞大的数据库和海量的相关变量信息。

本章试图汇总关于特定类型犯罪人的特征，尤其是那些引起侧写师较大关注的犯罪类型。除了儿童绑架之外，我们讨论了那些以连环形式发生的犯罪行为；相比于单一案件，当警方怀疑是某一名犯罪人实施的连环案件时，犯罪侧写更具用武之地。因此这与前几章讨论的犯罪现场特征、并案分析、作案手法、行为一致性等概念是高度相关的。尤其是行为一致性原则，包括在不同情境中的一致性，这一点我们应该辩证地看待，连环案件中总会存在具有一致性的行为特征，但这些行为特征有时并非完全一致。

目前，关于某类犯罪或犯罪人的大部分研究结果都是以分类学的形式存在的，即根据犯罪现场的行为指标或特征来划分犯罪人类型，并推断犯罪人的个体特征。本章提到的各种分类法在有效性上存在一定差异，比如，马萨诸塞州治疗中心提出的强奸犯分类法经过了大量的实证研究证明，因此有效性、可靠性都较高。近年来，研究人员开始将重心转向中心主题法。也就是说，聚焦于寻找同类犯罪中具有的共同特征，这通常与犯罪人对待受害人的方式有关。总体而言，受害人所扮演的角色在研究文献中受到较多的关注；具体而言，犯罪往往可以根据犯罪人赋予受害人的角色进行分类，即物体型、宣泄型与个体型。

这种中心主题法主要针对连环强奸、纵火和盗窃案件进行了相关讨论。强奸案件可以根据犯罪人对待受害人的行为模式分为“控制”“敌意”“参与”“盗窃”的主题。纵火犯的犯罪行为与动机可以被划分为表现型或工具型，这取决于纵火犯是出于表达愤怒或其他情绪，还是为了实现某些具体且现实的目标而实施纵火。这一模型经过补充与发展，研究者提出了表现型、综合型、保守型和适应型四种中心主题。同样，盗窃犯的行为和动机也能够被纳入不同的中心主题中。入室盗窃犯罪中，常见的中心主题包括偷窃型、偷袭型、侵入型和侵略型。

虽然犯罪侧写领域仍然需要大量研究，但本章讨论的内容为从事犯罪侧写及相关工作者提供了一个思维起点，尤其是对于连环案件的侦破。例如，当发生连环盗窃或纵火案件时，侦查人员可以通过观察、分析犯罪人在犯罪现场的行为，推论出犯罪人的生活方式和动机，这有助缩小侦查范围，且可能提供关于犯罪人特征的重要线索。

本章专业术语汇总

安珀警报
儿童绑架快速反应小组
“控制”主题（强奸）
交叉倾向或交叉型犯罪（强奸）
高或低犯罪技术（盗窃）
隐性人际行为（盗窃）
表现型动机主题（纵火）
享乐型（凶杀）
“敌意”主题（强奸）
显性人际行为（盗窃）
冲动型或机会型强奸犯
工具型动机主题（纵火）
人际脚本维度（盗窃）
“参与”主题（强奸）
法律定义（儿童绑架）
大规模凶杀
任务导向型（凶杀）
物体型（受害人角色）
个体型（受害人角色）
极端愤怒型强奸犯
权力—控制型（凶杀）
连环凶杀
狂欢型凶杀
刻板印象定义（儿童绑架）
“盗窃”主题（强奸）
宣泄型（受害人角色）
受害人选择
报复型强奸犯
幻想型（凶杀）
性欲驱动的非虐待型强奸犯

第6章
心理侧写——威胁与风险评估

他没有与任何人建立真正亲密的关系，无论对方是男性还是女性。他将自己隔绝于任何有爱的世界之外，因为他害怕受到伤害。而他能够体验到的爱则固守于一个抽象的实体——德国，这正如我们所见，这是他理想母亲的象征。

——摘自对阿道夫·希特勒（Adolf Hitler）的心理侧写

之前提到，关于犯罪侧写的术语较多，常常可以互换使用，并且不同术语之间在内容和含义上也存在较多的重叠。可以这样理解，犯罪侧写是一个较为宽泛的概念，而前面的犯罪现场侧写、犯罪地理侧写以及接下来要讲述的心理侧写、犯罪嫌疑人侧写是犯罪侧写的具体方面和内容。此外，在英国，犯罪侧写被称为行为侦查分析。在我国，由于翻译不同，衍生出了更多的术语，如大家所熟知的犯罪心理画像。然而，在本章，我们聚焦于犯罪心理侧写，心理侧写的方式是对特定个体或已知个体进行相关数据或信息的收集，如通过背景调查、行为观察、心理测试、人格评估工具以及结构化或半结构化访谈。从这个角度而言，心理侧写应该由经过培训的心理学家或相关专业人士来完成，他们具备操作这些心理测量和观察的能力。相比而言，犯罪地理侧写和犯罪现场侧写则不一定必须由那些专业的心理学家来进行；正如前几章所述，执法人员有时会接受专业培训，获得行为分析师或行为侦查分析师（BIAs）的认证（如国际刑事侦查分析协会）。

值得注意的是，心理侧写可以运用于很多方面，不仅能够对犯罪人或犯罪嫌疑人进行评估，还可以运用到其他领域。比如，警务心理学家有时会帮助行政人员挑选符合“成功警察”侧写的候选人或是挑选晋升的优质候选人（Bartol & Bartol，2012）。政治心理学家专门研究那些由于具有某种个体特质而适合担任政治职务的人选甚至是为美国总统的候选人提供参考意见（Simonton，1993）。然而，本章重点讨论的心理侧写是为了预防犯罪行为的发生，这种犯罪心理侧写旨在帮助执法部门识别出可能对自己或他人造成伤害的潜在犯罪人。

与犯罪现场侧写类似，当心理学家在“侧写”特定的个体时，侧写报告应该聚焦于该个体可能的危险性以及应对的方式和建议，而不是该个体本身（因为关于个体的信息通常是已知的）。大卫·坎特（David Canter）（“侦查心理学”一词的开创者）以及他的同事劳伦斯·艾立森指出，犯罪心理侧写基本上是传统心理测试和评估程序的应用（Laurence Alison，2000）。正如你将在本章中看到的，各种类型的心理评估是心理侧写的重要组成部分。

6.1 心理侧写的简史

在第二次世界大战期间，美国战略情报局（Office of Strategic Services，OSS）使用了心理侧写技术，用于识别和分析阿道夫·希特勒的心理特征和思维过程（Ault & Reese，1980）。沃尔特·兰格（Walter C. Langer），一位擅长精神分析（心理学流派的一种，代表人物：弗洛伊德）的心理学家，在1943年撰写了这份281页的心理侧写报告。这份对希特勒的侧写由兰格与一位哈佛心理学家亨利·穆雷（Henry A. Murray）及其同事们共同完成，旨在深入了解希特勒的心理特征、行为及其动机。

遵循兰格的精神分析学派取向，这份报告提到了希特勒的俄狄浦斯情结，并且从希特勒成长和生活环境的影响方面进行了分析、佐证。比如，希特勒的母亲强迫性整洁、对儿子进行如厕训练、希特勒曾目睹父母的性行为、希特勒对食物的喜好和厌恶以及如开头所述，希特勒从未与任何人建立亲密关系。

穆雷也为战略情报局准备了一份240页的心理侧写，分析了希特勒的人格及其发展（Murray，1943）。这份侧写预测了希特勒在盟军胜利后的行为，并对他被俘后的处理方式提出建议。这份心理侧写还旨在为战略情报局提供如何影响、干预希特勒心理状态和行为的相关建议。有趣的是，穆雷预测在战争临近结束时希特勒会自杀，而历史表明他的预测是正确的。很可能这种将心理分析应用在领导人和政治家身上的侧写技术早在战略情报局侧写希特勒之前就已经存在了，不过早期的侧写是为了理解国家领导人或军事领导人的思维模式和行为方式。

如上所述，心理侧写通常被军事和情报组织使用，有时当侧写信息泄露时可能会带来尴尬的结果。例如，1993年中央情报局代表告诉国会，海地流亡总统让-贝特朗·阿里斯蒂德（Jean-Bertrand Aristide）有躁郁症的倾向；

虽然该报告未经证实并遭到一些谴责，但这导致一位美国参议员在参议院发言时将阿里斯蒂德称为“精神病”（Omestad，1994）。可以肯定的是，政府会对历史上有影响力的大人物进行心理侧写，已故的本·拉登以及他的追随者，还有其他政治人物的心理侧写都被记录在政府档案中。不过，我们的任务不是探讨这些心理侧写的用途和使用领域，而是聚焦于一种被广泛认可，且经过深入研究的心理侧写类型——即用于识别和预测个体行为的犯罪心理侧写，这种心理侧写关注的不是有影响力的“大人物”，而是那些可能对社会、他人构成威胁的个体。完成心理侧写的两套程序分别是威胁评估和风险评估，两者具有一定相似性。

威胁评估和风险评估，都旨在预测某个特定个体在某个时间点可能对他人构成危险或实施暴力行为的可能性。这些评估涉及分析心理风险因素，以揭示个体的暴力倾向及潜在威胁性。此外，这些评估还涉及对情境的分析，如哪些特定的情境可能会引发个体的暴力行为。尽管这两种评估有许多相似之处，但它们也有所不同，本章将尽力对两者进行区分，并分别讨论。

威胁评估（Threat Assessment）旨在确定特定个体威胁的可信度及其严重程度，即威胁被付诸实践的可能性。换句话说，威胁评估关注的是，当个体在表达某种形式的威胁后，预测该个体未来对他人实施暴力行为的可能性或其他不良行为的可能性。风险评估（Risk Assessment）通常用于评估那些违反社会规范或表现出怪异行为的个体，尤其是那些显得具有威胁性、不可预测的个体（Hanson，2009，p. 172）。暴力风险评估旨在预测个体未来实施暴力行为的可能性，这些暴力行为可能针对不特定的他人、出现在不特定的情境中以及在不特定的时间范围内，但通常情况下，暴力风险评估的对象并没有表达出即将实施某种暴力或伤害行为的威胁。威胁评估和风险评估的预测都是以概率的形式存在的，需要临床医生和其他专业人员对实施暴力行为的可能性或概率作出判断（Hatch-Maillette & Scalora，2002）。两种评估都应该具有坚实的实证研究基础，并以实证研究结果为支撑，尤其是在涉及法律后果的情况下。

无论是威胁评估还是风险评估，请求评估的机构不仅希望获得个体暴力行为发生的统计学概率，还希望评估者能够对潜在的负面后果及其程度进行预测。比如，某一个体最低程度的负面后果是持刀伤人，最高程度的负面后果是在人口密集的大型建筑内安置炸弹。此外，请求评估的机构还希望评估者提供如何预防、减少负面后果的相关建议（Hanson，2009）。

首先，我们将对威胁评估进行概述，并通过校园暴力、枪击事件以及工作场所暴力事件的案例来阐述评估过程，因为这些事件通常涉及直接的威胁，有时甚至在实际的暴力行为发生之前就已出现了某种形式的威胁，如恐吓信、口头恐吓等。其次，我们将深入讨论暴力风险评估，并通过跟踪案件来予以说明、解释。

6.2 威胁评估概述

简言之，威胁评估，是指判断、预测个体实施威胁的可能性。参考这样一个案例：14 岁的米切尔，在学习上表现不佳，成绩较差，尤其是在九年级英语老师面前，问题尤为突出。这名英语老师是就职 32 年的老教师，目前正打算退休。米切尔曾多次对同学们提及他想要“解决”这位老师，并且学校清洁工在米切尔的书桌里发现了一幅令人不安的画，画中，这名英语老师被利刃刺穿了身体。米切尔在课堂上的言论导致他多次被叫到校长办公室和学校辅导员处进行谈话甚至因为与这名老师发生了冲突而被停学三天。那次冲突中，米切尔愤怒地朝老师挥拳并声称要知道老师的住址。于是校长向当地的心理学家咨询，并问道：我们应该对米切尔的行为感到担忧吗？

威胁评估在校园场景中的研究最为深入与详细。虽然很多学校一直面临着类似上述案例的情况，但在 20 世纪 90 年代末校园枪击事件之后，这种情况变得更加令人担忧与不安。近年来，校园欺凌行为的频发更是加剧了人们的担忧与不安。各个学校纷纷开始建立威胁评估小组，以评估特定个体对其他学生、学校员工甚至整个学校的威胁性及其严重程度。评估团队可能包括心理学家、学校辅导员、警察、校长以及其他学校员工。在大学校园中，评估团队可能由在校教师、校园警察、心理学专家等人员组成。

除学校场景外，另一种威胁评估形式是由心理学专家对那些扬言（威胁）要实施严重犯罪的个体进行评估。研究发现，那些实施大规模凶杀（Mass Murder）的犯罪人，通常在他们实施犯罪行为之前就有过暴力威胁（L. J. Warren，Mullen & Ogloff，2011）。然而，并非所有发出这种威胁的个体都会付诸实践。因此心理学专家需要对这些实施威胁的个体进行侧写，以评估其威胁的可信度。更严重的情况下，可能会召集威胁评估小组来对个体进行侧写，从而评估其威胁的可信度及严重程度。

有时被威胁的对象也可能是政治人物或知名人士。例如，美国特勤局（Secret Service）参与的威胁评估，负责保护总统、副总统及其家人以及某些国家和国际领导人的安全。1998 年，特勤局开展了一项为期 5 年的研究，称为特殊案例研究项目（Exceptional Case Study Project，ECSP），专门研究那些刺杀、攻击有影响力的公众人物的犯罪人（Fein & Vossekuil，1998）。该项目采用了以事件为中心、以行为为基础的研究方法，通过分析侦查报告、刑事司法记录、医疗记录和其他文件来进行侧写。该项目研究分析了 83 名已知犯罪人，共涉及73起案件，这些案件发生在1949年至1995年。研究期间，相关信息与数据不断积累，为执法机关和其他参与心理侧写的人员提供了威胁评估的培训材料。

威胁评估包括三个主要目标（Fein，Vossekuil & Holden，1995）。第一个目标是在犯罪人身份尚不明晰的情况下，识别或帮助识别潜在的犯罪人身份。

第二个目标是评估潜在犯罪人对特定目标构成的威胁程度或风险大小。这个目标需要收集关于潜在犯罪人的多方面信息，包括行为模式、兴趣以及在不同时间点的心理状态。信息来源包括与潜在犯罪人相关的人员进行访谈；与潜在犯罪人相关的材料，如笔记、日志、信件、书刊和相关电子媒体等；潜在犯罪人的相关记录和档案，如警方的侦查记录、法院的判决书、缓刑记录、心理健康档案、服刑记录等；潜在犯罪人擅长的知识与技能，或是专业使用某种武器的能力、武器的性质等。

注意，即便潜在犯罪人的身份得到确认，也不一定会被依法控罪。比如，一个15岁的学生写了一张纸条威胁要杀死校长，他可能会被停学或开除，但在大多数司法管辖区，他并未构成犯罪。同样，一些学生在脸书（Facebook）上建立网页，要求解雇某位教师，这也算一种形式的威胁，但并不构成犯罪。然而，校方可能会请威胁评估专家来判断这些个体的行为是否有可能升级、恶化，从而导致更严重的后果。此外，如果个体的威胁行为存在持续性，即隔三岔五地对受害人进行威胁，可能会构成违反跟踪法律（*Stalking Laws*）的行为，从而使警方能够对个体提出刑事指控。

第三个目标是进行风险管理，一方面尽量降低个体将威胁付诸实践的可能性，另一方面应该对个体的行为后果未雨绸缪。这需要我们对个体威胁、恐吓的内容进行详细分析，从而发现其威胁的具体动机与目的。同时侧写也包含制定相关策略，并提出相关建议，如如何劝阻潜在犯罪人，从而减少其实施暴力行为的可能性以及如何阻止潜在犯罪人接近潜在受害人。部分情况下，侧写师（在本章亦可称为评估者）可能会向检察官提出诉求，通过执行反跟踪法律（*Anti-stalking Laws*）的相关条例来阻止潜在犯罪人，从而保护潜在受害人。

6.3　威胁评估与校园暴力

1999年4月20日，科罗拉多州小顿镇的哥伦拜恩高中发生枪击案件，犯罪人实施了惨无人道的大屠杀（大规模凶杀），造成15人死亡和23人受伤（见图6.1）。在该案件发生之前，就已经发生过多起校园枪击案件，但哥伦拜恩案件之后，校园枪击案的负面影响逐渐发酵，引起了全美范围内的极大警惕和关注。哥伦拜恩案件在 20 世纪 90 年代最受关注的新闻中位居第二，并且在当时是历史上最为致命的校园枪击案件（Larkin，2009；Muschert，2002）。

图 6.1 证据指示标标记了散落在哥伦拜恩高中图书馆桌子上的文件、书籍和一台计算器。此次枪击案件中，12 名遇难学生中有 10 人在图书馆内遇害

最终证据表明，哥伦拜恩案件的犯罪人是两名男性青少年，他们希望通过枪击案件寻求关注与名声，更令人担忧的是，他们成了“校园枪击手”的标杆，一些犯罪人甚至模仿作案（Kiilakoski & Oksanen，2011；Larkin，2009）。哥伦拜恩案件中的两名凶手“留下了视频、照片、日记、原始博客网页，他们成了未来校园枪击案件模仿的对象和标准”（Kiilakoski & Oksanen，2011，p. 247）。哥伦拜恩案件之前，没有案件记录表明，学生通过炸弹或枪支来袭击学校是出于“个体所认为的更高利益（名声与关注）”或政治方面的动机。此前的校园枪击案件，犯罪人的动机主要是由“个人感知的不公正”所驱动，如亲密朋友的拒绝、厌女情绪以及出于对欺凌行为和被公众羞辱的报复（Moore，Petrie，Braga & McLaughlin，2003）。在哥伦拜恩案件以及许多后续的校园枪击案件中，犯罪人的动机则是为了“寻求认可与关注”或是为了“改变边缘学生群体的生活状态”而实施的病态极端行为。

哥伦拜恩案件后续波及的范围较广，对社会产生了极大的负面影响。由于该案件成就了一个标杆般的记录，一些犯罪人企图超越这一记录。拉金认为，枪手文化作为学生群体中被排斥的亚文化，在哥伦拜恩案件后获得了神话般的地位。在对后续校园枪击案件的研究中，拉金发现，“在所有案件中，犯罪人要么承认与哥伦拜恩案件有一定联系，要么警方发现了该犯罪人受到哥伦拜恩案件影响的证据”（Larkin，2009，p. 1314）。

本质而言，哥伦拜恩案件成了那些想要实施校园枪击案的潜在犯罪人的

“文化脚本”（Cultural Script）。例如，在哥伦拜恩案件之后至 2007 年，美国记录在案的 12 起校园枪击案件中，有三分之二的案件较大程度地模仿了哥伦拜恩案件。吉拉克斯基和奥克萨宁认为，自 1999 年以来，全球范围内都出现了校园枪击案件，其中大多数案件都遵循了哥伦拜恩案件的脚本。例如，2007 年佩卡·艾瑞克·奥维宁（Pekka-Eric Auvinen）在芬兰图苏拉的约克拉高中残忍杀害该校的学生和教师，共 8 人遇害，并造成 12 人受伤，作案后举枪自杀。奥维宁在作案过程中的诸多方面甚至包括音乐都大量模仿了哥伦拜恩案件的脚本。哥伦拜恩案件的犯罪人是德美摇滚乐队“KMFDM”的忠实粉丝，并计划在该乐队发布其专辑《*Adios*》的那天作案。正如吉拉克斯基和奥克萨宁所指出，许多其他校园枪击案的犯罪人在他们的日记和视频中提到了“KMFDM”，包括奥维宁。“奥维宁在作案过程中使用的音乐几乎与哥伦拜恩案件犯罪人相同”（Kiilakoski & Oksanen，2011，p. 257）。拉金的研究报告显示，在除美国以外的 11 起校园枪击案件中，有 6 起事件的犯罪人在案发前或案发期间直接提及了哥伦拜恩案件（Larkin，2009）。最新的一起校园枪击案件发生在 2012 年 1 月，犹他州盐湖城地区。两名青少年计划在学校安置炸弹，并在学校的一次集会上实施引爆。幸运的是，两人并未得逞，因为警方提前知晓了他们的计划并逮捕了两人，两名青少年分别为 18 岁和 16 岁。那名 16 岁的犯罪人甚至还向警方炫耀、挑衅，说自己比哥伦拜恩的枪手更加机智。但后来才发现，这名年仅 16 岁的犯罪人曾在 2011 年秋天前往科罗拉多州采访过哥伦拜恩案件的校长。该案件同样受到较多关注并被大肆报道。这些结果表明，自哥伦拜恩案件以来，后续的校园枪击案件确实存在对哥伦拜恩案件进行模仿的情况。在下一节中，我们将讨论这些脚本相似性是否能够让我们建立一份较为准确的校园枪击手的侧写呢？

对校园枪击手的侧写

在哥伦拜恩案件之后，一些业内专家开始致力于构建典型校园枪击手的犯罪侧写（Borum，Cornell，Modzeleski & Jimerson，2010；McGee & DeBernardo，1999）。然而，考虑到我们目前对校园枪击手（犯罪人是学生的情况）影响、发展、形成因素及现有认知的局限性，离建构一个这样的侧写仍有很长的路要走。正如苏威尔和门德尔松所述，“除了以往给暴力青少年的研究提供了一些微不足道的数据与概率之外，我们目前尚不能够识别那些将会实施极端暴力犯罪的年轻人”（Sewell & Mendelsohn，2000，p. 166）。首先，虽然媒体的报道可能较为耸人听闻，但实际上，校园枪击案件的发生非常罕见。罕见则意味着无法提供足够的数据样本来建构有统计学意义的侧写，即对校园枪击手进行预测性描述。

此外，即使我们有相对准确的预测因素，仍然存在一个风险：许多被侧写识别为可能在学校实施严重暴力犯罪的学生并不会真正实施这种暴力犯罪，因此他们会被贴上一些负面的标签，这对他们而言是不公平的。正如海尔布伦和迪沃斯金所言，“为潜在的校园枪击手建构一个侧写是徒劳之举，通过侧写识别出来的可能会实施犯罪的个体数量肯定比实际实施犯罪的个体数量多得多”（Heilbrun & Dvoskin，2009，p. 95）。一些专家建构了一份“早期暴力预警特征清单”（Early Warning Signs of Violence），列举出了未来可能会在学校实施暴力犯罪个体的早期预警信号。如果个体出现了清单中的几项特征，则意味着该个体可能会在校园中实施暴力行为。就连这份预警特征清单的创建者也发出了警示，不要将这些指标当作具有决策性的工具。但实际上，这些清单常常被误用，尤其是对于未经培训的评估者而言（Sewell & Mendelsohn，2000）。预警特征清单的另一个难题是，这些特征出现的概率极高，意味着许多学生都会表现出这些特征（见表 6.1），但相比之下，学生在校园实施暴力犯罪的概率极低，因此这些指标能否有效预测暴力行为仍然未知。此外，预警特征清单并未提供分值的计算与分值意义的相关陈述，因而无法表明，基于个体现有特征风险的判断，是否应该采取特定的防范措施。更重要的是，这些预警特征清单通常没有经过实证研究的检验，因而无法证明其在预测暴力行为上具有可靠性或有效性。

表 6.1　早期暴力预警特征清单

几乎每天都发脾气
感到孤独，被排斥、孤立
是校园霸凌的受害人
经常威胁、恐吓他人
频繁辱骂、咒骂他人或使用侮辱性语言
喜欢听“暴力”主题的音乐，如摇滚乐、重金属
缺乏对自身冲动性的控制，尤其是在处理愤怒情绪时
曾触犯校规、校纪等条例或规定
学校表现不良
曾企图自杀或用自杀来威胁他人
随身携带武器
有暴力或攻击行为的历史

续表

对手枪、炸弹等火器感到痴迷
不尊重权威，如老师、校长
有服用药物和饮酒的习惯

上述讨论引出了一个重要问题：当某个学生对其他学生、教师或学校管理人员发出威胁时，学校应该采取怎样的措施来处理？建立一个威胁评估小组是一个好的开始，可以以学校或社区为单位建立威胁评估小组，小组成员由经过培训的专业人员组成，负责仔细评估威胁的性质、个体所带来的风险水平以及为防止个体将威胁付诸实现而采取的必要措施。这将在以下内容中进行讨论。

安全校园计划

美国教育部、联邦调查局以及特勤局都对校园枪击案件的影响因素及形成机制进行了相关研究并发布了研究报告（Dwyer，Osher & Warger，1998；O’Toole，2000；Vossekuil，Fein，Reddy，Borum & Modzeleski，2002）。其中，最具影响力的研究是由美国特勤局与教育部联合进行的一项综合研究，该研究探讨了校园枪击手的思维方式、作案过程以及作案前的行为特征，这项研究被称为“安全校园计划”（Safe School Initiative，SSI）。“安全校园计划旨在在案发前识别出那些能够运用于防范校园暴力案件的信息与线索”（Vossekuil et al，2002，p. 3）。安全校园计划研究了全美 1974 年到 2000 年 5 月发生的相关案件，共分析了 37 起案件，涉及 41 名学生犯罪人。

通过研究分析，以下 10 个结论在评估个体的威胁水平时尤为重要：

1. 学校暴力案件很少是突发性的冲动行为或激情犯罪，但犯罪人准备、计划犯罪的时间具有较大差异性。一些犯罪人在案发前 1~2 天开始准备、计划，而其他犯罪人可能用 1 年的时间来为犯罪进行准备、计划。

2. 在大多数案件发生之前，已经有其他人知道了犯罪人打算作案的意图甚至计划。在超过四分之三的案件中，至少有一人在案发前已经知道了犯罪人的作案计划。在较多情况下（约三分之二的案件中），至少有两人在案发前已经知道了犯罪人的作案意图或计划。在所有案例中，绝大多数（93%）提前知道这些信息的人都是犯罪人的同龄人，如朋友、同学或兄弟姐妹。很少有成年人知道犯罪人的作案计划或意图。

在几乎所有的校园枪击事件中，研究人员发现犯罪人反复向他人（特别是对同龄人）明确表示过暴力意图甚至提及过准备作案的时间和地点。犯罪人经常通过威胁、自我吹嘘和直抒胸臆的形式来口头表达或暗示他们即将实施的犯罪。据估计，至少有50%的校园枪击手会将他们的意图告知他人，这种现象被研究人员称为“信息泄露”（Leakage）。文献显示，哥伦拜恩案件中的犯罪人曾在学校里反复暗示他们即将实施大规模杀人的意图（Meadows，2006）。然而，知道这些信息的同龄人很少将这些威胁报告给有关部门，这种现象的原因尚不明确，但“恐惧”或“害怕被报复”似乎是主要原因。华盛顿州安全校园联盟1999年的调查显示，“担心不被相信”“担心被报复”“担心威胁者会因为自己的举报而发生不好的事”是同龄人不将威胁上报的主要原因（Verlinden，Hersen & Thomas，2000）。范林登等人得出结论，对于那些真正发生的校园暴力案件而言（而不是威胁后并未真正实施的），案件发生前通常伴随着多个警告信号和风险因素。“警告信号越多，犯罪概率就越大，犯罪动机就越强烈，其实施暴力犯罪的可能性就越高”（Verlinden et al，2000，p. 47）。

3. 大多数犯罪人在作案前并没有威胁他们的目标。大多数情况下（83%），犯罪人在作案前并没有用言语以直接、间接或其他方式告诉受害人，自己会伤害他们。

4. 大多数犯罪人在案发前会表现出一些行为，这些行为会引发他人的担忧或对其进行帮助的意愿。大部分犯罪人（93%）在作案前都有一些行为引起了学校行政人员、家长、教师、警察或同龄人的担忧。比如，试图获取枪支或者在课本或作业里写下表现出不良或暴力意图的文字。

5. 大多数犯罪人在经历重大损失或个人挫折、失败时难以应对。此外，许多犯罪人曾企图或尝试自杀。大多数犯罪人都有高度抑郁的病史。

6. 许多犯罪人在作案前曾被欺凌、迫害或受到他人伤害。该研究发现，约四分之三的犯罪人在作案前曾被迫害、威胁、攻击或受到伤害甚至有些犯罪人经历了长期且严重的欺凌和骚扰。

对校园枪击手的研究一致发现，犯罪人出现的三个共同特征是同龄人的排斥、社会排斥以及长期遭受欺凌。一项研究得出的关键结论是，“非常典型的枪击手侧写：男性学生，在学校里长期被他人排斥，并且经常遭受嘲笑、戏弄、骚扰甚至公开羞辱”（Leary，Kowalski，Smith & Phillips，2003，p. 213）。在校园枪击手的生活经历中，遭受他人恶意和公开欺凌是一个尤为显著的特征。哥伦拜恩案件中的犯罪人之一，迪伦·克莱波德（Dylan Klebold）在日记中写道，他因没有朋友而感到孤独，尤其是与异性相处的失败经历让他倍感折磨（Meadows，2006）。另一名犯罪人，艾瑞克·哈里斯（Eric Harris）在日记中写道，每个人都一直嘲笑他。绝大多数校园枪击手的社会交往和应对能力都较差，并且在校园里备受欺负或受到迫害。这些校园枪击手对自己遭受的嘲笑或羞辱表示极度的愤怒，并发誓对特定个人或群体进行报复。总体而言，“他们缺乏社会支持和亲社会关系，而这些都是个体的重要保护性因素”（Verlinden et al，2000，p. 44）。

7. 大多数犯罪人在作案前接触并使用过武器。约三分之二的犯罪人有武器使用的经历，包括刀具、枪支和炸弹或爆炸物。

8. 在许多情况下，其他学生也以间接的形式参与了案件。虽然大多数犯罪人都是独自作案，但许多犯罪人（44%）受到了他人的煽动或鼓励，从而实施犯罪。

9. 虽然执法部门响应速度较快，但大多数枪击案件是通过其他方式停止的。大多数案件（75%）是由学校管理人员、教师或学生制止的或者犯罪人自行停止攻击。约一半的案件在外界进行干预前持续了约 15 分钟及更短的时间。

10. 目前，针对有特定目标的校园暴力犯罪人（学生），尚未形成准确或有效的侧写。

虽然所有犯罪人都是男性，但没有一个特征组能够适用于所有或大多数犯罪人。这类犯罪人在人口统计学背景和其他个体特征上存在较大差异性，家庭情况也各不相同。此外，犯罪人作案过程的特征也具有差异性，如他们的攻击目标具有差异性，可能是某个特定的个人，如同学、管理员或教师；也可能是整个学校；还可能犯罪人针对的是某个特定群体或类别的学生，如“体育特长生”或“成绩好的学生”群体。这一结论与几年前美国特勤局对成人刺客（Adult Assassins）的研究结论一致（Fein & Vossekuil，1998）。美国特勤局启动了一项研究计划，即特殊案件研究项目（Exceptional Case Study Project，ECSP,），主要研究那些已成年的刺客，他们专门谋杀政客、富商等有社会影响力的大人物。

不管是对校园枪击手的研究，还是特殊案件研究项目，两者都得出一致结论：侧写并不能够有效识别出实施校园暴力犯罪的、具有高风险的潜在犯罪人，也不能有效评估特定个体实施校园枪击案的可能性或风险水平。

此外，“安全校园计划”的研究者指出，依赖对该类犯罪人的侧写存在两个潜在风险：（1）绝大多数符合校园枪击手侧写的学生实际上并不会针对特定目标而真正地实施暴力攻击，即并不会将威胁付诸实践；（2）根据当前对

"校园枪击手"研究结论所形成的侧写无法真正识别出具有暴力风险的学生，因为根据以往"校园枪击手"案件所形成的侧写中，犯罪人存在较大的个体差异，没有能够描述所有或大部分犯罪人的特征组。正如纳德尔和梅洛指出，错误地将青少年识别为潜在暴力犯罪人可能会对其社会适应性和社会情感的发展产生负面影响（Nader & Mello，2002）。例如，将青少年识别为潜在的高风险暴力犯罪人，可能会使其受到同龄人的歧视、孤立，影响其正常的社会交往，因为这种社会性的负面标签会让他们在与他人交往的过程中处于劣势地位。

沃塞库伊等人提议，与其将焦点放在建立这类犯罪人的侧写上，不如将侧写的重心放在学生的行为和交流上，从而确定学生是否有意准备或企图实施校园暴力犯罪。然而，沃塞库伊等人在上述建议中没有提及在行为与交流上进行侧写的具体分类，行为与交流可以从不同的角度进行理解。或许沃塞库伊等人指的是传统的联邦调查局或临床侧写的方法，而不是基于科学化的，以数据与实证研究为基础的心理侧写。随后沃塞库伊等人强调，需要利用好"基于事实的威胁评估法"（Fact-based Threat Assessment Approach），从而促进对学生行为和交流信息的收集与分析。他们进一步写道：

> 美国特勤局开创并应用于校园暴力犯罪的威胁评估是一种基于事实的调查和分析方法，它侧重于某个特定学生具体的行为和言论，而非关注该学生与该类犯罪人的相似性（Vossekuil et al，2002，p. 41）。

校园威胁评估小组

在哥伦拜恩案件之后，社会媒体和一些专家迅速对学校暴力犯罪问题作出了粗略的概括。此外，这些骇人的大规模凶杀案件对临床心理学家、教育心理学家以及其他教育从业人员提出了更高的要求，他们需要具备一定评估能力以判断学生的暴力风险程度。然而，近年来，一些从业者对暴力风险评估的使用表示质疑，他们认为该评估存在两个问题：一是可能会对学生产生污名化效应（Stigmatizing Effects）；二是在预测中可能会出现较多的假阳性（False Positive，即预测某人会表现出暴力行为，但实际上他们不会）（McGowan，Horn & Mellott，2011）。假阴性（False Negative）则是预测某人不会表现出暴力行为，但实际上他们实施了暴力行为（见表 6.2）。

表6.2　预测结果表

		现实情况	
		实施暴力行为	未实施了暴力行为
预测情况	会实施暴力行为	真阳性（True Positive）	假阳性（False Positive）
	不会实施暴力行为	假阴性（False Negative）	真阴性（True Negative）

在实施“安全校园计划”之后，美国的学校鼓励组建威胁评估小组，旨在区分学生的严重威胁和低风险威胁（Daniels et al，2010）。换句话说，一些威胁比其他威胁的可信度更高、风险更大，因而被付诸实践的可能性就越大。这促使研究人员开展相关研究，以便理解高风险威胁与低风险威胁之间存在的实质性区别。在一项研究中，康奈尔及其同事对在弗吉尼亚州25所学校发生的188起学生威胁案件进行了为期一年的研究。研究人员区分了两种类型的威胁：暂时性威胁（Transient Threats）和实质性威胁（Substantive Threats）。暂时性威胁，是指学生没有持续性地表明伤害意图，并可以通过道歉或解释来解决的威胁。学校表示，这类威胁经常会遇到，并且可以当作常规的纪律问题来处理。暂时性威胁反映了学生的情绪状态，如愤怒、嫉妒等，这种状态在学生意识到自己说错话之后会迅速消散。“暂时性威胁最重要的特征是学生没有持续性的伤害他人的意图。”（Cornell et al，2004，p. 533）

而实质性威胁之所以严重，是因为它代表了持续性的伤害意图，而不仅仅是提出威胁时的暂时性情况。奥图尔提出了用于识别实质性威胁的五个指标（O' Toole，2000）：

1. 威胁中包含了具体且详细的细节。它包括意图袭击的受害人身份（目标）、袭击的理由，实施攻击的手段、武器和方法以及案件发生的时间和地点。2012年计划在湖城高中的集会上实施爆炸的案件中，其中一名犯罪人曾问一个他喜欢的女孩，如果他想要这个女孩旷课一天，她是否会同意。有趣的是，该信息的内容可能仅仅反映了这个学生当时的情感状态，并没有其他显著的意义。情感内容可能通过戏剧性的词语和不寻常的标点符号传达，如“你毁了我的生活!!!”虽然这些信息会让接收者感到恐惧，但情感内容与威胁实施的风险性之间的关联尚未得到验证。

2. 威胁曾被反复提及，或告诉了多个同龄人。

3. 有证据表明威胁中的袭击计划已在进行或准备中。

4. 学生已有同谋或邀请他人观看其作案。

5. 有证据表明学生已经获得了武器，包括火器、炸弹材料和大量弹药。

上述指标的组合会增强威胁的严重性。然而，威胁评估必须考虑威胁出现的情境或背景，并尽可能基于充分的信息作出合理的判断。

所有年级的学生，包括幼儿园的学生，都会提出威胁。根据康奈尔等人的研究，大多数被威胁的受害人是其他学生，通常是同一年级的学生。在该研究中，男性学生群体共实施了 146 次威胁，女性学生群体共实施了 42 次威胁。最常见的威胁（41%）是殴打目标受害人。此外，还有 27 个杀人威胁、24 个枪杀威胁以及 18 个割伤、刺伤威胁。有 32 个模糊或不具体的威胁，如“我会找到你的”或“你给我等着”以及 10 个其他威胁，如放火或引爆炸弹。在康奈尔等人研究的 188 起威胁案件中，仅有 3 起威胁案件被判定为极度严重，需要将学生开除。第一起案件中，一名六年级的男孩手持一把剪刀威胁要刺伤另一名同学。第二起案件中，一名八年级的女孩威胁一名男同学，声称自己要用手枪射杀他。第三起案件中，一名九年级的女孩因威胁另一名学生而被开除，她扬言要用刀捅刺另一名学生，且学校在她的储物柜中真的发现了一把刀。大约 50% 威胁他人的学生被停学，停学时间从 1 天到 10 天不等。

正如“安全校园计划”所提到的，学校的威胁评估小组在评估过程中，如果将处于社交障碍、同伴排斥、孤立以及受社会无助感困扰的青少年标记为潜在威胁个体，可能会使他们的社交情况更加恶化，更会受到孤立、排斥。此外，如上所述，虽然有人提倡使用“早期暴力预警特征清单”来识别潜在犯罪人，但他们也提出了警示，即不要将这些指标当作简单的“是或否”的问题来对学生的威胁性作出直接的判断，这只是一份参考性的评估工具。但不幸的是，这些警示往往被忽视（Sewell & Mendelsohn，2000）。

为帮助学校威胁评估小组，康奈尔主导了一个旨在制定学生威胁评估方法的研究，称为《弗吉尼亚学生威胁评估指南》（*Virginia Student Threat Assessment Guidelines*）。这个指南是为学校 K-12 年级（类似于我国高中生群体）开发的，同时也是对联邦调查局和特勤局的响应，即学校应该采用科学的威胁评估方法来减少校园暴力案件（Cornell & Allen，2011；Cornell，Gregory & Fan，2011；Cornell & Sheras，2006）。这一指南手册共 145 页，内容详细，逐步引导小组成员完成威胁评估过程（见图 6.2）。

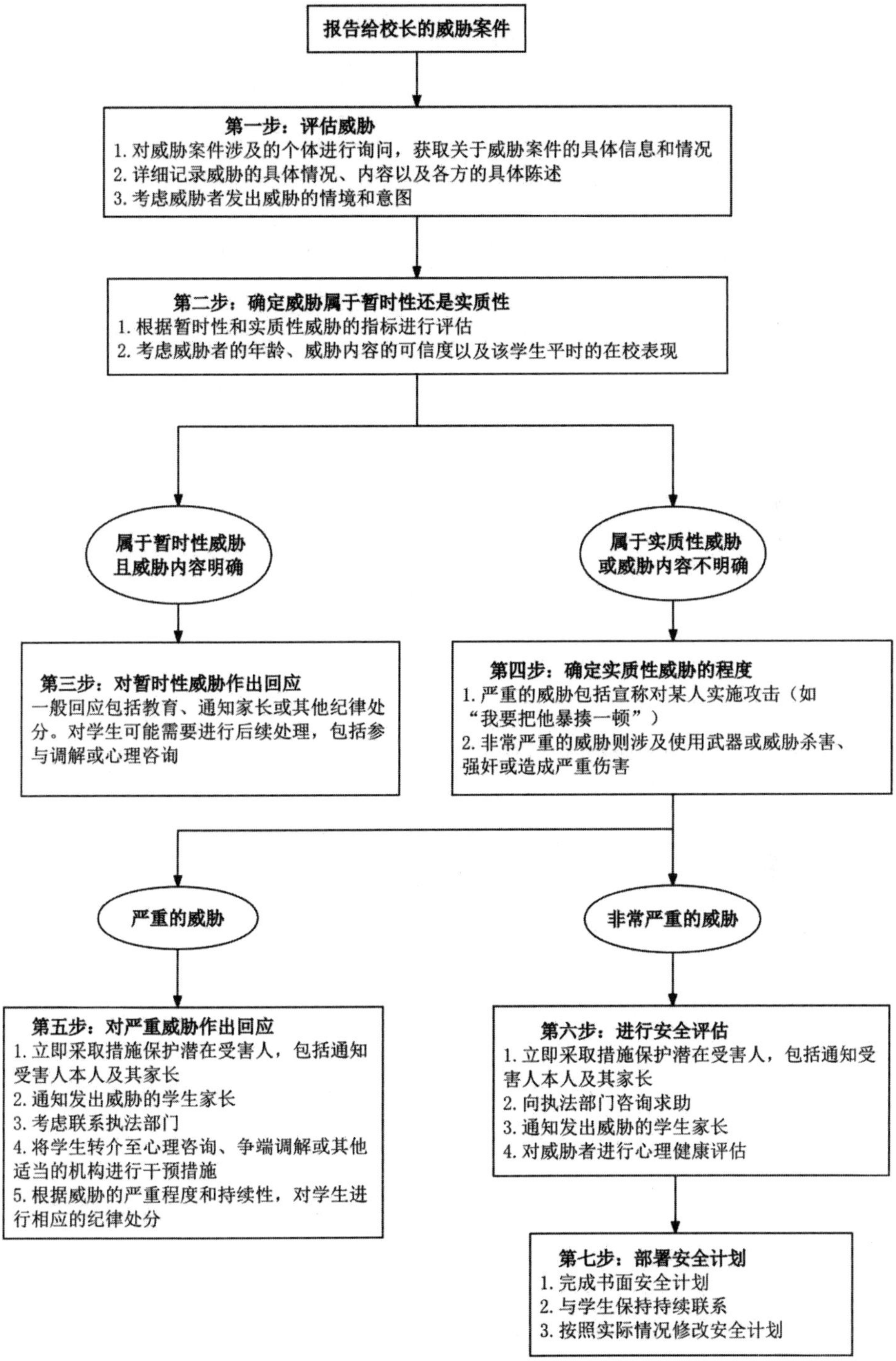

图 6.2　对学生威胁进行评估的决策树

总之，校园枪击案件令人恐惧且深感担忧，但从统计上看，这类案件相对较为罕见。自 2000 年以来，美国发生了 46 起校园枪击案件（包括高中、初中和小学），导致 48 人遇难。其中一些遇难者是教师或学校的其他工作人员。在大学中，发生了 21 起枪击案件，造成 64 人遇难。与校园枪击案件类似，一些大学枪击案件中的遇难者也是教授或大学的其他工作人员。最严重的大学枪击案件发生在 2007 年 4 月，弗吉尼亚理工大学有 32 人被枪杀遇难。“安全校园计划”强调，尽管校园枪击案件较为罕见，但其对学生、学校的工作人员和当地社区居民的心理影响是巨大且持久的。

然而，早在这些暴力或枪击案件发生之前，关于学生在学校被其他同学欺凌的逸事和媒体报道已经促使研究人员对这一问题进行了深入分析，研究过程中也记录了问题的严重程度。校园暴力案件不仅仅是校园枪击案件，还包括强奸、严重袭击、简单攻击和抢劫等案件。尽管在本节中我们主要关注校园枪击案件的侧写和预测，但应当指出，劫持人质、爆炸、纵火、性侵犯和一般的欺凌都是校园暴力的表现形式。因此总体而言，校园暴力仍然是一个严峻的社会问题，“安全校园计划”和教育部提倡在多个学区建立威胁评估小组，以评估个体在进行各种形式的威胁后，真正实施暴力行为的可能性。

成人校园枪击手

到目前为止，我们讨论的枪击手是未成年的学生群体。但不属于学生群体或不是学校职工的成年人也会实施校园暴力案件。类似于大规模凶杀的袭击，试图预测这些袭击通常被认为是徒劳之举。然而，学校可以采取一些保护措施，如在校园内安装监控，确保学校的入口点清晰可见。如今，许多学校还会进行相关紧急事件的“演习”，在演习中，学生和教师用诸如桌椅之类的器具来封锁教室门，并躲藏在障碍物后方。

近年来，一些成年男性闯入校园，杀害学生和教职工。虽然这种情况较为恐怖，但概率相对较低，与未成年的学生枪击手不同，这些成年人通常不会发出威胁。2006 年 10 月 2 日，在宾夕法尼亚州的西尼克尔，32 岁的查尔斯·卡尔·罗伯茨（Charles Carl Roberts）携带三支枪进入当地一所单间学校，这是一个由阿米什人（一个宗教群体）使用的单间学校。犯罪人挟持了所有女孩作为人质，并将男孩和成年人赶到教室门外。随后，他封锁了教室门，向十几个女孩射击，造成 5 人死亡、5 人重伤，案发后随即自杀。犯罪人的动机不明确，但他表示，他的行为与这个学校或阿米什这一群体没有直接关系，而是受到童年时期阴影事件的驱使。“他可能自身充满了极度的无助感或生活境况极为无望，因此在一个简单、平和，能够完全任由他摆布的学校中发泄了出来”（Gerler，2007，p. 2）。

就在上述案件发生的一周前，53 岁的杜安·罗杰·莫里森（Duane Roger Morrison）手持步枪和装有爆炸物的背包走进了科罗拉多州贝利地区的普拉特峡谷高中。他在教室中挟持了 6 名女性学生，并对其中 5 人进行了性侵。随后，他释放了 4 人。当特警队闯入教室时，莫里森开枪打死了一名 16 岁的学生，随后自杀，其余人质得以逃脱。在该案件中，犯罪人的动机同样尚不明确。由于上述两起案件在时间上接近，仅一周之隔，因此有人猜测第二起案件是模仿作案。

还有两名臭名昭著的成人枪击手是马克·勒平（Marc Lepine）和金维尔·吉尔（Kimveer Gill）。1989 年 12 月，勒平在蒙特利尔的巴黎工程学院制造了惨无人道的“蒙特利尔大屠杀”（Montreal Massacre），导致 14 名女性遇害，其作案动机主要出于对女权主义的仇恨。2006 年 9 月，吉尔在魁北克的道森学院实施枪击，子弹射中了 20 人，1 人遇难。警方后续侦查发现，吉尔还计划在蒙特利尔的其他机构实施类似的袭击。勒平和吉尔在作案时都是 25 岁左右，并且作案地点都选择了他们未曾就读的学校。兰曼认为，吉尔的作案过程模仿了哥伦拜恩案件，并且吉尔对哥伦拜恩案件的犯罪人哈里斯极其崇拜（Langman，2009）。侦查还发现，吉尔在案发前 1 年，似乎完全从社会中隐退，不再参与大多数社交活动。上述两起案件看似相似，但特征有所不同。勒平的案件符合由仇恨而引发的大规模凶杀的特征，而吉尔的案件则表现出校园枪击手的特征，并在一定程度上重演了哥伦拜恩案件的文化脚本。

学生校园枪击手的心理特征

继“安全校园计划”的研究之后，其他研究人员更为详细地研究、分析了校园枪击手的心理特征。然而，必须警惕的是，发现共同特征并不意味着我们能够构建出校园枪击手的稳定且有效的侧写。利里等人仔细分析了 1995 年至 2001 年发生的 15 起校园枪击案件犯罪人的心理特征和背景资料（Leary et al，2003）。他们发现，大多数校园枪击案的犯罪人曾经受到同辈拒斥（Peer Rejection）。大多数犯罪人遭受他人的嘲笑、欺凌或孤立，少数人在案发前一段时间经历了情感方面的挫折（如被追求的对象拒绝）。在较多情况下，这些案件的受害人群体中就包括了曾经拒绝或羞辱过犯罪人的个体。

然而，仅仅同辈拒斥这一个因素似乎并不足以激发他们实施大规模凶杀的行为。除了同辈拒斥外，犯罪人还表现出以下三种风险因素中的至少一种：心理问题、对枪支或爆炸物的兴趣、对死亡或黑暗主题的病态迷恋。

心理问题主要集中在冲动性、控制能力差、缺乏同情心、严重抑郁、高攻击性和反社会行为上。许多犯罪人曾对同伴实施具有较高攻击性的行为，有的犯罪人还虐待动物。抑郁症是识别潜在校园枪击手的一个重要因素。在一项研究中，四分之三的校园枪击手在作案前曾表达过有自杀的想法或尝试自杀（Vossekuil et al，2002）。

对枪支、炸弹和爆炸物感兴趣甚至迷恋也是一个常见的特征。具有较高破坏性、杀伤力的工具或武器对校园枪击手颇具吸引力。维克和弗雷泽提到过一个案例，费城外普利茅斯会议的巡防警察逮捕了一名 14 岁的辍学学生，他在父母的帮助下收集了剑、枪支、手榴弹、炸弹的使用手册，用于制作炸弹的黑火药以及哥伦拜恩大屠杀的视频（Wike & Fraser，2009）。警方根据当地学生提供的线索展开了行动，这名辍学的学生正计划袭击他之前就读的学校。

校园枪击手往往对死亡及黑暗风格或主题（如哥特风）表现出强烈的迷恋。他们对暴力而残忍的屠杀不像大多数同龄人那样感到恐惧。2005 年 3 月，明尼苏达州红湖高中的 16 岁学生杰弗里·维斯（Jeffrey Weise）杀死了他的祖父和祖父的女友，然后驱车前往学校作案，一名保安、一名教师和五名学生遇害，六人受伤，作案后随即自杀。维斯在网站上留下了许多带有黑暗主题的信息，发布了自己全身穿黑衣的照片，并创作了关于校园枪击和僵尸的故事（Weisbrot，2008）。然而，这些对死亡或黑暗主题的迷恋也可能是抑郁症的特征或自杀的前兆。比如，维斯曾因自杀住院治疗。哥伦拜恩案件中的犯罪人艾瑞克·哈里斯（Eric Harris）和迪伦·克莱波德（Dylan Klebold）常被称为是死亡或黑暗主题的虔诚信徒，但侦查证据并未明确地表明情况确实如此。也可能他们只是两个愤怒且严重抑郁的年轻人。

在绝大多数校园枪击案件中，犯罪人几乎对其学校、教师或同学同伴没有任何情感联结（Wike & Fraser，2009）。学生在学校的归属感及与学校的情感联结（School Attachment）对校园暴力案件的防治尤为重要。一些研究人员发现，学生对学校的归属感与情感联结在提高学业成绩、减少药物使用、减少暴力行为以及高风险性行为上发挥了重要作用（Catalano，Haggerty，Oesterle，Fleming & Hawkins，2004；Wike & Fraser，2009）。

6.4 工作场所的暴力行为

广义上讲，美国劳工部将工作场所暴力定义为任何发生在工作场所的身体暴力、骚扰、威胁或其他具有威胁性的行为（U. S. Department of Labor，2011）。在大众的认知中，工作场所暴力通常是指某公司的员工或前员工杀害其同事的犯罪行为，这种现象被称为“邮政暴力”（Going Postal），这一说法源于 20 世纪末邮政工人暴力犯罪案件的激增。“歇斯底里的员工在工作场所实施大规模凶杀已成为媒体关注的重要事件”（Critical Incident Response Group，2001，p. 11）。然而，大规模凶杀只占工作场所暴力犯罪案件中的极小部分。例如，估计只有 4%~7%的工作场所凶杀案发生在同事之间（LeBlanc & Kelloway，2002）。实际上，任何一个与员工接触的个体所实施的暴力行为都是工作场所暴力，包括客户、访客、意外的抢劫犯、配偶、病人，等等。

严重工作场所暴力的相关数据

根据美国劳工统计局 2010 年的数据，平均每年有 564 人在工作场所被谋杀，这使工作场所暴力成为美国职业性死亡的第二大原因。职业性死亡（Occupational Death），是指因从事与工作相关的活动或暴露于工作环境中的危险而导致的死亡。2008 年，美国发生了 30 起工作场所的大规模凶杀案件，共 67 人死亡，7 名犯罪人作案后自杀，平均而言，每起案件约两人遇害。枪击案件占工作场所凶杀案件的 80%，其中约 40%的案件中，犯罪人是抢劫犯；12%的案件中，犯罪人是该公司的员工或前员工，女性是这些暴力案件的主要受害人（Hayes，Outten & Steer，2000）。造成这一现象的原因有三：第一，女性通常担任前台职位，如接待员，如果犯罪人要在工作场所施暴，往往会从前台人员下手。第二，根据海耶斯（Hayes）等人的分析，女性经常从事行政、人事和人力资源工作。犯罪人通常因不满绩效评估，被解雇、训斥或裁员而对人事部门产生怨恨。第三，家庭暴力常常会蔓延到工作场所。前任或现任丈夫，或是愤怒的男友或前男友可能进入受害人的工作环境，试图伤害女性以及任何试图制止其实施暴力行为的个体。

虽然在过去 20 年中，媒体的报道让我们感受到工作场所暴力案件的数量呈上升趋势，但必须强调，在大多数工作场所的凶杀案中，犯罪人与受害人并不是同事关系或职员与上司的关系，而是公司遭受意外抢劫所引发的凶杀案，犯罪人通常是公司或组织以外的他人（Neuman & Baron，1998）。便利店店员或快餐店员工常常在工作中成为抢劫或其他暴力犯罪的受害人，尤其是那些夜间独自工作的员工。

工作场所暴力的分类

为了对工作场所暴力的相关案件展开研究和分析，1955 年加利福尼亚职业安全与健康局将这些案件根据犯罪人与工作场所的关系分为四大类。类型一中，犯罪人与工作场所没有法律关系，他们闯入组织或商业场所实施犯罪行为，如抢劫。便利店、酒类商店或快餐店的员工通常是受害人。类型二中，犯罪人是工作场所提供服务的对象，如医疗、社会服务、咨询、教育或心理咨询行业。护士、社会工作者、教师和心理咨询师通常是这类工作场所暴力的受害人。类型三中，犯罪人是工作场所的现任或前任员工。这类犯罪人通常是对公司或公司的员工、上级心怀不满，他们可能因被解雇、裁员、降职、受到羞辱或失去福利而产生报复心理。类型四中，犯罪人与工作场所没有法律关系，但与工作场所内的某位员工有私人或亲密关系。类型四通常是家庭暴力蔓延到工作场所的一种表现。

聚焦类型三，即现任或前任同事在其工作场所或前工作场所实施的暴力行为（见图6.3）。我们的关注点是，通过心理侧写能否对这种暴力行为进行预测以及预测的程度。迄今为止，关于工作场所暴力预测因素的研究仍然有限。那些关于类型三的研究主要集中在对同事实施暴力行为的个体描述或识别出哪些工作特征可能会增强现任或前任员工实施暴力行为的风险性（LeBlanc & Kelloway, 2002）。关于哪些因素最能有效预测工作场所暴力的研究非常少，但研究人员已经识别出一些预警特征。

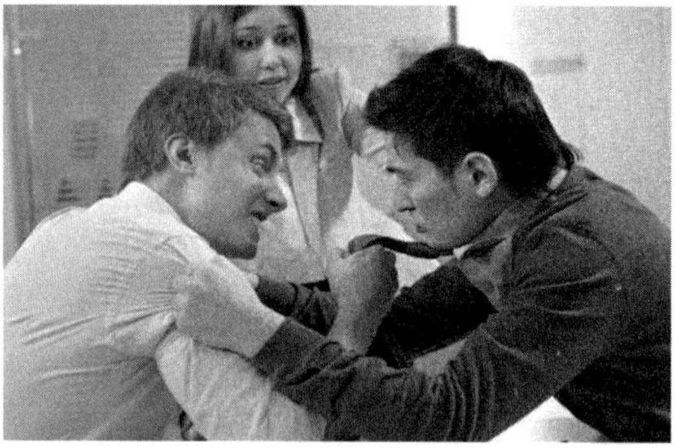

图6.3 两名男子在工作场所发生了暴力冲突，一名女性同事试图介入。尽管没有涉及武器使用，但这种冲突会造成敌对的工作环境，并可能恶化为更严重的暴力行为

预警特征

当公司或组织内某一个体将要实施暴力行为时，其他员工或上级很有可能观察到一些预警特征，这些特征就像一种信号一样间接或直接地表明该个体即将实施暴力行为。在许多案件中，犯罪人会对组织内其他成员多次发出威胁，表达自己将要杀害他人、伤害自己或他人的意图。有的案件中，犯罪人的多次威胁表现出逐步升级恶化的特征，威胁的内容包括经过精心策划的袭击方式，如殴打、枪击、捅刺等；或者犯罪人在威胁中多次提及其他的工作场所暴力事件，如“你知道×公司的一个员工把他上司捅死了吗?”威胁行为或言论通常会随着时间的推移而逐渐累积，但这些威胁出现的时间通常是在较短范围内（如近一个月内）。这些威胁针对的目标既可能是组织内的特定个人，也可能是整个组织。

表 6.3 列出了个体可能会实施严重暴力行为的预警特征。与校园暴力的预警特征清单类似，这些指标不应被假定为与暴力行为的实施有必然且直接的联系。此外，任何单一特征的出现并不一定代表高风险；多个特征的出现才应该考虑是否把该个体评估为高风险。

表 6.3　可能实施工作场所暴力的员工预警特征

敌对、攻击行为增多
威胁内容具体，具有较大危害性
对他人的批评极度敏感
近期获得了武器或对武器产生迷恋
明显对上级、同事遭遇的不幸感到幸灾乐祸
痴迷于具有暴力性质或主题的事物
对组织内的他人，尤其是上级主管心怀不满、积怨
对媒体上公开报道的暴力事件感兴趣
愤怒情绪的爆发
极端的无序性、无组织性
显著的行为变化
发表过杀人或自杀的言论、威胁
工作中服用药物或酒精

正如 2001 年“重大事件应急小组”所强调的，工作场所暴力的前兆通常会有发出威胁的行为。然而，有时这些威胁难以察觉，因为它们可能很微妙且主观。“威胁可能是明确或是隐晦的、口头或非口头的、具体或模糊的”（Critical Incident Response Group，2001，p. 23）。所有威胁在最初出现时都应被视为具有严重的风险性，但幸运的是，许多威胁只是一种情绪的发泄，发出威胁的人并没有真正实施威胁的内容。除威胁本身外，更值得关注的是个体具有攻击性的行为模式，包括持续性的骚扰、跟踪及身体接触，这些行为特征是个体可能对同事或上级主管实施工作场所暴力的高风险信号。

预测工作场所暴力的行为与特征

巴林基于家庭暴力的研究文献分析，提出了能够预测上述类型三的暴力行为的四个个体因素：酗酒、攻击和暴力行为史、自尊心缺乏以及在工作场所的心理攻击性。

第一个因素是酗酒，巴林指出：“在对可能实施暴力行为的员工侧写中，过度饮酒是一个明显的特征”（Barling，1996，p. 33）。饮酒和过往的攻击与暴力行为史与对同事和上下属的攻击和暴力行为有关（Greenberg & Barling，1999; LeBlanc & Barling，2005）。实际上，酗酒在那些工作场所实施暴力行为的员工中似乎非常普遍（LeBlanc & Barling，2005），药物滥用也是如此（Hayes et al，2000）。过度饮酒或药物滥用增加了个体在工作场所实施暴力行为的风险，因为它增加了个体对当时情境误解的概率，并降低了个体的智力和语言功能（Cox & Leather，1994）。

第二个因素是攻击和暴力行为史，具有这种不良历史的员工可能会在未来用相同的方式，即采用攻击和暴力行为，解决冲突和分歧。减少组织内员工实施暴力行为可能性的一个方法是在聘用前对潜在员工进行背景调查，查看他们是否有攻击和暴力行为史。因为对个体未来行为最佳的预测指标是观察其过去在类似情境下的行为。如果员工在以往的工作场所对其他员工或上下级表现出攻击性、暴力和威胁行为，那么其在未来的工作环境中也很可能会表现出类似的行为模式。

第三个因素是自尊心缺乏，这一特征在具有攻击性和实施潜在暴力行为的个体中非常普遍且具有代表性。任何会削弱员工自尊心的事件或一系列事件（如上级的批评、同事的嘲笑等）都有可能将他们推向崩溃的边缘，就像压死骆驼的最后一根稻草。

第四个因素是与低自尊紧密相关的心理攻击的使用或遭受同事或上司的心理攻击。这可能表现为带有敌意的嘲弄、骚扰和羞辱。例如，1999 年，渥太华公交车工人皮埃尔·勒布伦（Pierre Lebrun）在工作场所持枪袭击，导致四人死亡、两人受伤，作案后随即自杀（LeBlanc & Barling，2005）。

侦查报告指出，勒布伦因结巴在工作中不断受到嘲笑。从受害人的角度来看待犯罪人，另一种心理攻击的形式是遭受人际不公。近期研究表明，当个体感知到“人际不公”时可能导致工作场所暴力：

> 人际不公，是指在执行工作的过程中，个体感知到他人对待自己的方式或过程中缺乏尊重、礼貌（Dupre et al，2010，p. 360）。

人际公平对员工来说至关重要，尤其是当它涉及对员工晋升和涨薪进行评估时，那些被认为不公平、不公正的评估可能会引发员工强烈的情绪和敌对反应。此外，这种人际不公的感知可能会蔓延到其他情境和人际关系中。

当一个人经历或感知到引发个体愤怒情绪的事件时，这个人可能会将情绪发泄到他人身上，不仅在工作场所，也可能在家庭中。比如，在工作中认为自己遭遇不公的丈夫回家后将愤怒情绪发泄在妻女身上。相关人士在对工作场所的威胁进行评估时，必须仔细考虑这类风险情况的动态性，即负面情绪的转移以及发泄对象的替代。

第三类工作场所暴力非常复杂，预测一个不满或愤怒的员工是否会实施暴力或杀人行为极具挑战性。潜在犯罪人可以是员工也可以是上司，攻击的目标可以是一个或多个对象，包括现任或前任上司、同事、下属或组织内的任意他人。攻击目标也可能是针对组织，这种情况下，攻击目标更可能是组织内的代表性人物或者采取随机的方式攻击组织内的他人。

犯罪人实施攻击通常出于各种各样的理由。然而，绝大多数第三类暴力的典型情况是，一个被解雇的员工或感知到自己遭遇组织不公对待或虐待的员工，在工作场所（通常是随机的）杀害组织内部的他人。那些专制且压抑的工作环境，如那些大型、非私人的组织，似乎是工作场所暴力发生的风险群体。然而，正如重大事件响应小组（Critical Incident Response Group，2001）提供的例子所示，没有哪个组织可以完全避免工作场所暴力的发生。如前所述，当员工感到沮丧和愤怒时，他们可能会倾向于通过暴力行为来解决冲突、矛盾或者发泄情绪。然而，在平和、友好的工作环境中，暴力事件发生的概率相对较低。

海耶斯等人在关于工作场所暴力的研究中指出，另一种严重的风险性特征是持有极端主义的观点或态度（Hayes et al，2000）。那些经常表达对有色人种、不同性取向或宗教信仰持有强烈的仇恨态度，或对工作场所中的女性持有僵化和极端态度的人，都具备工作场所暴力的预警特征，特别是当这些态度、观点在表达上的强度增加时。

总之，对工作场所威胁进行有效评估必须包括以下几个方面的全面分析：（1）威胁的性质和情境、背景；（2）威胁的特定目标；（3）威胁者的明显动机；（4）威胁者实施威胁的能力；（5）威胁者的背景，尤其是个体以往在工作场所的攻击和暴力行为史。

为了应对那些被评估为高风险但尚未犯下严重罪行的员工，组织必须制定明确的政策和防范标准。在个体情绪波动大、易激动的情况下，毫无准备地解雇员工，可能是错误的做法，尤其是在员工被评估为高风险的情况下。组织还应指定经过专业培训的人员来监督组织内反暴力政策的实施，包括何时寻求威胁评估人员和危机管理人员的帮助。

根据上述研究发现，威胁评估小组在决定某个个体是否构成可信的威胁时，可能需要考虑若干因素。在学校环境中，这些因素包括：同伴接受或拒绝、社交活动的参与、武器的接触和迷恋、对死亡或黑暗主题的痴迷、对他人伤害意图的表达，尤其是当表达存在持续性时。此外，各种心理问题，如具有高度攻击性的行为、高度抑郁或尝试自杀，都是将威胁付诸实践的预警信号。此外，学校的整体风气也至关重要。一项研究全国校园暴力的报告称，学生认为规则公平、规则纪律的实施一视同仁的学校通常发生的暴力事件较少。教师的榜样作用和强有力的领导能力也是重要因素（Payne & Gottfredson, 2005）。

关于工作场所，尽管现有研究较少，但组织文化似乎也是保护员工免受第三类暴力的重要因素。然而，有些威胁是在跟踪行为的背景下发出的，后面将进一步讨论。因此我们现在将焦点转向暴力风险评估，这与威胁评估类似，但涉及的潜在暴力情境和目标范围更为广泛。

6.5 暴力风险评估

暴力风险评估适用的情境广泛，包括家庭暴力、青少年暴力、监狱和拘留所暴力、职场暴力以及自我暴力。在风险评估中，法医心理学家和其他专家通常需要预测已知特定个体对自己、他人和社会是否构成威胁。

自约翰·莫纳汉（John Monahan）在 1981 年发表有关这一主题的开创性专著以来，暴力风险评估领域取得了长足进展。在那篇论文中，莫纳汉对当时关于个体暴力行为预测的相关科学和技术文献进行了全面回顾、讨论和分析。此后，莫纳汉继续从事风险评估工作，发表了大量学术作品，其中许多是与麦克阿瑟（MacArthur）合作的研究（Monahan, 1996; Monahan et al, 2001; Skeem & Monahan, 2011）。

在今天，风险评估是心理学家最常见的职能之一，特别是那些实践性的法医心理学家或矫正心理学家。法院或刑事司法系统会根据风险评估的结果决定是否批准保释、是否将个体拘留在安全机构（如最高安全监狱）中以及是否给予个体假释或有条件释放。目前，许多风险评估工具简短、快速、有效，实施难度较小，这类工具的开发使得非心理学家也能够对个体的暴力风险进行筛查。虽然最后风险评估的结果不一定需要形成一份完整、全面的心理侧写，但评估者需回答一个关键问题：这个特定个体未来是否可能会实施暴力行为。如果需要形成一份完整、全面的心理侧写，其中也必然会包括对该个体风险的评估，即该个体是否会对自己、他人及社会构成威胁。

用于评估暴力风险的工具很多。其中，最具实证效度的工具包括《暴力风险评估指南》（*Violence Risk Appraisal Guide*, *VRAG*）《历史临床风险-20》（*Historical Clinical Risk*-20, *HCR*-20）《修订版服务水平量表》（*Level of Serv-*

ice Inventory-Revised, *LSI-R*）《静态-99》（*STATIC*-99）《性犯罪人风险评估指南》（*Sex Offender Risk Appraisal Guide*, *SORAG*）。近年来，针对家庭暴力的风险评估方法变得越来越重要。其中两个较为通用且经过实证研究验证的工具是《安大略省家庭暴力风险评估量表》（*Ontario Domestic Assault Risk Assessment*, *ODARA*）和《家庭暴力风险评估指南》（*Domestic Violence Risk Appraisal Guide*, *DVRAG*）（Hilton, Harris & Rice, 2010）。

和威胁评估一样，风险评估也涉及对不确定性的判断。虽然它们提供了基于统计学意义的发生概率，但永远无法确保评估结果的绝对准确性。此外，研究一致表明，“常识”并不是这些评估中的有效依据和指标（Hanson, 2009）。也就是说，我们根据既有认知或固有印象对事件的感知与判断，即临床方法，并不能使评估结果具有较高的准确性。50 多年来，依赖可测量的、有效的风险因素的统计模型（即精算评估法）在多数情况下优于临床判断或意见（K. S. Douglas & Ogloff, 2003; Grove & Meehl, 1996; Hanson, 2005, 2009; Meehl, 1954）。然而，许多临床专家自信地认为，基于统计数据与实证研究的评估工具必须与通过多年经验和培训发展出的临床判断能力相平衡。

至此，风险评估已有两种方法：一种是基于统计数据与概率的实证方法；另一种是基于实践经验的临床方法。关于实证方法与临床方法之间的争论促进了第三种评估方法的发展。第三种方法被称为结构化专业判断模型（Structured Professional Judgment, SPJ），这种评估法将暴力行为视为一个具有情境性、动态性的结构，存在于一个连续体上。该方法依赖于结构化的临床和统计判断。具体而言，结构化专业判断模型使用经过实证研究证明的风险因素（即统计部分）作为“对个体暴力风险进行临床判断的起点”（McGowan et al, 2011, p. 479）。为了使评估可靠、有效、具有针对性，先将经过实证研究证明的风险因素作为起点，然后再进行临床判断。也就是说，评估过程以具有统计学意义的风险因素作为基础，但同时也考虑了统计数据无法解释的具体背景和个人因素，即实证与临床的结合。“综上所述，这种评估模型代表了一种综合性的方法，结合了实证知识和临床判断，以指导对个体暴力倾向的评估以及引发暴力行为的情境、环境因素的分析”（McGowan et al, 2011, p. 479）。迄今为止，相关研究佐证、支持了第三种评估方法的可靠性、有效性（McEwan, Pathe & Ogloff, 2011; Melton, Petrila, Poythress & Slobogin, 2007; Webster & Hucker, 2007）。我们将在后续讨论这一综合性的评估方法，并将其应用于跟踪案件。

但目前，我们需要再次关注一些额外的心理学概念，这些概念对理解暴力风险评估至关重要。再次强调，犯罪侧写的终极目标是作出准确的预测。心理学家长期以来一直参与行为预测工作，如果我们能以高度的准确性进行预测，就能够有效预防暴力行为或案件的发生，并矫正那些对社会和他人具有威胁性个体的行为。例如，如果能够准确地预测某一个个体将会实施暴力行为，我们则可以采取相关措施来防止暴力行为的发生，如为其提供针对暴力倾向的治疗。因此心理侧写通常涉及对个体实施暴力行为可能性的评估。

但是如前所述，对个体行为进行预测并不是容易、简单的工作。许多心理学家甚至宁愿放弃这项工作，也不愿冒着一定的风险来完成，因为一旦预测结果出现失误，则会产生多方面的消极影响。犯罪现场侧写、心理剖析、基于犯罪嫌疑人的侧写、犯罪地理侧写和心理侧写在很大程度上都假设心理学家能够准确预测个体的行为或是事后对个体行为作出合理解释。然而，过去几年中，就评估者对暴力及犯罪行为进行预测的准确性而言，失误次数是正确次数的两倍（Hanson，2009）。或许犯罪现场侧写和犯罪地理侧写的准确性甚至更低，但目前这些领域缺乏可分析的理论和实证研究支持，因此无法确定（Lilienfeld & Lanfield，2008；Snook et al，2008）。

在对潜在暴力个体进行预测时，两个最重要的概念是动态风险因素和静态风险因素，现进行详细讨论。

动态与静态风险因素

心理侧写的一个重要问题是动态风险因素与静态风险因素的区分（Andrews & Bonta，1998；Andrews，Bonta & Hoge，1990）。之所以称为“风险因素”，是这些因素与反社会行为相关且具有预测性。动态风险因素（Dynamic Risk Factors），是指那些会随时间和情境变化的因素。例如，个体的就业状况和药物滥用现象在不同的时间、情境下具有变化的可能性，因此属于动态因素。相对而言，静态风险因素（Static Risk Factors），是指在任意时间和情境下，都不会变化的因素，如父母的犯罪记录或个人早期的反社会行为史，这些因素无法改变。

动态因素可以细分为稳定性动态因素和急性动态因素（Hanson & Harris，2000）。稳定性动态因素（Stable Dynamic Factors）虽然会随着时间与情境的变化而变化，但通常变化速度缓慢，可能需要几个月甚至几年。例如，个体对暴力色情内容的态度或长期与越轨同伴交往的倾向，这些因素往往需要时间的积累，从而逐步转变。而急性动态因素（Acute Dynamic Factors）则变化迅速（几天、几小时甚至几分钟），有时会受到情绪波动、极端情绪、酒精、药物的影响。一些研究发现，相比稳定性动态因素，急性动态因素更能够有效预测犯罪人的再犯行为，尤其是对性犯罪人（Hanson & Harris，2000）。

在20世纪80~90年代，暴力风险评估的主流方向集中在利用静态、不可改变的风险因素来提高预测准确性，也就是说，依据个体过去行为和静态的个体因素进行评估。随后，暴力风险评估逐渐聚焦于动态、可变的因素，并将其作为评估过程中的重要组成部分。更重要的是，利用动态、可变的因素进行暴力风险评估符合大多数临床评估者的现有实践，即动态风险因素更具有可操作性和实践性，并且这些因素对潜在暴力个体的防范与危机管理具有重要意义。“最有效地减少个体暴力风险的干预方法，就是对与个体暴力行为相关的动态风险因素采取针对性措施”（McEwan et al，2011，p. 182）。下一小节，我们将以跟踪行为作为暴力风险评估的一个典型示例。

6.6　跟踪

跟踪（Stalking），也称为痴迷性骚扰（Obsessional harassment），其实质性特征是在违背受害人意愿的情况下，“持续性地与受害人进行不良地接触或沟通，导致受害人感到困扰或恐惧”（Sheridan & Roberts，2011，p. 255）。概念上，这一术语是指：

> 对受害人造成不适感、困扰甚至恐惧的侵犯和沟通行为，且这种行为具有持续性，在程度上不断升级，包括在受害人附近徘徊，跟踪或监视受害人的住所，进行多次电话联系或其他具有侵扰性的直接或间接沟通；也包括散布他人谣言、破坏个人财物、骚扰亲友、发送威胁性或性暗示的“礼物”或信件以及侵略性和暴力行为（Abrams & Robinson，2002，p. 468）。

跟踪是一种令人极度恐惧的恐吓型犯罪（Crime of Intimidation），个人侵犯性强，对受害人会造成较大的情感困扰和情绪紧绷、压抑状态。跟踪事件的性别特征尤为明显，80%的受害人是女性，而绝大多数的跟踪者是男性（Meloy & Felthouse，2011）。此外，持续性的跟踪往往与暴力行为有关（Sheridan & Roberts，2011）。例如，斯皮茨贝格发现，在具有持续性跟踪行为特征的群体中，实施暴力的基本比率为 32%，实施性暴力的基本比率为 12%，实施严重暴力的基本比率为 10%以下（Spitzberg，2007）。该研究中对暴力行为的定义包括攻击、伤害、自杀、强奸和强奸未遂、谋杀和谋杀未遂、使用武器以及破坏行为（Rosenfeld，2004；Sheridan & Roberts，2011）。

虽然跟踪与暴力行为有关，但它与暴力在几个重要方面有一定区别（Kropp，Hart，Lyon & Storey，2011）。首先，跟踪者通常认识或熟悉受害人，而单纯的暴力行为大多是针对陌生人。其次，虽然跟踪行为会对受害人造成严重的恐惧、焦虑等情绪从而产生巨大的压力，但跟踪行为对受害人构成的威胁是间接的或隐性的；而暴力行为对受害人的伤害是直接且明显的。最后，跟踪行为可能持续数月甚至数年，而许多形式的暴力持续的时间是短暂的或一时发生的。临床专家发现，无论跟踪行为是侵扰性、暴力性，还是两者兼具，跟踪行为持续的时间越长，对受害人构成的潜在威胁就越大（McEwan, Mullen & Purcell, 2007）。

1989 年，美国演员丽贝卡·谢弗（Rebecca Schaeffer）被一个狂热的粉丝杀害，引发了全国对跟踪行为的高度关注。由于模仿效应，谢弗遇害后的两个月内，加州地区还有四名女性被跟踪者杀害。这些跟踪后实施杀人的案件（Stalking-based Murders）促使加州立法机构制定了首部《反跟踪法》（*Anti-stalking Law*）。现在，美国所有 50 个州、哥伦比亚特区和加拿大都已实施《反跟踪法》。在这些法律出台之前，人们对跟踪者及其与受害人的关系知之甚少。虽然大多数州在法律中将跟踪定义为故意、恶意、反复跟随和骚扰他人，但有些州还包括实施潜伏、监视、非自愿通信、电话骚扰和破坏行为等活动。有些州还要求，个体必须至少实施两次跟踪行为，才可以在法律层面构成刑事犯罪。

跟踪案件的发生率

据估计，特定时间范围内，有 5%~16%的成年人正遭受跟踪（Eke, Hilton, Meloy, Mohandie & Williams, 2011）。此外，被跟踪的受害人通常不会向警方报案，只有三分之一至二分之一的受害人选择报警（Schwartz-Watts, 2006）。因此这种情况下，跟踪受害人的自述调查报告能够提供最完整且全面的跟踪案件的案发数量和频率，因为这些调查报告包括了那些没有报案的受害人。美国政策研究中心（Center of Policy Research, CPR）针对全国范围内的跟踪案件进行研究，发表了一篇名为《美国的跟踪案件：针对全国女性暴力调查的发现》（*Stalking in America: Findings From the National Violence Against Women Survey*）的文章（Tjaden & Thoennes, 1998b）。这项研究在 1995 年 11 月至 1996 年 5 月进行了全国性的电话调查，调查对象包括美国 18 岁及以上的男性和女性各 8000 名。研究结果表明，8%的女性和 2%的男性报告他们曾遭受跟踪（Tjaden, 1997）。虽然在大多数情况下，跟踪持续的时间不到 1 年，但也存在受害人被跟踪的时间超过 5 年的情况。然而，也有研究表明，当犯罪人实施违背受害人意愿的交流行为以及强迫性接触持续的时间超过两周，这些行为极有可能持续数月甚至数年（Mullen, Pathe, Purcell, 2001）。

国际范围内也对跟踪案件进行了研究。在澳大利亚，有 15%的女性曾遭遇跟踪。在英格兰和威尔士，分别有 16%的女性和 7%的男性曾遭遇跟踪（Sheridan & Roberts, 2011）。在加拿大，15 岁及其以上的群体中，9%的个体在 5 年内遭遇跟踪，并认为自身安全受到威胁（Canadian Centre for Justice Statistics，2005；Kropp et al，2011）。这些数据表明，跟踪案件是一个国际性的严重的社会问题。研究人员认为，大多数跟踪者的动机是控制、恐吓或威胁受害人。

暴力性跟踪的风险评估

正如克洛普等人所强调的，跟踪案件的风险评估必须全面且充分地分析、解释相关风险，包括犯罪人跟踪行为的性质、频率、严重程度和紧迫性（是否有必要立刻对受害人采取保护措施）以及受害人未来可能面临的风险（Kropp et al，2011）。研究表明，几乎在所有的跟踪案件中，受害人最终都会与跟踪者进行面对面的接触（Mullen，Pathe & Purcell，2000；Sheridan & Roberts，2011）。因此在大多数情况下，受害人对跟踪者也较为熟悉，这可以为跟踪性质的确定提供最佳信息来源。

大多数跟踪案件的受害人希望了解跟踪者对其实施暴力行为的可能性：

> 确定哪些跟踪者会构成严重的暴力威胁，并将这些跟踪者与那些可能造成较低程度身体伤害的跟踪者区分开。这对受害人、临床评估人员和司法系统都具有明确且重要的意义（Rosenfeld & Harmon，2002，p. 685）。

为了识别出哪些特征可以将暴力性跟踪者与非暴力性跟踪者区分开来，罗森菲尔德和哈曼分析了纽约市 204 个被法庭委托进行风险评估的跟踪和骚扰案件。研究结果支持了现有发现，即跟踪者的前配偶或与跟踪者有过亲密关系的受害人最容易受到威胁。具体而言，如果受害人曾与跟踪者建立亲密关系，跟踪者更倾向于对受害人的人身和财产进行威胁（包括对受害人实施身体暴力），也更可能将威胁的内容付诸实践，以某种暴力形式跟踪受害人，并在与受害人交流时出现更多的身体接触。这一现象被称为亲密关系效应（Intimacy Effect）（Calhoun & Weston，2003）。研究表明，跟踪者与受害人之间的关系越亲密，威胁被付诸实践的可能性就越大（Mullen，Pathe & Purcell，2009；Warren et al，2011）。这些研究结果佐证了，在评估跟踪案件中的暴力风险时，考虑亲密关系的存在及其程度尤为重要（Palerea et al，1999）。

罗森菲尔德及其同事的其他研究表明，另一个有效预测暴力行为的因素是个体过往的伤害与威胁记录（Rosenfeld，2004；Rosenfeld et al，2009）。罗森菲尔德等人认为，“总体而言，威胁与随后实施暴力行为之间的相关性是显著的，每当受害人受到暴力威胁时，都应该引起关注，需要对威胁的内容与语言进行全面且深入的分析与评估”（Rosenfeld et al，2009，p. 103）。研究团队还确认了他们在之前研究中的发现，即受害人与跟踪者之间存在的亲密关系也是预测后续暴力行为的有效因素。也就是说，相比于陌生人、家庭成员或熟人跟踪，那些曾与跟踪者建立亲密关系的受害人在随后遭遇暴力伤害的概率更大。此外，跟踪者武器的获得或过往的武器使用显著增加了其实施致死性暴力行为的风险。最后，一个重要的预警特征是跟踪行为的频率或严重性增加，这表明暴力风险程度的加剧，从而代表跟踪者实施暴力行为概率的上升。但在大多数情况下，严重的心理障碍（高度抑郁、焦虑）不是暴力性跟踪的有效预测因素。

需要注意的是，有一种特殊情况，一些心理学专家或经常处理心理或情感问题的心理咨询师可能成为跟踪案件的受害人，而跟踪者正是他们的病人或客户（Gentile，Asamen，Harmell & Weathers，2002）。大多数跟踪心理咨询师的跟踪者处于单身或离异的情感状态（Gentile et al，2002），且大多数跟踪者（62%）在心理咨询中被诊断为情绪障碍，如不同程度的抑郁、焦虑等。另一项研究表明，在大学担任咨询师的群体中，约三分之二的咨询师经历过由现在或以前的学生实施的各种骚扰或跟踪行为（Romans，Hays & White，1996）。

谢里登和罗伯特发现，另一个可以有效预测暴力性跟踪的因素是：跟踪者到访受害人家中及其他地方的次数（Sheridan & Roberts，2011）。研究认为，如果跟踪者每周访问受害人家中及其他地方（如受害人的工作场所或受害人经常出入的其他地方）的次数达到三次以上，最有可能实施暴力行为。那些在受害人土地或房产上露宿的跟踪者可能尤其容易实施暴力行为。在其他的研究中同样得出了这一结论（James，Farnham，2003）。

麦克尤恩等人认为，“对于跟踪行为，由于缺乏具有统一标准的解释性理论，研究人员和临床专家已经构建出了许多分类系统，以将异质化，即具有不同特征的跟踪者分为具有统一特征的子类型”（McEwan et al，2011，p. 187）。这些分类系统为临床专家和执法人员评估、理解各种跟踪行为提供了广泛的指导，但目前，这些分类系统需要得到实证研究的佐证以及统一的理论框架的支撑。以下将详细讨论几个关于跟踪行为的分类学。

跟踪行为的分类学

目前，对于跟踪行为的分类学研究至少已有12种分类法。其中，许多分类法将心理或精神问题和动机作为分类的标准，其他一些分类法则几乎完全依赖于犯罪人的动机。这些分类法大多数情况下被用于执法侦查过程或风险、威胁评估。正如莫汉迪等人所强调的：

> 分类应该具备以下特点：简明扼要、信效度良好（包括不同评估者之间

的一致性和时间稳定性）、以行为为基础以及在各种应用情境和专业领域中都应具有实用性（包括执法人员、检察官、辩护律师、法官、陪审团、法医心理学专家和受害人权益方）（Mohandie et al，2006，p. 147）。

关系—背景分类法

在众多分类法中，其中一个被广为研究和引用的跟踪行为分类法是由莫汉迪建构的关系—背景分类法（RECON Typology）（Mohandie，2004）。RECON 这个英文缩写词是由关系（Relationship，RE）和背景（Condition，CON）的英文缩写组成。正如前文研究所示，是否曾与跟踪者建立亲密关系是评估暴力性跟踪的重要因素。此外，研究还表明，那些跟踪公众人物和普通个体的跟踪者之间存在差异，这种差异则是指背景。关系—背景分类法的构建基于对 1000 多名跟踪者的研究，将跟踪行为的特征分为两个主要类别和四个子类别。这两个主要类别是：类型 I，即跟踪者与受害人曾建立一定关系；类型 II，即跟踪者与受害人没有或只有非常有限的接触，即未建立过关系的陌生人或仅限于认识的人（Mohandie et al，2006）。类型 I 可以根据关系的类型进一步细分为两类：第一类是曾与受害人建立亲密关系的跟踪者，如曾结婚、同居或是约会伴侣；第二类是与受害人是熟人（但未建立亲密关系）的跟踪者，如同事或朋友关系。类型 II 可以根据背景的类型进一步细分为两类：第一类是受害人是较为知名的公众人物的情况；第二类是受害人是普通个体的情况。因此最终形成的四大分类分别是：亲密型（Intimate）、熟悉型（Acquaintance）、公众人物型（Public Figure）、普通陌生型（Private Stranger）（见表 6. 4）。

表 6. 4　关系—背景分类法

类型 I：建立过亲密关系 （Previous Relationship）	类型 II：未建立亲密关系 （No Prior Relationship）
亲密型（Intimate）	公众人物型（Public Figure）
熟悉型（Acquaintance）	普通陌生型（Private Stranger）

莫汉迪等人发现，在他们对 1000 多名跟踪者的研究中，超过三分之一的跟踪者对受害人实施了攻击行为，具体而言，近一半的跟踪者对受害人人身或财产实施了某种形式的暴力行为。但是跟踪后实施凶杀的案件非常少见，仅在 0. 5%的案件中发生。然而，在大多数跟踪案件中，执法机关的干预并没有阻止跟踪者的行为，通常他们在执法机关干预后的 1 天内就会再次对受害

人采取行动。

研究者发现，亲密型跟踪者最具暴力倾向，这与先前研究文献中的发现相符。“他们（亲密型跟踪者）会侮辱、干扰、威胁受害人并对其实施暴力行为”。此外，研究者发现，相较于其他类型的跟踪者，几乎所有亲密型跟踪者的再犯速度都较快。熟悉型跟踪者的暴力性较低，但仍然有三分之一的熟悉型跟踪者对受害人实施过攻击行为或损坏其财产。“如果他们（熟悉型跟踪者）对受害人实施威胁，这种威胁通常会反复进行，他们的跟踪行为模式可能是间接的、断断续续的，但在时间上具有持久性，平均持续时间近 2 年”（Mohandie et al，2006，p. 153）。

对于公众人物型跟踪者，女性跟踪者的比例（较其他类型而言）相对较高（27%），她们跟踪的受害人通常是男性。此外，公众人物型跟踪者通常年龄较大，犯罪记录较少，比其他三种类型的跟踪者更可能患有某种心理或精神障碍。当然，也有例外，喜剧演员兼电视明星大卫·莱特曼（David Letterman）就被一位可能患有精神分裂症的跟踪者跟踪了近 10 年，这名女性跟踪者幻想是他的妻子，进入他的家中，给他送花，最终站在列车轨道上自杀。公众人物型跟踪者较少对受害人进行威胁，她们大多数只被认为是“麻烦制造者”，而不会对受害人构成真正的威胁。在莫汉迪等人的研究中，只有 2%的公众人物型跟踪者实施过暴力行为，而在亲密型跟踪者中则有 74%实施过暴力行为。然而，一旦暴力行为发生，通常相当严重。对于公众人物型跟踪者为何表现出较低程度的暴力倾向及行为，部分原因可能是公众人物（名人、政治家及其他高级权威人士等）周围的安全措施程度较高。

普通陌生型跟踪者是较少见的群体，通常是精神失常的男性，并可能有自杀倾向。在这一群体中，约有一半的跟踪者对受害人进行过威胁，近三分之一的跟踪者对受害人人身或财物实施了暴力行为。但该群体的再犯率较低（25%）。

艾克及其同事认为：“在评估跟踪案件时，评估者可以使用上述分类法来对跟踪者和受害人的关系、背景进行分类，然后利用该类别的犯罪人特征、犯罪因素和再犯率给评估提供指导和参考”（Eke et al，2011，p. 273）。艾克对莫汉迪研究中的跟踪者进行了为期 9 年的跟踪调查，发现四分之三的跟踪者在这 9 年中实施了其他类型的犯罪行为，其中 56%的犯罪人实施了与跟踪相关的犯罪行为。虽然再犯的平均时间间隔不到 1 年，但超过一半的犯罪人在不到 3 个月的时间内再次犯罪。这些与跟踪相关的犯罪行为包括对受害人进行各种形式的骚扰、威胁。如今，在网络技术高度发达的年代，各种网络消息是骚扰的常态。正如预期那样，亲密型跟踪者实施暴力行为的对象大多是针对当前或先前的亲密伴侣。此外，亲密型跟踪者再犯的可能性极高，通常他们在有条件释放后，重新实施跟踪行为。因此亲密型跟踪者显然是该分类法中风险性最高的类别。

马伦等人的分类法

马伦及其同事针对跟踪行为提出了一种五分类法，这种分类法吸引了研究者的较多关注（Mullen et al，2000；Mullen，Pathe，Purcell & Stuart，1999）。在马伦等人的分类系统中，各个类型并不是互斥的，且对跟踪者的分类依赖于临床判断而非经验划分。这五种类型分别是：寻求亲密型、被拒绝型、无能型、愤恨型、掠夺型。

寻求亲密型（Intimacy-seeking）跟踪者通常性格孤僻、与社会隔离、独来独往、社交能力差，并有过高的自我期望。虽然这类跟踪者知道受害人并不回应他们的情感，但他们依然希望其行为最终能够与受害人建立亲密关系并得到永恒的“真爱”。这类跟踪者通常智力有限，对亲密关系的表达能力也较为拙劣。被拒绝型（Rejected）跟踪者占据最大比例，主要是前任伴侣。这类跟踪者在动机上表现出情感混乱的特征，既希望与受害人复合，也因受害人拒绝自己而企图报复。在临床特征上，被拒绝型跟踪者可能患有或被诊断出某种人格障碍。这类跟踪者如果对受害人发起攻击极有可能是报复、复仇的一种形式。无能型（Incompetent）跟踪者通常之前也有过跟踪行为，他们将受害人视为有吸引力的潜在伴侣，但并不对他们产生迷恋。愤恨型（Resentful）跟踪者的动机是为了恐吓受害人，并旨在对受害人造成困扰、恐惧。比如，一名跟踪者在街上看到一名年轻女性，她看起来既美丽、富有又快乐，而他自己刚刚在职业上经历了令人蒙羞的挫折，所以持续性地对她实施跟踪。愤恨型跟踪者通常对受害人和社会有很强的偏执和妄想，虽然这类跟踪者可能会威胁并破坏受害人的财物，但却很少对受害人进行身体攻击。掠夺型（Predatory）跟踪者虽然出现的频率较少，但具有潜在的性暴力倾向。这些个体从跟踪中获得权力感，并且从性侵或强奸行为中获得满足感。

跟踪什么时候停止?

大多数跟踪案件的受害人除了希望了解自己遭受暴力行为的风险外，还希望知道如何阻止跟踪者继续跟踪。那么到底什么情况下才可以终止跟踪者的跟踪行为呢？一些跟踪者在发现新的跟踪对象时会停止跟踪当前的受害人。在针对全国女性暴力调查中，大约 18%的受害人表示，当跟踪者开始跟踪新的目标对象时，对其的跟踪行为就停止了。法律层面的执法干预措施，如警察的警告，似乎也有所帮助。15%的受害人表示，当跟踪者收到警察的警告后，对其的跟踪行为就停止了。但有趣的是，实施逮捕、定罪或限制令等强制性的干预措施似乎效果不佳，这也可能会激怒跟踪者。对于那些持续性强、令受害人深感恐惧的跟踪行为（如亲密型跟踪者的行为），研究建议，最有效的方法是迁移到其他地区，受害人需要尽可能远离跟踪者，同时不向跟踪者或任何一个可能传播该信息的人透露自己的去向。

跟踪案件评估的现有研究与发展

克洛普等人发现，目前对跟踪案件的风险评估主要依赖于临床判断，这在很大程度上是由于缺乏其他的替代方法（Kropp et al，2011）。精算或基于统计学的评估方法通常不被使用，因为目前尚未开发出专门用于评估跟踪行为风险的工具或统计程序。此外，也没有研究和考察现有心理测试或精算评估工具在判断跟踪案件风险性方面的有效性和可靠性。在克洛普等人看来，评估跟踪案件风险的最佳方法是开发前文提及的结构化专业判断指南（*Structured Professional Judgment*，*SPJ*）。他们认为，由于现有科学文献尚未提供充足且可靠的相关数据，精算评估法目前尚不可行，但文献中提供了足够的信息来开发结构化专业判断指南。

目前，有两套适用于跟踪案件风险评估和管理的结构化专业判断指南。一套是加拿大开发的《跟踪案件评估与管理指南》（*Guidelines for Stalking Assessment and Management*，*SAM*）（Kropp，Hart & Lyon，2008）。另一套是澳大利亚开发的结构化专业判断指南，称为《跟踪案件风险侧写》（*Stalking Risk Profile*，*SRP*）（MacKenzie et al，2009），其根基来源于马伦等人开发的动机分类学。这两套指南都允许临床评估者对风险进行低、中、高程度的评定，全面且深入地分析、考虑在实证研究文献中得到支撑的风险因素。根据麦克尤恩等人的说法，这种结构化专业判断在对跟踪案件的风险进行评估时，有两个重要好处。“在操作层面上，它简明快捷，即使是面对复杂性较高的案件，评估者也能够根据特征点作出反应和判断；在概念层面上，它具有灵活性，它允许评估者根据现有研究文献对评估过程进行补充和完善，从而形成暴力风险评估的当代思维模式”（McEwan，Pathe & Ogloff，2011，p. 181）。

《跟踪案件风险侧写》内容广泛、全面，包括跟踪者与受害人之间关系及性质、跟踪者的动机、跟踪者的一般心理特征和社会地位以及受害人的心理和社会的易受伤害性。该指南建议评估者全面考察跟踪者的暴力行为史，以往的反社会行为、药物滥用、精神病史、人格障碍以及社会关系、人际关系的不稳定性等因素（Mullen et al，2006）。跟踪者对武器的熟悉度与使用也是风险评估中的一个关注点。《跟踪案件风险侧写》还鼓励评估者使用其他专业的风险评估工具，如“历史、临床与风险评估”（Historical，Clinical and Risk Assessment，HCR-20）和“配偶攻击风险评估”（Spousal Assault Risk Assessment）。

《跟踪案件评估与管理指南》旨在由刑事司法、安全、心理健康和法庭科学领域的专业人员在各种跟踪案件中使用。该指南考虑了三大类因素：跟踪行为的特征，跟踪者的心理状态、个体背景以及受害人的易受伤害性。上述两个指南在评估跟踪行为的暴力风险方面具有较大潜力及优势，或许可以在未来促进犯罪现场侧写的发展，尤其是在案件涉及对犯罪嫌疑人和在押犯进行评估时。

克洛普等人认为：

《跟踪案件评估与管理指南》能够帮助评估者作出最佳判断。这本指南并不是专业评估判断的替代品，其目的是引入一个系统化、标准化的实践或操作框架，用于在评估者作出有关风险判断的决策时，为其提供那些需要深入考虑、分析的因素及相关信息（Kropp et al，2011，p. 305）。

6.7　本章总结

犯罪心理侧写与本书中所提及的其他形式的侧写有一个重要区别：心理侧写聚焦于个体，并旨在评估该个体可能实施犯罪行为的程度与倾向性。尽管最终的心理侧写也可以涉及个体的积极特征，如个体的潜在领导能力或在特定职位上的表现，但在本书的讨论中，它最终是用于评估个体实施暴力行为或犯罪的可能性。因此在本章，我们通过讨论威胁评估和风险评估来分析心理侧写在相关案件中的应用。

心理侧写有着悠久的历史，它曾被政府机构及私人行业广泛使用。历史上最著名的心理侧写是第二次世界大战期间，由精神分析学派的心理学专家对阿道夫·希特勒作出的心理侧写报告。当代的心理侧写更倾向于使用标准化的心理测量工具以及结构化的临床或专业判断方法，换句话说，这种方法既包括对个体风险因素的分析，也包括对案件特定情况及相关情境的分析。如今，心理侧写的主要形式是威胁评估和风险评估。

虽然威胁评估和风险评估经常被混为一谈，但从专业角度，我们应该了解，威胁评估的前提是个体已经明确表达了暴力性质的威胁或暗示了可能实施暴力行为，且在紧急程度上达到“迫在眉睫”的程度。为了说明这一点，我们讨论了校园和工作场所暴力的潜在风险因素。而风险评估，是一个更广泛的术语，用于评估各种情境下的风险因素（即使没有明确的威胁出现）。风险评估可以在囚犯释放前、有人申请保释前、有人从精神医院释放前或者法院在决定是否将犯罪人判处监禁的情境中进行。本章，我们将风险评估放在跟踪案件的情境下进行分析，讨论了如何通过风险评估来判断、预测跟踪者对受害人实施暴力行为的可能性及其程度。但请注意，威胁评估和风险评估这两个术语之间有一定的重叠部分，在许多情况下，如跟踪案件，跟踪者也有可能发出威胁。

校园暴力和欺凌现象频发，对潜在校园枪击手进行心理侧写的需求增多。现在许多学校建立了由心理学、执法和教育专家组成的“威胁评估小组”，其职责是评估学生发出的威胁或系列威胁的可信度，即学生有多大的可能性将其威胁的内容付诸实践。1998 年，哥伦拜恩案件推动了全美各界专业人士对校园枪击案件的进一步分析与研究，旨在识别构成潜在威胁的学生以及可能实施暴力犯罪的行为特征，即预警特征。目前，由于已知的校园枪击手具有较大的个体差异性，并不能形成一个标准、统一且涵盖所有个体特征的“校园枪击手侧写”，虽然教育工作者应当关注一些预警特征或信号，包括性格孤僻、痴迷于武器、向他人传达暴力意图以及详细的作案方法等。然而，这些特征本身并不一定能够有效预测校园枪击手，因此评估者必须谨慎对待假阳性预测结果。此外，在已知的校园枪击手中，也有犯罪人很少表现出上述特征，因此在作案前并没有引起他人的重视或警惕。

类似的情况也出现在工作场所暴力中，这是员工在工作场所死亡的主要原因之一。然而，大多数工作场所暴力案件是由组织外的个体实施的。当员工或前员工对工作场所的他人（如同事、上级等）构成潜在威胁时，威胁评估则可以发挥一定作用。目前，研究人员已识别出一些可能实施工作场所暴力的预警行为特征，包括对批评过度敏感、愤怒情绪的爆发、敌对、攻击行为增多以及明显的行为变化等。

在风险评估的话题下，我们讨论了跟踪案件风险性的评估。跟踪行为近年来逐渐受到研究者的关注，但目前还是难以通过心理侧写来对其进行评估。虽然现有研究提出了十几种跟踪行为的分类学模型，但只有其中几种经过了大量的实证研究。我们讨论了莫汉迪及其同事提出的“关系—背景分类学”和马伦及其同事提出的分类模型。这些分类学都考虑了跟踪者与受害人之间的关系以及跟踪者的动机。作为一个整体而言，跟踪者更可能对受害人心理而非身体上造成伤害。然而，亲密型跟踪者，即那些跟踪前任伴侣的跟踪者，有较大可能会对受害人实施暴力行为及身体伤害。近年来，研究人员构建了基于结构化专业判断的指南，如《跟踪案件风险侧写》和《跟踪案件评估与管理指南》，帮助心理侧写师评估跟踪行为是否有可能发展为暴力行为。

本章专业术语汇总

熟悉型跟踪者	掠夺型跟踪者	安全校园计划
急性动态因素	普通陌生型跟踪者	稳定性动态因素
动态风险因素	公众人物型跟踪者	静态风险因素
无能型跟踪者	被拒绝型跟踪者	威胁评估
寻求亲密型跟踪者	愤恨型跟踪者	暂时性威胁
亲密型跟踪者	风险评估	实质性威胁

第7章
基于犯罪嫌疑人的侧写

大家都认为，“9·11事件之后，一切都发生了变化”，这就像那些陈词滥调一样，充其量，只是陈述了一个显而易见的事实。尽管在此之前，美国也曾发生过恐怖袭击事件，其他许多国家也早已成为恐怖袭击的目标，但2001年后，美国显然不再是一个可以免受外部破坏的安全堡垒。因此“反恐战争”（War on Terrorism）开始了。自那时以来，超过300人因涉嫌恐怖主义活动在美国民事法院受审并被定罪，恐怖袭击策划者兼首脑——奥萨马·本·拉登（Osama bin Laden）已经被枪毙。有一些国家被质疑为恐怖分子提供庇护，这导致美国及其盟友在是否应介入这些被指控庇护恐怖主义的国家事务上陷入了艰难的抉择之中。此外，美国政府的代表们一方面希望公民免受恐怖袭击，保护其生命安全；另一方面在保护公民安全的过程中就会涉及公民自由权的问题，如何在两者间寻求平衡成了一个复杂的问题。本章讨论的新主题——基于犯罪嫌疑人的侧写，则会涉及上述这些关键问题。

需要强调的是，包括一些民选官员在内的许多人更倾向于避免使用“战争”（War）这一措辞，实际上这样做是有充分理由的。当国家“处于战争状态”时，无论是正式还是非正式的，都会引发一些个体或群体的极端行为。例如，在2001年之前的几十年里，美国政府宣布了“毒品战争”（War on Drugs）。这一宣言燃烧着执法部门的热情与雄心，旨在打击非法毒品交易并严厉惩罚毒品犯罪，一旦有人触犯与毒品相关的法律，便会面临非常严厉的判决与监禁。直到最近，立法机关和法院才开始努力缩短这些刑期，并将许多与毒品相关的犯罪问题视为健康问题而非刑事司法问题。

与侧写相关的是，“毒品战争”，如同“反恐战争”一样，我们需要努力预测、识别可能参与这些非法活动的个体，即那些运输毒品以供出售的个体。政府机关针对毒品走私犯构建了各种各样的侧写，但其中一些特征点竟然相互矛盾。例如，一些侧写认为毒品走私犯会驾驶旧车、超速行驶、佩戴金饰、购买单程机票；有的侧写则认为毒品走私犯会驾驶新车、细心遵守限速规则、穿着保守、购买双程机票。然而，可能与人们对恐怖分子的印象类似，最令人担忧的是，人们往往认为毒品走私犯是黑人、中东人或西班牙裔。

我们本可以在前面第 5 章关于具体犯罪类型的侧写中讨论这些内容，在具体犯罪类型中涵盖对恐怖分子和毒贩的侧写分析。然而，我们将其拿到本章内容来讨论，是因为它们涉及一种与之前较为不同的侧写方法，我们称之为“基于犯罪嫌疑人的侧写分析”。犯罪嫌疑人，是指在特定案件中，因涉嫌犯罪而受到刑事追诉的人，是检察机关正式向法院对其提出公诉之前的称谓，也被称为犯罪嫌疑人。在大多数情况下，基于犯罪嫌疑人的侧写总结了可能犯下特定罪行（如毒品贩运、引爆炸弹、恐怖袭击或劫持飞机）的个体可能具备的心理、社会特征。然而，以犯罪嫌疑人为基础的侧写也涉及个体人口统计学特征的分析，包括种族、民族和国籍，因此这是一个有争议的话题。在对连环凶杀案杀手、强奸犯、入室盗窃犯或纵火犯进行侧写时，侧写师通常不会关注这些特征。而对恐怖分子和毒贩（而不是吸毒者）的侧写分析通常会关注个体的种族、民族和国籍。

还记得第 1 章中的一句话吗?“根据个体驾驶的车速、车型、一天中特定的时间及驾驶者的形象可以推断其从事毒品运输的概率”，从而决定是否拦截进行检查（Homant & Kennedy，1998，p. 325）。上述引用中的“形象”既可以指个体可疑的行为、举止、年龄或穿着方式，但不幸的是，这也可能是一些与种族或民族相关的特征。

执法机关的一些相关人士认为，尽管这种做法让人心寒，且有涉嫌种族歧视的嫌疑，但在某些情况下，利用种族和民族特征进行定性分析是必要的，因为某些犯罪行为在特定社会经济的人口群体中发生的比例较高。近年来，这种观点不仅被用于对毒品走私犯和恐怖分子的识别上，还被用于涉嫌“非法移民”或那些移民身份可疑的个体身上。因此越来越多的州（如亚利桑那州、南卡罗来纳州、亚拉巴马州、乔治亚州、印第安纳州、密苏里州、俄克拉何马州、犹他州）通过了针对特定民族、国籍的立法或推进相关立法。反对者认为这些法律不公平地针对了少数民族，并且跨越了联邦政府对移民问题的管理权力。例如，在南卡罗来纳州，警察在其他原因下拦截车辆并对车主进行审查时，如果警察怀疑车主是非法移民，按规定则需要询问其移民身份。可能在大众的印象和认知中，非法移民这一犯罪的比率非常高（即使这种印象和认知并未得到实证研究的数据支持），这导致了警方审查频率、力度的加大。然而，最近的民调显示，大多数被访者支持这些法律颁布和实施。

近日，在一起备受瞩目的判决中，美国最高法院（U. S. Supreme Court）

维持了亚利桑那州移民法中的一项条款，并驳回了三项条款（U. S. v. Arizona, 2012）。亚利桑那州要求执法人员检查他们拦截或逮捕的任何人的移民身份（即便是因轻微违法行为而被拦截），只要他们怀疑这些人在美国非法居留，而这一法律条款得到了美国最高法院的允许。然而，最高法院驳回了其他三项法律条款。美国一些移民未注册身份，也未记录在案，亚利桑那州希望把这些移民寻求或获得就业机会的行为定性为一种州立犯罪，但这一条款被最高法院驳回。第四项法律条款，允许警察在没有逮捕令的情况下逮捕那些犯下可被驱逐出境罪行的犯罪人，也遭到最高法院驳回。反对者认为，最具争议的条款，即被最高法院许可的条款，将会不可避免地导致种族侧写（Racial Profiling），即执法人员或警方会针对特定种族和民族进行怀疑。如果这种根据种族而进行定性的侧写倾向真的存在，则法院应该承担潜在后果及其风险。

基于犯罪嫌疑人的侧写通常聚焦于种族或民族上，但实际上，它不必也不应如此。当侧写关注个体的种族、民族或宗教信仰时，会引发法律和道德问题，这些问题往往难以得到令人满意的答案。回顾之前的章节，侧写应该以谨慎的态度和方式来对待，因为很多不同个体可能都符合一份侧写的某些特征点。尤其是当这些个体因种族、民族或宗教信仰的因素而被单独挑出来时，问题尤为严重。在 20 世纪 90 年代，为了打击毒品走私，执法机关对黑人的车辆拦截频率显著高于白人。为了防止类似于“9·11”恐怖袭击事件的再次发生，执法人盘查、拘留了许多中东人，主要是因为他们的肤色或穆斯林信仰。当前，在本书出版时，纽约市警方正遭受大量批评，因其对具有什叶派穆斯林背景的美国公民实施了大量的监控。美国司法部指控康涅狄格州东港的警察侵犯公民权利，并恐吓西班牙裔社区。说到这里，我们如何定义“基于犯罪嫌疑人的侧写”仍是一个问题，因此我们将从其更具争议性和非法性的形式开始概述。

7.1 种族侧写

一些基于犯罪嫌疑人的侧写方法，如行为观察，是可以接受的，虽然不一定有效。然而，种族侧写则不可接受。种族侧写是指：

> 警察实施执法行为依据是个体的种族、民族或国籍，而非行为或其实施犯罪行为的相关证据，就将个体判定为可能实施过犯罪行为（Ramirez, McDevitt & Farrell, 2000, p. 53）。

种族侧写的定义还可以扩展到那些不一定是“警察”的政府人员的工作内容上，如美国国土安全部下属的运输安全管理局（Transportation Security Administration，TSA）。

到 20 世纪末，种族侧写被认为是一个复杂、沉重且令人不安的问题。由于很多有色人种经历了种族侧写，他们用“黑人或棕人驾驶”（Driving While Black/Brown，DWB）来形容这一现象，作为对法律层面上“醉酒或吸毒驾驶”（Driving While Intoxicated or Impaired，DWI）术语的调侃和戏谑。类似的短语，如“棕人飞行”（Flying While Brown）和“穆斯林人走路”（Walking While Muslin），在“9・11”事件后也开始出现（Newman & Brown，2009）。

自“9・11”事件以来，关于种族的刻板印象主要针对中东群体，他们被认为是恐怖分子或支持恐怖主义的典型代表。以车辆拦截为例，这种毫无根据的刻板印象导致了对有色人种驾驶的车辆进行拦截的频率较高。20 世纪 80—90 年代，“借口停车”（Pretext Stop）常常用于搜查毒品。而在 1996 年，美国最高法院的那项裁决（Whren v. United States）允许了这种做法之后，则变得更加普遍。这种对有色人种驾驶车辆进行拦截的现象也被称为“借口停车”，是指因轻微的交通违规行为，如越过中心线、未在变道前正确打灯或车辆尾灯故障等，而将车辆进行拦截。这种“借口停车”允许警察对车辆进行检查，并在某些情况下，警察有权要求司机及乘客下车。必须强调的是，“借口停车”本身并不违法；然而，当这些“借口停车”实施的对象——有色人种占比过高时，就会引发严重的道德问题。

公民对与“毒品战争”相关的种族刻板印象的关注在 20 世纪末有所提高，当时这一问题引起了法院的注意。最早的一起事件是关于马里兰州警局（Wilkins v. Maryland State Police）的集体诉讼案件（D. A. Harris，1999）。该案件的证据基于对 95 号州际公路交通违章记录的研究分析。这项研究由天普大学心理学教授约翰・兰伯斯（Dr. John Lamberth）进行，结果显示，在马里兰州警方拦截下的 5354 名超速驾驶人员中，74.7%是白人、17.5%是非裔美国人，这似乎很正常。然而，在被拦截并进行检查的驾驶员中，72.9%是黑人，80.3%是黑人、西班牙裔或其他少数种族群体。换句话说，在被拦截并进行检查的群体中，只有 20%是白人。

根据以上数据，兰伯斯得出了以下结论：

本研究的相关发现揭示了一种具有统计学意义且显著的差异性，即在 95 号州际公路上，马里兰州警方对黑人司机进行合法拦截的比例（17.5%）与对黑人司机进行拦截并检查的比例（72.9%）之间存在显著差异。虽然没人能确切知道每位警察对车辆进行拦截时的动机，但通过对大量且详细的数据样本的分析，所呈现的统计数据结果无疑显示：在95号州际公路上，马里兰州警方对黑人及其他少数种族个体的执法行为受到了种族歧视的影响（D. A. Harris，1999，p. 24）。

毒品走私犯的侧写

马里兰州并不是唯一一个因“种族侧写”而备受关注的地区。上述报告（D. A. Harris，1999）中列举了全国各地针对有色人种被警察拦截、询问或检查车辆的案例。例如，缅因州波特兰的一位男性报告称，他在行驶过程中被警方拦截，并要求他下车。警方询问他去哪里，在城市里认识谁，当这名男性回答“我认识当地的警察局局长”时，警方告诉他，你可以离开了。曾有一段时间，关于“毒品走私犯”的侧写在州立及联邦执法机关广为流传。1985年，当“毒品战争”盛行时，佛罗里达州公路安全和车辆处理部门（Florida Department of Highway Safety and Motor Vehicles）为执法人员发布了一本如何识别毒品走私犯的指南。这本指南鼓励警察对租赁的车辆、严格遵守交通法规的司机、穿戴大量金饰的司机、身份与车辆不符的司机以及与毒品交易相关的“族裔群体”持警惕和怀疑的态度。1986年，毒品缉查局（Drug Enforcement Administration，DEA）向全国各地的执法机构发布了一份毒品走私犯的侧写，其或许带有一定种族偏见。这份侧写在一种称为“操作管道”（Operation Pipeline）的培训方法中得到广泛使用（D. A. Harris，1999）。“操作管道”实际上就是一个公路毒品拦截计划，训练全国的执法人员如何利用“借口停车”来搜查车辆中的毒品。

在圣地亚哥、新泽西州和纽约的研究报告中，黑人司机和拉丁裔司机被拦截和车辆搜查的概率远高于其他种族的司机（Dvorak，2000；Ramirez et al，2000）。包括宾夕法尼亚州、佛罗里达州、伊利诺伊州以及前面提到的马里兰州，都曾发生过因对少数族裔进行种族侧写而被提起诉讼的事件。但需要注意的是，美国最高法院已经允许在执法过程中使用毒品走私犯的侧写，如这份侧写可以用于交通拦截或短暂拘留航空乘客（United States v. Sokolow，1989）。此外，如上所述，美国最高法院在1996年的判决中，批准并允许了“借口停车”。

随后，十多个州纷纷通过了反对种族侧写的相关法律，其中许多州要求执法人员接受“反偏见”的培训，并在执法过程中记录每次被拦截司机的信息，以供数据统计（Lewin，2001）。虽然这些法律在一定程度上减少了种族侧写的使用，但要让种族侧写完全消失是不可能的，我们只能最大限度地降低其影响。此外，国际范围的数据表明，种族侧写的现象并不仅限于美国。

1998 年，英国政府内政部开展了一项研究，该研究调查了英格兰和威尔士警方对车辆进行拦截和搜查的人口统计数据，主要聚焦于司机的种族或民族。该研究发现，黑人被警方拦截并接受检查的概率是白人的 7.5 倍，被逮捕的概率是白人的 4 倍（Ramirez et al，2000）。根据 1999 年的人口普查数据，英国人口的 93%是白人，7%是少数民族。由此可知，警方进行车辆拦截和搜查在种族上的比例严重失衡。在加拿大，一项研究发现，黑人被拦截的可能性约是白人或亚洲人的 4 倍（CBC News，2007）。此外，如前所述，2001 年"9·11"灾难性事件催生了新的针对特定种族的特征分析，并延伸出了针对民族、宗教的侧写，以防止恐怖袭击的再次发生。

7.2　恐怖主义犯罪

在"9·11"事件之后，对恐怖分子的侧写成为美国的一种常规程序，尤其是针对那些容易遭受恐怖袭击的场所或地点（Newman & Brown，2009），如机场和边境检查站。不幸的是，与"毒品战争"类似，个体的种族或民族属性成为对恐怖分子进行侧写的关键组成部分。联邦执法人员经常拘留阿拉伯人、南亚人、北非人以及那些名字听着像是阿拉伯国籍的人（Newman & Brown，2009）。许多被拘留的人是美国公民，还有一些是游客，他们是来自其他国家的居民，来美国探亲或访友。

一些专家和学者批评称，在"9·11"事件之后，慌张且匆忙地制定恐怖分子的侧写方案导致了许多假阳性结果的出现，并且不成比例地把某些种族、民族和宗教群体作为目标（Ramirez，Hoopes & Quinlan，2003）。相较于典型的犯罪侧写或犯罪现场侧写，这种针对恐怖分子的侧写在特征点上更为详细，但也更具偏见性（Newman & Brown，2009）。例如，这种针对恐怖分子的侧写会导致一位持有临时签证的年轻中东穆斯林男性遭受拘留和检查。"有人立即提出指控，认为恐怖分子侧写的概念超越了可接受的、正当的犯罪侧写范围，逐渐形成了种族侧写这种不正之风，极具偏见性"（Newman & Brown，2009，p. 364）。

我们应该认识到，在 20 世纪末，"毒品战争"引起了大众对种族侧写的关注，黑人和拉丁裔群体成为"毒品战争"中的重点审查目标，但实际上，大众并不赞成毫无理由地故意针对黑人和拉丁裔群体。然而，在"9·11"事件之后，重点审查目标转移到了那些看起来像中东人和信仰穆斯林的群体。

谁是恐怖分子?

在侧写中，恐怖分子常被描述为情绪极度不稳定的个体，对无辜平民进行无差别地残忍屠杀，但是这一观点受到了质疑，有研究者认为，恐怖分子是高度理性且情绪稳定的个体。而心理学家认为，那些自愿参与自杀式袭击的恐怖分子往往精神失常，可能患有某种精神障碍或疾病（Aggarwal，2009）。然而，几乎没有确凿的证据表明，恐怖组织的成员是情绪不稳定、非理性或反社会的个体（Maikovich，2005；Sarangi & Alison，2005）。实际上，确实有一些研究表明，恐怖分子在心理上往往比普通暴力犯罪人更健康、更稳定，尽管他们常常被某种意识形态或宗教观念所迷惑。一个组织性高、行事有效的恐怖组织认为，表现出非理性、行为模式不稳定的个体是无法成为一名合格的恐怖分子的。根据希尔克的说法，情绪不稳定的人“缺乏恐怖分子在组织内部生存所需的纪律性、理性、自我控制力和心理耐力”（Silke，2008，p. 104）。老练的恐怖组织会将情绪不稳定的个体从队伍中剔除，主要是防止他们对组织安全构成威胁（Post & Gold，2002）。哈德森发现，虽然恐怖组织的高层首脑期望成员具有情绪稳定性，但组织内身居高位的首脑可能会表现出精神病态症状或弥赛亚式的妄想，尤其是当他们受到宗教动机的驱使时，但这种特征较为特殊（Hudson，1999）。

对于“独狼式”（Lone Wolves）袭击而言，情况则不同。“独狼”，是指那些独立于任何有组织的恐怖主义之外的自行行动的极端分子。斯帕伊在对“独狼式”恐怖分子的研究中发现，与有组织的恐怖主义相比，大多数“独狼”表现出一定情绪或心理障碍的特征（Spaaij，2010）。随后我们将更详细地讨论“独狼式”恐怖分子。

在继续讨论之前，必须强调的是，那些具有情感色彩和特定视角的“标签”与“词汇”最终会影响判断。比如，“恐怖分子是可憎的，而自由战士可能是英雄”（Ginges et al，2011，p. 507）。此外，自杀，一般而言，可以理解为出于极度绝望而实施的行为；而宗教殉道（出于宗教动机的自杀行为），从宗教组织的角度而言，则被视为一种意义深远的行为，是高尚而荣耀的。例如，“巴勒斯坦那些用炸弹来实施自杀式袭击的人，与其把他们的死亡定义为自杀，他们的家人更愿意将其视为一种庆祝活动，庆祝他们与上帝的象征性婚礼，并借助媒体宣传，来消除社会上对其袭击行为的不满和负面言论”（Aggarwal，2009，p. 96）。对这些具有情感意义和特定视角的“标签”和“词汇”进行理解和解释，在很大程度上有助于对恐怖分子的深入理解以及对其行为动机和原因的识别。

根据联邦法，恐怖主义（Terrorism）被定义为“非法使用武力或暴力对政府、平民或他人在人身和财产上实施威胁、恐吓和胁迫，以达到某种政治或社会目的”。此外，恐怖主义可以是国内的，也可以是国际的，这取决于恐怖组织的起源、运作基地和组织的目标（U. S. Department of Justice，2000）。

在美国，国内恐怖主义（Domestic Terrorism）是指一个完全在美国境内进行运作的组织或个人，没有境外的指挥和指导。

另外，国际恐怖主义是指在境外势力、政府、组织或个人的指挥下发起、实施的暴力行为。虽然全球范围内有许多国际恐怖主义的案件，但其中最为典型的则是 2001 年 9 月 11 日发生在美国的一个案件，即“9 · 11”事件。另一个针对美国公民的国际恐怖主义案件发生在 1988 年，当时，泛美航空 103 号航班正在苏格兰洛克比上空，被放置在行李舱中的炸弹炸毁，243 名乘客和 16 名机组人员全部遇难；地面上，因大块波音 747 飞机残骸落在几座房屋上，导致 11 人被砸死。除了飞机本身属于美国所有外，遇难的 243 名乘客中有 189 名都是美国公民，许多还是大学生。情报科经过侦查，线索指向了利比亚领导人穆阿迈尔 · 卡扎菲（Muammar al-Gaddafi），他是亲自指挥此次爆炸事件的幕后黑手。利比亚情报员兼利比亚阿拉伯航空公司安全负责人阿卜杜勒 · 巴塞特 · 阿里 · 阿勒梅格拉希（Abdel Basset Ali al-Megrahi）最终被判为此次爆炸案件的主谋。这起爆炸案件的动机具有政治性，是利比亚政府向美国的复仇。当时，美国由于多种原因对利比亚采取严厉的外交措施，包括对利比亚的制裁和外交孤立。卡扎菲政权希望通过这种方式表达对美国政府的愤怒，作为对其制裁和外交孤立的回应。卡扎菲可能希望通过制造这样一起大规模的恐怖袭击来震慑美国和其他西方国家，以表明利比亚在发起恐怖主义活动上的能力和决心。卡扎菲本人在 2011 年 10 月 20 日被叛军俘获并杀害。

对恐怖分子的侧写

从恐怖组织内部的个体角度而言，每个个体具有不同的文化背景、加入目标和动机，具有普遍的差异性，这使得对每个组织成员进行侧写变得极其困难。试图识别、寻找出每个恐怖组织成员的共同特征是不现实的，也是不可能的。像“恐怖分子都是中东人”这样的刻板印象或种族侧写应该被摒弃。此外，由于恐怖分子的个体差异性，任何对“恐怖分子人格”进行研究的尝试都注定是失败且徒劳的。“心理学家之间似乎也普遍达成了一致意见，即没有特定的心理特征可以用来描述恐怖分子，也没有任何特定的‘人格’是恐怖分子所特有的”（Hudson，1999，p. 43）。似乎没有任何特定且可检测的人格特征能够用于帮助相关部门识别恐怖分子。

一些学者认为，不应该假设恐怖分子与一般的犯罪人或暴力犯罪人具有相似性。即使是支持犯罪侧写的人也会对恐怖分子侧写持保留态度。“在犯罪行为学领域，侧写具有很大价值，重点关注的是个体层面的特征与倾向，但我认为这种方法在恐怖主义领域的效用较低，效果也不佳”（Moghaddam，2004，p. 103）。根据莫加达姆（Moghaddam）的说法，一般犯罪行为与恐怖主义犯罪行为之间的一个关键区别在于，恐怖分子强烈相信正义和公平是在他们一方的，而一般犯罪人（在通常情况下）能够意识到自己的犯罪行为是非正义性质的。

对恐怖分子进行侧写的另一个难点是恐怖组织的作案方式因地而异、随时间变化，并且作案的犯罪人往往会在袭击中死亡。例如，将作案目标锁定在飞机上（如在飞机上安置炸弹、劫机等）是一种能够引起大众恐慌情绪的作案方式，以海港、火车和地铁作为作案目标同样也可以引起大众恐慌。此外，恐怖组织也可能通过走私将核生物或放射性爆炸装置运到目标国家来实施攻击（Nickerson，2011）。其他作案目标还可能是计算机网络，包括政府、企业和军事网络。因此恐怖组织侧写向以特定单一犯罪人为重点的传统侧写方法提出了新的挑战。预测国际恐怖组织的行动更多的是依靠跨国界的情报机构，而非地方性的警察组织。在美国，情报系统包括十多个机构，雇用了10万多人，他们的工作是评估、整合和解读相关信息（Fingar，2011；Loftus，2011）。

英国安全局（British Security Service），又称军事情报第五部门（Military Intelligence，Section 5，MI5），根据一份机密报告得出结论，认为没有简单的方法来识别那些参与恐怖主义活动的人（Travis，2008）。该研究由军事情报第五部门的行为科学部进行，研究样本是数百名已知的参与极端暴力活动的个体。根据报告，用“疯子和坏人理论”（Mad and Bad）来解释为何个体会加入恐怖主义是没有依据的。此外，也没有证据表明，在英国，恐怖分子心理障碍的发生率高于普通人群。最后，报告总结道，那些成为恐怖分子的个体存在较大差异性，因而组成的群体，即恐怖组织，具有较大异质性，无法识别出统一且共有的特征。因此对特定恐怖组织这一整体而言，没有单一的群体特征，其极端主义的暴力也没有遵循特定发展路径。

近年来，已经发展出了几种针对恐怖分子的分类学模型，但大多数分类法对构建某个特定恐怖分子（即个体）的侧写的帮助仍然有限。然而，一些分类法确实凸显了恐怖主义的复杂性以及恐怖组织间进行联合的多种动机。一种基本的恐怖分子分类法是恐怖主义研究中心（Terrorism Research Center）在1997年提出的。该分类学整合了兰德公司（RAND Corporation，美国的一个非营利性研究机构）对恐怖主义的研究内容（Hoffman，1993）。该分类模型将恐怖分子分为三大类：理性驱动型恐怖分子、心理驱动型恐怖分子、文化驱动型恐怖分子。

理性驱动型恐怖分子（Rationally Motivated Terrorist）由理论上可实现的明确目标驱动，这些目标可能具有政治性、社会性或经济性（Ditzler，2004）。作案对象和暴力方式的选择通常受到恐怖组织内部成员关系的强烈影响。在大多数情况下，理性驱动型恐怖分子在选择作案方式上会尽量避免损害他人生命，但会最大可能地对基础设施和建筑物造成广泛破坏。心理驱动型恐怖分子（Psychologically Motivated Terrorist）通常出于“对自身失败或不足的深刻感知”而实施暴力行为，从而通过报复来寻求补偿（Ditzler，2004，p. 202）。在大多数情况下，这些恐怖分子不愿与相关部门谈判，他们的作案方式旨在对他人造成身体伤害。下面将讨论的类型，“独狼式”恐怖分子，最符合这一分类。文化驱动型恐怖分子（Culturally Motivated Terrorist）则是出于对文化身份的失去或文化灭绝的过度恐惧而被驱使。“不出所料，文化身份最重要和最不稳定的表现形式通常是宗教，尤其是那些由特定信仰系统来管理社会、定义民族的文化群体”（Ditzler，2004，p. 203）。这些恐怖分子基于绝对的道德信念而执行恐怖行动，除非他们的需求得到完全满足，否则绝不谈判。

恐怖分子通常较为年轻，在 20 岁左右甚至不到 20 岁，年长的恐怖分子相对较少，部分原因是执行恐怖主义活动需要较高的身体素质。正如哈德森所指出的，“仅日常训练就需要相当好的身体素质”（Hudson，1999，p. 61）。此外，许多年轻的恐怖分子三观尚未成熟，容易受到具有说服力的意识形态的影响。然而，恐怖主义首脑或领导者通常年龄跨度较大，介于 30~60 岁之间。虽然恐怖组织成员中男女都有，但领导者主要是男性。领导者通常受过良好教育，并且能够进行“复杂、深入且极具偏见性的政治分析”（Hudson，1999，p. 62）。然而，“独狼式”恐怖分子的情况略有不同，下面我们将对此进一步讨论。

“独狼式”恐怖分子

虽然许多美国人将恐怖主义与“9·11”事件联系在一起，但在美国发生的大多数恐怖袭击实际上是由“独狼式”恐怖分子实施的，且通常是国内的“独狼式”恐怖分子。“独狼式”恐怖分子单独自由行动，不受任何有组织的团体或他人的指令约束，也不依赖于有组织性的隶属关系来执行任务。虽然他们可能对恐怖组织或极端主义群体持同情态度，但“独狼式”恐怖分子自行设计作案计划、选择作案目标、确定作案手法，并作出最终决定（Bartol & Bartol，2012）。“独狼式”恐怖分子“常常会形成自己的意识形态，这些意识形态结合了个人的报复、宗教，或是对政治的不满”（Stern，2003，p. 172）。无论他们遭遇了怎样的不公，都希望将自己感知到的不公、不满公之于众。有时，他们会采取某些极端主义、宗教或外部群体的观点，即使这些群体并未实施过恐怖活动，也不认可“独狼式”恐怖分子所实施的暴行。

虽然许多国家都容易受到这种“独狼式”恐怖主义的影响，但美国似乎特别容易成为这类恐怖分子的目标。统计数据表明，1968 年至 2007 年，全球所有的“独狼式”恐怖袭击有 42%发生在美国（COT，2007）。此外，过去 30 年来，美国的“独狼式”恐怖主义显著增加（Spaaij，2010）。

之前说过，“独狼式”恐怖分子的心理特征通常与那些隶属于组织的恐怖分子有所不同，“独狼式”恐怖分子对国家的威胁更大。公民是他们的首选目标，爆炸物通常是他们的首选武器（COT，2007），火器是他们的第二选择。事实上，在美国，“独狼式”恐怖分子使用火器的可能性远远高于其他国家的“独狼式”恐怖分子（Spaaij，2010）。美国的“独狼式”恐怖分子常常选择的目标是普通公民，其次是医疗人员（Spaaij，2010）。在美国以外的地区，针对医疗人员这一群体的袭击事件非常少。这种差异的部分原因是，医疗人员通常成为反堕胎极端分子（Anti-aborortion Extremists）袭击的主要目标，而反堕胎极端分子占据了“独狼式”恐怖分子的一定比例。当然，也有例外，如西奥多·卡辛斯基（Theodore Kaczynski）选择的作案对象就具有多样性，包括大学教授、航空公司高管和飞机，他因此被称为“大学与航空公司的炸弹客”（UNAbomber）。卡辛斯基曾担任加州大学数学系教授。他的犯罪动机是引发社会对其所谓“工业技术体系毁灭世界”议题的关注，并企图煽动一场全球革命。

“独狼式”袭击通常是经过精心预谋、策划的，并由犯罪人自筹资金。“独狼式”犯罪人通常不会自杀，他们提前规划逃避逮捕的方式。许多“独狼式”犯罪人表现出较差的人际交往能力和社交技能，这常常导致他们持有“与世隔绝”的态度。卡辛斯基（Kaczynski）在 17 年的时间里实施了 16 次邮寄炸弹袭击行为，导致 3 人死亡和 23 人严重受伤。他的犯罪计划周密且复杂，经常在炸弹中留下虚假的线索来误导侦查人员。他还常常在炸弹中留下一些树枝和树皮作为其犯罪标志。他拥有哈佛学位，学历较高，但选择脱离社会，独自在蒙大拿州荒野的一个简陋小屋里生活了近 25 年。尽管他的律师和家人认为他精神失常，但卡辛斯基还是拒绝以精神失常为由而脱罪。他选择承认炸弹袭击的罪行以避免死刑，目前仍被监禁。

再一个“独狼式”恐怖分子的典型代表是提摩西·麦克维（Timothy McVeigh），即俄克拉何马城爆炸案（Oklahoma City bombing）的主犯。虽然另一名同伙提供了一些技术支持，但是麦克维独自完成了所有的计划包括目标选择和决策。1995 年，麦克维在俄克拉何马城艾尔弗雷德·默拉联邦大楼实施了卡车炸弹袭击，彻底摧毁了这座大楼。这场爆炸导致 168 人遇难，其中包括许多儿童，另有 500 多人受伤。俄克拉何马城爆炸案在“9·11”事件之前是美国最为致命的恐怖袭击，引起了极大的社会关注。麦克维的主要动机是向美国政府传达自己对“欺凌行为”的不满。麦克维曾是一名光荣的军人，认识他的人描述其社交能力不足，且倾向于与社会隔绝。

另一个典型的“独狼式”恐怖分子是埃瑞克·鲁道夫（Eric Rudolph），他在乔治亚州和亚拉巴马州实施了一系列爆炸案件。其中，规模较大的一次爆炸案件发生在 1996 年亚特兰大奥林匹克公园，这次爆炸导致 1 人死亡，至少 111 人受伤。此外，他实施爆炸的作案目标还包括提供堕胎服务的诊所和热闹的同性恋夜总会。一些宗教极端分子能够理解他的作案动机，鲁道夫显然认同“反堕胎极端分子”的观点，强烈反对并打压“性取向平权团体”。他的犯罪行为使他成为联邦调查局的十大通缉犯之一。为了躲避警方追捕，他在阿巴拉契亚山脉的荒野中生存了超过 5 年。

还有一个典型的“独狼式”恐怖分子是“炭疽杀手”（Anthrax killer）。2001 年 10 月 9 日，一封信件被送到华盛顿特区参议院司法委员会主席帕特里克·利希和参议院多数党领袖汤姆·达施尔的办公室中，这封信件中含有武器级别的炭疽细菌。然而，截至当年 11 月，警方已经收到 22 起通过信件实施炭疽袭击的案件。炭疽，是指可以作为生化武器使用的孢子，可导致致命性感染。这些袭击导致 5 人死亡、15 人病重。联邦调查局将布鲁斯·伊文斯（Bruce Ivins）列为犯罪嫌疑人，他是美国政府雇用的高级生物防御研究员。如果伊文斯是犯罪嫌疑人，所有证据表明他以“独狼式”袭击的方式实施了这些犯罪。2008 年，伊文斯服用过量对乙酰氨基酚自杀身亡。2010 年，联邦调查局正式结束了对一系列炭疽袭击的侦查，但关于伊文斯是否真的是“炭疽杀手”这一点仍然存疑。值得一提的是，这些炭疽袭击案件在社会上引发了一波炭疽恶作剧，即将无害的滑石粉倒入信件中寄给别人。

恐怖分子总结

在侦破难度上，“独狼式”恐怖袭击可能比恐怖组织的袭击更具挑战性。在侧写上，“独狼式”恐怖分子的个体特征也不容易预测，两者都非常困难。“独狼式”恐怖分子通常不会向任何人透露他们的犯罪意图和目标，并且在攻击前后都会保持隐秘。虽然许多“独狼式”恐怖分子表现出人际交往能力和社会技能较差的特征，并且抱有孤立主义的态度，但这些特征对于侧写而言有效性不大。因为很多普通人也会表现出这种特征。大多数隶属于恐怖组织的恐怖分子通常具有情绪稳定的个体心理特征，但“独狼式”恐怖分子患有某种心理或精神疾病的概率明显更高（COT，2007；Hewitt，2003）。然而，这些信息或特征对犯罪侧写仅起到微不足道的帮助，基于恐怖分子的“人格”或“性格”进行侧写注定是失败的。恐怖组织及其成员具有多样性和复杂性，因而常规的侧写有效性较低，对他们进行侧写不能简单地基于其个体特征、社会经济特征和特定年龄阶段。对恐怖分子的侧写分析和预测更有效的方法是聚焦于个体的行为，而不是内在特征（Clutterbuck & Warnes，2011）。

不管是“独狼式”恐怖分子还是隶属于组织的恐怖分子实施的犯罪，案件的侦破都需要细致且深入的侦查过程、较为先进的侦查技术和运气（即犯罪人在作案过程中的失误）。在对英国的恐怖活动组织的研究中，克拉特巴克和华纳斯发现了恐怖分子在计划、准备和实施犯罪过程中所表现出的一些独特行为特征。他们认为：“这些犯罪人在作案前及作案过程中，都表现出了一些具有一致性的行为特征”（Clutterbuck & Warnes，2011，p. 49）。

克拉特巴克和华纳斯认为，无论恐怖分子行为背后的动机是什么，他们都必须为犯罪的顺利实施进行计划和准备。他们必须要通过某种方式获得原材料，并制作炸药和引爆装置，还必须设计好炸弹的引爆方式。如果他们无法购买或获得必要的原材料，就必须利用他们的聪明才智，从合法的供应商品中提取相关材料，从而制造爆炸装置。此外，为了有效执行上述任务，恐怖分子必须找到不会引起怀疑的地点来进行犯罪准备工作。在完成这些前期工作后，他们必须获得综合且全面的相关知识和数据，以确定合适的犯罪目标和袭击计划。他们可能需要伪造一些证件或文件来进入目标区域以及个人配备一些武器来完成任务及保护自己。精心策划的恐怖袭击还需要完成诸多其他要求和任务，但在计划和准备的任何阶段，犯罪人都可能会表现出可疑的行为模式。“独狼式”恐怖分子也需要经历上述阶段，但由于他们独立行动，因此在作案前可能更难被发现。

克拉特巴克和华纳斯提出，规划和准备阶段是最有可能识别出犯罪人袭击倾向的最佳时间段，同时也是防止和阻断袭击的最佳时机。研究人员进一步强调，“独狼式”犯罪人也遵循相似的行为路径，可以以相同的方式发现其可疑行为和作案倾向。在现有认识下，研究应该更多聚焦于确定作案前行为特征或预警特征在预测中的有效性，从而识别、预测恐怖分子的犯罪行为。但基于行为特征的侧写似乎比以前关注个体特征的侧写更具潜力。

塞思·琼斯指出，恐怖组织在犯罪实施过程中展现出相似的作案手法，这些手法在各个阶段均可识别。如同其他组织和团体，恐怖组织成员同样需进行内部沟通、资金筹集、建立通信网络、计划及执行计划，并建立一个或多个基地或据点（Seth Jones，2008，p. 9）。琼斯强调，这些活动的多数阶段都容易被警察和情报机关察觉及渗透。历史上，多数恐怖组织，尤其是被宗教动机驱动的恐怖组织，正是通过警察和情报人员的行动而被有效遏制的。

7.3　乘客侧写

自洛克比泛美航班 103 号爆炸事件、“9 · 11”事件以及近年来未遂的航空劫持案件以来，航空地点的相关犯罪（如劫机、乘客袭击、机场恐怖活动）让许多人感到不安。在劫机案件的历史上，“9 · 11”事件的遇难者人数最多。那一天，19 名来自伊斯兰恐怖组织“基地组织”（Al-Qaeda）的男性犯罪人采用暴力方式控制了四架洲际客机。他们打算利用装有超过 11000 加仑航空燃料的波音 767 客机作为大型导弹，作案目标是美国在全球的象征性建筑。劫机犯故意将其中两架飞机撞向了纽约市的世界贸易中心双子塔，另一架撞向了弗吉尼亚州阿灵顿的五角大楼。第四架飞机上的恐怖分子未能得逞，乘客们制伏了恐怖分子，但飞机坠毁在宾夕法尼亚州香克斯维尔附近的田野中，飞机上所有人员全部遇难。

在“9 · 11”事件后，随着恐怖主义威胁的加剧，心理学家和行为科学家被要求构建相关侧写，这种侧写可以帮助安保人员从乘客中识别出潜在恐怖分子。一些专家应邀提供了侧写，他们的侧写通常包括乘客的穿着、国籍、旅行史、在机场的行为模式甚至在机场书店购买的书籍。为了提高识别潜在恐怖分子的有效性，侧写师还研究、分析了以往在航空相关地点作案的恐怖分子的购物习惯、穿着特征以及文化和社会背景，包括但不限于“9 · 11”事件的犯罪人，还有 20 世纪 70 年代劫机案件的犯罪人。

早期的乘客侧写：劫机犯侧写

1958 年，美国通过了《联邦航空法案》（Fiske，2010），这标志着美国国会开始对航空地点反恐行动进行关注。根据该法案，成立了联邦航空管理局（Federal Aviation Administration，FAA），赋予该机构制定与航空安全相关政策和规章的权力，并鼓励其监控和识别出有可疑行为或动机的乘客。然而，在成立之初，联邦航空管理局主要侧重对价格和航线的监管，并没有对恐怖主义有太多关注。

在 1968 年至 1978 年，发生了许多劫机事件，大多数劫机犯是古巴人，他们把飞机劫持到古巴地区。有些劫机犯是思乡的古巴人，有些声称是政治活动家，但他们的动机大多是引起关注，成为引人注目的人物，很少有人被视为恐怖分子。然而，在 20 世纪 70 年代末期，美国开始严厉打击这些劫机犯。1972 年，联邦航空管理局发布了一项条令，要求所有航空安保人员必须对符合某种特定特征（即被侧写）的人员进行搜查，并赋予拒绝其登机的权力（Dailey & Pickrel，1975a）。最初，这些侧写旨在识别劫机犯，但随后这份侧写经过调整，被用于识别恐怖分子。除安保人员外，柜台后的值机人员及航空公司的其他人员也被要求参与培训，培训内容为基于犯罪嫌疑人的行为侧写及其应用，旨在工作过程中识别出那些行为可疑的乘客。这份侧写由联邦航空管理局的心理学家构建，心理学家认为，劫机犯在机场航站楼中的表现与普通旅客不同。具体而言，典型的劫机犯往往是社会中的失意者，他们在社会与职业领域显得格格不入，资源匮乏，内心深处弥漫着无助与绝望，并可能有自杀倾向。显然，这些犯罪人或潜在犯罪人，将劫机行为视作一种途径，能够改善他们的心理状态，并获取某种程度的控制感与重要性。这一行为背后凸显了他们对生活掌控力的渴求。

在解释乘客侧写的构建过程时，联邦航空管理局心理学家约翰·戴利和伊万·皮克瑞尔认为：

要构建劫机犯的侧写，那就涉及劫机犯特征与普通乘客特征的比较。能够有效区分这两个群体的特征就会被纳入侧写中，这份侧写不包含穿着或种族特征，因此不侵犯个人的宪法权利，并且已经在法庭环境中经过了检验（Daile & Pickrel，1975b，p. 163）。

当联邦航空管理局在构建侧写之初，他们提出了以下问题：

1. 什么样的人会进行劫机？
2. 他们为什么劫机？
3. 他们是如何进行劫机的？
4. 可以采取哪些措施来防止他们劫机？

这份侧写中包含了劫机犯的个人信息，包括年龄、性别、教育背景、购票时的居住情况、外貌、行为举止、职业状况和工作经历。此外，还收集了关于劫机事件有关的信息，包括事件发生时机场的情境、飞机操作情况和维护情况、天气条件以及机组人员与劫机犯的互动。补充信息包括航班的目的地和起飞地、飞机类型、飞行的日期和时间、航班上的乘客数量、使用的武器及隐藏武器的方法、手提和托运行李的特征。

统计分析显示，如果使用安检筛查程序，这份侧写可以将 87%的劫机犯拦截在登机口。此外，这份最初的行为侧写能够以 1：100000 的比例从普通乘客中识别出具有高风险的个体（Dailey & Pickrel，1975b）。虽然，这份侧写最初在对劫机犯的识别中有一定程度的帮助，但由于文化、社会、政治和经济不断变化和飞速发展，很快被证明它是不全面且有局限性的。还应提到的是，许多潜在劫机事件能够通过两种物理措施进行阻止：一是磁性探测仪扫描；二是对乘客及其随身携带物品的检查。就目前的基于犯罪嫌疑人的侧写，我们可以得出结论：侧写的内容不能长时期处于静态，需要对侧写内容进行不断地评估、研究及更新，这样才能使侧写在特定时间范围内具有较高的有效性。

目前，还未有比较具体且详细的劫机犯侧写，能够准确地将潜在劫机犯从普通乘客中识别出来，就像也没有侧写能够将恐怖分子从非恐怖分子中识别出来一样。国土安全部（Department Homeland Security，DHS）部长珍妮特·纳波利塔诺一直强调，现有情报信息显示，对恐怖分子的侧写并不具有特定性和普适性（Napolitano，2010，2011）。但这并不意味着基于犯罪嫌疑人的侧写是不切实际或毫无价值的空想。最重要的是，对犯罪嫌疑人的侧写应该基于行为特征或行为模式来构建，而不是基于外貌、国籍、种族或民族。

7.4 基于行为特征的犯罪嫌疑人侧写

恐怖分子为策划“9·11”袭击花费了7年多的时间。其间，恐怖分子及其领导人在世界各地举行了多次会议（911Commission，2004）。策划袭击需要大量的技术支持和准备，包括对作案地点的选择、情报的搜集、测试通过安检的不同策略、伪造身份文件、飞行员培训、大量资金以及各种长途通勤。已故的“基地”组织（al-Qaeda）首脑本·拉登提供了大量的财物支持，并对“9·11”事件的参与者进行了筛选。

随着更多“9·11”事件幕后信息的出现，许多行为指标或预警特征也慢慢浮现。“9·11”事件策划期间，最初被指定驾驶飞机的那些恐怖分子在美国接受了飞机驾驶培训。他们告诉教练，因为想成为商业航空公司飞行员才来参加此次培训的，而且只对驾驶喷气式飞机，尤其是波音机感兴趣。此外，在训练过程中，教练注意到，他们好像只对在飞行过程中如何控制飞机感兴趣，对起飞和降落毫无兴趣。但最终，他们在评估中被认为不具备成为专业飞行员的能力与资质。于是，本·拉登认为这些恐怖分子不适合担任飞行员，而是选择了能讲英语、受过良好教育、能更好地融入美国文化的恐怖分子替代了他们。最终驾驶飞机的那四名恐怖分子，其中一名于1999年在亚利桑那州获得了商业飞机的飞行员执照，另有三名于2000年下半年在南佛罗里达州接受了飞机驾驶训练，并很快也获得了商业飞机的飞行员执照。这四名飞行员在培训期间及培训后，反复出入美国边境17次（Eldridge，Ginsberg，Hempel，Kephart & Moore，2004）。“9·11”事件共由19名“基地”组织成员实施，其中多名恐怖分子持有伪造护照和其他虚假身份证件，以便在国内外登机与执行其他任务。在19名恐怖分子中，有一半的成员在准备搭乘航班时被联邦航空管理局的安检筛查系统标记为需进一步检查。例如，在缅因州波特兰国际机场，两名恐怖分子购买了2500美元的头等舱机票，虽然机场安保人员认为他们形迹可疑，但是由于他们的行李经过检查并未发现有任何可疑物品，还是允许了两人登机。

在“9·11”袭击的策划和准备阶段，已经出现了一些行为指标或预警特征预示着即将发生的恐怖袭击，因此传统上基于外貌的侧写（看起来是中东人）是不必要的。尽管如此，自“9·11”事件以来，那些符合假定“国际恐怖分子”侧写的种族和少数民族群体（如具有中东血统或背景的人）在机场和海关还是会经历进一步更为严苛的安检程序。虽然，航空相关地点的乘客侧写是一个具有高度争议性的话题，但它仍以某种形式存在于全球范围内的大型机场。一些专家强烈认为，包括种族、国籍或民族在内的乘客侧写应该作为航空安检过程的一部分。然而，有的人，特别是那些人权的提倡与支持者，则极度反对。例如，依赖种族、国籍或民族的乘客侧写准确度低且具有误导性。此外，不准确或误导性的侧写可能会适得其反，因为这可能将侦查人员误导到虚假的线索上，并忽视对真正潜在犯罪人的进一步侦查。

此外，恐怖组织通常也了解侧写技巧，他们也知道特定种族、民族或国籍因素会引起怀疑，并相应地采取了一些“反侧写”措施。因此恐怖组织很可能挑选那些不符合特定侧写的个体作为重要任务的首选人员，从而分散警方、侦查或安保人员的注意力。例如，理查德·瑞德（Richard Reid），即“鞋子炸弹客”（Shoe Bomber），乌马尔·法鲁克·阿卜杜勒穆塔拉布（Umar Farouk Abdulmutallab），即“内裤炸弹客”（Underwear Bomber）以及科琳·拉罗斯（Colleen LaRose），即“圣战简”（Jihad Jane），都是不同恐怖组织的内部成员，而他们的外貌、种族背景和国籍都与刻板印象中的“中东”恐怖分子截然不同。理查德·瑞德是英国公民，他承认自己是“基地”组织成员，并在美国联邦法院承认了八项恐怖主义罪名，包括企图在飞机飞行过程中引爆藏在鞋子中的爆炸物。“内裤炸弹客”是一名高大的尼日利亚黑人，一位富裕银行家的儿子，他将炸药藏在内裤中，企图在这架飞机从阿姆斯特丹飞往底特律的途中引爆炸弹。科琳·拉罗斯是一位来自宾夕法尼亚州的金发碧眼的美国女性，她完全不符合传统意义上的恐怖分子侧写。她由于为恐怖组织招募成员进行恐怖活动以及策划凶杀而遭到指控。2011年2月2日，拉罗斯承认了四项联邦指控，包括共谋杀害一名外国探员、共谋支持恐怖分子以及对联邦调查局说谎。

计算机辅助的乘客预检系统

如前所述，现有证据表明，在乘客侧写中，关注恐怖分子的行为特征比关注人口统计学特征可能更为有效。也就是说，关注乘客的行为比关注他们的性别、年龄、种族、国籍和民族特征更为重要。此外，公众对行为观察法的反感程度通常较低。但是行为观察也受到了一些批评，后文将详细讨论。

机场对所有乘客进行安检非常普遍，甚至在“9·11”事件之前就已经是常规程序了。在 20 世纪末，作为“毒品战争”的一部分，大多数大型机场的乘客必须通过金属探测器检查，行李经过 X 光检查，有时还会被要求打开行李进一步检查。“9·11”事件之后，为应对潜在的恐怖主义活动，这些安全检查更加严格与先进。随后，在“内裤炸弹客”试图引爆爆炸装置后，全球大型机场安装了以高级成像技术（Advanced Imaging Technology，AIT）为基础的扫描仪，也称为“全身扫描仪”（Full-body Scanner），来对所有乘客进行安检（见图 7.1，展示了具有争议性的全身扫描仪）。

图 7.1　一名航空旅客正在国际机场接受全身扫描仪的安检。在一些机场，所有乘客都必须经过全身扫描仪的安检；在有的机场，乘客可以选择接受全身扫描，也可以选择由美国运输安全管理局的工作人员为其进行人工安检

即使是在“9·11”事件发生之前，美国大型航空公司也在尝试使用一种基于行为特征的系统，称为“计算机辅助的乘客预检系统”（Computer Assisted Passenger Prescreening，CAPPS）（Armstrong & Pereira，2001）。该系统在 20 世纪 90 年代首次使用，能够自动收集乘客在预订和购买机票时提供的基本数据，如姓名、地址以及支付方式，并根据设置的特定特征筛选出需要进一步检查的乘客。例如，系统会自动筛选出以下几类乘客进一步检查或进行更密切的监控：购买单程票的乘客、使用现金支付的乘客、独自出行的乘客以及使用同一张信用卡为不同姓氏旅客购票的乘客（Armstrong & Pereira，2001）。然而，根据“9·11”事件的特征，该系统存在许多缺陷。比如，该系统高度依赖于乘客所提供的真实姓名和合法身份证明，而身份证件或相关文件的伪造很容易避开该系统的筛查。

2003 年，运输安全管理局发布了一个升级版的系统，称为“第二版计算机辅助的乘客预检系统”（Computer Assisted Passenger Prescreening，CAPPS II），升级版的预检系统旨在确认乘客的真实身份；对乘客的犯罪记录和相关情报、数据以及信用卡进行检查；获取乘客的居住地、房产所有权、收入、出行记录和购物记录等相关信息。根据这些信息，该系统会为每个乘客生成一个威胁评估的等级。那些等级较高的乘客会被进一步检查甚至扣留。然而，运输安全管理局在完全实施该预检系统之前迅速终止了，部分原因是担忧对公民隐私权的侵犯和其他宪法问题（Ravich，2007）。例如，该系统将允许政府无限制地访问乘客的财务和交易数据以及其他专有和公有信息源（C. J. Bennett，2008）。

安全飞行计划

运输安全管理局一直致力于研发一个预检系统，既能自动化地进行种族侧写，又能提高对犯罪嫌疑人进行识别的准确度。2008 年，继首版和升级版的计算机辅助的乘客预检系统后，运输安全管理局又发布了一个新的预检系统，称为“安全飞行计划”（Secure Flight），该系统被认为在侵犯公民隐私权的程度上有所降低。运输安全管理局下属的威胁评估与证件认证部门负责该系统的运行。该系统要求每家航空公司将乘客的全名、出生日期、性别、护照信息、电话号码和身份识别号（Redress Number）输入计算机系统。身份识别号是每位乘客的一个专属号码，以供乘客在未来与国土安全部进行通信或预订未来机票时使用。该系统的基本运作过程是将乘客的信息与各种情报机关的名单进行交叉对比。情报机关的名单大致分为两类，第一类是禁飞名单（No-fly），即该乘客禁止搭乘航班；第二类是选择名单（Selectee），即该乘客在登机前需要接受进一步检查。这些名单上也包含了恐怖分子筛查中心（Terrorist Screening Center，TSC）建构的现有恐怖分子筛查数据库。“安全飞行计划”系统将乘客信息与上述名单（尤其是恐怖分子筛查数据库）进行交叉对比，从而识别出可疑个体。然而，这些名单由于曾出现过诸多失误，也具有高度的争议性。比如，未成年儿童的名字无故出现在禁飞名单上。

2006 年，联邦公报（Federal Register）（这是一份美国政府官方发布的有关现有规则、提案规则和通知的日更出版物）简单提及了另一个对跨境旅客进行筛查的安检系统，称为“自动目标锁定系统”（Automated Targeting System，ATS）。该系统在 20 世纪 90 年代初期开始应用，当时用于筛查进入美国境内的货物。但在“9・11”事件后，该系统得到升级、更新与发展，在公众未察觉的情况下筛查、跟踪和监控那些可疑个体。自动目标锁定系统是国土安全部的一个高度机密的计算机系统，它能够自动检查每一个跨越美国边界的人（无论是美国公民还是非美国公民），审查该个体的大量相关数据，并为其生成一个风险等级评估。根据国土安全部的说法，美国海关与边境保护局使用“自动目标锁定系统来强化对信息的收集、使用、分析和传播，这些信息主要用于潜在恐怖分子、恐怖武器的识别与锁定，并阻止其进入美国境内”（DHS，2006，p. 2）。对每位旅客的风险评估将会保留 40 年。唯一避免被该系统筛查并生成风险等级的方法就是不乘坐任何飞往、经过美国的航班。此外，生成的风险评估等级具有机密性，且不受隐私法法案的保护，也就是说旅客既不知道评估结果，更无法看到具体、详细的评估指标与过程。因为如果评估结果、指标和过程遭到泄露，很可能导致潜在犯罪人有机会找到降低风险等级的办法。此外，该系统还会收集个体的其他信息，如个体的原国籍、旅行资金来源、转诊记录、犯罪前科、逮捕记录、旅行中的未出席记录（没能赶上飞机的记录），甚至个人的驾驶记录。

加拿大有一个类似于美国自动目标锁定系统的程序，称为“乘客保护系统”（Passenger Protect），该系统于 2007 年 6 月开始运行（C. J. Bennett，2008）。虽然加拿大的系统不像美国系统那样具有严格的程序和筛选机制，但它旨在识别那些可能对航空安全构成威胁的乘客，并采取及时行动，比如说阻止其登机，以降低航空安全及他人受到危害的风险。该系统在筛选程序上的目标相对狭窄，因为筛选名单仅限于那些可能对航空安全构成直接威胁的个体（C. J. Bennett，2008），而美国的系统则可以长期评估所有乘客的风险水平。

恐怖分子筛查数据库

恐怖分子筛查数据库（Terrorist Screening Database）从 2003 年开始运行，由联邦调查局的恐怖分子筛查中心（Terrorist Screening Center）收集相关信息，并被多个机构用于编制各自的具体筛查名单。例如，国土安全部使用该数据库来制定禁飞名单。恐怖分子筛查中心每天都会向执法部门和其他机构更新已知和疑似恐怖分子的相关数据。至今，筛查中心已与六个国家紧密合作，收集恐怖主义成员的相关信息。

恐怖分子筛查中心的工作人员包括来自美国海关与边境保护局、移民和海关执法局、特勤局、海岸警卫队、司法部、联邦调查局和缉毒局的人员。虽然美国司法部监察长办公室指出，该名单存在频繁失误、对投诉响应缓慢的问题，但筛查中心仍然努力确保数据库中的信息具有及时性、准确性，同时筛查中心坚持在维护数据库的过程中，严格遵循宪法原则，保护美国公民的隐私与公民自由。此外，恐怖分子筛查中心每天会对数据库的信息进行 1200～1500 次的增加、修改或删除（Wyllie，2010）。

然而，恐怖组织的成员可以通过“测试”发现哪些成员已被系统选中，需要进一步检查，从而知道哪些成员已经被纳入了数据库，相反，也可以知道哪些成员没有被系统选中。在恐怖组织分配任务的阶段，那些未被系统选中并被视为低风险等级的成员可能会在接下来的恐怖活动中担任主要角色。此外，通过定期的秘密测试发现，许多机场的安保人员培训不足，管理和监督都很差，筛查设备和技术也存在诸多缺点（Martonosi & Barnett，2006）。

尽管筛查程序存在一定缺陷，对犯罪嫌疑人的侧写也存在不足，但在过去40年来，犯罪人成功劫机和在商业飞机上引爆炸弹的案件数量已然显著减少。这表明，某些探测仪器、机场的筛查程序以及基于行为特征的犯罪嫌疑人侧写在很大程度上发挥了作用，也能够作为一种威慑手段。然而，如上所述，仍然有很大的改进空间。在下一节中，我们将讨论另一种犯罪嫌疑人侧写技术，这种侧写更依赖于人工的观察而非从大型数据库中获取信息。

7.5 行为观察技术应用于可疑乘客识别

近年来，乘客侧写发生了较多变化。尽管没有具体的恐怖分子侧写，但专家认为，他们至少可以识别出那些表现出恐惧、紧张或欺骗行为特征的个体。这些特征在上述的数据库中几乎不会显现。

基于观察技术的乘客筛查

基于观察技术的乘客筛查（Screening of Passenger by Observation Technique，SPOT），该程序最初来源于以色列在与恐怖分子的直接对抗中积累的经验。随后，经过美国运输安全管理局的发展与完善形成了现在的乘客筛查观察技术。在美国，这一程序在2001年之后进行了预运行，并于2007年正式实施。该程序能够为运输安全管理局的行为检测官（Behavior Detection Officers，BDOs）提供一种方法，旨在识别出那些可能对交通安全构成威胁的个体，并重点关注表现出高度紧张、恐惧或有欺骗的行为（U. S. Department of Homeland Security，2008）。行为检测官并不关注枪支、炸弹或刀具（这些都是探测器需要发现的物品），而是寻找可能隐藏着欺骗与恶意的行为特征和面部表情。当乘客正在等待办理行李托运或是通过机场安检的时候，行为检测官则会对乘客进行观察（见图7.2）。他们使用某些检测指标，这些指标具有相应的分值和阈值，用于评估、识别出那些可疑的乘客。如果某位乘客的分值超出了特定的阈值则将被进一步筛查和询问。行为检测官本身不是执法人员，他们不进行侦查、不携带武器，也不进行逮捕。

图 7.2　一名运输安全管理局的行为检测官（位于顶部中央）在安检口观察排队的乘客，自 2004 年以来，大约有 3000 名行为检测官已接受培训并被分配到美国各地的机场

截至 2010 年 3 月，美国约有 3000 名行为检测官在全美 161 个机场工作（GAO，2010）。根据国土安全部的说法，乘客筛查观察技术是其他筛选程序的衍生品，这种程序现已被美国及世界各地的执法和安保人员所采用。

通过这项行为检测计划，美国运输安全管理局旨在收集两类信息。首先，将行为检测官观测到的数据输入行为检测数据库中，这些数据信息可以揭示各机场之间或同一机场内个体行为随时间变化的趋势。其次，如前所述，行为指标超过特定阈值的个体可能会被进一步筛查。在后者中，运输安全管理局的工作人员可能会收集个体的身份信息，以核对个体的身份与相关情报，并与恐怖分子筛查和其他执法数据库进行交叉对比。虽然该计划最初旨在检测恐怖分子，但近期已进一步扩展到检测、识别任何表明与犯罪相关的行为。

这项行为检测计划在理论构建上的基础部分主要基于保罗·艾克曼（Paul Ekman，2009）的研究，他是加利福尼亚大学旧金山医学院著名的心理学教授。艾克曼的工作集中在面部动作编码系统（Facial Action Coding System），主要用于分析人类的面部表情。根据艾克曼的说法，面部的微表情，如嘴唇肌肉紧张（如嘴唇紧闭或抿嘴唇）或眉毛上扬，可能暗示着个体存在与欺骗相关的微妙情绪。他声称，经过适当训练的观察者仅凭这些面部线索就可以以 70%的准确率检测到个体的欺骗行为，而通过身体语言（手势和动作）则可以达到 100%的准确率（Weinberger，2010）。艾克曼报告说，到目前为止，他已经训练了约 1000 名运输安全管理局的行为检测官。需要提到的是，艾克曼的报告具有争议性，因为他的研究很难复刻，因而并不知道他研究出的结论是否具有较高的信效度和准确性（Vrij，2011）。此外，他承认，每 10 个表现出“可疑”行为的人中有 9 个是完全无辜的。正如布莱德肖所观察到的："许多乘客被判定为可疑的原因是害怕飞行、受到穿制服的检测官的威慑、携带了令他们感到羞耻的物品，如合法但色情的书籍，因而才会表现出紧张、压力的情绪"（Bradshaw，2008，p. 10）。

上述行为检测计划，即通过观察技术来进行乘客筛查，既受到了称赞也受到了批评。支持者表示该计划减少了甚至消除了对个体种族、民族或宗教特征的依赖。行为检测官观察的目标是个体的行为，而非那些具有偏见性的个体特征（如种族、国籍和民族），但需要指出的是，"外貌"也是行为检测官观察的一个相关标准。批评者表示，其一，该计划成本过高，既需要人力成本，也需要培训成本；其二，质疑其有效性和准确度，批评者表示，即使是经过培训的检测官也难以根据面部或身体特征来预测个体的犯罪行为。自该计划实施以来，只有极少数疑似恐怖分子的犯罪嫌疑人被发现，大多数被逮捕的都是非法移民，而他们也没有参与恐怖组织的迹象（GAO，2010）。此外，科学界呼吁，在没有科学实证研究的情况下对该计划保持谨慎态度（National Research Council，2008）。

2010 年 5 月，美国政府问责局（Government Accountability Office，GAO），一个独立的无党派机构，发布了一份报告。报告中针对上述行为检测计划多项内容进行了分析：（1）运输安全管理局在部署行为检测计划前，验证其科学基础的程度；（2）实施过程中的挑战；（3）行为观察技术的运用对航空安全影响的程度。美国政府问责局得出结论，运输安全管理局在全国范围内部署该行为检测计划之前，没有首先提供、验证在机场环境中识别可疑乘客的相关科学基础。

此外，责任署指出，目前是否可以有效且可靠地将行为检测原理运用于反恐目的，尚无科学共识。美国政府问责局进一步发现，运输安全管理局在资源的利用上存在问题。此处的"资源"包括行为检测官通过观察技术获取的有关潜在犯罪嫌疑人（即行为指标超过特定阈值的乘客）的信息。换句话说，运输安全管理局没有妥善收集被拘留乘客的相关数据，也没有使用其他可用的情报数据库。最后，运输安全管理局没有使用任何程序来对该行为检测计划进行评估，从而确定该计划在识别潜在恐怖分子上的有效性。客观而言，"9·11"事件之后，相关部门在机场乘客的筛查方面感受到压力，这种紧迫感和威胁感促使相关部门采用了尚未经过充分测试与验证的程序以及那些具有较高争议性或备受质疑的筛查方法。

我们还应该注意到，美国政府问责局并没有建议直接关闭行为检测计划。相反，它提供了改进的建议，并强调继续研究其有效性、可靠性。尽管如此，关于使用行为观察技术来确保机场安全的科学性、效率和效用仍然存疑。

值得一提的是，加拿大也开展了类似的行为观察项目。在温哥华国际机场进行的为期 6 个月的实验项目中，加拿大航空运输安全局（Canadian Air Transport Security Authority，CATSA）的 20 名工作人员在机场巡逻，寻找行为可疑的乘客，如在大热天穿厚重衣物、对安检过程表现出异常关注或出汗过多的乘客（Bronskill，2011；Saint-Cyr，2011）。这些工作人员穿着制服，不仅在机场巡逻，还仔细观察乘客在特定区域的行为。然而，截至目前，许多专家仍然对该项目的准确性、有效性持质疑态度，并且该项目似乎容易受到与美国行为检测计划相同的批评。反对者同样认为，该项目的实施可能没有任何有效、扎实的科学基础。然而，加拿大交通部坚持认为，该项目的实施是基于过去几十年的研究，这些研究表明，有些无意识的、潜意识行为可能是欺骗行为的特征（Saint-Cyr，2011）。

“FAST”筛查技术

2008 年，新闻报道指出国土安全部开始测试一种新的“读心”设备，即另一种乘客筛查方法。这套程序称为“FAST”（Future Attribute Screening Technology，直译为“未来属性的筛查技术”），也被称为“MALINTENT（恶意）”，目前仍处于开发阶段。根据国土安全部的说法，FAST 旨在开发一套以个体行为为基础的程序，来改进现有的乘客筛查技术，为安保人员提供多方面的指标，使他们能够有效作出决策。如果实施，FAST 将会被用于那些上述行为指标超出特定阈值的乘客。你也会发现，FAST 对个体而言，会更具侵入性，或许会由于侵犯公民自由权和隐私权而受到强烈反对。该程序基于这样一个假设：“行为科学家推测，怀有恶意企图的人可能会行为举止异常，或根据事件的严重程度、时间及后果出现极端的生理反应”（DHS，2008，p. 2）。此外，该程序聚焦于犯罪意图的识别，即前犯罪行为（Pre-criminal Behavior），个体在实施犯罪之前的行为表现。

FAST 是一个基于传感器的程序，它专门读取表现出恶意或犯罪意图的身体反应，并利用这些身体反应发展成为一种更强大的算法预测，以确定哪位乘客应该被筛选出，从而需要接受进一步检查和询问。FAST 在操作上与测谎仪有些相似，但它旨在通过远程摄像头和传感器对数据进行初步收集，乘客不会注意到自己正在接受检测，与穿着制服的行为检测官相比，可以减少对乘客的威慑感，并以自然状态接受安检。在运输安全管理局的工作人员问询时，FAST 会监测乘客的呼吸、皮肤温度、心率和皮肤电。该程序目前尚处于实验阶段，因此其有效性仍然未知。然而，在 2011 年 3 月 FAST 完成了在美国东北部某地进行的第一阶段测试。

美国国土安全部（DHS，2008，p. 4）的资料显示，FAST 研究人员正在研究五种传感器系统，这些系统可以监测以下线索：

1. 远程心血管和呼吸传感器，用于测量受试者心率、心率变异性、呼吸频率和呼吸窦性心律失常（在呼吸周期中心率的变化）。

2. 远程眼动仪，使用摄像头和处理软件监测受试者眼睛位置和转动方向（在某些情况下，还包括整个头部）。大多数眼动仪还会提供瞳孔直径的测量数据。

3. 热成像摄像头提供受试者面部皮肤热特性变化的详细信息，有助于评估皮肤电反应，并测量呼吸和眼动。下一节关于测谎的讨论中将详细讨论这一点。

4. 高分辨率视频能够拍摄受试者面部和身体的图像，以便通过高分辨率图像分析、确定面部特征、表情及身体动作，同时还有音频系统用于分析受试者声音的音调变化。

5. 其他传感器类型，如用于分析嗅探信息素的传感器，也在考虑之中。

一位国土安全部的研究者声称，根据对FAST的初步测试，其在检测恶意和犯罪意图方面的准确率为78%，在检测欺骗行为方面的准确率为80%（Nikolas，2011）。然而，该次研究数据的收集是在“人工实验”的情境下收集的。140名实验志愿者按照特定的行为指示扮演“乘客”的角色，从而让传感器接收相关数据。这些数据是否同样适用于较为繁忙的机场或其他交通中心尚待观察。现在，我们将焦点转向测谎，尤其是如何将其应用于对犯罪嫌疑人的侧写上。

7.6 谎言的识别

与犯罪嫌疑人侧写有关的一个关键任务是测谎或谎言的识别（Detection of Deception）。具体而言，一旦犯罪嫌疑人被拘留，无论是短暂拘留还是长期拘留，如何判断嫌疑人是否在说谎？侧写师或行为分析师，在理想的情况下能够对犯罪嫌疑人进行测谎，并提供专业意见。执法部门、军方和情报机构经常需要判定犯罪嫌疑人是否说谎。在警方侦查过程、询问和讯问过程中，执法人员和探员往往希望知道犯罪嫌疑人在关于参与或涉及犯罪活动，或计划进行恐怖活动上的供词是否真实。情报官员在伊拉克和阿富汗战争期间最重要的任务之一，就是确定在他们接触的所有人中谁在说实话、谁可以被信任，因为“这些问题可能关乎生死”（National Research Council，2010，p. 6）。

说谎（Deception），是指故意隐瞒、歪曲或扭曲真相或信息，以误导他人的行为。鉴于在所有情境中，“真实性”（Truthfulness）是一个关键变量，我们必须提出疑问，我们是否真的能够通过某些方式检测到他人的谎言呢？检测个体在未来意图上的欺骗行为对国家安全领域尤为重要。如果政府相关人员能够在“9·11”事件前监测到19名恐怖分子中任何1名犯罪人的谎言，可能就会避免后续的恐怖事件。所有 19 名恐怖分子至少三次在不同的情境下对政府人员说谎（Honts，Hartwig，Kleinman & Meissner，2009）：第一次是在申请进入美国签证时，第二次是在美国入境时，第三次是在登上注定坠毁的航班时。然而，这些政府人员能否识别他们的谎言呢？

简要回答：很少有人能够识别谎言。无论是专业人士还是非专业人士，几乎不能够在每次判断中做到准确地识别谎言，包括侧写师。“研究显示，人类在检测、识别谎言方面并不擅长”（Loftus，2011，p. 538）。尽管如此，一些人（特别是专业人士）坚信自己可以做到。虽然社会中充斥着关于如何判断某人是否说谎的方法和技巧，但过去 30 年的实证研究清楚地表明，人类区分真话和谎言的能力极差。人类不擅长检测、识别谎言的一个原因是，我们对谎言的判断依赖于个体无效的行为特征或更糟的是依赖于具有误导性的行为特征和线索（Loftus，2011）。例如，有人认为撒谎者会回避眼神接触或情绪上过度烦躁。不幸的是，这些行为特征和线索在测谎上极不可靠。此外，一些文化和民族在非语言行为模式上差异很大。比如，在日本文化中，回避眼神接触（尤其是在与上级或年长者的交流中）被认为是尊重的表现。

测谎的另一个问题在于，在当今社会，撒谎是一种非常普遍的行为。这是日常生活中的一个普遍现象，而非什么特殊行为。根据德保罗等人的说法，“人们经常撒谎是为了让自己（有时是别人）看起来更好，或者感觉更好；虽然人们总是在生活中表现得自己从不说谎的样子，但实际上从不说谎的人只存在于虚幻中”（DePaulo et al，2003，p. 101）。即使是那些“测谎专家”自己也并不总是说真话。因此撒谎行为如此普遍，其可能已经变成了“正常”行为，并不会显得特别异常。还有一个问题是，一些撒谎者往往相信他们谎言的内容是真实的事情，所以他们可能不会表现出任何撒谎的迹象或特征，因为他们觉得自己只是在陈述事实（Merckelbach，Jelicic & Pieters，2011）。此外，撒谎者还会经常排练他们的“剧情”，即重复模拟说谎的情境。当程度更严重时，他们甚至开始以这些捏造的虚假故事为生活依据，以至于谎言成了他们思维框架的一部分。

现有研究确实表明，观察者可以通过语言、非语言和微表情来检测个体的情绪。换句话说，我们可以判断一个人是否感到尴尬、不舒服或无聊。然而，如果我们假设观察者仅通过情绪（如压力反应）就能够检测、识别出谎言，则是没有依据，也不合理的。例如，在机场安检的情境下，乘客在登机前后往往会有较大的压力感，但是感受到压力感可能出于多种原因。然而，几乎没有证据支持，经过训练的行为检测官或运输安全管理局的工作人员仅仅通过乘客的行为举止或反应就能够识别出那些可能对航空安全构成威胁的个体。随着数据库中信息的不断积累以及更多研究结果的发现，我们可能会在测谎方面取得一定进展，但目前我们尚未达到。

警方侦查人员的测谎能力

警察学院和其他执法培训机构通常会提供一些关于测谎的培训，最常见的训练方法是因博乌提出的行为分析访谈法（Behavior Analysis Interviewing）（Inbau，Reid，Buckley & Jayne，2001）。如阿尔德特·弗瑞指出，大多数关于警方侦查人员培训的内容侧重于对非语言行为（Nonverbal Behavior）的识别与分析，因为这些行为被认为比语言内容更能有效地监测、识别出谎言（Vrij，2008）。此外，因博乌等人的方法有一个关键假设是与撒谎者相比，“无辜的、没有撒谎的人期望自己被证明是清白的，因此他们应该更倾向于提供有用的信息”（Vrij，Mann，Kristen & Fisher，2007，p. 501）。然而，没有实证支持这些说法，更有研究结果反驳了这一观点。例如，弗瑞发现，相比于撒谎的犯罪嫌疑人，诚实和无辜的犯罪嫌疑人往往更不愿意合作（Vrij，2005）。为什么会这样呢？也许是因为他们明白，自己有可能会因为一些没有做过的事情而遭受指控。大多数研究者报告称，许多警察学院提供的测谎培训是具有误导性的，并且与现有研究的发现不一致（Leo，2008；Meissner & Kassin，2002）。

可能有效的测谎方式

但幸运的是，在测谎方面并非完全无望。谎言的识别与审讯策略息息相关。在审讯过程中，与直接指控犯罪嫌疑人的罪行相比，专注于信息获取的方式似乎更能有效地检测出谎言。直接指控式审讯方法（Accusatory Approach），是指面对犯罪嫌疑人，讯问其是否实施了犯罪行为及其相关活动。例如，问犯罪嫌疑人：“你似乎在隐瞒什么”或“你说你在家，但实际上你根本就不在家，对吧?”相反，在信息获取式方法（Information-gathering Approach）中，审讯者对犯罪嫌疑人提出的问题具有开放性，如问犯罪嫌疑人“你能告诉我你昨天早上在做什么吗?”

此外，犯罪嫌疑人回答内容的词汇数量越多，辨别谎言和实话的语言线索就越多。洛夫图斯指出，“信息获取式审讯方法之所以能够更为有效地识别谎言，是因为它能够产生大量的信息，这些信息可以用来与其他证据进行比较或检验前后的矛盾点”（Loftus，2011，p. 538）。相比之下，如果采取直接指控式审讯方法，犯罪嫌疑人通常只会进行简短的否认，从而使其提供的语言线索非常有限（Vrij et al，2007）。此外，一些关于识别谎言的培训手册建议侦查人员应该首先用现有的证据对犯罪嫌疑人发起质问（Hartwig，Granhag，Strömwall & Vrij，2005）。但研究表明，在讯问或审讯开始时，以指控性的言语方式与犯罪嫌疑人进行交流会对后续的测谎准确性产生较为不利的影响（Hartwig et al，2005）。

另一种有效的审讯方法是向犯罪嫌疑人抛出一些出乎意料的问题。该方法的假设是，当撒谎者被问到意料之外的问题时，他们会被迫立即编造答案，但这是一项困难的任务（Vrij et al，2009）。这种困难的任务被称为“认知负荷”（Cognitive load），通常表现为回答时间更长，停顿更多；同时也表现为“情绪唤起”程度的增加，如害怕审讯者不相信自己的谎言而产生的担忧、焦虑情绪。因此自发的、即时性的谎言往往比计划好的谎言表现出更多的可识别特征（DePaulo et al，2003）。

有趣的是，弗瑞及其同事指出，研究表明许多语言线索（Speech-related Cues）比非语言线索（Nonverbal Cues）更能有效地识别谎言（Vrij & Granhag，2007）。在判断过程中，非语言线索往往是不一致、不可靠的，即使是经过良好训练的侦查人员也很难辨别。因此侧写师可能会建议侦查人员更多关注语言的内容和特征，而不是非语言线索。例如，关注犯罪嫌疑人回答问题的反应时，即审讯者发问结束到犯罪嫌疑人开始回答之间的时间间隔，自发的谎言往往在这一过程中反应的时间较长（Boltz，Dyer & Miller，2010）。这是因为在个体层面，撒谎行为的开端首先是决定：说实话对自身更有利还是撒谎对自身更有利？比如，犯罪嫌疑人心想：“虽然我那晚并不在家，但我应该说那晚在家吗？”如果犯罪嫌疑人认为撒谎对自身更有利，那么就必须捏造出一个有说服力的谎言，而这一任务通常需要较长的思考时间，如“如果我说在家，那他们一定会问我在家里干了什么，我可以说在看电视节目，但是谁又可以证明这一点呢？”等。如果是事先准备好的、经过“排练”的谎言，那么反应时间可能会短于正常时间。然而，反应时间较长或延迟回应可能是谎言，但不一定意味着犯罪嫌疑人实施过犯罪行为。许多无辜的犯罪嫌疑人出于一些原因而对警方撒谎。例如，害怕对警方说实话会引发一些不必要的麻烦，或是出于羞耻而对警方撒谎，如犯罪嫌疑人在当晚外出进行性交易，而对警方说自己在家。

上文还提及的一种审讯策略是对犯罪嫌疑人提出难以预料的问题。洛夫图斯举了一个例子：一名犯罪嫌疑人声称，自己在案发时正和朋友一起吃晚饭，审讯者可以问，“是你先吃完的还是你朋友先吃完的？”对于这种出乎意料的问题，撒谎者更倾向于回答明确且具体的答案，如“我先吃完的”或“我朋友先吃完的”，因为他们担心审讯者会由于自己没有给出明确的答案而怀疑自己。相反，正常人或无辜的犯罪嫌疑人在回答这个问题时会表现出很困难、吃力或犹豫的特征，或者直接回答“这我怎么会记得啊”。

一般来说，现有研究表明，与那些考虑语言内容和反应时间的侦查人员相比，仅仅关注非语言线索的侦查人员在识别谎言上的准确率更低。虽然大多数警方侦查人员在审讯过程中，会考虑嫌犯语言方面的一些特征，但总体而言，他们更倾向于依赖非语言的行为特征。其中部分原因是他们会习惯性地忽视否定性语言。当侦查人员预判到谎言会出现时，其可能对犯罪嫌疑人否认性的话语（如“我不是恐怖分子”或“我没有杀人”）不感兴趣，而更倾向于通过观察身体语言来识别谎言。然而，为避免怀疑，撒谎者会有意识地控制自己的非语言行为，并进行印象管理，即管理他们自己给审讯者留下的印象（Boltz et al，2010；DePaulo et al，2003）。例如，犯罪嫌疑人可能会盯着审讯者的眼睛，而非避免眼神交流。然而，如果他们将注意力放在对自身非语言行为的控制上，根据“注意资源理论”，他们对自身其他方面（如语言）的控制力则会下降（由于没有分配到足够的注意资源），因而很可能在语言上更为粗心，露出破绽。

弗兰克和艾克曼还研究了谎言识别的其他方面，如谎言出现的情境（Frank & Ekman，1997）。情境的性质可以分为低风险情境和高风险情境。低风险情境，是指对于撒谎者而言，撒谎成功或失败对其不具有较大影响，也不会具有高水平的情绪唤起，如我们日常撒的小谎：“今天有点发烧，不能参加聚会了”。相反，高风险情境中，撒谎成功与否往往会对其产生重大影响，如坐牢、终身监禁。在高风险情境中，个体在撒谎时会产生高度的情绪唤起。由于之前的研究主要是在低风险的“人工实验”环境下进行，弗兰克和艾克曼将研究对象聚焦于现实中真实的谎言，即在高风险且真实的情境中进行研究，这种情境下，审讯者和犯罪嫌疑人往往都表现出激烈的情绪。比如，警察审讯和法庭宣判的情境甚至联邦探员的审讯。研究人员发现，高风险情境中，犯罪嫌疑人产生的强烈情绪往往会“泄露”出一些有效的线索，从而能够判断犯罪嫌疑人是否撒谎。这些线索在其他高风险情境中也很明显。例如，弗兰克和艾克曼发现，在高风险情境下，90% 的撒谎者会在面部表情上表现出强烈的负面情绪特征（如皱眉或蹙额）。另外，他们很少在无辜犯罪嫌疑人的面部表情中发现类似的负面情绪特征。在低风险情境中，观察者需要更多地依赖与“思维”相关的线索，如语言内容、措辞、描述、停顿、反应时间和语言错误，来检测、识别谎言。低风险情境中的谎言似乎更具有情境特异性，从而也更容易导致观察者判断失误。

弗兰克和艾克曼通过研究有另一个发现：虽然不同个体在识别谎言的能力上存在差异，但有些人可以通过训练来提高识别谎言的准确性，达到比随机判断更高的准确度。研究表明，这种训练通常能使个体在识别谎言上提升5%~10%的准确性，且具有显著的统计学意义（Frank & Ekman，1997）。使用那些基于实证研究的有效培训可以进一步提高判断的准确性。在弗兰克和艾克曼的研究中，那些在少量训练的情况下就能够识别出谎言的人，在经过基于实证研究的训练后准确性提高的幅度最大。同样，波特、伍德沃斯和伯恩特发现，假释官在经过 2 天基于实证研究的培训后，在准确识别谎言上的得分有所提升（Porter，Woodworth & Birt，2000）。然而，卡辛和冯发现，传统的警察测谎培训，即包括语言和非语言行为分析的瑞德审讯技术（Reid Technique of Interrogation），反而降低了警察识别谎言的能力。也就是说，许多执法人员和警察接受的测谎培训可能导致他们识别谎言的准确性降低，甚至可能使他们对自己的谎言识别能力过度自信（Kassin & Fong，1999）。研究一致指出，警察越自信，他们对谎言进行判别的准确性反而越差（Ekman & O' Sullivan，1991；Kassin & Fong，1999；Porter et al，2000）。

对意图的识别

大多数谎言识别的研究都聚焦于个体过去行为或事件的谎言。比如，犯罪嫌疑人（在过去）是否实施了杀人行为，犯罪嫌疑人（在过去）是否参与了恐怖袭击等。然而，对犯罪嫌疑人未来意图的侧写更为重要。例如，机场安保人员需要在安检询问时区分乘客的言语可信度（是否说谎）以及识别恶意或不良意图，这种意图在犯罪嫌疑人登机后显得尤为关键。“在检测过程中，提高识别犯罪意图（Criminal Intentions，即计划但尚未实施的犯罪行为）的准确性，其社会价值几乎无法高估”（Granhag & Knieps，2011，p. 274）。通常这些犯罪意图伴随着一定程度的计划性和强烈的目的性（Granhag & Knieps，2011）。不幸的是，目前对犯罪意图的研究非常有限。

有研究者曾报告了两项研究，分析了询问者辨别乘客意图的能力。乘客需要向询问者陈述自己的意图（即他乘飞机去往目的地是为了干什么），乘客对自己的意图描述有真有假，而询问者需要辨别出其意图的真假。第一项研究在一个国际机场进行。研究发现，相较于没有说谎意图的乘客，那些意图撒谎的乘客其言语陈述的可信度更低。研究结果显示，研究中的两名询问者能够以 70%的准确率区分谎言和真话（Vrij，Leal，Mann & Granhag，2011）。

第二项研究中，弗瑞等人以军事人员和警察作为参与者，主要是因为他们对测谎情境的适应性比其他被试者（如大学生）更强。参与者被告知他们将扮演“卧底探员”的角色，就像在执行任务的过程中需要辨别对方是敌是友。这个角色要求每位参与者对两名其他探员说谎，对一个探员说关于过去行为的谎言，对另一个探员说关于未来行为的谎言（即虚假意图）；并对另外两名其他探员说真话，对一个探员说关于过去行为的事实，对另一个探员说关于未来行为的事实（即真实意图）。研究发现，个体构建真实意图与构建虚假意图在思维过程中有所不同。具体而言，相较于识别过去情境中的谎言，参与者在识别未来情境中的谎言（虚假意图）上的准确性更高（两者正确率分别为55%和70%）。研究结果发现，相较于判断个体过去行为或事件的真假，分辨个体未来意向的真假更为容易。那些探员在听到“卧底探员”关于未来意图的相关陈述时，大感震惊（谎言编造得很离谱），而在陈述过去事实时，却毫不意外。这表明在现实中，犯罪嫌疑人在接受询问或审讯时，对关于过去行为相关问题的回答会准备得更为充分，而对关于未来意图相关问题的回答准备不足。例如，乘客在机场接受安检询问时，可能会预料到关于过去行为的问题，从而做好充分准备；但如果这名乘客怀有不良甚至犯罪意图，则其在描述未来意向时可能会较为困难。以上研究结果在另一项研究中也得到了强有力的支持（Granhag，Knieps，2011）。

7.7 测谎的新技术

热成像技术

热成像（Thermal Imaging）是一种通过特殊摄像机检测面部温度变化的技术（这些温度变化是由血液流动的变化引起的）（Warmelink et al，2011）。这是FAST系统中的技术之一。热成像技术最初作为一种远程和快速筛查手段，用于帮助谎言的识别。该设备无须专业人员操作，并且受试者无法察觉，他们并不知晓自己的面部温度正在被测量（Pavlidis，Eberhardt & Levine，2002）。因此该仪器可以用于机场乘客筛查，“在这种技术下，每位乘客的面部热成像图都可以以一种非侵入性的方式生成，从而能够瞬间揭示恐怖分子和其他不法分子的身份”（Warmelink et al，2011，p. 40）。然而，将热成像技术设备用作测谎还存在争议，因为面部温度的变化也可能是由其他因素引起的，而不仅仅是由即将实施犯罪行为的紧张情绪所导致的。机场里的乘客很可能因为某些原因感到激动和兴奋，如对期待已久的度假、节假日或探亲。

温姆林克等人研究了在航空乘客筛查中，热成像技术作为测谎工具的准确性。在这项研究中，研究人员在一个大型国际机场内随机挑选乘客，并表示他们正在寻找志愿者来谈论他们的旅行计划。如果他们自愿参与，乘客将被问到以下两个问题：（1）您今天飞往哪里？（2）描述一下您此次旅行的主要目的。研究人员记录了这些回答，然后说：“我的同事将问您一些关于您旅程的问题”。有些人会被要求说实话，而其他人则会被要求在这些访谈中撒谎（Warmelink et al，2011，p. 42）。

在这项研究中，乘客被随机分配到“真话”或“谎话”的组别中。两名研究人员（他们并不知道乘客是被分到了“真话”组还是“谎话”组）开始随机采访乘客。在采访过程中，乘客的面部温度会通过距离 10 米远的热成像摄像机记录下来。温姆林克等人发现，单独使用热成像无法有效地区分乘客说谎与否。也就是说，热成像技术，作为一种远程快速筛查工具，在区分个体是否具有不良或恶意意图的能力上非常有限。然而，温姆林克等人确实发现，在对乘客进行实际采访的过程中，热成像在谎言识别的能力上具有一定潜力。撒谎者在采访过程中，面部温度显著上升，而说实话的人面部温度则保持不变。根据这些面部温度的变化模式，69%的撒谎者和 64%的说实话的人被正确识别了出来。此外，通过对比，两名研究人员在谎言识别的能力上的表现优于热成像记录。他们没有访问热成像数据，但却能够正确识别出 77%的撒谎者和 72%的说实话的人。这表明，语言和行为特征提供了比皮肤温度更多的有效信息，使两名研究人员能够有效地识别谎言。然而，温姆林克等人认为，如果真的要在现实中使用热成像技术作为机场乘客筛查的测谎工具，那目前研究中的这些准确率相当低，仍需大幅提高。“运用于机场情境下，以乘客筛查为目的，测谎工具要想在实际应用中准确、有效，必须能百分之百地识别出那些说实话的乘客”（Warmelink et al，2011，p. 45）。热成像会把很多无辜的乘客错误地识别为具有不良或恶意意图，而这些乘客可能是出于其他非欺骗的原因而感到激动、兴奋、焦虑等。而这些后果对乘客的影响是相当大的，不仅会错过飞机，还可能接受进一步审查、讯问甚至拘留。

用生理指标来判别个体是否撒谎或是否怀有恶意意图仍然存在一定缺陷。科学界尚未发现一种独特且直接与撒谎行为或恶意意图相关的生理指标。实际上，机场使用的生理检测设备可能会产生大量的假阳性结果，从而将许多无辜的乘客判定为风险较高的个体。此外，如果将这些产生大量假阳性的程序或系统在大型机场中投入使用，可能还会造成机场秩序的混乱，因为大型机场往往繁忙且拥挤，通常乘客排很长的队进行安检。布莱恩·詹金斯指出，如果我们不能开发出一种能够“像 X 光一样扫描人们灵魂”的设备，那么可能就没有任何物理设备能够完美地识别出那些想要在飞行过程中引爆炸弹的人（Brian Jenkins，2002）。

声压技术

由于个体声带结构、发音机制的差异性以及舌头、嘴唇和牙齿的使用方式不同，每个人都有独特的说话或发音风格。声纹（Voiceprints）是能够用于识别声音中上述独特发音方式的波谱图。有人认为，人在说谎时，声音在压力的作用下会发生变化，这些与压力相关的变化通过微振（Microtremors，即微小、微弱的振动）的形式表现出来，从而形成声压。人类的听觉尚不能够识别出这种变化，但使用专门设计的复杂仪器能够准确、可靠地捕捉到这种声音变化。然而，除了撒谎之外，还有许多其他原因可能导致个体在说话时声音受到压力而产生微振。如果将声纹作为一种测谎工具，其价值尚未被科学界所接受。

尽管如此，一些商业公司已推出各种硬件设备，宣称能够通过实时或录音的语音片段检测声压，从而识别谎言。例如，1971 年，美国德科特国防安全公司（Dektor Counterintelligence and Security Corporation）开发了心理压力评估仪（Psychological Stress Evaluator，PSE），也称为声压测谎仪，专门用于捕捉由撒谎行为导致的声压变化。虽然经历过几次升级改装，但该设备至今仍在市场上销售。虽然也有其他公司开发了类似的测谎仪器，但“PSE”仍是市场营销最为广泛的测谎仪。在市场推广材料中，德科特公司声称“PSE”在区分个体说谎与否的判断上准确率为 95%~99%。其他声压测谎仪还包括计算机声压分析仪（Computer Voice Stress Analyzer，CVSA）、迪奥根斯数字声压分析仪（Diogenes Digital Voice Stress Analyzer）、一款名为“Vericator”的声压测谎仪、升级版信赖者（Truster Pro）。

在国防情报局的研究中，有研究者回顾了 30 多年来 24 项关于声压分析的实证研究（Sujeeta Bhat，Susan Brandon，2008）。他们得出结论，没有证据支持声压分析技术在测谎过程中具有有效性。国家研究委员会进一步得出结论：“如果用抛银币的方式来测谎，准确率和这些技术也差不多”（National Research Council，2010，p. 11）。此外，使用声压进行测谎的基础假设也已被证明是错误的。研究发现，在声道肌肉或声音本身中并不存在微弱的振动。“因此声压能够导致声音中的正常振动被抑制（即微振），这一声压技术测谎的基本假设并没有得到证据的支持”（National Research Council，2010，p. 11）。目前，由于缺乏能够支持其准确性、有效性的研究证据，情报机关显然逐渐放弃采用声压技术。然而，美国及其他国家的一些执法机构仍然使用声压技术。许多警方侦查人员仍然相信声压技术在讯问或审讯过程中能够发挥作用。尽管有研究证据证明其无效性，但他们继续使用该技术的原因是：许多警察和侦查人员相信，如果犯罪嫌疑人相信仪器能够检测到他们是否说谎，犯罪嫌疑人就会说实话。

鉴于声压技术受到质疑，情报机关继续寻找某种方法来检测谎言。国防学院的可信度评估总部组织（Defense Academy for Credibility Assessment’s Headquarters Organization）负责寻找一种比声压分析仪更为有效的测谎工具（National Research Council，2010）。随后，约翰霍普金斯大学被委托开发这样一个仪器。这个正在开发的仪器称为可信度评估筛查系统（Credibility Assessment Screening System)。与先前的测谎工具非常相似，它包括三个传感器，两个传感器测量受试者的皮肤电，一个传感器测量通过手指的血流变化。与声压分析仪一样，这种仪器也有争议，其有效性尚未得到确凿的证明。

7.8　本章总结

基于犯罪嫌疑人的侧写，是指通过收集已知犯罪人的社会特征、人口统计学特征和行为特征来识别潜在犯罪人的过程。这项工作具有一定争议性，因为在实际操作中，它常常涉及种族、民族和国籍等方面的问题，在侧写中被称为种族侧写。在本章，我们在毒品走私和恐怖主义两个情境中讨论了犯罪嫌疑人侧写的应用，这两个领域也是执法部门近年来大幅开展相关工作的重点领域。近年来，一些州的法律甚至还颁布了针对无证移民的条令，这也引发了社会面的担忧：种族侧写与州立特权（那些得到最高法院批准，有权通过立法针对无证移民群体的州）的使用是否算是对传统上联邦政府权力的跨越。

全球对恐怖主义的关注使得犯罪嫌疑人侧写成为政府各级部门的焦点。相关人员为了能够识别出潜在的恐怖分子做出了诸多努力，并以分类学的方式对已知恐怖分子的心理、行为、社会特征进行分类。本章涉及几种分类法，包括理性驱动型、心理驱动型和文化驱动型。但显然，仅仅基于人口统计学特征的分类法是无效的，而且对恐怖分子的刻板印象或误解也普遍存在。虽然恐怖分子的三观与普通大众极为不同，但许多已知的恐怖分子受过良好教育，且仅有少数人存在心理疾病。除“9·11”事件外，单独且自由行动的恐怖分子，即“独狼式”恐怖分子，制造的惨案也导致了公民的严重伤亡，其遇难者人数甚至多于恐怖主义袭击的遇难者。“独狼式”恐怖分子也更可能存在心理或精神问题，而加入恐怖组织的成员则不太可能如此。“独狼式”恐怖分子也更容易进行侧写，因为他们通常有特定的目标，表现出社会隔离、人际交往能力较差，并且在案发前后往往留有痕迹。然而，如果他们只进行一次攻击，如俄克拉何马城爆炸案，那么在案发前识别他们是较为困难的，除非有人提醒警方注意他们的可疑活动。

美国政府，尤其以运输安全管理局为代表，自 20 世纪后半叶的劫机事件以来，就一直对航空乘客进行侧写。这些劫机者当时并未被视为恐怖分子，但许多相同的侧写方法在后来被运用于对恐怖分子的侧写上。虽然最终没有构建出特定的侧写，但相关部门越来越倾向将侧写的重点聚焦在个体的行为特征上。除了常规筛查方式（如禁飞名单、全身扫描、搜身）以外，现在许多机场还有行为检测官，他们在过道中观察乘客的行为和面部表情，并筛选出可疑人员接受更为严格的进一步检查。

无论是暂时的还是长期的，一旦犯罪嫌疑人被拘留，侦查人员的一个重要任务就是在审讯过程中辨别其供词的真实性，即是否说谎。实证主义或精算流派的侧写师对“测谎”这一主题已经展开了多年的研究，作为现代侧写师，应该对早期的“测谎”研究结果进行深入了解。然而，“谎言”并不容易被检测出来。多年来，人们一直认为“非语言线索”是检测个体是否说谎的有效指标；这些线索包括避免眼神接触、情绪焦躁不安、玩弄配饰或情不自禁地抖腿等。但最新研究表明，这些线索并不能够表明个体是否说谎。虽然这些线索确实可以表明个体的压力感，但这些压力的来源可能是其他原因，而非说谎。例如，在一些文化中，人们在交流过程中需要避免眼神接触以表示对他人的尊重；也有可能，个体受到了身着制服的审讯者的威慑，引发了焦虑、担忧的情绪，从而处于压力之下。

当前的研究表明，将非语言线索（如身体动作、行为、表情等）与语言线索（如语言内容、措辞、表达方式等）相结合进行判断是更为有效的测谎方式。说谎者在没有足够准备时间的情况下，较难捏造出一个答案，因此他们的反应时间可能会更长。与直接指控式审讯相比，信息获取式能够使侦查人员获取更多用于判断犯罪嫌疑人是否说谎的线索，从而能够将信息与现有证据进行对比、验证。近年来，生理测量法逐渐受到关注，如声压分析仪或热成像技术。但是这些技术能够有效识别谎言的能力尚未获得实证研究的支持。然而，研究人员现已证明，个体通过将非语言线索和语言线索相结合的方式进行综合性判断，并辅以一定科学的、经过实证研究证明的测谎训练，能够以较高的准确度有效识别个体是否说谎，尽管这永远无法做到绝对准确。

本章专业术语汇总

行为检测官	非语言线索	语言线索
文化驱动型恐怖分子	心理驱动型恐怖分子	恐怖分子筛查数据库
独狼式恐怖分子	理性驱动型恐怖分子	热成像技术
FAST 筛查技术	瑞德审讯技术	声纹
计算机辅助的乘客预检系统	基于观察技术的乘客筛查	声压技术

第 8 章

重建性心理评估——心理剖析

1989 年 4 月 19 日，在波多黎各海岸进行的常规射击演习中，美国战舰“爱荷华号”炮塔 II 的中心炮发生了三次强烈爆炸，导致 47 名海军遇难。通过侦查发现，将五袋 94 磅重的火药装入 16 英寸大炮的开放炮膛时，这些火药发生了自燃。这起灾难事件是美国海军有史以来最严重的一次意外事故。随即，一名军法署的人员再次进行了侦查。在这次侦查中，侦查人员评估了所有可能的起火源以及“爱荷华号”舰况和舰上例行程序中可能导致事故的各个方面（见图 8.1）。

图 8.1　“爱荷华号”案件中被炸毁的炮塔

在该案随后的侦查中运用了心理剖析的侧写方法，最终侦查结果表明，这可能是一桩人为的惨案。同时该案还引发了国会对心理剖析有效性的研究。正如第 1 章所提到的，心理剖析（Psychological Autopsy），也称为可疑死亡案件分析（Equivocal Death Analysis，EDA）或重建性心理评估（Reconstructive Psychological Evaluation），是对已故人员进行的侦查，目的是确定死亡方式和动机，而非直接确定死亡原因。我们从“爱荷华号”案件开始本章的讨论，因为该案件直观地展示了在侦查过程中侧写师面临的诸多陷阱。

8.1 “爱荷华号”案件

军法署（Judge Advocate General，JAG）受命对这起海上灾难事故进行二次侦查。在某一天，侦查人员收到一封信件，来自一名遇难者的姐姐。她询问谁将可以领取10万美元的保险金，这引发了侦查人员的怀疑，即炸药被人为故意引爆的可能性。因此海军侦查部（Naval Investigative Service，NIS）受命对中心炮房的人员及其他“爱荷华号”船员的背景和近期行为进行彻底侦查。海军侦查部在1992年更名为海军罪案调查科（Naval Criminal Investigative Service，NCIS）。此外，海军罪案调查科还请求联邦调查局的国家暴力犯罪分析中心（NCAVC）进行可疑死亡案件分析。联邦调查局的探员在对该案进行可疑死亡案件分析时获得了海军罪案调查科收集的大部分信息。

根据海军罪案调查科的建议，联邦调查局将侦查对象聚焦在了炮手克莱顿·哈特维格（Clayton Hartwig）身上。值得注意的是，联邦调查局在进行可疑死亡案件分析时没有自行进行询问，几乎完全依赖于海军罪案调查科收集的信息。对哈特维格个人背景的调查发现，他曾经使用过爆炸装置和雷管（一种引爆工具），并且对船只灾难有着强烈的兴趣。对他个人生活的调查显示，他最近与一位亲密的朋友发生了争执。此外，还发现哈特维格在高中时曾有企图自杀的记录，并且在该案件发生的前几周也曾谈论过自杀。更具突破性的发现是，他曾表示自己愿意死于爆炸。

联邦调查局通过分析得出了结论：是克莱顿·哈特维格故意引发了“爱荷华号”的爆炸，并且是独自作案，没有同谋。实际上，“联邦调查局最后的侧写报告是海军将该案件的责任归咎于克莱顿·哈特维格的主要证据”（Poythress，Otto，Darkes & Starr，1993，p. 8）。

在审查了案件相关报告后，一名海军作战部部长在备忘录中进一步总结：

> “通过综合本案的相关报告，我不得不遗憾地得出结论，爆炸最可能的原因是引爆装置的触发，这个装置被故意放在正被推进中心炮口的火药袋之间。我进一步同意侦查人员和探员的观点，压倒性的证据支持了这样一个结论：最有可能放置引爆装置的人就是克莱顿·哈特维格”（1989，p. 83）。

美国国会委员会（U. S. Congressional Committees）也对这一案件进行了仔细研究。美国参议院武装服务委员会（Senate Committees on Armed Services）首先于1989年11月16日听取了海军罪案调查员理查德·米利根（Richard

Milligan）以及其他参与侦查工作的海军证人的证词。委员会还听取了“爱荷华号”的指挥官以及船上其他海军的证词（见图 8.2）。三名来自国家暴力犯罪分析中心的探员也在场提供了可疑死亡案件分析的报告与证词。这三名探员是奥特（Ault）、海兹伍德（Hazelwood）、罗伯辛（Reboussin）。本书前几章的内容中也有提到他们，他们每个人都将职业生涯奉献给了联邦调查局，并在他们的职业生涯中一直倡导“侧写”这一概念。

图 8.2 1989 年 12 月 12 日，“爱荷华号”的指挥官弗雷德·穆萨利（Fred Moosally）在华盛顿特区的参议院武装服务委员会作证。穆萨利既没有同意也没有反对克莱顿·哈特维格导致了爆炸

在场的参议员对联邦调查局探员们的最终结论都持怀疑态度。在参议院听证会的几个关键时刻，三位参议员对案情分析的有效性表示了质疑。探员奥特曾回应说：“我们的方法……严格来说是我们基于多年来积累的专业知识和经验所提供的意见”（Committee on Armed Services，1990，p. 202）。

美国众议院武装服务委员会（House of Representatives Armed Services，HASC）也对海军罪案调查科和联邦调查局的侦查报告进行了详细审查。该委员会对其结论持高度怀疑的态度，以至于他们邀请了美国心理学会（American Psychological Association，APA）对两方的报告进行独立审查和评估（Poythress et al，1993）。由来自美国心理学会的 12 名专家（10 名心理学家和 2 名精神科医生）组成的临时评估小组最终否定了联邦调查局通过行为侧写所得出的结论：克莱顿·哈特维格自杀并引起了爆炸。众议院认为三位探员提供的可疑死亡案件分析模棱两可，对其能否作为一种科学、可靠和有效的侦查方法也持怀疑态度（Poythress et al，1993），尽管海兹伍德探员声称在其职业生涯的 45 个可疑死亡案件中，只有 3 起案件无法得出明确结论。波伊特雷斯（Poythress）等人认为，在该案中，联邦调查局的探员们以绝对确定的态度提出了结论，而非以概率性的表述提出。更重要的是，美国心理学会的 12 位专家中有 10 位认为联邦调查局探员的分析是无效的，他们认为三位探员所收集的证据并不能够支持他们得出哈特维格自杀并引发爆炸的结论。即使是那些认为探员的分析在一定程度上具有可信度的专家，也对这种“可疑死亡案件分析”的过程、方法和有效性表示了质疑。此外，三位探员以绝对且肯定的方式呈现出他们的结论，临时评估小组和几位国会议员对此持强烈的保留意见（Moses，1990）。最终，众议院武装服务委员会得出结论，认为海军罪案调查科的侦查是“一次失败的侦查”（U. S. S. Iowa Tragedy，1990）。

在随后的信件中，联邦调查局的探员重申了“可疑死亡案件分析”（Equivocal Death Analysis）这一方法，认为这种方法是“基于两个方面所得出的专业意见：一是多年的执法经验；二是对暴力死亡可能性的间接评估”（Ault，Hazelwood & Reboussin，1994，p. 73）。探员进一步说明，要证明可疑死亡案件分析的有效性本质上是无法实现的，因为分析的对象已经死亡，所有相关的真相可能永远无法揭示。对可疑死亡案件分析持怀疑态度的批评者认为，联邦调查局的探员“仅仅基于以往经验而提出的意见，缺乏任何科学支持，也没有办法证明与其意见相反的假设是否存在的可能性”（Canter，1999，p. 141）。

在对“爱荷华号”案件的另一项调查中，美国政府问责局（GAO，1991）委托新墨西哥州的桑迪亚国家实验室对海军罪案调查科第一次技术侦查进行评估。在评估过程中，美国政府问责局想知道是否有证据表明：有外来物体或装置被引入炮膛，最后桑迪亚调查人员得出结论，认为爆炸可能是意外。随后，海军罪案调查科重新启动了对“爱荷华号”案件的侦查，但这并没有改变他们最终的结论，即仍然认为爆炸是由哈特维格造成的。

美国政府问责局和桑迪亚国家实验室的调查得出结论：爆炸可能是由于炸药粉末在极快的速度下被过度填装到炮膛中所造成的，并且没有证据表明任何其他化学或物理引爆装置的存在。过度填装意味着炸药粉末和2700磅重的炮弹之间没有空间。在炮手长的手势指挥下，填装器迅速将炸药粉末推进了42英寸到炮膛中，超出了正常炸药粉末填装位置的21英寸，从而导致爆炸。基本上，没有证据表明克莱顿·哈特维格应该对爆炸负责。

“爱荷华号”案件引起了各界对联邦调查局可疑死亡案件分析方法的高度关注，这在心理与行为科学界几乎是闻所未闻的（Poythress et al，1993）。奥特和海兹伍德在众议院武装服务委员会的证词中指出，可疑死亡案件分析是对犯罪现场侧写的延伸与扩展，在概念上是相关关系（Review of Navy Investigation，1990，p. 234）。可疑死亡案件分析传统上由执法人员，特别是联邦调查局的相关人员进行，他们主要检查犯罪现场的材料和警方直接提供的其他信息（Canter，1999）。如今随着这种方法吸引了更多的关注，心理学家更有可能参与其中。在科学和临床界，较为普遍的术语是“心理剖析”，在后文中，我们将直接使用“心理剖析”这一术语。

8.2　心理剖析概述

就本书结构而言，心理剖析是犯罪侧写这一大概念中的第五类侧写，它是指在个体死亡后进行的侧写，以确定其死前的情形、经历及心理状态。心理剖析（Psychological Autopsy），其英文可以直译为“心理解剖”，如同法医对死者生理上的解剖一样，但心理剖析是对死者心理的解剖。心理剖析是一种概念化的方法，因为它是基于死者留下的证据来寻找和重建死者的生活。例如，重新审视死者的生活方式、认知过程以及死亡前的情绪、情感和行为模式。心理剖析在各种场景和情境中都具有重要价值，包括保险理赔、工伤赔偿、遗嘱判别案件、产品责任判定、医疗事故案件以及刑事侦查。由此可见，它并不仅限于在刑事侦查中的运用。

心理剖析最初是为了帮助核验官澄清那些在死亡方式上不确定、模糊不清或模棱两可的案件（Shneidman，1994）。这种方法的首次使用是在 1958 年，当时洛杉矶的法医西奥多・墨菲（Theodore J. Murphy）向洛杉矶自杀预防中心主任埃德温・施奈德曼（Edwin S. Shneidman）寻求帮助，以确定这一系列死亡案件的原因。在这些案件中，死者的死因无法判定，这导致案情模糊不清。施奈德曼通常被认为是“心理剖析”这一术语的创造者。布鲁斯・艾伯特后来提供了关于如何进行心理剖析的首份指南（Bruce Ebert，1987）。

虽然尸检报告中会提到死亡原因，但心理剖析并不那么关注死亡原因，而是关注死亡的方式或方法。死亡原因（Cause of Death，COD），是指直接引发死亡的生理系统或结构上的原因，如脑部枪伤、大脑缺氧、严重心脏病。对死亡原因的判断通常是法医的职责。然而，死亡方式（Mode of Death，MOD）则分为五类。根据美国标准死亡证明，死亡方式包括：自杀、他杀、意外、自然原因、未确定。例如，确定死亡方式是意外还是自杀对死者的亲人、朋友而言尤为重要。在某些情况下，死者的家属可能会找警方确认，死者是否可能死于他杀，而不是自杀，尽管两者都会给死者的家人带来极大的痛苦情绪。

心理剖析通常在可疑死亡案件出现时发挥作用，即当死亡方式未知或不能确定时。据估计，大约 5% ~ 20% 的死亡案件被认为是可疑死亡案件（Shneidman，1981；Young，1992）。在实践中，大多数法医会将不明确的死亡称为自然死亡，除非有其他证据出现。在可疑死亡案件中，对死者的意图进行评估是困难的，一方面是因为只能根据现有证据进行推断，死者死亡时的具体情况谁也不会知道；另一方面是因为死者的意图可能本身就模糊、零碎、矛盾或不明确。在“死亡方式”这一术语中，“方式”（Modes）在任何死亡案件的侦查中都具有重要意义。简单来说，“死亡方式是指导致死亡结果的具体情境”（La Fon，2008，p. 420）。

在今天，心理剖析主要是为了合理地确定死者在死亡前以及死亡时的心理状态（见焦点 8.1）。拉冯将心理剖析分为两种基本类型：自杀心理剖析（Suicide Psychological Autopsy，SPA）和可疑死亡心理剖析（Equivocal Death Psychological Autopsy，EDPA）（La Fon，2008）。自杀心理剖析应用于死者明确无疑是自杀身亡的情况；其目标是识别和理解促使死者实施自杀行为的心理、社会因素。可疑死亡心理剖析的目标是澄清死亡方式，并确定死亡原因。尽管死亡原因通常是明确的，法医会给出判断结果，但死亡方式往往不明确。举一个例子：一名跳伞者从 5000 英尺（1.524 千米）的高度坠地，因多重创伤而死亡（Young，1992）。法医可以迅速确定死亡原因是高处坠落对重要器官造成创伤。然而，法医无法确定这是否为意外、自杀甚至是他杀。也就是说，法医不能立即确定伞器是否发生故障（意外）或者死者是否故意将伞具弄成故障状态（自杀）。另外，伞具也可能被他人弄成故障状态（他杀）或者跳伞者还未打开伞具就因心脏病发作而死（自然死亡）。许多此类案件可能会请专业人士进行心理剖析。

焦点 8.1

文森特·沃克·福斯特案件：国会大厦附近的死亡

1993 年 7 月 20 日，费尔法克斯县警方、消防与救援部门接到报案，在北弗吉尼亚的福特·马西公园（Fort Marcy Park）发现了一具男性尸体。福特·马西公园由国家公园管理局维护。尸体被发现时，头部有枪伤，右手握着一把手枪。尸体没有明显经过搏斗的痕迹，也没有证据表明尸体曾被移动过。死者被确认是文森特·沃克·福斯特（Vincent Walker Foster Jr.），他是克林顿任职总统时期的一名高级白宫律师。美国国家公园的警察局和联邦调查局对此案进行侦查后得出结论：基于现有证据，福斯特的死亡是自杀案件。

然而，福斯特自杀的结论开始引发了流言。有人认为白宫是为了掩盖一个更严重的真相。这起案件发生在白水门调查（Whitewater probe）期间，此次调查涉及克林顿总统和第一夫人希拉里·罗丹·克林顿（Hillary Rodham Clinton）在阿肯色州的房地产投资。怀疑者，包括一些共和党国会议员，认为福斯特——克林顿夫妇的朋友——因为掌握了有关克林顿总统及第一夫人房地产投资的信息而被谋杀。在福斯特死时，在他白宫的办公室里发现了与白水门相关的文件，这也进一步引起了怀疑。

为了遏制住越来越多的流言蜚语，克林顿总统请求司法部部长珍妮特·里诺（Janet Reno）任命独立检察官对福斯特死亡案件开展独立侦查，以澄清其死亡是自杀还是凶杀。罗伯特·费斯克（Robert B. Fiske）被任命为独立检察官对此案进行侦查，他立即任命了一组经验丰富的法医专家小组，对福斯特死亡的原因和背景进行全方位侦查。在得到大量证据和相关信息后，费斯克得出结论，福斯特的死亡是自杀。然而，即便经过两次彻底的全方位侦查，关于福斯特是被谋杀的传言仍然存在。由另一名独立检察官肯尼斯·斯塔尔（Kenneth Starr）带领的第三次侦查过程中，将侦查重点放在了“白水门房地产”上，在经过他们为期三年的研究后得出了相同的结论，福斯特确实是自杀。国会的另外两次侦查将重点放在了福斯特自杀的情况上。其中一次，国会就白宫官员在福斯特自杀后如何处理其办公室的文件这一情况进行了重点侦查。

上述侦查过程中，至少有两次需要由法医专家进行心理剖析，以仔细检查福斯特在死前的心理状态、情境和活动。心理剖析的证据揭示，福斯特在死亡的前 4 天里，曾向家人和朋友表示，他感到极度抑郁，主要因为在国会工作的整体压力较大，工作量繁重且对公众的关注感到不适。此前，福斯特还成了《华尔街日报》几篇敌对社论的攻击对象，这些社论字里行间暗示着福斯特的无能，甚至有违法行为的嫌疑。福斯特曾向几个人提到过，他有认真地考虑辞职，这种想法似乎在他死前越发强烈。福斯特在死亡的前 1 天，曾联系了一位医生，并表示自己面临越来越大的压力。这位医生是福斯特家人的一位朋友，并给他开了抗抑郁症的药物，但后来这位医生表示福斯特抑郁症状并不是很严重。如果福斯特是自杀，那他显然没有留下遗书，但根据法医自杀专家艾伦·伯曼（Alan Berman）博士进行的心理剖析表明，这并不罕见，因为绝大多数自杀者都不会留下遗书。伯曼博士认为，福斯特在当时过于关注自我（尤其是负面自我的部分），感到不堪重负、失去控制，因此没有留下遗书。

虽然一系列心理剖析和官方的侦查都证实了福斯特死于自杀的结论，但有一些问题仍然未得到解决。目击者报告中的证词各不相同。有人称看到福斯特的尸体时，死者手中没有拿枪，也有人说死者手中拿着枪；枪里的子弹在侦查过程中也从未找到；福斯特衣物上的地毯线头没有得到解释；还有关于他死亡当天办公室中消失的文件，也没有答案。当然，这些未解的问题也不能够表明其死亡是他杀，因为这些问题很容易得到解释。比如，证词的不一致，可能是因为“记忆重建效应”。虽然官方得出了确凿的结论，即福斯特死于自杀，但关于福斯特在 1993 年 7 月那天真正的死亡方式无人知晓，社会上仍然存在大量的阴谋论，认为福斯特死于他杀。

有时，看似是自杀的案件实际上可能是他杀，如我们在第 2 章中提到的伪造现场。很多此类案例可以在法庭卷宗中找到，其中一些将在下一章讨论。波顿和达尔比讨论过一个案例，对该案进行心理剖析以了解一名 27 岁女性死前的心理状态和情境。三年内，这名女性在家中生育了三个婴儿。随后在她家中的垃圾袋里找到了三具婴儿的尸体，每具尸体的腐败程度不同。所有婴儿似乎都未能活过 24 小时。最近一次分娩发生在她本人死亡前的两周左右。她的同居男友发现她在卧室里呈俯卧姿势，浑身赤裸且没有呼吸反应。这名女性的尸体没有遭受过明显的创伤迹象，毒理测试结果也为阴性（Burton & Dalby，2011）。

法医报告显示，这名女性很可能在最后一次分娩过程中导致了并发症（Complication，一种疾病）发作而死，但无法判断并发症发作的具体时间。然而，在尸检过程中，法医并不能够检验出三名婴儿的确切死因，因此侦查人员决定采用心理剖析的方式来协助该案的侦查。因为目前的证据还不足以排除这是一起凶杀案件的可能，这些婴儿可能是被这名女性、她的丈夫或现场的第三个人杀害的。在该案心理剖析的过程中，两名有资质的法医心理学家仔细审查了这名女性的日记、死亡现场的报告以及法医报告，并与这名女性的朋友和家人进行了询问或访谈。结果显示，这名女性的家人和朋友都不知道她曾三次怀孕，显然她采取了某些方式极力隐藏自己怀孕的信息。此外，朋友和家人并不认为她有自杀的倾向和症状，她的日记中也仅仅记录了短暂的抑郁症状。心理剖析提供的强有力的证据表明，是这名女性在分娩后立即杀死了三名婴儿。

8.3 心理剖析的目标

心理剖析主要有三个目的：研究、临床实践的应用、诉讼（Ogloff & Otto，1993）。下面我们将详细讨论这三个目的。

用于研究的心理剖析

对心理剖析的研究主要集中于自杀行为，识别和理解导致个体自杀的心理状态和情境因素。通过研究获得的结论能够用于自杀预防项目和治疗干预措施。例如，研究表明，大多数自杀案件中的受害人在其自杀前会将自己的自杀意图至少告知一人，但这些信息往往并没有传达给亲人或密切的家庭成员。许多受害人还会留下自杀遗书，这些遗书提供了重要的信息和数据，从而有助于揭示导致他们自杀的原因。我们将在稍后更详细地讨论这些与“遗书”有关的问题。

在自杀问题的背景下，伦理问题往往也是一个重要的考量点。许多人认为，如果一些个体是出于理性地、有尊严地自杀，而非抑郁状态的结果，那么不应劝阻他们结束自己的生命。有人支持那些能够让人“带着尊严死亡”的法律，他们认为，应该允许末期病人结束生命的做法，并认为在这种情况下预防或干预其自杀是不合适的。此外，加拿大、比利时、新西兰和瑞士等国家有专门适用于上述情况的法律，即《安乐死法》。研究“自杀问题”的研究者通过心理剖析旨在区分出两类群体：一类是那些有计划实施自杀、故意加速自己死亡的个体；另一类是在有选择的情况下，不太可能会实施自杀的个体。

心理剖析的临床实践与应用

一些专家表示，从心理剖析中获得的信息也可以对死者的家人和朋友起到心理上的疗愈作用。例如，了解个体自杀的原因往往能帮助死者家人和朋友减轻内疚感、羞愧感和愤怒感。他们也开始更为全面地了解、理解促使受害人自杀的因素，而不仅仅是自责。

当某位患者在治疗中自杀时，精神健康及其相关机构的临床医生通常会为死者进行心理剖析。在这种情况下，心理剖析的目的是确定哪些治疗方法或实践本来是能够阻断其自杀行为的以及哪些因素可能促进了自杀行为，从而改进未来针对患者的临床实践。在一些情况下，这些心理剖析的结果还有可能应用于法律程序中，如处理与自杀相关的医疗纠纷问题。

心理剖析在法庭判决中的应用

心理剖析常常用于法庭的决策，尤其是在民事案件中。这些案件的大多数问题和争议都是关于死者的死亡是否意外、他杀还是自杀，这也是保险公司经常提出的问题。虽然一些保险政策在确定死亡为自杀时会对其家庭进行赔偿，但实际上许多政策里并不包括自杀。因此如果死亡方式不明确，保险公司通常会聘请专业人士进行全面的心理剖析，以确定死亡是自杀还是另有原因。

在其他民事诉讼的案件中，当问题涉及死者的遗嘱能力时，心理剖析的结果也会被作为一种证据使用。遗嘱能力，是指当事人在立遗嘱的过程中处于精神正常的状态，且出于自由意志（不能受到他人的胁迫或威胁）。有的案件中，遗嘱被怀疑是因为死者在签署或更改遗嘱时缺乏精神能力或者受到他人非正当的影响（Ogloff & Otto，1993）。在这种情况下，心理专家可能会对该案件进行心理剖析，并对死者在签署遗嘱时的心理状态及能力发表意见。

在法律背景下，心理剖析还经常用于重建死者实施自杀的潜在原因，并最终确定其他个人或组织的法律责任。例如，一名警察在州议会大厦的台阶上开枪自杀，而他希望通过自杀行为来传达的信息并不明确。如果死者的家属认为，死者工作单位需要对其自杀负法律责任（该警局未能有效处理警察的压力问题以及未能及时发现死者生前的情绪问题与自杀倾向），可能会起诉警方并索要赔偿。在这种情况下，心理专家可能会进行重建性心理评估，即重建死者在事件发生期间及之前的心理状态。

心理剖析也常被用于私营企业的民事诉讼中。心理专家需要确定工作场景中的某些事件，如同事或上司的性骚扰或威胁是不是死者实施自杀的重要因素。公司或组织如果未能制定足够的政策和程序来处理这些问题，可能需要对员工的自杀负有一定法律责任。

在工伤赔偿案件中，心理剖析也尤为重要。在过去 30 年里，对“工伤”的法律定义范围有延伸的趋势，不仅包括因工作相关内容导致的身体伤害，还包括精神伤害（Biffl，1996）。心理剖析评估某些事件和情况对死者实施自杀行为的影响程度以及死者的死亡方式。在这些案件中，原告可能会委托心理专家进行调查，以在法庭中辅以更多的支持性证据，证明工作中或工作环境中的压力因素过大导致了员工自杀。

心理剖析在民事案件中使用的频率多于刑事案件，但也有一些特殊的刑事案件会使用心理剖析。在这些案件中，主要关注的是死者的死亡方式，即死亡是自杀还是他杀，是否存在凶杀被伪装成自杀的情况。接下来的内容中，我们将讨论一些法院审理的案例，这些案例涉及心理剖析在刑事案件中的有效性问题。

心理剖析在军方的使用

根据拉冯的说法，美国军方对心理剖析的需求较大。“包括海军、陆军和空军在内的每个军种，都有责任对基地内军人的每一起不明原因的死亡事件进行心理剖析”（La Fon，2008，p. 422）。事实上，在 2001 年之前，陆军的每一起自杀事件都需要进行心理剖析。这些调查旨在收集来自死者单位和家庭的情况和信息，这些信息可能对预防未来军人自杀事件至关重要。但 2001 年之后，心理剖析只在军人死亡情况不明时才会被要求进行。新的要求还规定，进行心理剖析的人员必须接受全面的培训。“其他培训涵盖了犯罪现场侦查的基础知识、生理解剖学、毒理学以及对自杀行为及其影响因素的学习”（Ritchie et al，2006，p. 704）。

2008 年，美国国防部（Department of Defense，DoD）发布了国防部自杀事件报告（DoD Suicide Event Report，DoDSER），该报告涵盖了所有军种（空军、陆军、海军陆战队和海军）以及自杀预防计划的相关信息。该报告使用了各种自杀案件的信息和数据，包括自杀、自杀未遂以及其他与自杀相关的案件。然而，报告中并没有提及每年进行心理剖析的数量和性质。在 2010 年最新发布的报告（Department of Defense，2010）中，与军人自杀最为相关的压力因素包括：失败的婚姻或亲密关系（51%）、受到非司法性质的处分（15%）、其他失败的人际关系（非亲密）（14%）、涉及民事法律问题（13%）等。在实施自杀的军人群体中，36%的受害人被诊断为心理障碍，但作为其中一个影响因素的创伤后应激障碍（Post-Traumatic Stress Disorder，PTSD）则相对较少（4%）。

不管是普通的心理学家还是军方的心理学家都会进行心理剖析，这些剖析既用于无法判断死亡方式的死亡案件，也用于疑似自杀的案件。如果有直接证据证明军人实施了自杀，通常不会进行心理剖析。在大多数情况下，无论死亡原因如何，军属（与军人有直接亲属关系的人员）都会获得一定赔偿。有趣的是，在伊拉克和阿富汗战争期间，军人的自杀率比其他任何战争或军事行动期间都要高，而且近年来有上升趋势（Department of Defense，2010）。尽管如此，对于一些家庭来说，虽然死者的死因及方式已有官方的结论，但他们对这一结论仍持怀疑态度。

“引警自杀”

20 世纪 90 年代，研究人员开始注意到一种与执法人员相关的自杀类型。那些有意自杀的个体通过警察来实现自己的死亡。具体而言，“引警自杀”（Suicide by Cop，SbC），是指那些决定自杀的人，通过实施一些危及生命的犯罪行为迫使警察杀死他们的事件（Geberth，1993，p. 105）。有学者将这一事件定义为“完全或部分由犯罪人自杀欲望驱动的犯罪行为，从而导致执法人员正当杀人”（Pinizzotto，Davis & Miller，2005，p. 10）。有学者对这一现象进行了类似的定义：“‘引警自杀’是指一个决定实施自杀的个体通过挑衅执法人员，迫使执法人员（而非自己）对其作出致命性措施”（T. F. Monahan，2001，p. 638）。

一些研究人员和专家指出，在警察对犯罪人采取致命性措施的案件中，约 10%~13%的案件是“引警自杀”（Homant & Kennedy，2001；V. B. Lord，2000；Pinizzotto et al，2005；Scoville，1998）。有些数据甚至表明这一比例可能更高，约为 25%（Oyster，2001）。然而，在许多情况下很难确定“引警自杀”案件中的受害人（或是犯罪人）当时是否希望被警察杀死以及希望被警察杀死的意向程度。因此对该类案件进行心理剖析显然是必要的，因为没有单一行为或物证能够明确断定案件的性质是否为“引警自杀”。

在对“引警自杀”类案件的全面研究中，哈特森及其同事调查了 1987 年至 1997 年洛杉矶县警长办公室所有涉及警察在执法办案中开枪射击的案件（Hutson et al，1998）。要被认定为“引警自杀”案件，案件必须包括以下几个特征：（1）有证据表明受害人的自杀意图；（2）有证据表明受害人强烈希望警察射杀他；（3）有证据表明该案受害人持有致命武器或看似致命武器；（4）有证据表明受害人的行为旨在故意将冲突升级并挑衅警察射杀他。研究人员发现，10 年间，“引警自杀”类案件占所有警察在执法过程中开枪案件的 11%。该类案件的受害人年龄从 18 岁至 54 岁不等，但 98%为男性。近 50%的受害人携带了枪支，17%持有仿真枪。另一项在俄勒冈州和佛罗里达州的研究中也发现了类似的研究结果（Wilson，Davis，Bloom，Batten & Kamara，1998）。但是这些研究中的所有死亡均被法医部门归类为他杀，而非自杀。因为根据法律规定，他人实施暴力造成个体死亡的案件均为他杀。也有人提出建议，在死亡证明或法医报告中，在“死亡方式”一栏添加一个“引警自杀”的选项，但这一建议在法医人员中存在一定争议（Neitzel & Gill，2011）。

其他研究表明，许多“引警自杀”的受害人有精神疾病史，并且在案发时，许多受害人受到酒精或强效毒品（如可卡因）的影响（Lord，2000；Slatkin，2003）。大多数受害人在“引警自杀”时持有枪支（73%）或刀具（22%）。大多数该类案件中，受害人通过语言或行为明确表示了他们希望被警察击毙的意向。例如，“引警自杀”的受害人拒绝放下武器，并以具有威胁性的方式接近警察（Lindsay，2001）。不出所料，持枪的受害人被警察射杀的概率（93%）高于持刀的受害人（V. B. Lord，2000）。

大多数“引警自杀”的受害人没有犯罪记录，但为数不多的有犯罪记录的受害人通常有与家庭暴力或毒品相关的犯罪记录。此外，研究人员认为，许多该类案件的受害人是因为自己无法实施自杀才选择“引警自杀”这种方式，他们可能因宗教信仰、没有足够的勇气、其他个人因素而无法自杀（Klinger，2001）。

性窒息

性窒息（Sexual Asphyxia），又称为自体性窒息（Autoerotic Asphyxia，AEA）或窒息性自慰，是指通过缺氧或氧气不足的方式来达到性兴奋，通常是在自慰过程中通过窒息或接近窒息的方式来实现。缺氧能够增强自慰的快感和高潮强度。个体使用各种方法来使自己缺氧，心理学家称之为“缺氧癖”（Hypoxyphilia）或“窒息癖”（Asphyxiophilia），包括束缚物的使用、用塑料袋或胶带窒息、吸入有害化学物质（如丁烷或一氧化二氮）或水下浸泡。但是目前对这种性窒息行为的了解大多来自既有致死性案例的研究（Hucker, 2008）。性窒息死亡（Autoerotic Death）或自体性窒息死亡，是指个体在与他人或独自进行性行为时，由于未能通过一定方式实施自救而导致的意外死亡（Schields, Hunsaker & Hunsaker, 2005, p. 45）。

由性窒息导致的死亡被分为两大类：典型和非典型。典型性窒息（Typical Autoerotic Asphyxiation），是指由于颈部绑有某些束缚物（如项圈、皮带或弹力绳）而导致的窒息。这被认为是最常见的性窒息方式。但是在利用窒息来达到性快感的过程中，如果自救方式出现问题，则具有很高的致死风险。自救方式，是指受害人为了在失去意识前解除掉颈部的束缚或捆绑物而设计的策略，如一些快速自救的装置、打活结或易接近的物理支撑（双脚接触地面）等。在个体单独进行的性行为（自慰）中，如果死亡现场有明显的自救方式或装置，法医和侦查人员倾向于确认其死亡方式是意外（Schields, Hunsaker, Hunsaker, Wetli et al, 2005）。因为个体缺氧会导致大脑失去意识，可能在受害人还未来得及实施自救就已经昏迷，从而造成意外死亡。在许多情况下，个体会在颈部周围使用防护垫，防止在颈部留下明显的束缚痕迹。然而，也有少数情况，个体从一开始就有自杀的意图（Hucker & Blanchard, 1992）。这些情况可能需要心理剖析来确定死者的动机。

与典型性窒息不同，非典型性窒息（Atypical Autoerotic Asphyxiation）并不涉及颈部的束缚或捆绑。换句话说，非典型性窒息是指个体通过其他方式来使自己缺氧，但不包括在颈部使用束缚或捆绑。比如，个体通过将塑料袋覆盖在头部或全身（Behrendt, Buhl & Seidl, 2002; Shields, Hunsaker, Hunsaker, Wetli et al, 2005）、面罩（Janssen, Koops, Anders, Kuhn & Püschel, 2005）AEA，电击（Klintschar, Grabuschnigg & Beham, 1998; Schott, Davis & Hunsaker, 2003）AEA，压迫胸部或腹部（Schields, Hunsaker, Hunsacker, Wetli et al, 2005）等方式来获得性满足。

据估计，北美每年可能有 250～1200 起性窒息死亡案件（Cowell, 2009）。然而，这些估计是不准确的，因为没有集中且统一的数据来源，且大多数性窒息死亡案件可能未上报警方。在很多这类死亡案件中，发现受害人处于“尴尬”状态的家庭成员可能会对死亡现场进行改动，如给受害人穿上衣服或隐藏用于性窒息的装备，使死亡现场看起来像是一起谋杀或自杀。但在某些情况下，区分性窒息与自杀确实较为困难。

在北美和德国，就已知案件而言，性窒息死亡案件的主要受害人是年轻男性，白人，中产阶级，未婚。大约 30%的男性受害人在被发现时赤身裸体，约 25%的男性受害人穿着女性衣物（Breitmeier et al, 2003; Douglas & Munn,

1992a）。通常在死者附近会发现淫秽物品和性玩具。性窒息死亡的受害人中也有女性，但数量明显少于男性（Behrendt et al，2002；Gosink & Jumbelic，2000）。然而，一项为期7年的横向研究表明，美国的性窒息死亡率整体较低，但另外两个比例高于之前的研究结果：一是女性占所有性窒息死亡受害人的比例；二是非典型性窒息死亡占所有性窒息死亡案件的比例（Sauvageau，2008）。近年来，出现了一个令人不安的社会现象：青少年因参与“窒息游戏”而导致死亡的案件明显增加，尽管该类案件的性质不一定是性窒息。

在对1954年至2004年的性窒息死亡案件进行研究后发现，受害人的男女比例为21∶7。已知的大多数女性受害人被发现时也是赤身裸体，且大多数死亡是因为颈部束缚（Sauvageau，Racette，2006）。尽管在女性性窒息死亡的案件中很少在死者周围发现性玩具，但也有例外。贝伦特等人研究了四名女性的意外性窒息死亡案件，她们死前都被绳索或手铐束缚（Behrendt et al，2002）。前文提及过，男性性窒息死亡案件中，在受害人的周围可能会发现性玩具，这一特征与这四名女性受害人的案件特征非常相似。

“窒息游戏”

“窒息游戏”是一种青少年参与的活动，参与者通过阻碍大脑正常的血液流动来体验短暂的快感，这种状态是由大脑缺氧（即大脑中的氧气不足）引起的。虽然这一行为的结果是大脑缺氧，但其通常不是出于“性快感”的目的或需求，而只是为了体验这一过程伴随的“快感”或亢奋状态。这种做法通常会导致大脑失去意识，在阻塞解除时，一股血流极速涌入大脑，有时还可能导致死亡。需要注意的是，在这些因“游戏”导致的青少年死亡案件中，受害人并没有实施自杀的意图。这些“游戏”有不同的名字，包括“黑洞”（Black Hole）、“窒息轮盘”（Suffocation Roulette）、“太空牛仔”（Space Cowboy）、“加州嗨”（California High）、“断片”（Blackout）、“飞机计划”（Airplaning）、“卧铺抱”（Sleeperhold）、“升起的太阳”（Rising Sun）、“心脏骤停”（Flatlining）、“疯狂鸡”（Funky Chicken）、“太空猴子”（Space Monkey）。

根据2008年美国疾病控制与预防中心的报告，从1995年至2007年，美国至少发生了82起青少年因“窒息游戏”而死亡的案件，死者年龄6~19岁不等。许多情况下，当案件涉及的受害人是青少年时，往往会对案件进行心理剖析（Giggie，2010）。研究者发现，“窒息游戏”的参与者通常是9~15岁的青少年，男女比例为2∶1（Andrew & Fallon，2007）。有研究者对5起案件进行分析，在加拿大的多所学校内，5名受害人分别参与“窒息游戏”，最终导致4人死亡、1人濒死。受害人均是男性青少年，年龄7~12岁不等，他们以毛巾为工具，先将毛巾穿过毛巾架，另一端系在自身颈部，通过向下仰的方式达到窒息，最终失去意识（Le，Macnab，2001）。

另一项研究发现，2007 年油管（YouTube）上有 65 个关于"窒息游戏"的视频。油管作为最受欢迎的视频分享网站，能够让数百万年轻人看到"窒息游戏"和其他危险活动的视频。在油管上所有关于"窒息游戏"的视频中，55%的视频中受害人出现了缺氧性癫痫（即大脑失去意识的一种病症）。在所有 65 个视频中，有一些参与者进行了"卧铺抱"。所谓"卧铺抱"，是指由两人完成的窒息游戏，其中一人担任"窒息者"（Choker）的角色，另一人担任"参与者"。"窒息者"站在"参与者"身后，用前臂绕住"参与者"的脖子，并施加压力直到"参与者"失去意识。在所有"卧铺抱"的视频中，88%的视频中受害人出现了缺氧性癫痫。研究人员发现，这些油管视频非常受欢迎，在 3 周内观看次数高达 279240 次，每个视频的平均观看次数为 4296 次。研究人员指出，当这些年轻人恢复意识时，那些没有感到不适的"参与者"用言语描述出了自己当时的快感，包括"这是我做过的最酷的事情""我感觉爽极了""这种感觉太奇妙了""这很有快感"（Linkletter，Gordon，Dooley，2011，p. 275）。

一项涉及 2504 份由得克萨斯州和安大略省中学及高中学生完成的问卷调查显示，68%的学生听说过"窒息游戏"，45%的人知道身边曾有人尝试过这种游戏，6.6%的人自己曾亲身尝试过（Macnab，Deevska，Gagnon，Cannon & Andrew，2009）。"窒息游戏"是一种不安全的游戏形式，但父母、教师、验尸官或医生似乎并未对其有足够的认识。最近一项针对儿科医生和家庭医生的调查显示，这些医疗专业人员中有三分之一完全不了解儿童和青少年参与的"窒息游戏"（McClave，Russell，Lyren，O' Riordan & Bass，2010）。

8.4　心理剖析的具体过程

心理剖析是一个重建性的过程，旨在识别和评估导致死者死亡的行为、思想倾向、情绪和事件。每名死者都具有独特性，进行心理剖析的信息来源和可用资源在每起案件中可能不同（见焦点 8.2，列出了心理剖析过程中需要考虑的因素）。尽管如此，为了使心理剖析最终成为一种科学方法并具有较高的可信度，许多专家认为应该建立一个标准化的心理剖析程序供侧写师执行。虽然目前在实现标准化流程方面已经取得了重大突破，但仍需进一步发展。首先，我们将讨论常规的心理剖析是如何进行的。

焦点 8.2

对自杀案件分类的操作化指标

以下标准由美国军方制定，为心理剖析提供自杀案件的标准定义。此外，军方规定，心理剖析必须由心理或精神卫生专业人员进行，包括精神科医生、心理学家、精神科护士或相关社会工作者。

1. 死亡是自我造成的。必须有证据表明死亡是由死者自我行为造成的。可以使用病理、尸检、毒理、侦查和心理证据以及死者生前或证人的陈述来确定。

2. 意图。必须有证据（包括直接证据和间接证据）表明在伤害发生时，死者意图自杀或有自杀倾向，并且死者理解其行为可能导致的后果，即死亡。这一点需要考虑以下因素：

（1）明显的证据（语言及非语言）表明自杀意图。

（2）间接或隐晦的证据暗示自杀意图，例如：

（a）死者在日常生活中为自己的死亡做好准备（这种准备显得突兀、异常、不合时宜）。

（b）表达告别或死亡意图，或承认即将到来的死亡。

（c）绝望的表现。

（d）尝试寻找或了解死亡的手段、方式，或为自杀进行致命性的排练。

（e）避免在自杀过程中被救助而提前采取一些预防措施。

（f）证据表明死者能够认识到采用的死亡方式具有高度的潜在致命性。

（g）曾尝试过自杀。

（h）曾通过自杀实施威胁。

（i）压力事件或重大损失（已发生的和未发生的）。

（j）严重的抑郁症或精神障碍。

——摘自美国国防部，1988 年，第 6 页

在这类案件的侦查过程中，警方通常会收集大量来自第三方的信息，包括警方的询问记录或死者与他人的聊天记录等。比如，警方在侦查过程中通常会对死者的近亲、亲属、朋友、同事、熟人、上司、教师、医生进行询问。侦查人员还必须依赖大量的档案信息，包括近期和远期的档案信息（Ogloff & Otto,

1993)。病历、医疗记录、心理健康记录、学校记录、信件、日记、电子邮件、脸书（Facebook）帖子、死者访问的网站和下载的资料都可能提供帮助，从各方面评估死者在特定时间内的生活状态。心理或精神病史、教育或学历背景、参军背景和就业史也需要进行仔细审查。其中，心理或精神病史、心理健康记录、医疗记录和病历可能提供死者特定范围内的心理状态。例如，死者是否曾患有抑郁症或其他精神疾病、是否曾尝试自杀、是否曾有过自虐行为、是否曾遭受过性虐待。此外，警方的报告，包括侦查报告（包括死亡现场的照片）、尸检报告、毒理报告也应该进行细致且深入的审查。侦查人员还需要了解死者的酒精或药物滥用史、情绪或心理变化以及潜在的心理压力源。从药房中打印出死者的处方药物记录也可能会对侦查有帮助。

侦查人员必须考虑死者在自杀前 24 小时、48 小时、72 小时内的行为特征和心理状态（见焦点 8.3）。自杀前的行为特征尤为重要，如支付保险金额、赠送自己的重要物品、为家人和宠物做好安排和计划。在心理剖析过程中，最重要的一点是对死者人际关系的性质和特征进行分析，尤其是死者的配偶、父母、子女以及与死者有亲密关系的其他个体。社会服务和执法机关的相关记录以及死者的财务信息（包括账单、支付记录、流水记录、信用记录和金融咨询记录）都很重要，这些都可能揭示死者生活中的新近压力源。

焦点 8.3

基于“意图”的自杀案件分类

以下是一个按照意图程度进行划分的分类系统，可用于心理剖析。

一级自杀：故意的、计划好的、有预谋的自杀。

二级自杀：冲动的、未计划的、在极大的刺激或困境下发生的自杀。

三级自杀：受害人有意自伤，使自己面临危险，但我们推测其自杀意图相对较低，因为自伤的方法致命性相对较小或准备了自救措施。但最终结果是受害人不幸死亡。

以下是两种其他类型的由自我行为导致的死亡，但通常不会被归类为自杀，因为无法确定死亡意图的存在：

1. 受害人处于精神失常或因药物、酒精导致的意识不清的状态时，由自我行为导致的死亡。这些情况表明死者的意图能力受损。

2. 当受害人由于自我疏忽而实施的行为导致其死亡，这种情况称为“潜意识死亡倾向”（Subintentioned Death），这是指死者在自己死亡过程中扮演了某种部分、隐蔽或潜意识的角色。这种抽象的定义可以在个体的日常生活中得到具象化。比如，酗酒、药物滥用、喜欢从事冒险活动、不良的生活方式、不按重要医嘱用药以及其他促进、推动、加速个体死亡过程的行为。根据传统的死亡方式分类：自然、意外、自杀、他杀，这四种死亡方式都有可能被归类于“潜意识死亡倾向”类别，但要根据案件的具体情况进行判断。

——摘自美国国防部，1988 年，第 6 页

对死者家里或工作地点进行走访非常重要。正如塞缪尔·戈斯林（Samuel Gosling）及其同事所指出的，人们大多数时间都在个人生活和工作环境中度过，他们通常会用各种物品和符号装饰这些地方，以体现并反映他们的个人特点及风格（Gosling，2008；Gosling，Ko，Mannarelli & Morris，2002）。“为了让这些空间更具个人特色，他们可能会用以自我为导向的‘身份声明’来装饰这些空间，即居住者为了表现自我而做出的象征性声明，以强化他们的自我观点”（Gosling et al，2002，p. 380）。很大程度上，一个人生活空间的装饰和符号代表了他们希望别人如何看待自己。这些物品可能包括照片、奖项、海报、励志图片、大学学位证书和从旅行中收集的纪念品。这些物品被称为“身份声明”（Identity Claims），它们传达的信息是“这就是我”（Gosling，2008）。另一类关于个人生活和性格的象征线索被称为“情感调节器”（Feeling Regulators），包括家庭照片、纪念品、音乐和书籍。任何能够改变个体情绪和氛围的东西都是情感调节器。然而，还有一些无意留下的物理痕迹被称为“行为残留物”（Behavioral Residue）。行为残留物指的是我们在日常生活空间中通过行为而留下的物理痕迹，如收据、垃圾和酒渍。它反映的不仅是单一的、不可靠的行为，而且是一个持续行为的整体模式。另一种行为残留物是生活或工作空间中的整洁程度，如车库或卧室中的书籍或 CD 是否按照字母顺序排列、工具是否摆放整齐，或卧室里的衣物是否散乱，这提供了关于死者额外的信息。例如，一个凌乱的房间可能（但不一定）表明屋主被其他责任压得喘不过气来。

侦查人员还应对死亡发生的地点进行详细勘查与检验，以发现现场是否有表明死者能够获得救助的证据，或死者是否采取了防止被救援的措施。例如，一位医生认为她的母亲在割腕自杀时希望被救助，因为这位母亲是一位

著名的外科医生，在割腕时是横向切割的，而不是顺着静脉方向切割的。作为外科医生，这位母亲一定会知道，顺着静脉切割必然会导致死亡。侦查人员还需要了解死者的自杀是否经过预谋、计划，死者是否曾对自杀进行过演练，死者读过什么书籍，这些书籍是否与其死亡方式有关联。

对死者亲人、家属和其他重要关系人的询问应该在死者死后的几周内完成。等待超过6个月可能会降低记忆的准确性，但及时侦查也要尊重死者亲人和家属的要求。侦查人员在接触死者亲人和家属时必须以同情和谨慎的态度进行询问。进行心理剖析还需要在侦查过程中展现出高度的敏感性和判断力，同时还要考虑到侦查过程中的伦理问题，包括获得被询问者的知情同意、建立互相尊重以及确保询问信息的保密性（Murthy，2010）。

最终，调查案件的相关侧写人员，包括侦查人员、法医心理学家或精神健康专家，需要撰写一份全面的心理剖析报告，总结死者在死亡前的相关因素和重大事件，并提供专业意见，判断死亡方式是自然死亡、自杀、意外、他杀或未确定。通过收集与分析死者死前心理状态的相关信息，侧写师应该提供专业意见，判断死亡是不是死者有意而为或者是不是完全不可预见的意外。典型的不明确死亡案件可能是一起交通事故，其中车辆没有留下刹车痕迹，车辆本身也没有被人动过手脚的痕迹，那么排除诸多外在影响的可能后，则可以判定可能是由受害者自身的因素而导致的事故。此外，对相关统计数据库的了解也很重要，它提供了有关某些类型的死亡案件以特定方式发生的可能性及概率。

自杀案件中遗书的侦查价值

在疑似自杀的案件中，遗书（Suicide Note）通常是侦查可疑死亡案件中最具价值的侦查线索之一。在自杀案件中，约三分之一的死者会留下遗书（Haines，Williams & Lester，2011）。一些情况下，侦查人员需要非常仔细地检查遗书，如笔迹鉴定，以确定它是不是死者亲手所写（Canter，2005b）。坎特在对一个案件的侦查中，采用了心理剖析。一名女性被发现在家上吊自杀，死者周围有一封她亲手书写的遗书。这一证据基本上可以对案件进行定性，即死者是自杀。因此警方没有进一步侦查或进行其他证据的收集。但此案引发了一些质疑，如死者的丈夫可能通过某些方式强迫她写遗书，然后欺骗她自杀，从而让整个事件看起来像是一起自杀案件。然而，坎特通过心理剖析表明，这位妻子确实是自杀的。有趣的是，正如我们将在第9章展示的这个案件（R. v. Guilfoyle，2001）中，死者的丈夫最终被控谋杀，且法庭没有采纳坎特的心理剖析作为证据。最终，被告谋杀罪名成立，上诉法院也维持了初审法院的判决结果，认为当前心理剖析的学术现状尚不允许将其用于在法庭审理。

坎特指出，并非所有亲属都了解受害人自杀的倾向或意图，他们常常对所爱之人的自杀感到震惊。在许多情况下，特别是涉及青少年自杀时，家人和朋友常常坚称他们没有任何自杀的迹象。所以当自杀发生且没有留下遗书时，死者身边的人往往会怀疑是他杀。因此对受害人进行系统化、标准化的心理剖析可能使侦查及时得出更具说服力的结论。“此外，这也有助于死者身边的那些人更好地接受、理解和放下”（Canter，1999，pp. 145-146）。

在对死者遗书的真实性进行判断时，通常极为困难，并且常常依赖于人为判断的主观性，尤其是在疑似凶杀的案件侦查过程中（Bennell，Jones & Taylor，2011）。研究表明，有两类因素对判断遗书的真实性可以起到有效帮助。一类因素是语言结构，如句子的平均长度、名词的百分比和动词的百分比；另一类因素是遗书的内容，如总字数、是否存在对身边人的计划与安排、积极情感的表达以及对自杀行为的解释。研究表明，真实的遗书通常较长，但包含许多短句（N. J. Jones & Bennell，2007）。此外，与伪造的遗书相比，真实的遗书，明显会包含更多对身边人的安排与计划，并且会表现出更多的积极情感，如对身边人的爱意、感激或关心。真实的遗书中，还会频繁使用亲昵的词汇，如“爱”“亲爱的”“宝贝”。研究者发现，这些积极的情感往往会在绝望的背景下贯穿遗书中。因此“尽管一个人可能已经达到了实施自杀行为的认知决心，但相关的情感因素和状态可能仍然表现出矛盾”（Bennell et al，2011，p. 670）。

8.5 对剖析结果的评估

尽管在确定心理剖析的可靠性和有效性方面已经取得了一些进展，但仍有很长的路要走，甚至采用这些心理剖析的心理学家也对其可靠性和有效性感到担忧（Snider，Hane & Berman，2006）。最近的研究表明，心理剖析在确定死者自杀意图上展现出较大的潜力（Portzky，Audenaert & van Heeringen，2009）。当然，心理剖析的质量在很大程度上取决于侦查人员的培训、知识、经验积累和临床能力（Knoll，2008）。波伊特雷斯等人进一步认为：

> 进行重建性心理评估的专业人员不能对受害人死亡时的心理状态或行为做出精确且绝对的结论。心理重建过程得出的推论和结论，充其量只是“经过现有信息推测或理论构建的结果”，最终报告上应当如此标注（Poythress et al，1993，p. 12）。

塞尔金认为，目前尚未制定出心理剖析明确、具体的实施程序，侦查人员在建立标准化的心理剖析方法上仍有很长的路要走（Selkin，1994）。其他专家也认为，目前尚未开发出明确的标准，但认为在制定其标准化程序上正取得一定进展（Knoll，2008，2009；Snider et al，2006）。尽管如此，正如我们将在下一章讨论的那样，在心理剖析报告能够成为法院在判决过程中采纳的证据之前，从事心理剖析的相关专业人员必须在建立明确且标准化的剖析程序上取得更大的进展，以使其具有更高的科学属性。

波伊特雷斯等人对法医心理学家在进行心理剖析或可疑死亡案件分析时提出了三点建议（Poythress，1993）：第一，除非剖析程序和技术的可靠性、有效性已明确建立，否则不应将其扩展到非死亡案件（如入室盗窃或绑架）的应用上。第二，在法律或相关背景下，进行重建性心理评估的相关专家不应该对受害人死亡时的心理状态或行为给予精确且绝对的结论。第三，心理学家、精神健康专家和社会学家应保持谨慎，避免影响他人（受害人家属、警方、法官）对心理剖析结论准确性的解读，除非研究数据支持现有结论。目前，关于心理剖析准确性的研究数据尚不明确，需要更多相关案例及研究来确定心理剖析的有效性。

由于心理剖析缺乏标准化程序，难以确定其可靠性和有效性，因此如果将其作为证据引入法院判决过程，可能会造成一些重大问题，如法官不予采纳（Snider et al，2006）。总而言之，我们必须认识到，作为一种证据，心理剖析也要接受与其他科学的刑事侦查方法相同的司法审查。因此我们需要详细讨论与之相关的概念以及科学界对这些概念的态度与立场。

标准化

绝大多数对心理剖析的研究是在美国进行的（Canter，1999）。进行心理剖析的法医心理学家通常会自主进行询问，对死者展开背景调查，并检查他们认为对心理剖析有意义的法医报告或其他相关信息。回顾 20 年前，塞尔金指出，进行心理剖析的明确、具体程序尚未制定，侦查人员在建立标准化的剖析方法上还有很长的路要走（Selkin，1994）。几年后，瑞奇和格莱斯也同意这一点，并讨论了军事场景下心理剖析程序的标准化问题（Ritchie & Gelles，2002）。施奈德曼在 20 世纪 70 年代制定了心理剖析程序的纲要，该纲要包括了一份检查清单，共 16 个小项（Shneidman，1976）。坎特认为，施奈德曼的检查清单与医生办公室的疾病史问卷差不多，不过主要区别在于施奈德曼将重点放在了死者的行为模式、人际关系、对压力的反应、思维过程和情绪状态上（Canter，1999）。

所谓标准化（Standardization），是指将测量工具的使用方法、规则和评估过程统一化。对于心理剖析而言，标准化应包括结构化或半结构化（Structured or Semi-structured Interviews）的访谈和检查清单，这些访谈和检查清单应该系统地涉及每一个与当前死亡案件相关的因素，并提供一种方法或规则来解释通过访谈和检查清单收集到的信息。然而目前，“只有一些零碎的想法和建议来充当这种‘方法’或‘规则’的角色”（Canter，2005b，p. 321）。如果剖析过程没有以实证为基础的标准化，可疑死亡案件的分析会受到侦查人员技能、经验、培训、洞察力和敏感性的强烈影响（Werlang & Botega，2003）。正如“爱荷华号”案件中的那样，多方专家的意见存在巨大差异，因为各方专家的结论都不是基于标准化的方法而得出的。

不仅心理剖析的程序没有标准，对剖析结论有效性、可靠性的评估，心理剖析的相关培训也没有标准。因此一些心理剖析的结论在法庭判决中往往不会被采纳。

信、效度

信度（Reliability），是指一致性。如果一个工具或程序每次都能得出相同的结果，那么它就是可靠的，信度较高。例如，如果一个体脂秤在你站上去的短短两分钟内给出的体重数据相差很大，那么它就是不可靠的，信度较低。如果心理剖析有一套明确具体的程序或方法，不同评估者（法医心理学家、侦查人员、法医人员、精神健康专家等）在提供了相同信息后，通过该程序得出相同的结果，那么这套心理剖析的程序或方法就会被认为具有较高的评定者间信度（Interjudge or Interrater Reliability）。在心理剖析中，评定者间信度，是指不同的评估者（法医心理学家、侦查人员、法医人员、精神健康专家等）将可疑死亡案件按照死亡方式分类为自杀、意外、他杀、自然原因或未确定时，给出答案的一致性程度。如果心理剖析能够通过充分研究的程序和方法进行标准化，那么评定者间信度将会显著提高。

效度（Validity）则回答了一个问题：一个工具或程序是否准确测量了它所需要测量的内容？心理剖析是否准确地确定了可疑死亡是自杀、意外还是他杀？必须强调的是，一个程序必须在确认具有一定信度的基础上，才能进一步考虑效度问题。建立效度比建立信度的要求更高，因为很难找到一个明确的建立标准，除了死者，没人能百分之百地确定死者死亡时的情况。例如，在可疑死亡案件中，我们无法百分之百的确认死者的意图或死亡时的具体情况，因而很难构建一个信度的标准。此外，来自家人、朋友、重要他人、同事和上司的信息也具有主观性，可能会存在偏差和扭曲（Maris，Berman & Silverman，2000）。与死者有亲密关系的人可能出于害怕媒体的曝光而提供具有偏见性的证词，尤其是那些会被媒体大肆报道的案件（Snider et al，2006）。此外，家人、亲属和与死者有亲密关系的他人也可能出于对死者的内疚和羞愧而提供具有偏见性甚至虚假的证词（Gelles，1995）。这种个体主观性带来的偏差对心理剖析信效度的建立是有害的。

8.6　本章总结

心理剖析或可疑死亡案件分析是一种特定形式的侧写方法，可以与其他所有形式的侧写相区分。如其名称所示，它的应用对象是已经死亡的个体。此外，和第 6 章讨论的心理侧写一样，它是在已知个体的基础上进行的侧写，因为在大多数案件中侦查人员能够确认死者的身份。然而，与大多数其他侧写形式一样，心理剖析并没有“黄金标准”或具有科学性、标准化的程序；因此其结论可能会被法官拒绝采纳。正如本章所见，在“爱荷华号”案件中，国会代表对心理剖析的结论表示高度怀疑。在第 9 章中，我们将提供更多在司法系统或判决过程中有较多争议的相似案例。

心理剖析或可疑死亡案件分析能够应用于研究、临床实践以及民事或刑事法律问题中。在研究中，心理剖析有助于理解和分析各种死亡原因和死亡方式以及死者自杀对其身边亲属、家人、朋友及具有社会关系的他人的影响。在临床实践中，心理剖析能够对其他或未来病患的治疗起到借鉴作用，通过一定方式预防、矫正患者的自杀倾向，及时阻断自杀行为。无论是在民事案件还是刑事案件中，心理剖析在解决法律问题上最为常见。死亡原因常常在民事诉讼中成为争议的焦点，而在刑事诉讼中，心理剖析的结果可以质疑或佐证死者并非自杀，而是他杀，反之亦然。

就某种程度而言，心理剖析类似于调查记者的工作。负责心理剖析的专业人员需要仔细审查、分析现有的所有报告、信息和数据，包括警方的侦查报告、法医的尸检报告、毒理报告，并与死者身边的人进行访谈、询问。有的案件看似像自杀，但实际上存在他杀的可能；或者有的案件看似像他杀，但实际上存在自杀的可能，心理剖析正是在这样的案件中发挥作用的。了解死者生前几周甚至几个月的生活情况也是心理剖析过程中至关重要的部分。因此死者的任何书面材料、言论、行为或生活事件都有可能成为心理剖析的重要线索。

军方曾是心理剖析的主要使用者，但由于预算限制，这一情况在过去 10 年中有所减少。以前，所有军方发生的自杀案件按照要求都需要进行心理剖析；但现在，只有在军人死亡方式存疑时才会进行心理剖析，即通过现有证据无法判断死者是自杀、他杀还是意外的情况下使用。心理剖析在疑似凶杀案、“引警自杀”类案件以及由个体性行为导致的死亡案件中尤为有效。在这些案件中，死者身边的人可能会寻求某些证据证明死者并不是自杀。如果案件中出现遗书，确认遗书的真实性就成为心理剖析的重要组成部分。

心理剖析虽有多重应用价值，但学界对其使用范围持审慎态度，主张应限于研究及临床领域。尽管部分学者认为该技术已是标准化的可靠评估工具，但反对者指出其方法论尚处发展初期，必须积累更多实证依据才能确立科学基础。

本章专业术语汇总

非典型性窒息	行为残留物	心理剖析
性窒息	窒息游戏	引警自杀
性窒息死亡	可疑死亡分析	典型性窒息
缺氧癖或窒息癖	自杀心理剖析	可疑死亡心理剖析
死亡原因	死亡方式	重建性心理评估
信度	效度	标准化

第9章

犯罪侧写在法庭的适用

纵观全书，根据侧写的方法或专家的观点，侧写既可以是一门科学，也可以是一门艺术。一些侧写师是备受尊重的研究人员或实践者（警察、侦查人员等），他们通过细致深入地分析案件资料，结合现有研究的结论来进行侧写，在侧写报告中严谨地作出预测或结论，避免绝对化的表达方式；但相反，也有一些侧写师并不那么谨慎。目前，一些侧写方法已经获得了实证研究的支持；而另一些则“摇摇欲坠”，仅有少量的相关研究，因而难以评估其科学性、有效性。关于侧写报告中可能使用的分类学也是如此，如关于恋童癖犯罪人的分类学比恐怖分子的分类学得到了更多实证研究的支持。换句话说，从群体角度而言，恋童癖犯罪人有更多明显的共同特征；但从个体角度而言，每个恋童癖犯罪人也并非完全相同，因而具有个体差异性。

在刑事法庭上，检察官或检方（有时也包括辩护律师或辩护方）常常希望侧写师以专家证人（Expert Witness）的身份出庭，在提供专家证词（Expert Testimony）的过程中引入侧写证据。比如，当侧写师以专家证人的身份出庭时，可能会在法庭上向陪审团和法官陈述：犯罪现场混乱、无序，属于无组织型现场，或者在犯罪现场发现了被告独特的犯罪标记，或者被告不具备性虐待犯罪人的特征等，而这些陈述对陪审团来说极具说服力。本章关注的问题是，通过侧写得出的结论是否应该被采纳成为证据运用于法庭审判过程中呢？如果应该采纳，那么应该采纳哪种类型的侧写呢？现状是当侧写作为一种侦查工具来帮助警方侦破案件时，法庭对其接受度较高；而当侧写作为一种呈堂证供来证实被告“符合某种犯罪类型的侧写”时，法庭的接受度则较低，因为这通常被认为是不可采纳的品格证据（Character Evidence）。

侧写证据也可能引入民事法庭中。例如，当一个家庭因遭受事故或犯罪的迫害而寻求赔偿时；例如，第8章讨论的一种侧写形式——心理剖析，可以成为一种证据来证明死者不是自杀，从而使死者的亲属有权获得保险赔偿。

在一起民事案件中（Schieber et al. v. City of Philadelphia，2001），性谋杀案件的受害人家属起诉警方，认为警方办案不力、缺乏培训，且警方忽视了联邦调查局发布的该地可能存在连环强奸犯的警告。为了佐证受害人家属的观点，其律师试图引入一份由联邦调查局探员准备的侧写报告作为证据。在判决过程中，法院对这份犯罪侧写发表了积极的观点与评价，似乎也支持侧写的科学地位。但法院也指出，准备这份侧写报告的探员弗雷德里克·金斯顿（Frederick Kingston）明确表示这份侧写是推测性的，并且仅供警方侦查使用。法院在判决中相当重视这类谨慎的声明。最终，这份侧写报告不能作为证据在这次民事诉讼中被采纳。

目前，大多数关于犯罪侧写在法庭上的适用性问题是在刑事诉讼的背景下进行讨论的，我们也将重点关注犯罪侧写在刑事法庭中的适用，而非民事法庭。

全世界各地的法院都从未停止过讨论这个问题：是否允许侧写成为运用于法庭审判的证据以及允许哪种类型的侧写作为证据。其实，答案通常取决于对证据的描述方式。在一些法院中，“行为分析”（Behavioral Analysis）比“侧写”（Profiling）更容易被法庭接受。有研究者观察到，“虽然法院通常拒绝采纳那些直接涉及侧写的证词，但当这些证词被其他形式的名称所‘包裹’时，法院往往会倾向于接受这些名称不是‘侧写’，但实质内容为‘侧写’的证词”（Risinger，Loop，2002，sect. IC，para. 254）。此外，侧写师的资质和证据类型也是影响侧写证据是否被采纳的因素。就证据类型而言，犯罪现场侧写（涉及犯罪标记、作案手法、有组织和无组织二分法等要素）、并案分析、地理侧写、心理剖析等，或者被告是否符合侧写师证词中“性虐待犯罪人”的侧写，都属于不同的证据类型。因此对于法庭而言，“侧写证据”的范畴就像“犯罪侧写”这个术语一样，非常广泛，本章将分别进行讨论。

9.1 引入侧写证据的途径

艾立森等人提出，尝试在法庭上引入侧写证据有两种不同的途径（Alison et al，2004）。在第一种途径中，双方的律师试图引入由侧写专家准备的原始侧写报告，以向陪审团明示或暗示被告是否符合侧写。检方引入侧写证据必定是为了论证被告与侧写相符。当辩护律师引入侧写证据时，往往是为了论证被告不符合侧写。坎特等人（2004）将这种路径称为侧写—被告对应（Profile-Defendant Correspondence，P-DC）。例如，在近期的一次审判中，原告指控被告强奸自己，辩方（被告的律师或辩护团队）请来了一位心理学家作为专家证人，他提供了一份侧写，指出原告符合反社会人格障碍（Sociopath）和精神病态（Psychopathy）的典型侧写，这在一定程度上佐证了辩方的观点，即原告关于自己被强奸的说法是捏造的，即使该心理学家并未与这名原告（或受害人）进行面谈。尽管审判的法官允许心理学家的证词成为证据，但被告仍然被判定有罪。在整个过程中，受害人的名誉或多或少受到了损害，因为没有人希望自己被贴上反社会和精神病态的标签。

虽然一些法院对“是否采纳侧写作为证据”这一问题持谨慎态度，但也有一些法院则常常接受侧写证据和相关证词，特别是当专家证人没有将被告与特定侧写进行直接比较时（Bosco，Zappala & Santtila，2010；George，2008）。例如，关于被告是否符合性虐待或儿童性虐待侧写的证词，更容易被法庭拒绝采纳，而关于这类犯罪人（作为一个群体）典型特征的证词则更可能被法庭接受。我们将在下文中讨论相关案例加以说明。

坎特等人（2004）提出的第二种途径，即侧写—犯罪对应（Profile - Crime Correspondence，P-CC），侧写师向陪审团报告两起或多起犯罪案件之间的相似性，从而论证这些案件是否由同一名犯罪人所实施。在犯罪侧写中这也被称为并案分析或相似性分析。艾立森等人认为，侧写—被告对应比侧写—犯罪对应具有更大的争议性，因为侧写—被告对应“需要对被告作出直接的评论，而侧写—犯罪对应考虑的是犯罪特征之间的相似性”（Alison et al，2004，p. 79）。不过，从第 2 章中可以发现，在法学和社会科学文献中经常出现对并案分析的批评（Bennell et al，2012；Risinger & Loop，2002；Snook et al，2012），即使是为促进并案分析而设计的复杂数据库（ViCLAS 和 ViCAP）也未达到其可靠性和有效性可以被确立的程度。

尽管上述两种是将侧写引入法庭的主要途径，但还有一些分支途径。例如，当警方向司法机关申请逮捕令或搜查令时，这就属于侧写—犯罪嫌疑人对应，而非侧写—被告对应。目前，现有案件中至少有一起案件（State v. Pennell，1989），警方是通过心理侧写来向司法机关申请搜查令。此外，法律也允许警方基于侧写与个体的符合或匹配程度来决定是否逮捕该人，也就是说，警方可以合法地逮捕与侧写高度吻合的犯罪嫌疑人，这也包括毒品走私犯的侧写（U. S. v. Sokolow，1989）。然而，美国最高法院裁定，表明被告与“毒品走私犯侧写”相符合的证据不能在法庭审判过程中被采纳。换言之，警方有权拦截符合“毒品走私犯侧写”的人，但这些侧写不能在审判过程中用来证明被告的罪行。然而，如果被告允许引入侧写证据以说明自己不符合该侧写，检方可以用证词来反驳证明他符合该侧写。

总而言之，无论采取哪种途径，相关专家认为如果将其作为侦查过程中的一部分，那么可接受程度较高。例如，大多数行为科学家可能会同意澳大利亚心理学家理查德·科奇什所发表的观点：

尽管证据还不充分，但实证研究结果开始支持这样一个基本概念：具备相应技能的专家通过对犯罪行为的分析和评估，并试图对犯罪人的潜在特征进行准确预测的过程中，能够展示出相对较高的洞察力（Richard Kocsis，2009，p. 258）。

然而，即使在侦查过程中运用侧写，也存在诸多陷阱，这一点将在后文讨论。

研究人员和学者对“将侧写证据或证词引入法庭”持更为怀疑的态度。根据科奇什的说法，“在法庭上避免使用侧写作为证据是明智之举，应该将侧写的应用限制在传统的侦查过程中”（Richard Kocsis，2009，p. 258）。此外，科奇什及其他人建议，考虑到目前侧写科学的发展仍处于早期阶段，如果允许将侧写作为证据引入法庭审判的过程中，法院应在接受这项侧写证据时极为谨慎（Risinger & Loop，2002）。

9.2 引入专家证人的法律标准

在法庭审判中，法官和陪审团负责对犯罪事实进行审查和认定。他们听取和权衡与案件相关的证据，决定是否有足够的证据继续审理案件，对被告进行定罪或在民事法庭上判定被告过失。由于法官和陪审团并非无所不知，他们有时会参考专家证人（Expert Testimony）的意见，从而对案件事实作出进一步判断。如今许多法院，尤其是美国的法庭，会接受各种类型的侧写证据，特别是当这些证据由检方提出时（George，2008）。然而，法庭有时也会推翻这些证据，裁定这些侧写证据不应被采纳。然而，这种情况并不多见。事实上，经过对美国涉及侧写证据法律案件的全面研究，乔治发现，在美国，侧写证据即使经过上诉法院审查，依然可以作为一种证据存在于法庭上。但其他国家的法院则更为谨慎（Canadian Human Rights Commission，2011；Meyer，2010；Youngs，2009）。

根据法律释义，专家证人用于提供超出非专业人士常识范围的信息。科学知识显然属于这一范畴；大多数人对血液分析、环境污染物的影响、化学反应、医疗程序或其他自然、物理科学的相关知识并不熟悉。但社会科学和行为科学是否也属于这一范畴呢？简单回答“是的”，但社会和行为科学家

（与自然科学家相比）往往面临更多障碍，特别是当他们希望以专家证人的身份在法庭上作证时。关于侧写证据，一个关键问题是，“这是否科学?”正如我们稍后将讨论的那样，一些法庭对专家的资历和经验给予了更多的重视，而不是他们的方法和技术的科学性、有效性。也就是说，如果这项侧写证据的接受度较高，更多是因为这份侧写证据是由长期从事刑事侦查的专家提供的，而不是因为它具有较高的科学性。

在决定是否接受专家证人的证词时，法官会依据法律规定和标准，这些规定和标准在某些情况下由上诉法院（包括美国最高法院）设定。在其他国家，标准可能略有不同，但大多数与美国的标准类似，这些标准包括科学界的认可程度以及与案件的相关（Relevance）程度。我们在下文简要回顾一些标准（见表 9. 1）。另外图 9. 1 和图 9. 2 为联邦和州法院系统的示意图。

表 9. 1　“弗莱”与“道伯特标准”总结

“弗莱案”（Frye v. United States，1923）	专家证据提供的内容必须超出非专业人士的常识范围。证据的科学信息、方法、技术必须得到科学界的普遍认可
“道伯特诉马里·道制药公司案”（Daubert v. Merrell Dow Pharmaceuticals，1993）	专家证据提供的内容必须超出普通人的常识范围。专家证人必须具备充分的专家资质。证据内容必须与案件相关。证词应当通过评估确定其可靠性和有效性（考虑因素包括：可证伪性、已知或潜在的误差率；同行的审核和评估；在科学界的普遍接受程度）
“乔伊尔诉通用电气公司案”（General Electric Co. v. Joiner，1997）	强化上述所有条例的执行程度；此外，如果初审法官已经仔细评估了证据提供的信息，那么上诉法院不应对初审法官的裁决结果进行质疑
“卡迈克尔诉锦湖轮胎公司案”（Kumho Tire v. Carmichael，1999）	道伯特标准适用于科学、技术及其他专业性知识

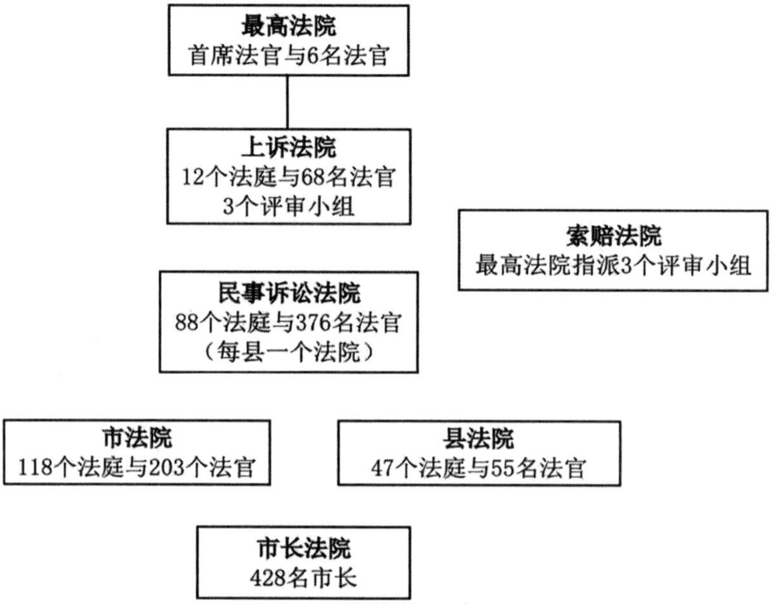

图 9.1　俄亥俄州司法系统

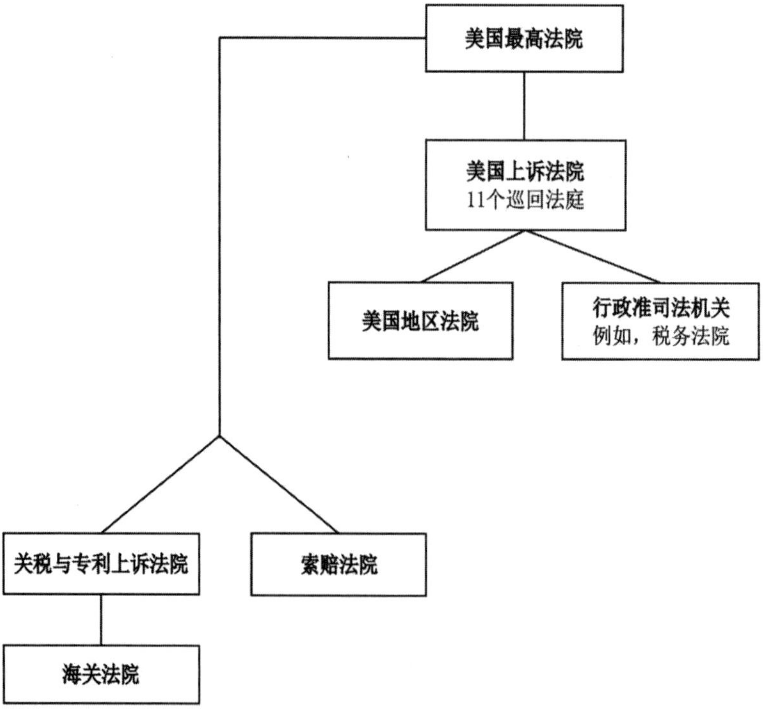

图 9.2　美国联邦司法系统

“弗莱法则”：普遍接受标准

用于评估专家证词是否被采纳的最早法律标准来源于联邦法院的一个著名案件：“弗莱案件”（Frye v. United States，1923），该案件涉及原始测谎仪的使用。至今，“弗莱法则”（Frye Rule）仍在美国的诸多法庭中适用。随后，类似于“弗莱法则”的法律标准也出现在英国、澳大利亚和加拿大的司法系统中。当年审理“弗莱案”的法院表示，即使专家的资质完美无瑕，科学知识也必须通过科学方法、技术手段来获得，且这些方法、技术手段需要在该领域得到普遍接受和认可。多年来，“弗莱法则”也被称为“普遍接受标准”（General Acceptance Standard）。当时，作为现代测谎仪的前身，收缩压检测测试（测量心脏收缩对血管产生的压力）尚未获得科学界的普遍认可。在联邦法院的领导之下，“普遍接受”仍然是决定“是否采纳专家证词”的唯一标准。直到 20 世纪末，美国最高法院对“引入专家证人”的问题进行审议，旨在为法官采纳专家证人证词提供更多指导。在此过程中，最高法院更加重视科学研究结果与案件的相关性以及科学研究本身的可靠性和有效性，并要求法官在评估科学证据时应该采取比“弗莱法则”或“普遍接受标准”更为严谨的态度。美国最高法院裁决的三个重要案件被视为法律意义上的重大转变，因为这三个案件促使法官在评估科学证据时采取更为积极的态度，有些人认为这三起案件明确了初审法院“守门人”的角色。

“道伯特三部曲”

这三起案件均于 20 世纪 90 年代得到裁决，分别是“道伯特诉马里·道制药公司案”（Daubert v. Merrell Dow Pharmaceuticals，1993）、“乔伊尔诉通用电气公司案”（General Electric Co. v. Joiner，1997）、“卡迈克尔诉锦湖轮胎公司案”（Kumho Tire v. Carmichael，1999）。这三起案件通常被称为“道伯特三部曲”（Daubert Trilogy），大多数人简单地称其为“道伯特”或“道伯特标准”（Daubert Standard）。这三起案件共同勾勒出了联邦标准的轮廓，虽然不一定适用于各州法院设定的标准。但到 20 世纪末，已有 30 个州采纳了与“道伯特”相同或密切相关的标准（Parry & Drogan，2000）。

“道伯特诉马里·道制药公司案”是一宗民事案件，涉及的既非心理学，也非侧写。道伯特一家起诉制药巨头，即马里·道制药公司，声称其产品“本德克汀”（Bendectin），一种孕妇使用的抗恶心药物，导致其孩子们先天缺陷。马里·道公司提交了药物无害的研究证据，但原告希望引入其他医学研究人员的新证据。随后，这些医学研究人员对该类药物进行了新的研究，并重新分析了之前马里·道公司提交的研究证据。下级联邦法院拒绝采纳这些新的研究结果作为证据，称其不符合“弗莱法则”，即不符合普遍接受标准。道伯特一家随后将下级联邦法院的这一决定上诉至美国最高法院。

在裁定此案时，美国最高法院提供了以下四点参考建议，如果专家的资质已得到确认，则可以通过以下四点来评估专家证据的可靠性：（1）可证伪性（Falsifiability）；（2）已知或潜在的误差率（Error Rate）；（3）所引用的研究是否经过同行评审和发表；（4）在科学界的普遍接受程度。值得注意的是，“弗莱法则”强调的“普遍接受性”并未消失；然而，单凭这一点不足以成为标准。法院还强调，所提供的证据必须与案件的实际情况具有相关性（Relevance）。“道伯特标准”虽然要求初审法院的法官进行更为细致的审查与检验，但也提供了一些灵活性。最高法院也没有指明要对这些标准的每一项给予多大的权重。此外，专家的资质也是需要考量的因素。费格曼和莫纳汉通过有效评估认为：

> 从最基本的角度来看，“道伯特标准”要求提出专家证词的一方承担证明责任，证明其专家资质合格，所提供的证词与本案争议事实相关，且专家意见的依据是可靠且有效的（Faigman，Monahan，2009，p. 9）。

在“乔伊尔诉通用电气公司案”中，审判法官显然履行了“道伯特标准”，按要求对专家证据进行了仔细评估和检验。罗伯特·乔伊尔（Robert Joiner）在通用电气公司从事电气工作超过18年，从不吸烟，却患有肺癌。乔伊尔认为工作环境中的有害化学物质泄漏导致他得了癌症。当时，有四位科学家作为专家证人出庭支持乔伊尔的观点，但初审法院拒绝采纳这四位科学家的证词，然而，中级上诉法院认为初审法院的这一裁定有误。最终，美国最高法院维持了初审法院的裁定结果，并认为初审法院已经对本案证据进行了仔细检验与审查，上诉法院无权对初审法院的裁决进行怀疑。学者们对本案结果表示了质疑，认为专家提供的证据可能的确是“有实证支撑的科学”，但问题在于法官不能理解。因此科学家们在解释证据的方式或方法上，还有待努力（Blanck & Berven，1999）。尽管如此，初审法院作为“守门人”的角色在本案中得到了确认。

在“卡迈克尔诉锦湖轮胎公司案”之前，“道伯特标准”是否适用于心理学的科学知识尚不明确，因为心理学既没有涉及“道伯特诉马里·道制药公司案”，也没有涉及“乔伊尔诉通用电气公司案”。“卡迈克尔诉锦湖轮胎公司案”涉及质量不合格或有缺陷的轮胎是不是导致车祸的主要原因。但此案对行为科学家和社会科学家非常重要，因为根据法院裁定，“道伯特标准”适用于科学、技术及其他专业知识，这一范畴显然涵盖了心理学。因此心理学知识也会在法院将其采纳为证据之前受到检验和审查。

在“道伯特诉马里·道制药公司案”裁决后不久，许多研究者开始分析该案件中影响法官进行决策的影响因素（Skeem，Douglas & Lilienfeld，2009）。研究发现，虽然法官意识到了“道伯特诉马里·道制药公司案”的争议点，并且对专家证人的证词也持更为谨慎的态度，但总体研究结果表明，“道伯特诉马里·道制药公司案”并没有从实质上改变法院对专家证词进行评估和审查的方式。法院似乎对专家证人的资质评估或考虑某一程序是否“获得科学界的普遍接受或认可（即‘弗莱法则’）”感到相对放心。研究人员还发现，法官们在处理误差率和可证伪性时表现较差。误差率，是指数据中存在错误或潜在错误的比例。例如，在多少比例的案件中，个体被预测为具有威胁性，但实际并未实施危害行为（即假阳性预测）。可证伪性，在第 3 章讨论过，是指专家提出的观点或陈述是否足够明确和具体，以至于可以通过系统的观察或实证研究证明其错误。

盖托斯基等人通过对 400 名州级初审法官进行研究发现，只有大约 5%的法官理解误差率和可证伪性这两个概念（Gatowski et al，2001）。达希尔等人研究发现，法官对这两个词的理解程度与上述研究结果类似（Dahir et al，2005）。研究人员联系了 260 名初审法官，询问他们是否愿意采纳侧写和特征性描述作为证据，他们发现这些证据的采纳率其实很高。此外，他们还询问了“道伯特诉马里·道制药公司案”中用于评估专家证据的各种标准，并研究哪些标准对决定“是否采纳专家证词”最具影响力。研究发现，最具决定性的因素（或标准）是专家的资质，其次是专家证词与案件的相关性、科学界的普遍接受性和可靠性。只有一位法官特别提到了误差率，两位提到了可证伪性。达希尔等人总结，初审法官在决定是否采纳专家意见作为证据时，更倾向于使用“不那么科学的标准”。也就是说，初审法官在决定专家证人的意见是否可以成为案件判决的证据时，更看重“专家资质”“案件相关性”“普遍接受性”，而非证词本身的科学性，即误差率和可证伪性。

即使专家证据本身具有科学性，且符合法庭中专家意见的采纳标准，但它在法庭上也不一定会被采纳。因为证据标准要求，证据本身的证明价值（Probative Value）需要超过其偏见价值（Prejudicial Value）。证据的证明价值，是指证据本身存在的目的是为了证明某一问题。但如果该证据被认为是对被告极度偏见的体现，即偏见价值，即使证据本身是科学的，也可能不会被采纳。此外，当上诉法院审查涉及专家证人的案件时，其中一个审查点就是评估该案的审判过程中，法官是否充分权衡了专家证据的证明价值和偏见价值。正如上诉法院在一个涉及侧写证据的案件中所述：

通过审查记录，审判该案的法官意识到了专家证人的证据可能存在对被告不公平的偏见，而这种偏见对公平的司法审判具有潜在的危险，因此谨慎地给予陪审团适当的指示，将陪审团对该证据的参考程度或权重进行了一定限制（Simmons v. State，2000）。

在上述背景下，我们将更具体地讨论侧写在法庭审判过程中的应用。

9.3 专家证人的侧写证据

尽管许多法院会采纳侧写证据，但在法律和心理学文献里，对于在审判过程中是否应该采纳这种侧写证据存在相当大的争议。有人认为，侧写作为侦查工具可以对案件侦破起到一定作用，但在法庭上不应该将其作为证据采纳（George，2008；Kocsis，2009；Meyer，2010；Risinger & Loop，2002），还有些人认为在法庭中应采纳侧写证据（Ingram，1998；Woskett，Coyle & Lincoln，2007）。反对采纳侧写证据的主要论点包括：专家的过度影响，特别是当专家为检方作证时；所用的侧写技术缺乏一定有效性；提供的信息可能对被告具有偏见性。一些批评者指出，即使专家没有在法庭上直接表明被告符合某种侧写，陪审团可能也会自己得出这个结论。

或许是受到联邦调查局及其侧写培训项目的影响，侧写在美国法院的接受程度远高于其他国家。正如乔治所指出的，许多侧写专家要么在联邦调查局工作，要么是其退休探员；因此他们更有可能成为检方的专家证人（George，2008）。乔治甚至还引用了一个案例，一名侧写专家受到同事的压力，未能为辩方作证。在澳大利亚，侧写证据通常不被接受。“对于侧写在法庭的采纳应持更为谨慎的态度，特别是对于侧写师专业性和资质的考量”（Woskett et al，2007，p. 306）。在加拿大，近期的几起案件（稍后将会讨论）表明，侧写领域、行为科学的可靠性、有效性尚未得到充分确立，因此不能为法庭所采纳。这促使加拿大人权委员会在2011年提出了若干项建议，旨在制定侧写标准，并开展关于行为侧写有效性的研究。

在英国曾发生过一起案件——“斯塔格案”（R. v. Stagg），该案被认为对犯罪侧写在法庭上的应用造成了重大冲击（见焦点9.1）。案件审判过程中，法官表示，犯罪侧写在心理学界并未获得普遍接受或认可，因此他不允许侧写专家出庭为检方提供支持性证据。法官指出，虽然侧写可以用于侦查思路的拓展，也可能有助于警方的侦查过程，但不应该用来确定被告的罪行。尽管如此，法官对犯罪侧写在刑事侦查过程中的有效性也持怀疑态度（Ormerod & Sturman，2005）。然而，正如我们在前几章中提到的以及奥尔梅罗德和斯图曼所认为的那样，警方在侦查方法上拥有较大的自由裁量权，咨询侧写专家只是侦破案件的众多途径之一。然而，在“斯塔格案”中，侦查人员似乎对侧写专家的意见给予了过多的权重，而侧写专家似乎也将自己视为检方团队的一员（Ormerod & Sturman，2005）。

焦点9.1

“斯塔格案”：“我们行业的祸根”

1992年7月，一名23岁的女性瑞秋·尼科尔（Rachel Nickell）在伦敦西南部的温布尔登公园散步时被刺49刀，当时她正和2岁的儿子在一起。警方对该案进行了大量且长期的侦查工作，当时警方唯一重点关注的犯罪嫌疑人是科林·斯塔格（Colin Stagg）。但由于受到侧写专家的重大影响，最终导致对科林·斯塔格的指控被驳回。此案也让为警方提供协助的行为科学家感到尴尬。

从20世纪80年代中期开始，心理学家保罗·布莱顿（Paul Britton）在多起案件中为警方的侦查提供了帮助，这些案件几乎都是性谋杀案件。从一篇新闻文章可以看到，布莱顿在这些年里“名声大振”，甚至拍摄了一部纪录片。此外，他还帮助英国内政部建立了一个犯罪侧写研究单位（Ronson，2010）。后来，大卫·坎特（David Canter）等人通过详细的实证研究才为行为分析领域赢得了更多的尊重。在最近的一次会议上，据说坎特提到，“斯塔格案”中发生的事情是“我们行业的祸根”（Ronson，2010）。

在瑞秋·尼科尔被杀后不久，布莱顿受邀对该案进行犯罪侧写。在他自己的回忆录中，布莱顿（1997）描述了他的侧写方法是尝试去想象犯罪的场景，这与第1章中詹姆斯·布鲁塞尔（James Brussel）的侧写方法类似。布莱顿告诉警方，凶手会是一个单身男性，和父母一起居住，住在温布尔登公园附近，步行可达；他会收集很多色情杂志，并且有过程度较轻的性犯罪记录，但这种行为可能会恶化升级。科林·斯塔格住在距离公园不远的地方，曾因在公园裸晒而被警方警告，还曾向一位杂志上征婚页面的女性写过猥亵信。在凶杀案发生当天，他也在公园散步遛狗。但当警方审问他时，他承认有色情杂志，但坚决否认杀害了死者。

当时，警方确信斯塔格就是本案中的犯罪人，并向布莱顿寻求关于如何引导他坦白认罪的建议。布莱顿建议执行一次卧底行动，让一名女警诱使斯塔格坦白认罪。在警方术语中，这被称为“蜜罐陷阱”（Honeytrap）。这名女警联系了斯塔格，声称自己在杂志征婚页面的其他女性那里拿到了斯塔格的联系方式。之后，斯塔格与女警开始交流，并询问女警是否可以将他自己的性幻想的内容发给她，女警回答可以。从信息内容来看，斯塔格最初发给女警的性幻想内容是无害的，不具有暴力性。但在布莱顿的许可下，这名女警鼓励斯塔格不要有所保留，并表明自己对性幻想具有很强的包容性甚至希望性幻想的内容有一定暴力倾向。随后，斯塔格在发给女警的性幻想中引入了暴力内容，但补充道，他实际上并不是一个有暴力倾向的人（Ronson，2010）。与此同时，布莱顿告诉警方，斯塔格发送的信息中有"性虐待"的元素。最后，女警在公园与斯塔格见面，试图再次引导他说出关于尼科尔案件的细节或可以证明是其杀了尼科尔的证据。双方的关系持续了几周，在这期间，斯塔格在女警的鼓励下发送了越来越暴力的信息。布莱顿告诉警方，在同一地区出现两个具有高度性虐待倾向个体的概率极小。因此警方逮捕了斯塔格。

尽管英国媒体表示斯塔格已经坦白了罪行，但他依然矢口否认，坚称自己从未杀过人。他被拘留了14个月，直到案件开始审判的第一天才被一名法官释放出来。在审判过程中，法官对侧写提出了以下声明："在任何情况下，把犯罪侧写作为证明被告实施过犯罪行为的证据都具有较大的危险性"。法官继续说道："我不会鼓励侦查部门或检方提供侧写，也不会将这份侧写作为对案件事实的构建或补充。"

杀害瑞秋·尼科尔真正的凶手——罗伯特·纳帕（Robert Napper），在1997年受到指控，并在1998年承认了罪行。从对斯塔格展开侦查到纳帕被逮捕之间，纳帕又残忍地杀害了另一名母亲及其4岁的女儿。那名卧底女警因在"钓鱼执法"的过程中遭受心理伤害而进行了上诉，且上诉成功（Ormerod & Sturman，2005）。2008年12月，伦敦警察厅向斯塔格道歉，承认之前对其提出的指控是错误的。

接下来，我们提供了涉及侧写的案件中，侧写证据被法庭接受或拒绝的示例，接受或拒绝均涉及各种不同的原因。虽然将重点放在美国的案件上，但也会引入其他国家的一些案例，从而进行比较。毕竟这不是一本法学教材，所以这并不是一个全面的示例回顾，我们也并不打算对讨论的问题给出权威性的定论。但是如果有可能的话，我们会讨论法庭对于侧写证据正在采取的趋势或大致方向。此外，讨论的案件都较为复杂，包含了许多不涉及本章内容的问题和细节。这些案件为侧写师提供了诸多工作示例，也涵盖了前几个章节中讨论过的问题（见焦点9.2，其包含了本章讨论的诸多案件的总结笔记）。

焦点 9.2

涉及侧写证据的刑事案件总结

以下是对本章涉及的刑事案件的简要概述，按被告姓名列出。请注意：专家证人，是指负责该案的侧写师；诉讼方通过专家证人为检方或辩方提供证据；证词类型指的是与侧写相关的问题；最终裁决结果指的是案件的最终处理结果，这一结果可能与初审法庭的裁决结果不同。在大多数案件中，还涉及本书未提及的其他具有争议性的问题。

被告人	专家证人及其诉讼方	证词类型	最终裁决结果
Simmons	Neer（P）	犯罪动机	允许采纳
Masters	Meloy（P）	犯罪动机	允许采纳
Sorabella	Lanning（P）	儿童性犯罪人侧写	允许采纳
Pennell	Douglas（P）	并案分析	允许采纳，但持质疑态度
Jackson	Jacobs（D）	心理剖析	允许采纳
Sysyn	Ryan（D）	心理剖析	拒绝采纳
Armstrong	未知（D）	强奸犯侧写	拒绝采纳
Drake	Walter，Richard（P）	侧写资质	资质质疑，检方无误
Wallace	Ressler，Burgess（D）	犯罪现场侧写（二分法）； 凶杀案侧写	允许采纳； 检方通过侧写获得优势
Fortin	Hazelwood（P）	并案分析	拒绝采纳，其他证词采纳
Haynes	Walter，Robert（P）	凶杀案分类学；基本争点	拒绝采纳；拒绝采纳
Lowe	Douglas（P）	多方面侧写；性谋杀侧写	拒绝采纳；拒绝采纳
Hillier	Longford（P）	保释问题或心理侧写	拒绝采纳
Klymchuk	Brantley（P）	犯罪动机；伪造现场	拒绝采纳；拒绝采纳
Guilfoyle	Canter（D）	心理剖析	拒绝采纳
Mohan	Hill（D）	性心理侧写	拒绝采纳
Ranger	Lines（P）	伪造现场；犯罪动机	允许采纳；拒绝采纳
Stagg	Britton（P）	多方面侧写	拒绝采纳
Meeks	Ray（P）	犯罪动机	允许采纳
St. Jean	Grant（P）	心理剖析	允许采纳

注：“专家证人及其诉讼方”一栏中，（P）表示检方（Prosecutor），（D）表示辩方（Defendant）

侧写资质

许多法庭的案件围绕着专家资质问题展开。正如第 2 章所述，目前还没有专门为侧写师进行资质认定的权威机构，许多行为学家也不愿意被称为“侧写师”，目前多倾向于使用“行为分析师”或“刑事侦查分析师”等称谓。此外，侧写报告也没有标准且统一的撰写模板或框架，尽管一些研究者和从业者提出了各种有用的参考建议，如焦点 3.3 中的侧写报告示例。最后，侧写的专业培训项目也较为分散，除了联邦调查局和国际刑事侦查分析协会，没有统一且权威的机构组织开展培训。

在美国，任何人都可以自称为侧写师，但并非所有人都是训练有素的侧写师。然而，即便是那些接受过专业侧写培训的人，如果侧写方法缺乏实证研究的支持和标准化的检验，法庭也会对其提供的证据持谨慎甚至怀疑态度。回顾上一章，我们提到心理剖析在一些专业领域受到抵制，就是因为其没有构建操作化、标准化、经实证研究支持的侧写程序。

在美国，除了少数例外，接受过联邦调查局（FBI）或国际刑事侦查分析协会（ICIAF）专业培训的侧写师通常被认为是侧写领域的专家。然而，他们的证词也可能会受到一定限制，后文将进行详细讨论。此外，许多法庭也不愿意接受执法人员为了证实被告的犯罪行为，而提供对被告人格特征或犯罪动机的侧写，即使在术语上把它称为动机分析（Motivational Analysis）。然而，这也存在例外情况，如“西蒙斯案”（The Simmons Case，2000）。联邦调查局行为分析部的一名探员被允许在法庭上作为专家证人为本案检方提供有关“犯罪动机”的证词。这是一起残忍的凶杀案，死者是一名 65 岁的女性，她被人多次用利器捅刺，腹部被剖开，但本案中犯罪人的作案动机是出于性满足。根据现场的犯罪行为及动机，本案犯罪人应被判死刑。侦查人员认为本案案情过于变态、令人发指，决定不使用心理学家或精神科医生来进行本案的侧写工作。因为侦查人员认为，即使是经验丰富的临床专业人员，也不具备处理那些犯罪现场表现出明显变态行为的专业知识。最后，行为分析部的探员托马斯·尼尔（Thomas Neer）担任本案的侧写师。尼尔根据犯罪现场收集的物证进行了侧写，并在本案的审判中提供了证词。审判中，尼尔小心翼翼地避免使用“犯罪动机侧写”之类的术语或词汇，但是尼尔被允许为西蒙斯的犯罪动机（即性动机）提供侧写证据，而犯罪动机这一点对于西蒙斯被判死刑是极其关键的。最终，上诉法院维持了对西蒙斯的死刑判决（Simmons v. State，2000）。然而，该案是例外情况，大多数情况下，法庭对执法人员提供的动机分析都持谨慎态度。

法院通常对与犯罪现场分析（Crime Scene Analysis）直接相关的证词有更

高的接受度，如与犯罪现场特征相关的证词，这就包括现场是否伪造，是属于有组织型还是无组织型的犯罪现场。这可能是因为犯罪现场侧写被认为是侧写领域的专业性工作。实际上，在一起刑事案件中，即“米克斯案”（United States v. Meeks，1992），犯罪现场分析本身就可以被认定为一种“超出普通人理解的专业性知识”，因而允许侧写专家提供犯罪现场的相关证词，并帮助法官和陪审团作出决定。联邦调查局的一名侧写专家，贾德森·雷（Judson Ray）就被允许出庭，就犯罪人心理方面的内容提供证词，如犯罪人在前往犯罪现场时心里已经有实施性犯罪和杀戮的欲望和动机了（George，2008）。而在“特拉华州诉佩内尔案件”（State v. Pennell，1989，1991）中，一位联邦调查局探员的证词甚至不需要达到科学界普遍接受的标准，因为他在刑事侦查领域多年的经验和积累足以让他成为一名专家了，他就是约翰·道格拉斯（John Douglas），曾在本书多个章节与大家见面。道格拉斯无疑是美国历史上最著名的联邦调查局侧写师之一，但即使这样，他的证词也并不总是会被法庭采纳。自这些案件以来，经过联邦调查局专业培训的侧写师在法庭程序中作为专家证人基本上没有遇到阻碍和困难，至少在初审法院层面没有。然而，当案件进入上诉法院时，它们有时（但并非总是）会变得更加复杂。

确实在一些案件的审判过程中，即使是资历深厚的探员或侧写师，初审法院也拒绝采纳其提供的证词。这在一定程度上是受到“道伯特标准”的影响。例如，在“道伯特诉马里·道制药公司案”裁决不久后，俄亥俄州发生的一起案件——“俄亥俄州诉罗威案”（State v. Lowe，1991）。初审法庭拒绝采纳道格拉斯探员提供的证词，且上诉法院维持了这一决定，并指出“道格拉斯的侧写所使用的所谓科学分析的过程……是基于他在凶杀案侦查领域中积累的经验或直觉”。然而，经验的积累和直觉并不能证明其侧写方式具有足够的科学性、可靠性。正如“道伯特标准”所要求的那样，法官对专家证词的科学性、可靠性应该进行更严格地检验和审查。

一些侧写师基于他们的侦查经验撰写了书籍，并且高调参与了重大案件的媒体采访，因而有较高的知名度。一些侧写师的名字经常出现在法庭卷宗里：约翰·道格拉斯（John Douglas）、罗伯特·海兹伍德（Robert Hazelwood）、托马斯·尼尔（Thomas Neer）、格雷格·麦克雷（Greg McCrary）、玛丽·艾伦·奥图尔（Mary Ellen O'Toole）、理查德·沃尔特（Richard Walter）、帕克·迪茨（Park Dietz）、罗伯特·雷斯勒（Robert Ressler）、肯尼斯·兰宁（Kenneth Lanning）等，他们中有的受到过联邦调查局的专业培训，有的则没有，道格拉斯无疑是最著名的一位侧写师。一家咨询公司，名为学术集团公司（Academy Group，Inc.），由退休的联邦调查局、特勤局和弗吉尼亚州警局的探员组成，他们每个人都曾是各自机构的侧写师或行为分析师。该公司向公共部门提供刑事侦查和行为分析的服务。例如，退休探员海兹伍德在纽约一起备受关注的案件中为检察官提供了证词。格雷格·麦克雷在塞缪尔·谢帕德医生（Dr. Samuel Sheppard）的案件中，为俄亥俄州的律师提供了咨询建议，该案件近50年来始终未能得到解决（见焦点9.3）。

焦点9.3

“谢帕德案”：侧写师之间的对决

塞缪尔·谢帕德（Samuel Sheppard），一位外科医生，他在1954年被判谋杀，死者是他的妻子，但12年后，他被判无罪。这个案件相信对很多人来说非常熟悉，因为该案在预审前因广泛的公开宣传和报道而备受关注，成为轰动一时的案件。当年，导致谢帕德被判有罪的因素有很多，包括死者是一名富有的孕妇以及谢帕德的婚外情人。最终，谢帕德获准重审并被释放，这是因为预审前的公开宣传被认为是案件判决中存在的不公正因素（Sheppard v. Maxwell，1966年）。在重新审判中，律师李·贝利（F. Lee Bailey）为谢帕德进行辩护，最终审判结果无罪。后来以这个备受瞩目的案件为原型，拍摄了一部电视剧和电影《逃亡者》（*The Fugitive*），电影中的主角从警察的拘留中逃脱，并执着地寻找他在家中遇到的那名独臂歹徒。在现实生活中，谢帕德经历了更多的悲剧：他被判终身监禁后不久，母亲自杀，而父亲在11天后因胃溃疡大出血去世。谢帕德获释后再婚，娶了一位在其服刑期间与他通信的女性，但后来又离婚了，成为职业摔跤手，最后因过度饮酒，于1970年去世，年仅46岁。

多年来，这个案件仍然存在许多未解之谜。有些人从未相信谢帕德是清白的，而另一些人则认为真正的凶手从未被找到。谢帕德的儿子塞缪尔·里斯·谢帕德（Samuel Reese Sheppard）在凶杀案发生时年仅7岁，他坚持相信父亲是清白的，法庭对父亲的判决是错误的。在50年后，他起诉了俄亥俄州，要求俄亥俄州赔偿他父亲多年的冤狱之灾。在“谢帕德诉俄亥俄州”（The Estate of Sam Sheppard v. State of Ohio）案件中，许多证人被传唤，双方律师都寻求了侧写专家的帮助。

侧写师格雷格·麦克雷（Greg McCrary）在1999年12月为俄亥俄州方（被告）准备了一份侧写，并在审查了大量照片和书面文件后提供了证词。像其他著名的侧写师（如布鲁塞尔、道格拉斯、布莱顿）一样，他也撰写了一份参与该案件的报告，并接受了媒体采访。麦克雷得出的结论是，这起案件确实是一起家庭内部的凶杀案，但被伪装成了一宗入室盗窃案。他在犯罪现场发现了“过度伤害”（Overkill）的行为证据，即对受害人实施暴力伤害的程度超过了在入室盗窃中所需的程度。此外，麦克雷还认为，根据犯罪现场的被盗物品，更能佐证现场经过伪造，因为这些物品并不适合犯罪人进行盗窃。因此犯罪现场的特征与入室盗窃类案件并不匹配。

而控方一边，谢帕德的律师咨询了另一位著名的侧写师布伦特·特维（Brent Turvey），并请求特维对麦克雷所准备的报告进行评估。在提交给法院的宣誓书中，特维列出了他认为麦克雷的报告存在缺陷的诸多理由，并主张限制麦克雷的证词（Turvey，2002）。特维首先强调，尽管麦克雷使用了“刑事侦查分析报告”这一术语，但该报告实际上属于“犯罪侧写”的范畴。特维接着指出，根据“道伯特三部曲”确立的标准，犯罪侧写并不具备充足的科学性，尽管与之相关的知识体系确实存在。特维还认为，麦克雷毫无批判性地接受了执法部门提供的初步侦查结果，并未对执法部门工作中的缺陷或局限性进行讨论。特维表示：“这种法庭实践是不符合法律标准的。”此外，特维还列举了其他一些在他看来不符合法律标准的地方，并最终总结称，麦克雷过于高估自己证词的准确性了。

塞缪尔·里斯·谢帕德最终输掉了这场民事诉讼，陪审团裁定没有足够的证据证明俄亥俄州当年误判并错误地监禁了他的父亲。随后，上诉法院裁定，塞缪尔·谢帕德之子没有资格起诉俄亥俄州，只有被监禁的个人（即塞缪尔·谢帕德本人）才有这种资格，而塞缪尔·谢帕德早已去世。因此上诉法庭最终对本案的裁决是：塞缪尔·谢帕德在其妻子的凶杀案中没有达到能够合理推断无罪的标准，且俄亥俄州当年将其监禁并没有错。

还有一些侧写师，尽管学术背景有限，却参与了备受瞩目的案件，如“环城公路狙击手案”（Beltway Snipers）、“琼贝内特·拉姆塞案”（JonBenet Ramsey）、“凯莉·安东尼案”（Caylee Anthony）、“玛德琳·麦肯案”（Madeleine McCann）。在这些全国范围内备受关注的案件中，侧写师出现在电视或网络上的采访中，一些侧写师还走上法庭，以专家证人的身份提供证词。约翰·道格拉斯曾被琼贝内特·拉姆塞的父母独立聘用。需要强调的是，在案件侦查阶段为执法部门提供侧写服务，并不要求侧写师拥有极高的资历或丰富的经验。然而，侧写师作为专家证人在法庭上作证，标准则极为严格。即便是那些有深厚资历的侧写师，包括研究人员、学者、临床医生或相关从业者，法庭也可能会拒绝采纳其提供的证词。

一个与侧写师资历有关的案件是 20 世纪 80 年代中期的“德雷克案”

(People v. Drake)，该案在 2003 年又被重新审判（Drake v. Portuondo）。这是一个双重凶杀案件，检方请来了理查德·沃尔特，他接受过一些联邦调查局的专业培训，并与密歇根州惩教部门打过交道。但在专家认证的过程中，沃尔特夸大了自己的实践和学术背景。沃尔特对被告进行了诊断与评估，但并没有与被告有实质性的接触。在审判过程中，法庭允许沃尔特将这份诊断与评估报告作为证词，并且最终裁定被告有罪。需要指出的是，沃尔特仅有心理学硕士学位的学术资历，但许多其他侧写师或行为分析师也都一样。被定罪的德雷克在监狱中上诉，该案被重新审判，但他仍然被判有罪（见焦点 9.4）。

焦点 9.4

“德雷克案”：来自监狱中的上诉

1982 年，罗宾·德雷克（Robie J. Drake）因谋杀两名青少年而被审判并定罪。两名死者的尸体在一辆停放的汽车内被发现，其中一具尸体身上有多处咬痕。在审判过程中，检方找到该案的侧写师理查德·沃尔特（Richard Walter）来证实德雷克患有“捅刺癖”（Picquerism）及其相关观点，但这一观点存在争议。沃尔特对自己的资质有所夸大，声称自己在洛杉矶县法医办公室进行了数千次侧写，并自称是某大学的兼职教授，但实际上他只是在大学举行过客座讲座。

虽然最终德雷克被判有罪，但在接下来的 20 年里，他在监狱中一直声称自己没有得到公平的审判，并且提出了上诉。德雷克把审判不公的原因归咎于法庭采纳了沃尔特的虚假证词。关于沃尔特的证词，上诉法院主要的质疑集中在他本人关于侧写资质的虚假陈述上。德雷克声称，检察官知道沃尔特在资质上的虚假信息，因而不应该传唤他上庭作证。

2003 年，第二巡回上诉法院裁定，沃尔特的证词在某些方面是虚假的，可以被视为伪证。上诉法院将案件发回初审法院，让其审查并判定沃尔特的这些证词是否构成伪证，检方是否因此而应负法律责任。初审法院认为沃尔特的证词不能构成伪证，检方也不应该承担任何责任。初审法院表示，即使专家的证词存在问题，但现有证据仍然足以证明，陪审团是根据合理的证据来对德雷克进行定罪的。初审法院还表明，虽然对沃尔特夸张性的资质陈述感到“震惊”，但他那些“夸张性的资质陈述”充其量只是误导，并不能构成伪证。因此最多只能说专家的信息有误导陪审团的嫌疑。然而，初审法院认为沃尔特的证词并不会影响陪审团最终的决定或判决结果。在随后的上诉中，第二巡回上诉法院于 2009 年基于检方不当行为（Prohaska，2010）给予德雷克重新接受审判的机会。德雷克被再审，但再审结果依然是有罪，并被判处两项连续的无期徒刑，预计在 2031 年左右可以申请假释。德雷克目前仍在监狱中声称自己是无辜的，并发誓将再次进行上诉（Prohaska，2010）。

值得强调的是，由于这一事件，沃尔特曾被美国法庭科学学会调查过，但他的不当行为得到了澄清。然而，这一案件使许多人质疑，专家证人在未经过多方验证的情况下，是否有可能以及在多大程度上对自己的资质进行夸张地虚假描述（Turvey，2008）。如本章所述，以专家证人身份出庭作证的侧写师背景不一，有的确实经过专业培训，但有的只是自称的侧写师。但是在“道伯特诉马里·道制药公司案”后，即使专家有较高的学术资历也不一定会被法庭优先考虑，因为法院在决定是否采纳专家证词的过程中，给予专家“经验”更多的权重。

沃尔特拥有的学术资历仅限于硕士学位，但他以一种非比寻常的方式参与了刑事侦查。他与其他退休的执法人员，包括联邦调查局的特工，成立了维多克协会（Vidocq Society），该组织旨在协助执法人员侦破疑难凶杀案件。维多克协会也是《谋杀屋》(*The Murder Room*) 一书的主题，该书由沃尔特与记者迈克尔·卡普佐（Michael Capuzzo）合著。在序言中，这位记者提到，他的出版商调查了“德雷克案”的真实情况，并得出结论认为，沃尔特在各种社会评论中的形象被不公平地扭曲了。

如上所述，除美国以外的其他国家，法院在评估侧写师资质、决定采纳或拒绝侧写师提供证词方面会比美国的法庭采取更为谨慎的态度（Youngs，2009）。例如，在澳大利亚，只有心理学家或精神科医生才可以在法庭上提供侧写证据（Woskett et al，2007）。这一政策也是来源于一起刑事案件（R. v. Hillier，2003）中出现的争议。该案件涉及一名男子希利尔（Hillier），他被指控谋杀了他的妻子，当时两人正处于分居状态。这起案件所有的证据都是间接证据，也没有证人。当时，州政府希望以“希利尔对其子女具有威胁性”为理由拒绝保释，因而聘用了一位自称为“行为顾问”的专家，他在美国研究过侧写。这名行为顾问基于犯罪现场的照片和警方通过侦查获得的信息进行侧写，最终认为希利尔具有试图杀害其孩子的潜在可能。本案的其他人，包括社会服务工作者和一名精神科医生，则持不同意见。法院并没有否定这名顾问的资质有助于警方侦查并得出初步结论的可能性。但是法院认为本案并没有支持性的证据来拒绝对希利尔的保释，因此对行为顾问和警方发出了严厉警告：

侧写有时可能的确是一种有效的侦查工具，但这并不能证明侧写师和警方可以大张旗鼓地越过现代心理学和精神病学的限制，并对特定个体的人格与行为提供专家证据（p. 105，para. 21-23）。

而且，法院明确指出："导致侧写专家证人出错的众多因素之一，是对人格与行为的描述具有不同情境的普适性，如果把这些描述用在一名汽车销售员身上，可能会被描述为对汽车具有高度痴迷且近乎癫狂的热情"（p. 105，para. 21-23）。希利尔最终由于 DNA 证据而被判有罪，但是他对这一裁定结果进行了上诉。最终，澳大利亚最高法院裁定认为，该案仍然有合理理由相信真凶可能另有他人。

在英格兰和威尔士，有人对警方或法院滥用侧写的行为表示担忧，尤其是在"斯塔格案"（R v. Stagg，1994）的事实曝光后。英国的法院普遍对侧写持怀疑态度，不仅质疑其普遍接受性，还质疑其方法的科学性。1997 年，古德强森（Gudjonsson）和科普森（Copson）研究了 90 个法庭审判的案件，发现仅有两位侧写专家的证词被法庭所采纳。实际上，犯罪侧写在英国法院的适用几乎没有取得实质性进展（Meyer，2010）。如果犯罪侧写要在法律系统中占有一席之地，有专家建议对侧写技术施加一定的要求和限制，要求其"按照一定严格的标准由内政部进行认证，认证的依据应当公开透明"（Ormerod，Sturman，2005，p. 176）。此外，他们还建议为侧写师专门制定监测标准，并定期进行评审。

在加拿大，专家证词采纳与否的标准与"道伯特标准"相似但不完全相同，因此许多法院也对各种侧写证据持怀疑态度。在近期的一起案件（R. v. Klymchuk，2005）中，加拿大上诉法院特别担心一位行为分析师（该名分析师接受过联邦调查局的专业培训）的证词可能会对陪审团产生不当影响，因为陪审团很可能由于媒体的广泛报道而将侧写视为一种科学且准确的技术。我们将在下文讨论这一案件以及其他加拿大的相关案件；这些案件的判决结果表明，侧写证据的采纳标准非常严格。

9.4 犯罪现场侧写在法庭中的适用

在法庭上，侦查人员和其他专家可以就犯罪现场的事实发表观点，包括他们观察到的作案手法、是否存在犯罪标记以及伪造现场的可能等。当侦查人员得出结论认为某起凶杀案被伪装成入室盗窃时，这种证词通常是会被法庭采纳的。然而，当他们越界提供有关被告作案动机的证词或引导陪审团对罪责作出推断时，他们的证词就会在"采纳与否"的边缘地带徘徊。联邦调查局的探员和研究人员经常在法庭上证实某个犯罪现场属于有组织型、无组织型还是混合型。在2000年北卡罗来纳州的“华莱士案件”（State v. Wallace）中，辩护律师找到侧写专家为被告进行辩护，但是检方在交叉询问环节中将侧写师的证词转化为对自己有利的方面。被告华莱士（Wallace）被指控犯下九起凶杀案，并最终被判处九项死刑。在审判中，辩护律师找到两名侧写专家：罗伯特·雷斯勒（Robert Ressler）和安妮·伯吉斯（Anne Burgess），他们俩被认为是犯罪学、犯罪心理学、犯罪分类学方面的专家，而伯吉斯博士还涉及对精神疾病方面的研究。辩护方试图证明，华莱士因精神疾病不应为其犯罪行为承担法律责任或者至少华莱士在理解其行为性质的能力上有所减弱。在审判过程中，雷斯勒将华莱士分类为“混合型”犯罪人，因为他的犯罪行为表现出兼具有组织型和无组织型的特征，但辩护律师更侧重对被告犯罪行为中无组织型特征的阐述。然而，检方在交叉询问中则将突破口指向了被告犯罪行为中有组织型特征的方面。检方认为，被告的犯罪行为中依然具有有组织型的特征，但这种特征的存在与辩方观点“被告有精神疾病”相互矛盾，如果被告真的患有精神疾病，那么其犯罪行为中又怎么会表现出这种有组织型的特征呢？尽管辩护方当时作出了回应，但北卡罗来纳州的上诉法院仍然维持原先的判决结果，即被告有罪。

并案分析在法庭中的适用

就侦查角度而言，并案分析对刑事侦查过程至关重要。执法人员一直通过寻找作案手法的相似性，来确定多个案件是否由同一个犯罪人所实施。例如，在多起盗窃案件中，犯罪人都通过地下室的窗户潜入受害人的房屋，那么这几起案件是否可能是由同一名盗窃犯实施的呢？又如，多个犯罪现场都有一致的犯罪标记或者多个弃尸地都发现死者以一种侮辱性、贬低性的方式被丢弃。近年来，随着先进侦查技术的发展和电子数据库的建立，并案分析在警方侦查中的地位变得越发重要。然而，问题依然存在：并案分析结果的可靠性如何？它是否符合法庭上的科学性标准？

“佩内尔案”

早期涉及并案分析的重要案件之一是“佩内尔案”（State v. Pennell, 1989, 1991），这是一个在美国特拉华州审理的案件，案情涉及对三名女性的残忍折磨和杀害。在侦查阶段初期，警方通过一份侧写申请到了搜查令并对犯罪嫌疑人实施了逮捕。其中两个案件的物证能够直接证明被告有罪，但第三起案件发生在前两个案件的细节被媒体曝光之后，因此有可能是“模仿”杀人。检方希望法庭判定佩内尔三项谋杀罪名。道格拉斯作为检方专家证人出庭作证，在审判中就并案分析提供了证词，他指出在犯罪现场发现了共同特征。最终，佩内尔被判有罪。但是佩内尔对判决结果进行了上诉，上诉理由之一就是并案分析在科学界尚未获得普遍接受。请注意，这起案件的发生时间是在“道伯特诉马里·道制药公司案”之前，当时“弗莱法则”主导法庭证据审查的标准。

然而，特拉华州最高法院允许采纳检方提供的有关“犯罪现场标记”的证词（实质上是支持并案分析这种侧写方式），这是因为本案的专家证人是约翰·道格拉斯，他作为联邦调查局的侧写师拥有丰富的经验，而他多年的经验足以被认定为侧写领域的专家，因此法院似乎假定他的证词是可靠且有效的。有趣的是，该法院曾表示强烈反对侧写证据，并认为侧写证据具有极强的偏见性。乔治提出，道格拉斯和他的同事们“构建了一种称为‘并案分析（Linkage Analysis）’的新型侧写方式，其最初的目的就是用在法庭中作为专家证词被采纳”（George，2008，p. 231）。正如我们在前文提到的，专家证人在呈现证据时所使用的术语对一些法院来说是具有决定性影响因素的。对于特拉华州法院来说，有关“标记”和“并案”的证词是可以接受的；而“侧写”证词则不可接受。

新泽西州发生过一起备受关注的凶杀案件，即我们在第 2 章讨论的“福汀案”（State v. Fortin，2000，2007），该案在审判中也涉及了并案分析的问题。但在这个案件中，并案分析技术得到了较为负面的评价。我们将详细讨论“福汀案”，因为它在法律文献中被频繁引用，且反映了在刑事法庭中采用“并案分析”相关证词的不确定因素。

“福汀案”

梅丽莎·帕蒂拉（Melissa Padilla）于 1994 年 8 月遭到袭击并被残忍杀害，她的尸体遭受严重损毁，并被丢弃在一个排水管的管口处（参见第 2 章）。她和她的四个孩子还有男友一起住在新泽西州伍德布里奇的一个汽车旅馆里，帕蒂拉在去便利店买比萨的途中遇害。他们居住的地区属于贫民区，那里的居民流动性极强。帕蒂拉和她的男朋友都没有工作，靠在房间里贩卖毒品为生（Risinger & Loop，2002）。基于这些因素，可能作案的犯罪嫌疑人非常多，经过长时间地侦查，警方还是没有任何实质性证据进行起诉。斯蒂芬·福汀（Steven Fortin）在案发期间就居住在该地区，但在不久后搬去了缅因州。

8 个月后，即 1995 年 4 月，一名缅因州的女警遭遇性侵犯，身体遭受严重伤害，犯罪人的作案手法与对待帕蒂拉的方式类似，但这位女警幸存了下来。案发当天，那名女警正驾驶着州警巡逻车，她发现有可疑车辆正停留在 95 号州际公路的紧急停车道上，并且这辆车停反了，车灯朝着马路上车流的方向。因此她停下车上前查看，而这名司机正是斯蒂芬·福汀。福汀没有驾驶执照或有效的注册证件，并且这名女警闻出他口中有酒气。随后，她用无线电通信向在附近交通盘查的同事说明了现在的情况，并等着值班警察将他带回警局进一步处理。就在此时，福汀打晕了她，并对她实施了侵犯。福汀后来对这一罪行供认不讳，并被立即监禁了起来。

与此同时，由于福汀提供了新泽西州作为近期的居住地这一线索，缅因州的警方联系了新泽西州伍德布里奇地区的同事以获取更多信息。新泽西州警方注意到，女警遇袭案与帕蒂拉谋杀案有很多相似之处。福汀的女友还表示，在帕蒂拉被杀害前的一小时，福汀曾在帕蒂拉凶杀现场附近 200 码（约 183 米）的地方出现过，因此福汀被指控谋杀了帕蒂拉。此外，两起案件有许多相似之处，包括受害人都被脱掉了部分衣物、都遭受强奸、身上都出现咬痕、都是年轻女性甚至受害人最后被发现的地点也具有相似性。然而，一些对并案分析持谨慎态度的学者指出，两起案件之间的联系点比较模糊，且也存在许多不同之处（Ebisike，2008；Risinger & Loop，2002）。

福汀在缅因州女警遇袭的案件中迅速达成了认罪协议，但他拒绝承认杀害了新泽西州的帕蒂拉。1995 年 9 月初，福汀在新泽西州被起诉，但直到约 2 年后才进行了审判，这期间，他一直在缅因州的监狱服刑。在新泽西州的审判中，法庭允许前联邦调查局的侧写专家罗伯特·海兹伍德（Robert Hazelwood）以专家证人的身份提供证词，陈述“帕蒂拉案”中犯罪人的动机、作案手法以及该案中出现的仪式性特征（性侵、咬痕、殴打等）。法庭允许检方引入缅因州女警遇袭案件的事实，也允许海兹伍德作为专家证人陈述缅因州和新泽西州两个案件独特的相似性，而这种相似性就意味着两起案件极有可能是同一人所为。换句话说，海兹伍德就是在提供并案分析。

当此案在新泽西州最高法院接受审查时，最高法院作出的裁决结果对并案分析并不利，尽管也有人指出这一裁决过于狭隘。法院裁定，基于海兹伍德作为联邦调查局侦查员多年的经验，他可以就刑事侦查方面提供证词，但不能对“两起犯罪是否由同一个人犯下”提供意见。关于并案分析，最高法院认为这一技术过于深奥且未经同行评审，因此不符合普遍接受性的标准。对并案分析这种侧写技术持否定态度的人认为，几乎没有评估这种技术科学性、准确性的手段和方法（Risinger & Loop，2002；Snook et al，2012）。后来，福汀重新受审，在二次审判中，检方没有再提供并案分析的证词。在这个极其复杂的案件中，检方还曾试图引入“暴力犯罪逮捕计划”（ViCAP）数据库作为并案分析的有力支持，但也被法院驳回（Ebisike，2008）。尽管如此，福汀最终还是被判谋杀了梅丽莎·帕蒂拉，并在新泽西州的监狱中等待死刑。

有专家认为，新泽西州最高法院在其初次的裁决意见中表现出“一些‘人格分裂’的特征，而法院表现出的这种‘分裂’特征在其评估专家可靠性的过程中尤为常见”（Risinger，Loop，2002，p. 276）。虽然法院因缺乏科学可靠性而拒绝采纳“并案分析”的证词，但却允许海兹伍德协助法院陈述这两起案件之间的相似之处，只要他不对被告是否犯下两起犯罪发表意见。法院一边“拒绝”一边又“允许”，这两种微妙的区别很难让人察觉。

对并案分析在法庭上的适用持否定态度的言论中，有专家指出，事后的并案分析与案件侦查阶段的侧写是截然不同的。在侦查阶段，侧写可以被视为一种有效的技术手段，通过观察犯罪细节来预测犯罪人特征。里辛格和卢普表示：

> 并案分析最初并不是作为一种侦查工具而被构建的，而是作为一种手段，旨在让犯罪人承认自己的其他罪行（不管能不能成为呈堂证供），或旨在说服陪审团或法官其他案件中的证据可能对本案也具有重要意义（暗示法官，其他案件的证据也值得参考，因为很有可能是本案犯罪人所为），或是两者兼有。总之，并案分析技术并不是用来识别犯罪人的，而是通过现有案件的联系来进一步佐证或指控已被认为有罪的被告人（Risinger，Loop，sect. 254）。

里辛格和卢普简短总结，并案分析在检方的“武器库”中是一个如此强大的工具，但其确实不应该在法庭的审判过程中得到采纳，因为我们不能忽视其缺乏科学有效性的事实。

犯罪人的动机与心理特征

侦查人员和其他专家可以就犯罪现场的事实在法庭上进行陈述，包括犯罪现场的整体情况、作案手法、是否存在标记行为以及是否存在伪造现场的可能。当他们在法庭提供并案分析的证词时，本身的优势和立场相对较弱。然而，当他们在法庭上涉足更为“抽象”的领域时，如犯罪人的动机、心理特征、思维模式，更容易受到法官的质疑。

在加拿大尤其如此，因为“加拿大的法院对于行为侧写的统一立场是，其科学性尚未明确到能够满足‘法庭证据可采纳标准’的程度”（Bourque et al，2009，p. 4）。我们将通过几个加拿大的刑事案件来具体分析这一点。

“莫翰案”（R. v. Mohan，1994）尤为关键，直接涉及在法庭上引入心理侧写证据，但心理侧写的有效性和可靠性遭到质疑。在该案件中，一名儿科医生被指控对四名年龄在 13~16 岁间的女性患者实施性侵犯。辩方希望找到一名精神科医生提供有关性心理（Psycho-sexual）侧写的证据，包括恋童癖（Pedophiles）和性变态（Sexual Psychopaths）的侧写，并佐证“被告不具备这些侧写中的特征”这一观点。但最终，审判法官不予采纳这一证据，加拿大最高法院也维持了这一裁决结果，即拒绝采纳这一侧写证据，并表示该侧写基于新兴科学知识，且科学界尚未为此类犯罪行为制定明确的标准。

"兰格案"（R. v. Ranger，2003）中，两名姐妹在家中被利器刺杀身亡。罗汉·兰格（Rohan Ranger）随后被审判并定罪，但奇怪的是，兰格的堂兄亚德里安·金德（Adrian Kindade）也被审判并定罪。侦查员凯瑟琳·莱恩斯（Kathryn Lines）是安大略省警察局行为科学部负责人，被法庭允许出庭作证。莱恩斯根据犯罪现场的照片和录像带以及她对犯罪现场的实地勘查进行了分析，并得出结论，这起凶杀案被伪造成入室盗窃的样子。有趣的是，法庭甚至允许莱恩斯当庭朗读《犯罪分类手册》（*Crime Classification Manual*）第 2 章节的部分内容。因为让莱恩斯提供这类证据符合法庭的一般要求，即经验丰富的侦查人员充分具备对犯罪现场进行分析的能力。

然而，莱恩斯的证词还包括犯罪人伪造现场的动机以及犯罪人的心理特征，即她认为犯罪人很可能对两姐妹中的其中一人有特别的兴趣和关注。上诉法院裁定，关于伪造现场的陈述内容，作为犯罪现场证据是可以被采纳的，但有关犯罪人动机和心理特征的陈述则不予采纳。法院还表示了一定程度的担忧，这些证词可能会因为莱恩斯作为专家证人的身份地位而被陪审团给予更高的权重。再次强调，专家证词的采纳标准涉及其证据证明力与偏见性的权衡。在本案中，上诉法院认为莱恩斯的证词对陪审团产生了一定影响。

重要的是，"兰格案"中法院对犯罪侧写作出如下结论：

> 站在法庭的角度而言，犯罪侧写是一个新兴的科学领域，其在法庭审判中的可靠性未得到充分证明。相反，莱恩斯提供的证词可靠性有限，因为通过她的证词能够得到确定性判断的事实信息很少，她的意见更像是基于现有证据的推测（R. v. Ranger，sect. II，para. 82）。

在"克里姆丘克案"（R. v. Klymchuk，2005）中，安大略省上诉法院甚至对法庭中的行为分析证据表示不满，并对关于犯罪动机的证词给予了严重打击。伊凡·克里姆丘克（Ivan Klymchuk）被判谋杀了他的妻子。该案中没有能够直接指控他的明确证据，但在犯罪发生时他有婚外情。检方坚持认为，这起凶杀案的现场被布置成入室盗窃的样子，并请来了联邦调查局的侦查人员艾伦·布兰特利（Allan Brantley）来证明这一点。布兰特利还被允许在法庭上提供关于杀人动机的相关证据。但上诉法院推翻了"克里姆丘克被判有罪"这一裁定结果，并裁定布兰特利的证词不能经过严格的科学验证。"当下的流行文化（与犯罪侧写相关的影视作品、书籍等）使得像布兰特利这样的刑事专家的观点，不论知识水平和客观性如何，几乎都能够被接受"

(para. 37)。

在美国，关于被告心理特征的专家证词，不同的法庭对这类证词的接受程度也较为不同，尤其是当专家学会以某种方式“装饰”自己的证词时，如在提供证词时，将“犯罪现场侧写”用“基于犯罪现场勘查的分析”来代替。具有较高资质的专家在审判中提供的证词通常会获得较大程度的接受。然而，在一起案件中，当案件提交到上诉法院时，该法院裁定侧写师的证词不予采纳（State v. Haynes，1988）。理查德·海恩斯（Richard Haynes）被指控犯下一起凶杀案和汽车盗窃案。在审判法庭中，犯罪侧写师罗伯特·沃尔特（Robert Walter）出庭作证。请注意，罗伯特·沃尔特与前文那位涉嫌夸大自己资质的侧写师理查德·沃尔特不是同一个人。沃尔特称，根据对犯罪现场报告的分析，这是一起“愤怒—报复型”（Anger-Retaliatory）凶杀案。上诉法院裁定不予采纳沃尔特的侧写证词，是因为侧写证据尚不具备科学性，无法确立可靠性，因此拒绝采纳。此外，上诉法院还指出，沃尔特提供的专家证词可能具有误导性，而非对案件事实的判决起实质性帮助，并且这份证词涉及了法庭不可接受的品格证据（Character Evidence）。沃尔特在审判中详细阐述了愤怒—报复型杀人犯的特征和性质，这导致陪审团认为理查德·海恩斯符合侧写中的各种特征。

然而，在一起至今仍令人不安的性谋杀案件中，心理学家瑞德·梅洛（J. Reid Meloy）被法庭允许就性谋杀特征以及可能引发性谋杀的因素出庭作证（People v. Masters，2001；Masters v. People，2002）。从梅洛的简历来看，他经验丰富，包括多年的研究经验，并为执法部门提供咨询。由于案情相对复杂，并且对刑事法庭上专家证词具有借鉴意义，我们将对此案进行详细讨论。

“马斯特斯案”

蒂莫西·马斯特斯（Timothy Masters）在1998年因被指控犯下强奸与谋杀罪而被逮捕，今天距离死者尸体被发现已经过去10多年了。在案件发生时，当年只有15岁的马斯特斯就居住在案发地附近，而且证据显示，他曾经走到过受害人的尸体旁边，但是他并没有报案。因此马斯特斯曾被警方询问，但所有针对马斯特斯的证据都是间接的环境证据，警方未能提供可以起诉马斯特斯的直接证据。

1998年，警方为了处理这起没有线索的案件，联系了心理学家瑞德·梅洛（Reid Meloy），并向他提供了警方在侦查阶段获得的资料，这些资料包括马斯特斯在青少年时期写的小说、涂鸦和绘画。小说中明显有很多暴力性质的内容，绘画和涂鸦的内容似乎暗示着他对女性的仇恨。梅洛从未与马斯特斯当面交谈过，但在审阅、分析了警方提供的资料后，他相信马斯特斯就是本案的犯罪人（Franklin，2008）。检方认为他们已经收集了足够的证据，因此将马斯特斯逮捕。

瑞德·梅洛在审前听证会和正式审判的过程中均提出了证据。他的书面报告和证词中包含了一些具有比喻色彩的词语，如“这种潜在暴力倾向如同烧着沸腾开水的水壶”，并指出这些涂鸦、绘画和小说代表了一个“补偿性自恋的幻想世界，充满了性与暴力”。马斯特斯被定罪后提出上诉，但科罗拉多州最高法院依旧维持原先的审判结果，裁定马斯特斯有罪，并认为初审法庭允许梅洛作证没有滥用自由裁量权（Masters v. People，2002）。

此案并未就此结束。2008年，该案件有了新的DNA证据，且DNA检验结果并不属于马斯特斯。因此马斯特斯有罪的定论被推翻了，他被释放出狱，但他已经在监狱中服刑近10年。2011年，陪审团撤销了对马斯特斯所有的指控，这使很多人都相信他是无辜的。梅洛在同年宣称愿意对当年案件中的警方提出控诉，因为他们当时向自己隐瞒了案件的关键证据，如果当年警方没有隐藏证据，而是提供了完整的信息，他当年可能就不会出庭作证。

瑞德·梅洛是一位著名的法医心理学家，他对青少年犯罪、跟踪和暴力犯罪进行了深入且广泛的研究。但本书提到这个案件并不是为了诋毁他的声誉，而是因为马斯特斯案件的事实表明，专家证词有可能会对法官和陪审团的判断以及他人的生活产生重大影响。

总之，个体心理特征与将个体匹配到某类侧写或类型的过程紧密相关。一些法院对“与犯罪人心理特征相关的证词”非常谨慎，对“允许将个体匹配到特定的类型”更是持怀疑态度。法院在这一点上进退两难，这在康涅狄格州的一个案件中有所体现（State v. Sorabella，2006），该案件涉及多起强奸未遂、儿童色情内容和通过互联网诱骗未成年人的指控。前联邦调查局探员肯尼斯·兰宁（Kenneth Lanning）在处理涉及儿童性犯罪的案件上具有丰富的侦查经验，因而被法庭允许就“性犯罪人的心理和行为特征”提供证词。兰宁在审判中提到了“偏好型性犯罪人”（Preferential Sex Offenders）与“情境型性犯罪人”（Situational Sex Offenders）的分类以及两者之间的区别。然而，法官在审判中明确指示兰宁在陈述过程中不要发表关于“被告人索拉贝拉（Sorabella）属于哪一类性犯罪”的建议和评价。最终，康涅狄格州最高法院在裁决中同意采纳兰宁的证词，并认为兰宁的证词有助于陪审团对案件事实作出判断，并且审判法官对专家证词的限制非常恰当，其偏见价值并没有超过其证据价值。

心理剖析在法庭中的适用

第8章学习的内容是可疑死亡案件分析，也称为心理剖析，实施过程极其复杂，但在执法实践过程中非常普遍。但是心理剖析也缺乏科学且统一的标准化，关于如何进行心理剖析的具体方法目前尚无统一程序。因此毫无疑问，法庭在决定是否采纳心理剖析作为证据时会非常谨慎。先回顾一下心理剖析在“爱荷华号”案件中的争议点。在该案件中，联邦调查局的侧写人员在侦查过程中表示，心理剖析的有效性就本质而言是无法实现的，这一评论似乎为心理剖析科学性的证明敲响了“丧钟”。然而，不同的观点也的确存在，如许多律师认为，特别是在涉及疑似自杀的保险案件中，心理剖析非常重要。“心理剖析是一种在许多法律场景中都能够应用的工具，并且在一些以自杀条款为依据的人身保险理赔案件中尤为关键”（Canadian Human Rights Commission，2011，n. p.）。

然而，英格兰发生的“吉尔福伊尔案”（R. v. Guilfoyle，2001）表明，心理剖析在科学属性上仍然具有一定的脆弱性。在这个案件中，吉尔福伊尔被指控谋杀了他怀孕的妻子。死者被发现吊死在车库里，疑似上吊自杀，并且现场发现了一张纸条，最初被认为是遗书。在随后的几周，警方从死者亲友那里了解到，死者宝拉·吉尔福伊尔（Paula Guilfoyle）对其第一个孩子的出生感到非常兴奋，而她也没有表现出任何抑郁的迹象。但本案中，也许最令人震惊的就是她的丈夫有婚外情。警方随后指控吉尔福伊尔杀害了他的妻子，并认为吉尔福伊尔可能通过某种方式诱使她写下那张纸条（即遗书），甚至让她自己将绳索套上了脖子。最终，吉尔福伊尔被判有罪，至今仍在服刑。

在判决过程中，吉尔福伊尔的律师试图引入新的证据，即由大卫·坎特进行的心理剖析。坎特仔细检查、分析了吉尔福伊尔妻子的日记和其他文件以及法医部门的尸检报告，但当时未能接触到死者的亲属、朋友、邻居或其他证人，因而无法进行询问。然而，坎特得出的结论是，宝拉·吉尔福伊尔确实写了那张纸条，并且确实实施了自杀。

但最终，上诉法院裁定拒绝采纳坎特的证据，部分原因是无法检验其证词的可靠性，如没有大量的研究文献支持心理剖析这种侧写方式的有效性、可靠性。此外，上诉法院还指出，坎特在当时还没有进行过心理剖析，也就是说这起案件是坎特第一次运用心理剖析来协助案件侦查。尽管“第一次进行心理剖析”这一点本身并不妨碍坎特提供证据，只要这项证据是科学的、可靠的。上诉法院认为，“在我们看来，心理剖析目前的学术地位尚不足以允许其作为专家意见的基础在陪审团面前被采纳”（R. v. Guilfoyle，2001，n. 25）。

坎特在事后写道，他承认当时获取信息的渠道以及信息量有限，在此基础上进行心理剖析或多或少有些天真（Canter，2005b）。尽管如此，坎特随后得到了与宝拉·吉尔福伊尔的朋友和亲属进行交流的机会，但在询问之后，坎特仍然认为她是自杀的，而她的丈夫被法庭误判。坎特引用了大量关于自杀的研究结论作为支撑，揭开了这起案件的谜团，即具有自杀倾向的个体在实施自杀行为之前都会透露出他们的自杀意图。此外，坎特还提到，当具有自杀倾向的个体向他人透露其自杀意图时，透露的对象往往不是那些与他们关系密切的人。

尽管心理剖析在许多法庭上受到质疑，但偶尔也会被允许，如这起发生在佛罗里达的案件（Jackson v. State，1989）。佛罗里达州的一名女性被指控在精神上虐待儿童，因为她17岁的女儿是一名俱乐部的裸舞者，开枪自杀了。母亲伪造了女孩的出生证明，使她达到了俱乐部规定的年龄要求，并且很显然，母亲强迫女儿从事俱乐部的裸舞工作。一名精神科医生对该案进行了心理剖析，侧写结果对母亲非常不利。为了在法庭上说服法官和陪审团相信心理剖析的科学性，精神科医生告诉法官，心理剖析在精神病学这一领域已被普遍接受，并且如果医院的患者自杀，负责该名患者的精神科医生也会被要求进行这种分析。这名母亲被判有罪，罪名是精神虐待儿童，但她对裁决结果提出了上诉。这位母亲的辩护律师认为，法庭不应该允许并采纳精神科医生的证词，因为心理剖析过程中涉及被告的心理状态，而精神科医生从未与被告亲自接触过。最终，上诉法院维持了初审法院的裁决结果，这名母亲依旧被判有罪。上诉法院还指出，精神科医生提供的心理剖析证据与遗嘱能力案件的专家证词没有区别，后者案件中临床医生也没有亲自接触过报告中的个体。

在另一起佛罗里达发生的案件（Sysyn v. State，2000）中，初审法院没有允许心理剖析成为可采纳的证据。案件中的被告人被指控杀人，但被告人认为，受害人通过故意挑衅和刺激的方式诱使自己将其杀害（被告人和受害人均为女性）。被告人认为受害人是一个妓女和吸毒犯，可能还感染了艾滋病。当时两人乘坐同一辆车，被告人坐在驾驶位置，受害人是乘客，坐在副驾驶的位置。被告人表示，当时她感到手臂被一个尖锐的物体扎到，可能是一个针类物体。在这种应激情境下，被告人从受害人身上抢了一把手枪并射向受害人的头部。综上所述，本案的争议点在于，受害人是否具有自杀意图。如果受害人有自杀意图，从而可能通过故意挑衅和刺激的方式迫使被告杀害自己；或者受害人没有自杀意图，其“故意挑衅和刺激的行为”只是被告的主观想法。一位心理学家准备基于心理剖析出庭作证，表明受害人确实有自杀倾向，但初审法院没有允许这一证据。最终，上诉法院裁定下级法院并没有滥用裁量权，维持原判，因此没有对这一案件进行二次审查。

在另一个案件（United States v. St. Jean，1995）中，一位辩护律师提出上诉，认为法庭不应该采纳心理剖析的证据，但是最终上诉失败。上诉法院裁定，提供心理剖析的证词有助于法官和陪审团对案件事实作出判断，并且法官还强调心理剖析在精神健康领域具有普遍接受性。

正如上述一系列案件所示，我们可以看到一种潜在的倾向性，即法庭对检方提供侧写证据的接受程度可能高于辩护方，检方要求在法庭上提出侧写证据时被允许、采纳的概率更高。此外，心理剖析证据在民事法庭的接受程度可能比在刑事法庭中更高。

有关基本争点的证词

许多专家批评法庭上侧写证据的采用，不仅出于对侧写本身科学性的担忧，还出于对“侧写证据”与“基本争点”之间关系的担忧。基本争点（Ultimate Issues），是指在案件审判过程中，法庭需要解决的核心问题或者案件中最主要、最关键的法律或事实问题，而这些问题是决定审判结果的核心要素，也是法庭需要达成最终决定的因素。常规而言，专家证人禁止对基本争点发表相关意见，但是也有一些司法管辖区已经废除了这一规则（Ebisike，2008）。基本争点的典型问题包括：被告是否精神失常？被告是否有受审能力（刑事案件被告人能够出庭接受审讯、审判的能力）？是否应该对被告判处死刑？然而，即使有的司法管辖区禁止专家证人对基本争点的相关问题发表看法与意见，也不乏一些法官要求专家证人提供关于基本争点的相关意见，但是以一种“可接受的方式”提出这些意见。比如，专家证人可能不会直接说“是的，这个人没有受审能力”，而是会说“我的评估结果倾向于支持被告没有受审能力”。

然而，反对侧写证据的专家认为，即使没有要求专家证人提供有关基本争点的明确意见，侧写证据仍然可能会使陪审团根据专家提供的信息先入为主地对事实作出判断。比如，梅洛在法庭上提出的与“马斯特斯在青少年时期的画作、涂鸦和小说”相关的证词，梅洛无疑在证人席上表现出较强的自信和风度，这可能会对陪审团产生潜在的影响，导致陪审团将马斯特斯的画作、涂鸦和小说与受害人的死亡联系起来。

根据乔治的说法：

> 检方的专家证人向陪审团提供证据的过程中，讲解了犯罪现场的分类学，包括有组织型和无组织型的行为特征，并讨论了这些行为特征如何与犯罪人的动机、人格和其生活中的普遍行为相联系。随后，检方提交关于被告的证据，这些证据反映了被告符合侧写专家所描述的各种特征，从而促使陪审团得出被告符合这类犯罪人侧写的结论（George，2008，p. 242）。

此外，有专家指出，“所有形式的犯罪侧写证据中都包含着‘基本争点’的本质属性……与犯罪侧写及其变式相关的证词通常都具有指向性，旨在证明被告有罪或无罪”（Ebisike，2008）。也就是说，本质而言，所有侧写证据都涉及了与基本争点相关的因素。乔治进一步补充说，当这些信息和决定被提交至上诉法院时，上诉法院很有可能维持原判，与初审法庭的裁决结果一致。

然而，各初审法庭在“侧写证据”与“基本争点”的关系问题上也并非有一致的观点和意见。在许多情况下，很多人可能认为“侧写证据”与“基本争点”的问题是具有相关性的，但在法庭（就两者关系）发表的意见中，从未使用“相关的”这一词语。然而，在一些情况下，法庭会以明确的态度拒绝采纳侧写证词，并明确给出拒绝采纳的理由，即侧写证据涉及案件基本争点的相关问题。例如，在一起强奸案件（State v. Armstrong，1991）中，被告人被指控强奸了一名8岁的女孩，辩方希望引入临床心理学家的证据，该心理学家认为被告的心理状态不支持“他是侵犯这名儿童的性犯罪人”的观点。但检方认为，这一证据涉及本案的基本争点，也就是说辩方的证词实质上是在表达“被告无罪”的基本观点，法院同意了检方的观点，并决定不予采纳辩方专家证人的证词。最终，第四巡回上诉法院裁定，支持初审法院的判决结果，同意在本案中不予采纳辩方专家证人的证词（注意这是辩方试图引入侧写证据）。在前文讨论的“海恩斯案”（State v. Haynes，1988）中，法院裁定，侧写证据涉及了对本案基本争点的意见，因此不予采纳。通过这些案件，我们可以看到法院对涉及基本争点的证词持有不同的处理方式。

9.5　本章总结

侧写，无论是广义的犯罪侧写，还是特定方面的侧写（犯罪现场侧写、犯罪嫌疑人侧写、心理侧写、心理剖析等），抑或是其不同的表达方式（犯罪现场分析、行为分析、行为侦查分析、可疑死亡案件分析等），在刑事侦查尤其是在严重犯罪和连环犯罪的侦查过程中，通常都会涉及。很多执法机关或其他组织在遇到重大案件或疑难案件时都会向侧写师进行咨询。随着联邦调查局和国际刑事侦查分析协会及其类似组织开设的专业侧写培训项目增多以及侧写本身的科学属性得到实证研究的支持，侧写技术在未来依然具有较大的发展潜力。本章提出的问题是：侧写是否应该只限于在侦查阶段中使用，还是应该将其延伸至法庭审判领域，作为证据在法庭审判过程中被采纳。对这个问题的回答，并没有统一的答案，而是取决于多个不同的因素，并且法庭的裁决结果存在较大的变数及不稳定性。在法官和陪审团对案件事实进行判断的过程中，有些问题超出了普通人的认知范围，因此需要专家证人提供帮助。

作为本章话题的大背景，我们回顾了美国法院最早在“弗莱案”以及随后在“道伯特三部曲”中建立的专家证据评估标准。自1993年“道伯特诉马里·道制药公司案”裁决以来，联邦法院一直根据这种标准来决定专家证词的采纳与否，大多数州直接采纳了这些标准或使用了类似的标准。需要强调的是，最高法院在“道伯特标准”中并未告知各法院应该给予每个指标（如普遍接受性、误差率、可证伪性等）多少权重。但研究表明，法院往往非常依赖专家的资质以及科学界对证据的普遍接受性，很少有法院会考虑证词本身的误差率。其他国家的法院则采取了不同的标准，但大多数法院都认为证据在该领域的普遍接受性是必要条件。

在“道伯特诉马里·道制药公司案”裁决之后，初审法院更加意识到其“守门人”的角色，因而更为谨慎、仔细地审查侧写专家证词的科学属性，并更倾向于拒绝那些没有科学依据的证词。然而，这些法院的裁决结果几乎没有一致性。研究人员注意到，在美国，侧写证据仍然能够通过某些方式被民事或刑事法庭采纳。此外，我们也不知道全美大多数初审法院的情况，因为涉及侧写证据的判决通常只有在被公开或上诉时才会被发现。根据现有研究，上诉法院确实存在两个趋势：（1）如果初审法院按照“道伯特标准”对证词进行了仔细审查，上诉法院往往不会过多地质疑初审法院的裁决结果；（2）当不具有科学性的证据被初审法院较为随意地采纳时，上诉法院往往会推翻初审法院的裁决结果。

在决定是否采纳侧写证据时，侧写专家的资质和专业培训也是重要的影响因素。一般情况下，接受过联邦调查局专业培训的侧写师通常可以被视为该领域的专家，尤其是在犯罪分析方面。例如，他们提供的有关犯罪现场、现场伪造、作案手法、战利品收集的证词往往能够作为证据被法庭采纳。然而，当这些侧写专家对被告的犯罪动机或心理特征发表相关意见时，其证词的可接受性就变得不那么稳定了。

并案分析，即用于确定不同案件是否由同一犯罪人所实施的一种分析工具，是侦查过程中广泛使用的侧写技术，但其科学性、有效性、可靠性尚未得到充分确立。我们详细讨论了“福汀案”，上诉法院拒绝采纳并案分析的相关证词，认为其作为一门新兴技术尚未经过科学验证，因此无法被采纳为证据。然而，法院却允许侧写专家就两起案件之间的相似性进行陈述。整体而言，用来描述证词内容的“术语”一定程度上可以决定该证据能否被法官采纳。例如，法官往往能够接受“行为分析”的相关证词，但不太能接受“侧写”的相关证词。心理剖析能否成为被法庭采纳的证据呢？结论也是如此，有些法院能够接受这种方法，有些法院则对其持怀疑态度。此外，心理剖析在民事法庭的可接受度可能高于刑事法庭。

专家证人通常被禁止对案件的基本争点发表相关意见，而对基本争点问题的最终决定则是由法官或陪审团根据现有事实作出。然而，如果法庭允许专家证人就侧写的某些方面提出证词，如某类性犯罪人的相关特征，而这可能会引导陪审员得出结论，认为被告属于这一类型的犯罪人。那些对侧写证据持谨慎态度的专家认为，陪审员会受到专家证词的较大影响，使其先入为主地对事实作出判断，侧写证据的偏见价值远远超过其证明价值。

以上讨论主要针对美国法院。但不同国家的法院对侧写证据的态度和看法存在显著差异。例如，澳大利亚、加拿大和英国的法院对侧写证据持有一定怀疑态度，因而对侧写证据的评估与审核较为严格，即使是在侦查阶段的使用，其有效性、可靠性也仍然存疑。正如我们所提到的，一些法院用新车销售员的极端热情作为类比。虽然我们没有重点讨论侧写证据在法庭适用的国际性差异，但应该认识到其重要性。整体而言，侧写或行为分析在被普遍接受之前，仍有很长的路要走。

对侧写或行为分析持积极态度的专家强调，只要行为科学的程序和技术经过严格的标准化，且实践者经过专业的培训、认证，并在表达观点时保持谨慎的态度，行为科学也能够在刑事司法程序中占有一席之地，并发挥其积极作用。但几乎所有专家都认为，侧写师在出庭作证时，不应该对被告是否有罪发表直接的观点和意见，也不应该直接声称被告是否符合某类犯罪人的侧写，因为这不仅涉及与基本争点相关的问题，还具有强烈的倾向性和引导性，可能会使陪审团对案件事实的判断出现偏差。然而，对于侧写师在出庭作证时是否应该讨论犯罪人的一般特征或分类学，目前并没有达成共识；但这种类型的证词容易导致陪审员作出一些未经过科学验证的推断。不管是从事犯罪侧写的实证科学研究，还是接受联邦调查局和国际刑事侦查分析协会提供的侧写专业培训，既能够促进侧写领域的发展，也能增加侧写证据在司法程序中的可接受性、可靠性。然而，就目前来看，将侧写证据普遍认定为一种专家证据仍为时过早。

本章专业术语汇总

品格证据	可证伪性	证明价值
犯罪现场分析	弗莱法则	偏见价值
误差率	普遍接受标准	基本争点
专家证人	并案分析	侧写—被告对应
道伯特标准	动机分析	侧写—犯罪对应
相关性		

参考文献

Abrahamsen, D. (1960). The psychology of crime. New York: Columbia University Press.

Abrams, K. M., & Robinson, G. E. (2002). Occupational effects of stalking. Canadian Journal of Psychiatry, 47, 468–472.

Aggarwal, N. (2009). Rethinking suicide bombing. Crisis, 30, 94–97.

Alison, L. (2005). From trait-based profiling to psychological contributions to apprehension methods. In L. Alison (Ed.), The forensic psychologist's casebook: Psychological profiling and criminal investigation (pp. 3–22). Portland, OR: Willan.

Alison, L. J., & Canter, D. V. (1999a). Professional, legal and ethical issues in offender profiling. In D. V. Canter & L. J. Alison (Eds.), Profiling in policy and practice (pp. 23–54). Aldershot, UK: Ashgate.

Alison, L. J., & Canter, D. V. (1999b). Profiling in policy and practice. In D. V. Canter & L. J. Alison (Eds.), Profiling in policy and practice (pp. 3–19). Aldershot, UK: Ashgate.

Alison, L. J., Goodwill, A., & Alison, E. (2005). In L. Alison (Ed.), The forensic psychologist's casebook: Psychological profiling and criminal investigation (pp. 235–277). Devon, UK: Willan.

Alison, L. J., Goodwill, A., Almond, L., van den Heuvel, C., & Winter, J. (2011). Pragmatic solutions to offender profiling and behavioural investigative advice. In L. Alison & L. Rainbow (Eds.), Professionalizing offender profiling (pp. 51–71). London: Routledge.

Alison, L. J., Smith, M. D., Eastman, O., & Rainbow, L. (2003). Toulmin's philosophy of argument and its relevance to offending profiling. Psychology, Crime & Law, 9, 173–183.

Alison, L. J., Smith, M. D., & Morgan, K. (2003). Interpreting the accuracy of offender profiles. Psychology, Crime & Law, 9, 185–195.

Alison, L. J. , West, A. , & Goodwill, A. (2004). The academic and the practitioner: Pragmatists' views of offender profiling. Psychology, Public Policy, and Law, 10, 71-101.

American Psychiatric Association. (2000). Diagnostic and statistical manual of mental disorders—revised(DSMIV-R). Washington, DC: Author.

Andrew, T. A. , & Fallon, K. K. (2007). Asphyxial games in children and adolescents. American Journal of Forensic Medicine and Pathology, 28, 303-307.

Andrews, D. A. , & Bonta, J. (1998). The psychology of criminal conduct (2nd ed.). Cincinnati, OH: Anderson.

Andrews, D. A. , Bonta, J. , & Hoge, P. D. (1990). Classification for effective rehabilitation: Rediscovering psychology. Criminal Justice and Behavior, 17, 19-52.

Anselin, L. , Syabri, I. , & Kho, Y. (2006). GeoDa: An introduction to spatial data analysis. Geographical Analysis, 38, 5-22.

Arizona v. United States, 11-182(2012). Armstrong, D. , & Pereira, J. (2001, October 23). Nation's airlines 279 adopt aggressive measures for passenger profiling. Wall Street Journal, p. A12.

Ash, I. K. (2009). Surprise, memory, and retrospective judgment making: Testing cognitive reconstruction theories of the hindsight bias effect. Journal of Experimental Psychology: Learning, Memory, and Cognition, 35, 916-933.

Ask, K. , & Granhag, P. A. (2005). Motivational sources of confirmation bias in criminal investigations: The need for cognitive closure. Journal of Investigative Psychology and Offender Profiling, 2, 43-63.

Ault, R. L. , Hazelwood, R. R. , & Reboussin, R. (1994). Epistemological status of equivocal death analysis. American Psychologist, 49, 72-73.

Ault, R. , & Reese, J. T. (1980, March). A psychological assessment of crime profiling. FBI Law Enforcement Bulletin, 49(3), 22-25.

Australian Bureau of Criminal Intelligence. (1997, February). Tracking violent crime. Paper presented to the Australian Institute of Criminology, Second National Outlook Symposium.

Barling, J. (1996). The prediction, experience, and consequences of workplace violence. In G. R. VanderBos & E. Q. Bulatao(Eds.), Violence on the job: Identifying risks and developing solutions(pp. 29-40). Washington, DC: American Psychological Association.

Baron, R. A. , & Byrne, D. (2000). Social psychology(9th ed.). Boston: Allyn & Bacon.

Bartol, C. R. , & Bartol, A. M. (2012). Introduction to forensic psychology: Research and application(3rd ed.). Thousand Oaks, CA: Sage.

Bateman, A. L. , & Salfati, C. G. (2007). An examination of behavioral consistency using individual behaviors or groups of behaviors in serial homicide. Behavioral Sciences & the Law, 25, 527-544.

Beccaria, C. (1767). An essay on crimes and punishments. London: Almon.

Behavioral Trace Investigations. (2009). Forensic behavioural profiling. North Sydney, Australia: Author.

Behrendt, N. , Buhl, N. , & Seidl, S. (2002). The lethal paraphiliac syndrome: Accidental autoerotic deaths in four women and a review of the literature. International Journal of Legal Medicine, 116, 148-152.

Belknap, J. (2010). Rape: Too hard to report and too easy to discredit victims. Violence Against Women, 16, 1335-1344.

Bell, B. G. , & Grubin, D. (2010). Functional magnetic resonance imaging may promote theoretical understanding of the polygraph test. Journal of Forensic Psychiatry & Psychology, 21, 52-65.

Bennell, C. (2008). An introduction to the special issue on criminal profiling. Journal of Police and Criminal Psychology, 23, 49-50.

Bennell, C. , & Canter, D. V. (2002). Linking commercial burglaries by modus operandi: Tests usingregression and ROC analysis. Science and Justice, 42, 153-162.

Bennell, C. , & Jones, N. J. (2005). Between a ROC and a hard place: A method for linking serial burglaries using an offender's modus operandi. Journal of Investigative Psychology and Offender Profiling, 2, 23-41.

Bennell, C. , Jones, N. J. , & Taylor, A. (2011). Determining the authenticity of suicide notes: Can training improve human judgment? Criminal Justice and Behavior, 38, 669-689.

Bennell, C. , Snook, B. , MacDonald, S. , House, J. C. , & Taylor, P. J. (2012). Computerized crime linkage systems: A critical review and research agenda. Criminal Justice and Behavior, 39, 620-634.

Bennell, C. , Snook, B. , Taylor, P. J. , Corey, S. , & Keyton, J. (2007). It's no riddle, choose the middle: The effect of number of crimes and topographical detail on police officer predictions of serial burglars' home locations. Criminal Justice and Behavior, 34, 119-132.

Bennett, C. J. (2008). Unsafe at any altitude: The comparative politics of no-fly lists in the United States and Canada. In M. B. Salter & P. Adey(Eds.), Politics at the airport(pp. 51-76). Minneapolis: University of Minnesota Press.

Bennett, T., & Wright, R. (1984). Burglars on burglary: Prevention and the offender. Brookfield, VT: Gower.

Bentham, J. (1823). Punishment and utility. In J. G. Murphy (Ed.), Punishment and rehabilitation. Belmont, CA: Wordsworth.

Berger, M. (1957, January 25). Twisted course of "Mad Bomber" vengeance traced in a deeply complex personality. New York Times, p. 1.

Bernasco, W. (2008). Them again? Same-offender involvement in repeat and near repeat burglaries. European Journal of Criminology, 5, 411-431.

Beyer, K. R., & Beasley, J. O. (2003). Nonfamily child abductors who murder their victims: Offender demographics from interviews with incarcerated offenders. Journal of Interpersonal Violence, 18, 1167-1188.

Bhatt, S., & Brandon, S. E. (2008, December 12). Review of voice stress-based technologies for the detection of deception. Washington, DC: U. S. Department of Defense.

Biffl, E. (1996). Psychological autopsies: Do they belong in the courtroom? American Journal of Criminal Law, 24, 123-145.

Bijleveld, C., & Smit, P. (2006). Homicide in The Netherlands: On the structuring of homicide typologies. Homicide Studies, 10, 195-219.

Blanck, P. D., & Berven, H. M. (1999). Evidence of disability after Daubert. Psychology, Public Policy, and Law, 5, 16-40.

Block, R., & Bernasco, W. (2009). Finding a serial burglar's home using distance decay and conditional origin-destination patterns: A test of empirical Bayes journey-to-crime estimation in The Hague. Journal of Investigative Psychology and Offender Profiling, 6, 187-211.

Block, R., Galary, A., & Brice, D. (2007). The journey to crime: Victims and offenders converge in violence index offenses in Chicago. Security Journal, 20, 123-137.

Boba, R. (2009). Crime analysis with crime mapping. Thousand Oaks, CA: Sage.

Boltz, M. G., Dyer, R. L., & Miller, A. R. (2010). Are you lying to me? Temporal cues for deception. Journal of Language and Social Psychology, 29, 458-466.

Borum, R., Cornell, D. G., Modzeleski, W., & Jimerson, S. R. (2010). What can be done about school shootings? A review of the evidence. Educational Researcher, 39, 27-37.

Borum, R., Fein, R., Vossekuil, B., & Berglund, J. (1999). Threat assessment: Defining an approach for evaluating risk of targeted violence. Behavioral Sciences & the Law, 17, 323-337.

Borum, R., Lodewijks, H., Bartel, P. S., & Forth, A. E. (2010). Structured Assessment of Violence Risk in Youth (SAVRY). In R. I. Otto & K. S. Douglas (Eds.), Handbook of violence risk assessment: International perspectives on forensic mental health (pp. 63-79). New York: Routledge/Taylor & Francis.

Bosco, D., Zappala, A., & Santtila, P. (2010). The admissibility of offender profiling in courtroom: A review of legal issues and court opinions. International Journal of Law and Psychiatry, 33, 184-191.

Boudreaux, M. C., Lord, W. D., & Etter, S. E. (2000). Child abduction: An overview of current and historical perspectives. Child Maltreatment, 5, 63-71.

Bourque, J., LeBlanc, S., Utzschneider, A., & Wright, C. (2009, March). The effectiveness of profiling from a national security perspective. Ottawa, ON: Canadian Human Rights Commission.

Bowers, K. J., & Johnson, S. D. (2005). Domestic burglary repeats and space-time clusters: The dimensions of risk. European Journal of Criminology, 2, 67-92.

Bradsaw, J. (2008, July/August). Behavioral detectives patrol airports. The National Psychologist, p. 10.

Brandon, S. E. (2011). Impacts of psychological science on national security agencies post-9/11. American Psychologist, 66, 495-506.

Brantingham, P. (2004, December). Commentary. In T. Rich & M. Shively (Eds), A methodology for evaluating geographic profiling software (pp. 37-48). Cambridge, MA: Abt Associates.

Brantingham, P. J., & Brantingham, P. L. (1984). Patterns in crime. New York: Macmillan.

Brantingham, P. J., & Brantingham, P. L. (1991). Notes on the geometry of crime. In P. J.

Brantingham & P. L. Brantingham (Eds.), Environmental criminology (pp. 27-54). Prospect Heights, IL: Waveland Press (Originally published in 1981).

Brantingham, P. J., & Brantingham, P. L. (1993). Environment, routine, and situation: Toward a pattern theory of crime. In R. V. Clarke & M. Felson (Eds.), Routine activity and rational choice (pp. 222-257). New Brunswick, NJ: Transaction.

Brantley, A. G., & Kosky, R. H., Jr. (2005, January). Serial murder in the Netherlands: A look at motivation, behavior, and characteristics. FBI Law Enforcement Bulletin, 26-32.

Breitmeier, D., Mansouri, F., Albrecht, K., Böhm, U., Tröger, H. D., & Kleemann, W. J. (2003). Accidental autoerotic deaths between 1978 and 1997. Institute of Legal Medicine, Medical School Hannover. Forensic Science International, 137, 41-44.

Brent, D. A. (1989). The psychological autopsy: Methodological issues for the study of adolescent suicide. Suicide and Life-Threatening Behavior, 19, 43-57.

Brett, A. (2004). "Kindling theory" in arson: How dangerous are firesetters? Australian and New Zealand Journal of Psychiatry, 38, 419-425.

Briggs, C. M., & Cutright, P. (1994). Structural and cultural determinants of child homicide: A cross national analysis. Violence and Victims, 9, 3-16.

Britton, P. (1997). The jigsaw man. London: Bantam Press.

Bronskill, J. (2011, August 30). Air passenger observation plan post 9-11 raises red flag for privacy watchdog. The Canadian Press. Available at http://www. globalnews. ca/ 282air+passenger+ observation+plan+post+911 +raises+red+flag+for+privacy+watchdog /6442472237/story. html

Brown, B. B., & Harris, P. B. (1989). Residential burglary victimization: Reactions to the invasion of a primary territory. Journal of Environmental Psychology, 9, 119-132.

Brussel, J. A. (1968). Casebook of a crime psychiatrist. New York: Bernard Geis Associates.

Bryan, R. E. (2006). Men's double breasted suits USA. Available at http://www. ahfashion. com/mens_double_breasted_suits/index. htm

Buhs, E. S., & Ladd, G. W. (2001). Peer rejection as an antecedent of young children's school adjustment: An examination of mediating processes. Developmental Psychology, 37, 550-560.

Bureau of Alcohol, Tobacco, Firearms and Explosives. (n. d.). Criminal investigative analysis. Available at http://www. atf. gov/explosives/programs/criminalinvestigative-analysis/

Bureau of Labor Statistics. (2010, July 14). Workplace violence fact sheet. Washington, DC: Author.

Burgess, A., Hartman, C., Ressler, R. K., Douglas, J. E., & McCormick A. (1986). Sexual homicide: A motivational model. Journal of Interpersonal Violence, 1, 251-272.

Burgess, E. W., & Bogue, D. J. (1967). The delinquency research of Clifford R. Shaw and Henry D. McKay and associates. In E. W. Burgess & D. J. Bogue (Eds.), Urban sociology (pp. 230-257). Chicago: University of Chicago Press.

Burton, S., & Dalby, J. T. (2012). Psychological autopsy in the investigation of serial neonaticides. Journal of Forensic Sciences, 57, 270-272.

Calhoun, F. S., & Weston, S. W. (2003). Contemporary threat assessment: A practical guide for identifying, assessing, and managing individuals of violent intent. San Diego, CA: Specialized Training Service.

California Division of Occupational Safety and Health. (1995). Guidelines for workplace security. San Francisco: California Department of Industrial Relations.

Canadian Centre for Justice Statistics. (2005). Family violence in Canada: A statistical profile. Ottawa, ON: Author. Canadian Human Rights Commission. (2011). Behavioural profiling. Available at http://www. chrcccdp. ca/research_program_recherche/ profiling_profilage/page4-eng. aspx

Canning, K. E., Hilts, M. A., & Muirhead, Y. E. (2011). False allegation of child abduction. Journal of Forensic Sciences, 56, 794-802.

Canter, D. V. (1994). Criminal shadows: London: HarperCollins.

Canter, D. V. (1999). Equivocal death. In D. Canter & L. Alison (Eds.), Profiling in policy and practice (pp. 125-156). Aldershot, UK: Ashgate.

Canter, D. V. (2000a). Criminal shadows: The inner narratives of evil. Irving, TX: Authorlink Press.

Canter, D. V. (2000b). Offender profiling and criminal differentiation. Legal and Criminological Psychology, 5, 23-46.

Canter, D. V. (2003). Mapping murder: The secrets of geographical profiling. London: Virgin Publishing.

Canter, D. V. (2004). Offender profiling and investigative psychology. Journal of Investigative Psychology and Offender Profiling, 4-6.

Canter, D. V. (2005a). Confusing operational predicaments and cognitive explorations: Comments on Rossmo and Snook et al. Applied Cognitive Psychology, 19, 663-668.

Canter, D. V. (2005b). Suicide or murder? Implicit narratives in the Eddie Gilfoyle case. In L. Alison (Ed.), The forensic psychologist's casebook: Psychological profiling and criminal investigation (pp. 315-333). Portland, OR: Willan.

Canter, D. V. (2009). Developments in geographical offending profiling: Commentary on Bayesian journeyto-crime modeling. Journal of Investigative Psychology and Offender Profiling, 6, 161-166.

Canter, D. V., & Alison, L. J. (2000). Profiling property crimes. In D. Canter & L. Alison (Eds.), Profiling property crimes. Burlington, VT: Ashgate.

Canter, D. V., Alison, L. J., Alison, E., & Wentink, N. (2004). The organized/disorganized typology of serial murder: Myth or model? Psychology, Public Policy, and Law,10,293–320.

Canter,D. V. ,Bennell,C. ,Alison,L. J. ,& Reddy,S. (2003). Differentiating sex offences:A behaviorally based thematic classification of stranger rapes. Behavioral Sciences & the Law,21,157–174.

Canter,D. V. ,Coffey,T. ,Huntley,M. ,& Missen,C. (2000). Predicting serial killers' home base using a decision support system. Journal of Quantitative Criminology,16,457–478.

Canter,D. V. ,& Fritzon,K. (1998). Differentiating arsonists:A model of firesetting actions and characteristics. Legal and Criminological Psychology,3,73–96.

Canter,D. V. ,& Gregory,A. (1994). Identifying the residential location of rapists. Journal of the Forensic Science Society,34,169–175.

Canter,D. V. ,& Hammond,L. (2006). A comparison of the efficacy of different decay functions in geographical profiling for a sample of U. S. serial killers. Journal of Investigative Psychology and Offender Profiling,3,91–103.

Canter,D. V. ,& Heritage,R. (1990). A multivariate model of sexual offence behavior:Developments in "offender profiling." Journal of Forensic Psychiatry,1,185–212.

Canter,D. V. ,& Hodge,S. (2008). Criminals' mental maps. In D. V. Canter & D. Youngs(Eds.),Principles of geographical offender profiling(pp. 249–258). Burlington,VT:Ashgate.

Canter,D. V. ,& Larkin,P. (1993). The environmental range of serial rapists. Journal of Environmental Psychology,13,63–69.

Canter,D. V. ,Missen,C. ,& Hodge,S. (1996). Are serial killers special? Policing Today,2,1–12.

Canter,D. V. ,& Wentink,N. (2004). An empirical test of Holmes and Holmes's serial murder typology. Criminal Justice and Behavior,31,489–515.

Canter,D. V. ,& Youngs,D. (2003). Beyond offender profiling:The need for an investigative psychology. In R. Bull & D. Carson(Eds.),Handbook of psychology in legal contexts(2nd ed. ,pp. 171–206). Chichester,284UK:Wiley.

Canter,D. V. ,& Youngs,D. (2008). Geographical offender profiling:Origins and principles. In D. Canter & D. Youngs(Eds.),Principles of geographical offender profiling(pp. 1–20). Burlington,VT:Ashgate.

Canter,D. V. ,& Youngs,D. (2009). Investigative psychology:Offender profiling and the analysis of criminal action. Chichester,UK:Wiley.

Capone,D. L. ,& Nichols,W. (1975). Crime and distance:An analysis of offender behaviour in space. Proceedings of the Association of American Geographers, 7, 45-49.

Carson, D. (2011). Investigative psychology and law: Towards collaboration by focusing on evidence and inferential reasoning. Journal of Investigative Psychology and Offender Profiling, 8, 74-89.

Catalano, R. (2010, September). National Crime Victimization Survey: Victimization during household burglary. Washington, DC: U. S. Department of Justice, Bureau of Justice Statistics.

Catalano, R., Haggerty, K., Oesterle, S., Fleming, C., & Hawkins, J. D. (2004). The importance of bonding to school for healthy development: Findings from the Social Development Research Group. Journal of School Health, 74, 252-261.

CBC News. (2007, May 27). Police stop more blacks, Ontario study finds. Available at http://www. cbc. ca/Canada/story /2005/05/26/race050526. html

Centers for Disease Control and Prevention. (2008). Unintentional strangulation deaths from the "choking game" among youths aged 6-19 years—United States, 1995-2007. Morbidity and Mortality Weekly Report, 57, 141-144.

Chenoune, F. (1993). A history of men's fashion. Paris: Flammarion.

Chief of Naval Operations. (1989, August 31). Investigation to inquire into the explosion in number two turret on board USS Iowa (BB 61) which occurred in the vicinity of the Puerto Rico operating area on or about 19 April 1989. Washington, DC: Author.

Cleckley, H. (1941). The mask of sanity. St. Louis, MO: C. V. Mosby.

Clutterbuck, L., & Warnes, R. (2011). Exploring patterns of behaviour in violent Jihadist terrorists: An analysis of six significant terrorist conspiracies in the UK. Santa Monica, CA: RAND Corporation.

Cohen, L. E., & Felson, M. (1979). Social change and crime rate trends: A routine activity approach. American Sociological Review, 44, 588-608.

Coie, J. D., & Miller-Johnson, S. (2001). Peer factors and interventions. In R. Loeber & D. P. Farrington (Eds.), Child delinquents: Development, intervention, and service needs (pp. 191-210). Thousand Oaks, CA: Sage.

Collins, P. I., Johnson, G. F., Choy, A., Davidson, K. T., & Mackay, R. E. (1998). Advances in violent crime analysis and law enforcement: The Canadian Violent Crime Linkage Analysis System. Journal of Government Information, 25, 277-284.

Committee on Armed Services. (1990, May 25). Review of the Department of the Navy's investigation into the gun turret explosion aboard the U. S. S. "Iowa." Committee on Armed Services, United States Senate, 101st 285Congress, First Session.

Connecticut v. Sorabella, 277 Connecticut 155, 169, 891, A. 2d, cert denied, 549 U. S. 821, 127 S. Ct. 131, 166, L. Ed, 2d 36(2006).

Considine, B. (1957, April 7). How they caught the Mad Bomber. American Weekly, pp. 5, 23–25.

Copson, G. (1995). Coals to Newcastle? Part I: A study of offender profiling. London: Home Office, Police Research Group.

Copson, G., Badcock, R., Boon, J., & Britton, P. (1997). Articulating a systematic approach to clinical crime profiling. Criminal Behaviour and Mental Health, 7, 13–17.

Cornell, D. G., & Allen, K. (2011). Development, evaluation, and future directions of the Virginia Student Threat Assessment Guidelines. Journal of School Violence, 10, 88–106.

Cornell, D. G., Gregory, A., & Fan, X. (2011). Reductions in long-term suspensions following adoption of the Virginia Student Threat Assessment Guidelines. NASSP Bulletin, 95(3), 175–194.

Cornell, D. G., & Sheras, P. (2006). Guidelines for responding to student threats of violence. Longmont, CO: Sopris West.

Cornell, D. G., Sheras, P. L., Kaplan, S., McConville, D., Douglass, J., Elkon, A., et al. (2004). Guidelinesfor student threat assessment: Field-test findings. School Psychology Review, 33, 527–546.

Cornish, D. B., & Clark, R. V. (1986). The reasoning criminal: Rational choice perspectives on offending. New York: Springer Verlag.

COT. (2007, June 7). Lone-wolf terrorism. The Hague, Netherlands: COT, Instituut voor Veiligheidsen Crisismanagement.

Cowan, P. A., & Cowan, C. P. (2004). From family relationships to peer rejection to antisocial behavior in middle childhood. In J. B. Kupersmidt & K. A. Dodge (Eds.), Children's peer relations: From development to intervention (pp. 159–178). Washington, DC: American Psychological Association.

Cowell, D. D. (2009). Autoerotic asphyxiation: Secret pleasure—lethal outcome? Pediatrics, 124, 1319–1324.

Cox, T., & Leather, P. (1994). The prevention of violence at work: Application of a cognitive behavioral theory. International Review of Industrial and Organizational Psychology, 9, 213–246.

Critical Incident Response Group. (2001). Workplace violence: Issues in response.

Quantico,VA:National Center for the Analysis of Violent Crime.

Dahir,V. B. ,Richardson,J. T. ,Ginsburg,G. P. ,Gatowski,S. I. ,Dobbin,S. A. ,& Merlino,M. L. (2005). Judicial application of Daubert to psychological syndrome and profile evidence:A research note. Psychology,Public Policy,and Law,11,62-82.

Dahlberg,L. L. ,& Potter,L. B. (2001). Youth violence:Developmental pathways and prevention challenges. American Journal of Preventive Medicine,20(1s),3-14.

Dailey,J. T. ,& Pickrel,E. W. (1975a,April). Federal Aviation Administration's behavioral research program for the defense against hijacking. Aviation,Space and Environmental Medicine,46(4),423-427.

Dailey,J. T. ,& Pickrel,E. W. (1975b). Some psychological contributions to defenses against hijackers. American Psychologist,30,161-175.

Dale,A. ,Davies,A. ,& Wei,L. (1997). Developing a typology of rapists' speech. Journal of Pragmatics,27,653-669.

Daniels,J. A. ,Volungis,A. ,Pshenishny,E. ,Gandhi,P. ,Winkler,A. ,Cramer,D. P. ,et al. (2010). A qualitative investigation of averted school shooting rampages. Counseling Psychologist,38,69-95.

Daubert v. Merrell Dow Pharmaceuticals, Inc. , 509 U. S. 579, 113 S. Ct. 2786 (1993). Definitions,C. F. R. 18 U. S. C § 2331.

DeLisi,M. ,& Scherer,A. M. (2006). Multiple homicide offenders:Offense characteristics,social correlates,and criminal careers. Criminal Justice and Behavior,33, 367-391.

Del Bove,G. ,& Mackay,S. (2011). An empirically derived classification system for juvenile firesetters. Criminal Justice and Behavior,38,796-817.

Demir,B. ,Broussard,B. ,Goulding,S. M. ,& Compton,M. T. (2009). Beliefs about causes of schizophrenia among police officers before and after crisis intervention team training. Community Mental Health,45,385-392.

Demme,J. (Director). (1991). The silence of the lambs. [Motion picture]. United States:Strong Heart/Demme Production & Orion Pictures Corporation.

Department of Defense. (2010,September). Suicide event report:Annual report. Washington,DC:Author.

Department of Homeland Security. (2006,November 22). Privacy impact assessment for the Automated Targeting System. Washington,DC:Author.

Department of Homeland Security. (2008a,July 24). Implementing privacy protections in government data mining. Washington,DC:Author. Available at http://www. dhs. gov/xlibrary/assets/privacy/privacy_ datamining_July24_2008_minutes. pdf

Department of Homeland Security. (2008b, December 15). Privacy impact assessment for the Future Attribute Screening Technology (FAST) project. Washington, DC: Author.

Department of the Army. (1988, September 30). Suicide prevention and psychological autopsy. Washington, DC: Author.

DePaulo, B. M., Lindsay, J. J., Malone, B. E., Muhlenbruck, L., Charlton, K., & Cooper, H. (2003). Cues to deception. Psychological Bulletin, 129, 74–118.

Dern, H., Dern, C., Horn, A., & Horn, U. (2009). The fire behind the smoke: A reply to Snook and colleagues. Criminal Justice and Behavior, 36, 1085–1090.

Deslauriers-Varin, N., & Beauregard, E. (2010). Victims' routine activities and sex offenders' target selection scripts: A latent class analysis. Sexual Abuse: A Journal of Research and Treatment, 22, 315–342.

Devery, C. (2010). Criminal profiling and criminal investigation. Journal of Contemporary Criminal Justice, 26, 393–409.

Dickens, G., Sugarman, P., Edgar, S., Hofberg, K., Tewari, S., & Ahmad, F. (2009). Recidivism and dangerousness in arsonists. Journal of Forensic Psychiatry & Psychology, 20, 621–639.

Dietz, A. S. (2000). Toward the development of a roles framework for police psychology. Journal of Police and Criminal Psychology, 15, 1–4.

Dietz, P. E. (1985). Sex offender profiling by the FBI: A preliminary conceptual model. In M. H. Ben-Aron, S. J. Hucker, & C. D. Webster (Eds.), Clinical criminology: The assessment and treatment of criminal behavior (pp. 207–219). Toronto, ON: Clarke Institute of Psychiatry.

Ditzler, T. G. (2004). Malevolent minds: The teleology of terrorism. In F. M. Moghaddam & A. J. Marsella (Eds.), Understanding terrorism: Psychosocial roots, consequences, and interventions (pp. 187–206). Washington, DC: American Psychological Association.

Dodge, K. A. (2003). Do social information-processing patterns mediate aggressive behavior? In B. B. Lahey, T. E. Moffitt, & A. Caspi (Eds.), Causes of conduct disorder and juvenile delinquency (pp. 254–276). New York: Guilford Press.

Dodge, K. A., Landsford, J. E., Burks, V. S., Bates, J. E., Pettit, G. S., Fontaine, R., et al. (2003). Peer rejection and social information-processing factors in the development of aggressive behavior problems in children. Child Development, 74, 374–393.

Dodge, K. A., & Pettit, G. S. (2003). A biopsychological model of the development of chronic conduct problems in adolescence. Developmental Psychology, 39, 349–371.

Doley, R. (2003). Pyromania: Fact or fiction. British Journal of Criminology, 43, 797–807.

Douglas, A. -J. (2011, August). Child abductions: Known relationships are the greater danger. FBI Law Enforcement Bulletin, 80(8), 8–9.

Douglas, J. E. (2007, Spring). Inside the mind of the mind hunter. Annals of the American Psychotherapy Association, 8–11.

Douglas, J. E., Burgess, A. W., Burgess, A. G., & Ressler, R. K. (1992). Crime classification manual: A standard system for investigating and classifying violent crimes. New York: Lexington Books.

Douglas, J. E., Burgess, A. W., Burgess, A. G., & Ressler, R. K. (2006). Crime classification manual: A standard system for investigating and classifying violent crimes (2nd ed.). San Francisco: Jossey-Bass.

Douglas, J. E., & Munn, C. (1992a). The detection of staging and personation at the crime scene. In J. E. Douglas, A. W. Burgess, A. G. Burgess, & R. K. Ressler (Eds.), Crime classification manual (pp. 249–258). New York: Lexington Books.

Douglas, J. E., & Munn, C. (1992b). Modus operandi and the signature aspects of violent crime. In J. E. Douglas, A. W. Burgess, A. G. Burgess, & R. K. Ressler (Eds.), Crime classification manual (pp. 259–268). New York: Lexington Books.

Douglas, J. E., & Munn, C. (1992c, February). Violent crime scene analysis. FBI Law Enforcement Bulletin, 1–10.

Douglas, J. E., & Olshaker, M. (1995). Mind hunter: Inside the FBI's elite serial crime unit. New York: Pocket Books.

Douglas, J. E., & Olshaker, M. (1999). The anatomy of motive. New York: Scribner.

Douglas, J. E., & Olshaker, M. (2000). The cases that haunt us. New York: Pocket Books.

Douglas, J. E., Ressler, R. K., Burgess, A. W., & Hartman, C. R. (1986). Criminal profiling from crime scene analysis. Behavioral Sciences & the Law, 4, 401–421.

Douglas, K. S., & Ogloff, J. R. P. (2003). The impact of confidence on the accuracy of structured professional and actuarial violence risk judgments in a sample of forensic psychiatric patients. Law and Human Behavior, 27, 573–587.

Drake v. Portuondo, 321 F. 3d 338 (2003).

Ducat, L., & Ogloff, J. R. P. (2011). Understanding and preventing bushfire-setting:A psychological perspective. Psychiatry, Psychology and Law, 18, 341-356.

Dupré, K. E., Barling, J., Turner, N., & Stride, C. B. (2010). Comparing perceived injustices from supervisors and romantic partners as predictors of aggression. Journal of Occupational Health Psychology, 15, 359-370.

Duwe, G., Donnay, W., & Tewksbury, R. (2008). Does residential proximity matter? A geographic analysis of sex offense recidivism. Criminal Justice and Behavior, 35, 484-504.

Dvorak, J. A. (2000, December 21). Kansas launches racial profiling study. Kansas City Star, pp. 1, 11.

Dwyer, K., Osher, D., & Warger, C. (1998). Early warning, timely response: A guide to safe schools. Washington, DC: U. S. Department of Education. Ebert, B. W. (1987). Guide to conducting a psychological autopsy. Professional Psychology: Research and Practice, 18, 52-56.

Ebisike, N. (2008). Offender profiling in the courtroom: The use and abuse of expert witness testimony. Westport, CT: Praeger.

Eke, A. W., Hilton, N. Z., Meloy, J. R., Mohandie, K., & Williams, J. (2011). Predictors of recidivism by stalkers: A nine-year follow-up of police contacts. Behavioral Sciences & the Law, 29, 271-283.

Ekman, P. (2009). Telling lies: Clues to deceit in the marketplace, politics, and marriage. New York: Norton.

Ekman, P., & O'sullivan, M. (1991). Who can catch a liar? American Psychologist, 46, 913-920.

Ekman, P., O'sullivan, M., Friesen, W. V., & Scherer, K. (1991). Journal of Nonverbal Behavior, 15, 123-135.

Eldridge, J. D., & Jones, J. P. (1991). Warped space: A geography of distance decay. Professional Geographer, 43, 500-511.

Eldridge, T. R., Ginsburg, S., Hempel, W. T., II, Kephart, J. L., & Moore, K. (2004, August 21). 9/11 and terrorist travel: Staff Report of the National Commission on Terrorists Attacks upon the United States. Washington, DC: U. S. Government Printing Office.

Faigman, D. L., & Monahan, J. (2009). Standards of legal admissibility and their implications for psychological science. In J. L. Skeem, K. S. Douglas, & S. O. Lilienfeld (Eds.), Psychological science in the courtroom: Consensus and controversy (pp. 3-25). New York: Guilford Press.

Fanetti, M., & Boles, R. (2004). Forensic interviewing and assessment issues with children. In W. T. O' Donohue & E. R. Levensky (Eds.), Handbook of forensic psychology: Resource for mental health professionals and legal professionals (pp. 245-265). Amsterdam: Elsevier.

Federal Bureau of Investigation. (1985, August). Crime scene and profile characteristics of organized and disorganized murders. FBI Law Enforcement Bulletin, 54, 18-25.

Federal Bureau of Investigation. (2005). Crime in the United States 2004: Uniform Crime Reports. Washington, 289DC: U. S. Department of Justice.

Federal Bureau of Investigation. (2010a). Crime in the United States 2009: Uniform Crime Reports. Washington, DC: U. S. Department of Justice.

Federal Bureau of Investigation. (2010b, August 7). NCIC missing persons and unidentified person statistics for 2007. Washington, DC: Federal Bureau of Investigation, National Crime Information Center.

Federal Bureau of Investigation. (2011a, May 9). Behavioral interview program: Attempting to understand violent offenders. Available at http://www.fbi.gov/news/stories/2011/may/bau_050911/bau_050911.

Federal Bureau of Investigation. (2011b). Crime in the United States 2010: Uniform Crime Reports. Washington, DC: U. S. Department of Justice.

Federal Bureau of Investigation. (2011c, March 23). Non-family abductions. Washington, DC: U. S. Department of Justice.

Fein, R. A., & Vossekuil, B. (1998, July). Protective intelligence and threat assessment investigations: A guide for state and local law enforcement officials. Washington, DC: U. S. Department of Justice and U. S. Secret Service.

Fein, R. A., Vossekuil, B., & Holden, G. A. (1995, July). Threat assessment: An approach to prevent targeted violence. Washington, DC: U. S. Department of Justice, National Institute of Justice.

Filbert, K. (2008, February). Targeting crime in hot spots and hot places. Geography & Public Safety, 1(1), 4-7.

Fingar, T. (2011). Analysis in the U. S. intelligence community: Missions, masters, and methods. In B. Fishschhoff & C. Chauvin (Eds.), Intelligence analysis: Behavioral and social scientific foundations (pp. 3-27). Washington, DC: National Academies Press.

Finkelhor, D., Hammer, H., & Sedlak, A. J. (2002, October). Nonfamily abducted children: National estimates and characteristics. Washington, DC: U. S. Department of Justice.

Finkelhor, D. , Hotaling, G. T. , & Sedlack, A. J. (1992). The abduction of children by strangers and nonfamily members: Estimating the incidence using multiple methods. Journal of Interpersonal Violence, 7, 226–243.

Finkelhor, D. , Ormrod, R. , Turner, H. , & Hamby, S. L. (2005). The victimization of children and youth: A comprehensive, national survey. Child Maltreatment, 10, 5–25.

Finn, R. (2008). Criminal profiler shares some secrets. Psychiatry News, 36(5), 36.

Firestone, P. , Bradford, J. M. , Greenberg, D. M. , & Larose, M. R. (1998). Homicidal sex offenders: Psychological, phallometric, and diagnostic features. Journal of the American Academy of Psychology and Law, 26, 537–552.

Fisher, B. S. , Cullen, F. T. , & Turner, M. G. (2000). Sexual victimization of college women. Washington, DC: U. S. Department of Justice, National Institute of Justice.

Fiske, I. D. (2010). Failure to secure the skies: Why America has struggled to protect itself and how it can change. Virginia Journal of Law & Technology, 15, 173–197.

Fontaine, N. , Carbonneau, R. , Vitaro, F. , Barker, E. D. , & Tremblay, R. E. (2009). Research review: A critical review of studies on the developmental trajectories of antisocial behavior in females. Journal of Child Psychology and Psychiatry, 50, 363–385.

Foster, D. (2000). Author unknown: On the trail of the anonymous. New York: Henry Holt.

Fox, J. A. , & Levin, J. (1998). Multiple murder: Patterns of serial and mass murder. In M. Tonry (Ed.), Crime and justice: A review of the research (pp. 407–455). Chicago: University of Chicago Press.

Fox, J. A. , & Levin, J. (2003). Mass murder: An analysis of extreme violence. Journal of Applied Psychoanalytic Studies, 5, 47–64.

Fox, J. A. , & Levin, J. (2005). Extreme killing: Understanding serial and mass murder. Thousand Oaks, CA: Sage.

Frank, M. G. , & Ekman, P. (1997). The ability to detect deceit generalizes across different types of highstake lies. Journal of Personality and Social Psychology, 72, 1429–1439.

Franklin, K. (2008). The Tim Masters case: Chasing Reid Meloy. In the News. Available at http://forensicpsychologist. blogspot. com/2008/ 02/tim-masters-case-chasing-reid-meloy. html

Fritzon, K. (2001). An examination of the relationship between distance travelled and motivational aspects of arson. Journal of Environmental Psychology, 21, 45–60.

Fritzon, K., Canter, D., & Wilton, Z. (2001). The application of an action system mode to destructive behaviour: The examples of arson and terrorism. Behavioral Sciences & the Law, 19, 657-690.

Fritzon, K., & Ridgway, J. (2001). Near-death experience: The role of victim reaction in attempted homicide. Journal of Interpersonal Violence, 16, 679-696.

Frye v. United States, 293 F. 1013(D. C. Cir. 1923).

Gatowski, S., Dobbin, S., Richardson, J. T., Ginsburg, G., Merlino, M., & Dahir, V. (2001). Asking the gatekeepers: A national survey of judges on judging expert evidence in a post-Daubert world. Law and Human Behavior, 25, 433-458.

Geberth, V. J. (1993, July). Suicide-by-cop: Inviting death from the hands of a police officer. Law and Order, 105-106.

Geberth, V. J. (2004). An equivocal death and staged crime scene: Making a homicide appear to be a suicide. Law and Order, 52(11), 7-14.

Gekoski, A., & Gray, J. M. (2011). "It may be true, but how's it helping?" UK police detectives' views of the operational usefulness of offender profiling. International Journal of Police Science and Management, 13, 103-116.

Gelles, M. G. (1995). The psychological autopsy: An investigative aid. In M. I. Kurke & E. M. Scrivner (Eds.), Police psychology into the 21st century (pp. 337-355). Hillsdale, NJ: Erlbaum.

General Electric Co. v. Joiner, 522 U. S. 136 118 S. Ct. 512(1997).

Gentile, S. R., Asamen, J. K., Harmell, P. H., & Weathers, R. (2002). The stalking of psychologists by their clients. Professional Psychology: Research and Practice, 33, 490-494.

George, J. A. (2008). Offender profiling and expert testimony: Scientifically valid or glorified results? Vanderbilt Law Review, 61(1), 221-260.

Gerler, E. R., Jr. (2007). What the Amish taught us. Journal of School Violence, 6, 1-2.

Gier, V. S., Kreiner, D. S., & Hudnell, W. J. (2012). AMBER alerts: Are school-type photographs the best choice for identifying missing children? Journal of Police and Criminal Psychology, 27, 9-23.

Giggie, M. A. (2010). Psychological autopsy in children and adolescents. In E. G. Benedek, P. Ash, & C. L. Scott (Eds.), Principles and practice of child and adolescent mental health (pp. 431-442). Arlington, VA: American Psychiatric Publishing.

Ginges, J., Atran, S., Sachdeva, S., & Medin, D. (2011). Psychology out of the laboratory:The challenge of violent extremism. American Psychologist,66,507-519.

Gladwell,M. (2005). Blink:The power of thinking without thinking. New York:Little,Brown.

Gladwell,M. (2009). Dangerous minds:Criminal profiling made easy. In M. Gladwell (Ed.),What the dog saw(pp. 336-356). New York:Little,Brown.

Godwin,G. M. (2000). Hunting serial predators: A multivariate classification approach to profiling violent behavior. Boca Raton,FL:CRC Press.

Godwin,M. ,& Canter,D. (1997). Encounter and death:The spatial behavior of U. S. serial killers. Policing:An International Journal of Police Strategy and Management,20,24-38.

Goodman,N. (1978). Ways of worldmaking. Indianapolis,IN:Hackett.

Goodwill,A. M. ,& Alison,L. J. (2006). The development of a filter model for prioritizing suspects in burglary offences. Psychology,Crime and Law,12,395-416.

Gordon,M. E. ,Kleiman,L. S. ,& Hanie,C. A. (1978). Industrial-organization psychology:Open thy ears O house of Israel. American Psychologist,33,893-905.

Gosink,P. ,& Jumbelic,M. I. (2000). Autoerotic asphyxiation in a female. American Journal of Forensic Medicine and Pathology,21,114-118.

Gosling,S. D. (2008). Snoop: What your stuff says about you. New York: Basic Books.

Gosling,S. D. ,Ko,S. J. ,Mannarelli,T. ,& Morris,M. E. (2002). A room with a cue:Personality judgments based on offices and bedrooms. Journal of Personality and Social Psychology,82,370-398.

Gottfredson,G. D. ,Gottfredson,D. C. ,Payne,A. A. ,& Gottfredson,N. C. (2005). School climate predictors of school disorder:Results from a national study of delinquency prevention in schools. Journal of Research in Crime and Delinquency,42, 412-444.

Granhag,P. A. ,& Knieps,M. (2011). Episodic future thought: Illuminating the trademarks of forming true and false intentions. Applied Cognitive Psychology,25, 274-280.

Greenberg,L. ,& Barling,J. (1999). Predicting employee aggression against coworkers,subordinates and supervisors: The roles of person behaviors and perceived workplace factors. Journal of Organizational Behavior,20,897-913.

Greenburg,M. M. (2011). The Mad Bomber of New York:The extraordinary true story of the manhunt that paralyzed a city. New York:Union Square Press. 292.

Gregorie,T. (2000). Workplace violence. In G. Coleman,M. Gaboury,M. Murray,&

A. Seymour (Eds.) , 1999 National Victim Assistance Academy (pp. 1 – 27). Washington, DC: U. S. Department of Justice.

Gretton, H. M. , McBride, M. , Hare, R. D. , O'shaughnessy, R. , & Kumka, G. (2001). Psychopathy and recidivism in adolescence sex offenders. Criminal Justice and Behavior, 28, 427–449.

Griffin, T. , & Miller, M. K. (2008). Child abduction, AMBER Alert, and crime control theater. Criminal Justice Review, 33, 159–176.

Griffin, T. , Miller, M. K. , Hoppe, J. , Rebideaux, A. , & Hammack, R. (2007). A preliminary examination of AMBER Alert's effects. Criminal Justice Policy Review, 18, 378–394.

Groth, A. N. (1979a). Men who rape: The psychology of the offender. New York: Plenum.

Groth, A. N. (1979b). Sexual trauma in the life histories of rapists and child molesters. Victimology, 4, 10–16.

Grove, W. M. , & Meehl, P. E. (1996). Comparative efficiency of informal (subjective, impressionistic) and formal (mechanical, algorithmic) prediction procedures: The clinical–statistical controversy. Psychology, Public Policy, and Law, 2, 293–323.

Grubin, D. (2002). The potential use of polygraph in forensic psychiatry. Criminal Behaviour and Mental Health, 12, 45–55.

Grubin, D. (2008). The case for polygraph testing of sex offenders. Legal and Criminological Psychology, 13, 177–189.

Grubin, D. , Kelly, P. , & Brunsdon, C. (2001). Linking serious sexual assaults through behaviour. London: Home Office.

Gudjonsson, G. H. , & Copson, G. (1997). The role of the expert in criminal investigation. In J. L. Jackson & D. A. Bekerian (Eds.), Offender profiling: Theory, research and practice (pp. 61–76). Chichester, UK: Wiley.

Guerette, R. T. (2002). Geographical profiling. In D. Levinson (Ed.), Encyclopedia of crime and punishment (Vol. 2, pp. 780–784). Thousand Oaks, CA: Sage.

Haines, J. , Williams, C. L. , & Lester, D. (2011). The characteristics of those who do and do not leave suicide notes: Is the method valid? Omega: Journal of Death & Dying, 63, 79–94.

Häkkänen, H. , Hurme, K. , & Liukkonen, M. (2007). Distance patterns and disposal sites in rural area homicides committed in Finland. Journal of Investigative Psychology and Offender Profiling, 4, 181–197.

Häkkänen, H. , Linhlöf, P. , & Santtila, P. (2004). Crime scene actions and offender characteristics in a sample of Finnish stranger rapes. Journal of Investigative Psychology and Offender Profiling, 1, 17–32.

Häkkänen, H., Puolakka, P., & Santtila, P. (2004). Crime scene actions and offender characteristics in arsons. Legal and Criminological Psychology, 9, 197–214.

Hallett, B. (2004). Dishonest crimes, dishonest language: An argument about terrorism. In F. M. Moghaddam & A. J. Marsella (Eds.), Understanding terrorism: Psychosocial roots, consequences, and intervention (pp. 49–68). Washington, DC: American Psychological Association.

Hanfland, K. A., Keppel, R. D., & Weis, J. G. (1997, May). Case management for missing children homicide investigation. Washington, DC: U. S. Department of Justice, Office of Justice Programs.

Hanson, R. K. (2005). Twenty years of progress in violence risk assessment. Journal of Interpersonal Violence, 20, 212–217.

Hanson, R. K. (2009). The psychological assessment of risk for crime and violence. Canadian Psychology, 50, 172–182.

Hanson, R. K., & Harris, A. J. R. (2000). Where should we intervene? Dynamic predictors of sexual offense recidivism. Criminal Justice and Behavior, 27, 6–35.

Harbort, S., & Mokros, A. (2001). Serial murders in Germany from 1945 to 1995: A descriptive study. Homicide Studies, 5, 311–334.

Harcourt, B. E. (2003). The shaping of chance: Actuarial models and criminal profiling at the turn of the twenty-first century. University of Chicago Law Review, 70, 105–128.

Harcourt, B. E. (2007). Against prediction: Profiling, policing, and punishing in an actuarial age. Chicago: University of Chicago Press.

Hare, R. D. (1980). A research scale for the assessment of psychopathy in criminal populations. Personality and Individual Differences, 1, 111–119.

Hare, R. D. (1991). The Hare Psychopathy Checklist–Revised. Toronto, ON: Multi–Health Systems.

Hare, R. D. (1996). Psychopathy: A clinical construct whose time has come. Criminal Justice and Behavior, 23, 25–54.

Hare, R. D. (1998). Psychopathy, affect, and behavior. In D. Cooke, A. Forth, & R. Hare (Eds.), Psychopathy: Theory, research, and implications for society (pp. 105–138). Dordrecht, The Netherlands: Kluwer.

Hare, R. D., Clark, D., Grann, M., & Thornton, D. (2000). Psychopathy and the predictive validity of the PCL–R: An international perspective. Behavioral Sciences & the Law, 18, 623-645.

Harries, K., & LeBeau, J. (2007). Issues in the geographic profiling of crime: Review and commentary. Police Practice and Research, 8, 321-333.

Harris, A. J. R., & Hanson, R. K. (2004). Sex offender recidivism: A simple question. Ottawa, ON: Public Safety and Emergency Preparedness Canada.

Harris, D. A. (1999, June). Driving while black: Racial profiling on our nation's highways. New York: American Civil Liberties Union. Available at http://www.aclu.org/profiling/report/index.html

Harris, D. A., Smallbone, S., Dennison, S., & Knight, R. (2009). Specialization and versatility in sexual offenders referred for civil treatment. Journal of Criminal Justice, 37, 33-37.

Harris, G. T., & Rice, M. E. (1996). A typology of mentally disordered firesetters. Journal of Interpersonal Violence, 11, 351-363.

Hart, S. D., & Dempster, R. J. (1997). Impulsivity and psychopathy. In C. D. Webster & M. A. Jackson (Eds.), Impulsivity: Theory, assessment, and treatment (pp. 212-232). New York: Guilford Press.

Hartup, W. W. (2005). The development of aggression: Where do you stand? In R. E. Tremblay, W. W. Hartup, & J. Archer (Eds.), Developmental origins of aggression (pp. 3-25). New York: Guilford Press.

Hartwig, M., Granhag, P. A., Strömwall, L. A. & Vrij, A. (2005). Detecting deception via strategic disclosure of evidence. Law and Human Behavior, 29, 469-484.

Hatch-Maillette, M. A., & Scalora, M. J. (2002). Gender, sexual harassment, workplace violence, and risk assessment: Convergence around psychiatric staff's perceptions of personal safety. Aggression and Violence, 7, 271-291.

Hayes, A., Outten, W. N., & Steer, R. L. (2000). Workplace violence: Prediction and prevention. Pace Law Review, Paper 471. Available at http://digitalcommons.pace.edu/lawrev/471

Hazelwood, R., & Burgess, A. (1995). Practical aspects of rape investigation: A multidisciplinary approach (2nd ed.). Boca Raton, FL: CRC Press.

Hazelwood, R., & Douglas, J. (1980, April). The lust murderer. FBI Law Enforcement Bulletin, 49(2), 18-24.

Hazelwood, R., Ressler, R. K., Depue, R. L., & Douglas, J. E. (1995). Criminal investigative analysis: An overview. In R. R. Hazelwood & A. W. Burgess (Eds.), Practical aspects of rape investigation: A multidisciplinary approach (2nd ed., pp. 115-126). Boca Raton, FL: CRC Press.

Hazelwood, R. R. , & Warren, J. (2003). Linkage analysis: Modus operandi, ritual, and signature in serial sexual crime. Aggression and Violent Behavior, 8, 587-598.

Heil, P. , Ahlmeyer, S. , & Simons, D. (2003). Crossover sexual offenses. Sexual Abuse: A Journal of Research and Treatment, 15, 221-236.

Heilbrun, K. , Dvoskin, J. , & Heilbrun, A. (2009). Toward preventing future tragedies: Mass killings on college campuses, public health, and threat/risk assessment. Psychological Injury and Law, 2, 93-99.

Heilbrun, K. , Marczyk, G. R. , & DeMatteo, D. (2002). Forensic mental health assessments: A casebook. New York: Oxford University Press.

Heuer, R. J. , Jr. (1999). Psychology of intelligence analysis. Washington, DC: Center for the Study of Intelligence, Central Intelligence Agency.

Hewitt, C. (2003). Understanding terrorism in America: From the Klan to al Qaeda. New York: Routledge.

Hickey, E. W. (1997). Serial murderers and their victims(2nd ed). Belmont, CA: Wadsworth.

Hickey, E. W. (2010). Serial murderers and their victims(5th ed.). Belmont, CA: Wadsworth.

Hicks, S. J. , & Sales, B. D. (2006). Criminal profiling: Developing an effective science and practice. Washington, DC: American Psychological Association.

Hilton, N. Z. , Harris, G. T. , & Rice, M. E. (Eds.). (2010). Risk assessment for domestically violent men: Tools for criminal justice, offender intervention, and victim services. Washington, DC: American Psychological Association.

Hoffman, B. (1993). "Holy terror": The implication of terrorism motivated by a religious imperative(RAND Research Paper P-7834). Santa Monica, CA: RAND.

Holmes, R. M. , & DeBurger, J. T. (1985). Profiles in terror: The serial murderer. In R. M. Holmes & S. T.

Holmes(Eds.), Contemporary perspectives on serial murder(pp. 5-16). Thousand Oaks, CA: Sage.

Holmes, R. M. , & DeBurger, J. (1988). Serial murder. Newbury Park, CA: Sage.

Holmes, R. M. , & Holmes, S. T. (1998). Serial murder(2nd ed.). Thousand Oaks, CA: Sage.

Holmes, R. M. , & Holmes, S. T. (2002a). Profiling violent crimes: An investigative tool(3rd ed.). Thousand 295Oaks, CA: Sage.

Holmes, R. M. , & Holmes, S. T. (2009). Profiling violent crimes: An investigative tool(4th ed.). Thousand Oaks, CA: Sage.

Holmes, S. T., Hickey, E., & Holmes, R. M. (1991). Female serial murderesses: Constructing differentiating typologies. Journal of Contemporary Criminal Justice, 7, 245-256.

Holmes, S. T., & Holmes, R. M. (2002). Sex crimes: Patterns and behavior (2nd ed.). Thousand Oaks, CA: Sage.

Homant, R. J., & Kennedy, D. B. (1998). Psychological aspects of crime scene profiling: Validity research. Criminal Justice and Behavior, 25, 319-343.

Homant, R. J., & Kennedy, D. B. (2001). A typology of suicide of police incidents. In D. C. Sheehan & J. T. Warren (Eds.), Suicide and law enforcement (pp. 577-586). Washington, DC: U. S. Department of Justice, FBI Behavioral Science Unit.

Honts, C. R., Hartwig, M., Kleinman, S. M., & Meissner, C. A. (2009, April 17). Credibility assessment at portals. Portals Committee Report. Available at http://truth.boisestate.edu/eyesonly/Portals? Portals CommitteReport.pdf

Hucker, S. J. (2008). Sexual masochism: Psychopathology and theory. In D. R. Laws & W. T. O'Donohue (Eds.), Sexual deviance: Theory, assessment, and treatment (2nd ed., pp. 250-263). New York: Guilford.

Hucker, S. J., & Blanchard, R. (1992). Death scene characteristics in 118 fatal cases of autoerotic asphyxia compared with suicidal asphyxia. Behavioral Sciences & the Law, 10, 509-523.

Hudson, R. A. (1999, September). The sociology and psychology of terrorism: Who becomes a terrorist and why? Washington, DC: Library of Congress, Federal Research Division.

Hutson, H. R., Anglin, D., Yarborough, J., Hardaway, K., Russell, M., Strote, J., et al. (1998). Suicide by cop. Annals of Emergency Medicine, 32, 665-669.

Icove, D. J., & Estepp, M. H. (1987, April). Motive-based offender profiles of arson and fire-related crime. FBI Law Enforcement Bulletin, 17-23.

Inbau, F. E., Reid, J. E., Buckley, J. P., & Jayne, B. C. (2001). Criminal interrogation and confessions (4th ed.). Gaithersburg, MD: Aspen Publishers.

Ingram, S. (1998). If the profile fits: Admitting criminal psychological profiles into evidence in criminal trials. Journal of Urban and Contemporary Law, 54, 239-267.

Jackson v. Indiana, 406 U. S. 715 (1972). Jackson v. State, 553 So. 2d 719 (1989).

Jackson, J. L., van Koppen, P. J., & Herbrink, J. C. M. (1993). Does the service meet the needs? An evaluation of consumer satisfaction profile analysis and investigative advice offered by the Scientific Research Advisory Unit of the National Criminal Intelligence Division (CRI)—The Netherlands. Leiden: Netherlands Institute for the Study of Criminality and Law Enforcement.

Jaffe, G. (2011, August 12). Army suicides set record in July. The Washington Post, National section, p. 1.

James, D. V., & Farnham, F. R. (2003). Stalking and serious violence. Journal of the American Academy of Psychiatry and the Law, 31, 432–439.

Janssen, W., Koops, E., Anders, S., Kuhn, S., & Püschel, K. (2005). Forensic aspects of 40 accidental autoerotic deaths in northern Germany. Forensic Science International, 147S, S61–S64.

Jeffreys-Jones, R. (2007). The FBI: A history. New Haven, CT: Yale University Press.

Jenkins, B. M. (2002, July 25). Get use to it: Our airports are vulnerable to terrorism. Los Angeles Times. Available at http://articles.latimes.com/2002/jul/25/opinion/oe-jenkins25

Jenkins, P. (1988). Serial murder in England 1940–1985. Journal of Criminal Justice, 16, 1–15.

Jenkins, P. (1993). Chance or choice: The selection of serial murder victims. In A. V. Wilson (Ed.), Homicide: The victim/offender connection (pp. 461–478). Cincinnati, OH: Anderson.

Johnson, S. D. (2008). Repeat burglary victimization: A tale of two theories. Journal of Experimental Criminology, 4, 215–240.

Johnson, S. D., Bowers, K., & Hirschfield, A. (1997). New insights in the spatial and temporal distribution of repeat victimisation. British Journal of Criminology, 37, 224–241.

Jones, N. J., & Bennell, C. (2007). The development and validation of statistical prediction rules for discrimination between genuine and simulated suicide notes. Archives of Suicide Research, 11, 219–233.

Jones, S. G. (2008, September 18). Defeating terrorist groups: Testimony presented before the House Armed Services Committee, Subcommittee on Terrorism and Unconventional Threats and Capabilities. Santa Monica, CA: RAND Corporation.

Kahneman, D., & Tversky, A. (1973). On the psychology of prediction. Psychological Review, 80, 237–251.

Kanin, E. J. (1994). False rape allegations. Archives of Sexual Behavior, 23, 81–92.

Kassin, S. M., Drizin, S. A., Grisso, T., Gudjonsson, G. H., Leo, R. A., & Redlich, A. D. (2010). Police induced confessions: Risk factors and recommendations. Law and Human Behavior, 34, 3–38.

Kassin, S. M., & Fong, C. T. (1999). "I'm innocent!": Effects of training on judgment of truth and deception in the interrogation room. Law and Human Behavior, 23, 499-516.

Kelly, G. A. (1963). A theory of personality: The psychology of personal constructs. New York: Norton.

Kendall, D., McElroy, H., & Dale, A. (1999). Developments in offending profiling: The analysis of rapists' speech. Police Research and Management, 3, 1-24.

Keppel, R. D., & Birnes, W. J. (2003). The psychology of serial killer investigations: The grisly business unit. San Diego, CA: Academic Press.

Keppel, R. D., Weis, J. G., Brown, K. M., & Welch, K. (2005). The Jack the Ripper murders: A modus operandi and signature analysis of the 1888-1991 Whitechapel murders. Journal of Investigative Psychology and Offender Profiling, 2, 1-21.

Kerlinger, F. N. (1973). Foundations of behavioral research (2nd ed.). New York: Holt.

Kessler, R. (2002). The bureau: The secret history of the FBI. New York: St. Martin's Press.

Kiilakoski, T., & Oksanen, A. (2011). Soundtrack of the school shootings: Cultural script, music and male rage. Young, 19(3), 247-249.

Kind, S. S. (1987). Navigational ideas and the Yorkshire Ripper investigation. Journal of Navigation, 40, 385-393.

Kitchin, R. M. (1994). Cognitive maps: What are they and why study them? Journal of Environmental Psychology, 14, 1-19.

Klinger, D. A. (2001). Suicidal intent in victim-precipitated homicide: Insights from the study of "suicide-bycop." Homicide Studies, 5, 206-226.

Klintschar, M., Grabuschnigg, P., & Beham, A. (1998). Death from electrocution during autoerotic practice: Case report and review of the literature. American Journal of Forensic Medicine and Pathology, 19, 190-193.

Knabe-Nicol, S., & Alison, L. (2011). The cognitive expertise of geographic profilers. In L. Alison & L. Rainbow (Eds.), Professionalizing offender profiling: Forensic and investigative psychology in practice (pp. 126-159). London: Routledge.

Knight, R. A., & Prentky, R. A. (1987). The developmental antecedents and adult adaptations of rapist subtypes. Criminal Justice and Behavior, 14, 403-426.

Knight, R. A., & Prentky, R. A. (1990). Classifying sexual offenders: The development and corroboration of taxonomic models. In W. L. Marshall, D. R. Laws, & H. E. Barbaree (Eds.), The handbook of sexual assault: Issues, theories, and treatments of the offender(pp. 23-52). New York: Plenum.

Knight, R. A., Warren, J. I., Reboussin, R., & Soley, B. J. (1998). Predicting rapist type from crime-scene variables. Criminal Justice and Behavior, 25, 46-80.

Knoll, J. L. (2008). The psychological autopsy, Part I: Applications and methods. Journal of Psychiatric Practice, 14, 393-397.

Knoll, J. L. (2009). The psychological autopsy, Part II: Toward a standardized protocol. Journal of Psychiatric Practice, 15, 52-59.

Kocsis, R. N. (1997). Criminal profiling the residence location of serial rape and arson offenders. Australian Police Journal, 51, 250-253.

Kocsis, R. N. (2009). Criminal profiling: Facts, fiction, and courtroom admissibility. In J. L. Skeem, K. S. Douglas, & C. O. Lilienfeld(Eds.), Psychological science in the courtroom: Consensus and controversy(pp. 246-262). New York: Guilford.

Kocsis, R. N. (2010). Criminal profiling: Principles and practice. Totowa, NJ: Humana Press.

Kocsis, R. N., Cooksey, R. W., & Irwin, H. J. (2002). Psychological profiling of offender characteristics from crime behaviors in serial rape offenses. International Journal of Offender Therapy and Comparative Criminology, 46, 144-169.

Kocsis, R. N., & Irwin, H. J. (1997). An analysis of spatial patterns in serial rape, arson, and burglary: The utility of the circle theory of environmental range for psychological profiling. Psychiatry, Psychology, and the Law, 4, 195-206.

Kocsis, R. N., Irwin, H. J., Hayes, A. F., & Nunn, R. (2000). Expertise in psychological profiling: A comparative assessment. Journal of Interpersonal Violence, 15, 311-331.

Korem, D. (1997). The art of profiling: Reading people right the first time. Richardson, TX: International Focus Press.

Kraemer, G. W., Lord, W. D., & Heilbrun, K. (2004). Comparing single and serial homicide offenses. Behavioral Sciences & the Law, 22, 325-343.

Kropp, P. R., Hart, S. D., & Lyon, D. R. (2008). Risk assessment of public figure stalkers. In J. R. Meloy, L. Sheridan, & J. Hoffmann(Eds.), Stalking, threatening, and attacking publicfigures: A psychological and behavioral analysis(pp. 343-361). New York: Oxford University Press.

Kropp, P. R., Hart, S. D., Lyon, D. R., & Storey, J. E. (2011). The development and validation of the Guidelines for Stalking Assessment and Management. Behavioral Sciences & the Law, 29, 302-316.

Kumho Tire Co. v. Carmichael, 199 S. Ct. 1167(1999). La Fon, D. S. (2002). The psychological autopsy. In B. E. Turvey(Ed.), Criminal profiling: An introduction to behavioral evidence analysis(2nd ed., pp. 157-167). San Diego, CA: Academic Press.

La Fon, D. S. (2008). The psychological autopsy. In B. E. Turvey(Ed.), Criminal profiling: An introduction to behavioral evidence analysis (3rd ed., pp. 419-429). Amsterdam: Elsevier/Academic Press.

Laird, R. D., Jordan, K. Y., Dodge, K. A., Pettit, G. S., & Bates, J. E. (2001). Peer rejection in childhood, involvement with antisocial peers in early adolescence, and the development of externalizing behavior problems. Development and Psychopathology, 13, 337-354.

Lambie, I., & Randell, I. (2011). Creating a firestorm: A review of children who deliberately light fires. Clinical Psychology Review, 31, 307-327.

Langan, P. A., Schmitt, E. C., & Durose, M. R. (2003, November). Recidivism of sex offenders released from prison in 1994. Washington, DC: U. S. Department of Justice, Office of Justice Programs.

Langer, W. C. (1943). The mind of Adolf Hitler: The secret wartime report. New York: Basic Books.

Langman, P. (2009). Rampage school shooters: A typology. Aggression and Violent Behavior, 14, 79-86.

Larkin, R. W. (2009). The Columbine legacy: Rampage shootings as political acts. American Behavioral Scientist, 52, 1309-1326.

Laukkanen, M., & Santtila, P. (2006). Predicting the residential location of a serial commercial robber. Forensic Science International, 157, 71-82.

Laukkanen, M., Santtila, P., Jern, P., & Sandnabba, K. (2008). Predicting offender home location in urban burglary series. Forensic Science International, 176, 224-233.

Le, D., & Macnab, A. J. (2001). Self strangulation by hanging from cloth towel dispensers In Canadian schools. Injury Prevention, 7, 231-233.

Leary, M. R., Kowalski, R. M., Smith, L., & Phillips, S. (2003). Teasing, rejection, and violence: Case studies of the school shootings. Aggressive Behavior, 29, 202-214.

LeBlanc, M. M., & Barling, J. (2005). Understanding the many faces of workplace violence. In S. Fox & P. E. Spector(Eds.), Counterproductive work behavior: Investigations of actors and targets(pp. 41-63). Washington, DC: American Psychological Association.

LeBlanc, M. M., & Kelloway, E. K. (2002). Predictors and outcomes of workplace violence and aggression. Journal of Applied Psychology, 87, 444-453.

Leclerc, B., Wortley, R., & Smallbone, S. (2010). Investigating mobility patterns for repetitive sexual contact in adult child sex offending. Journal of Criminal Justice, 38, 648-656.

Leitner, M., & Kent, J. (2009). Bayesian journey-to-crime modeling of single and multiple crime-type series in Baltimore County, MD. Journal of Investigative Psychology and Offender Profiling, 6, 213-236.

Leo, R. A. (2008). Police interrogation and American justice. Cambridge, MA: Harvard University Press.

Levine, N. (2000). CrimeStat: A spatial statistics program for the analysis of crime incident locations. Annandale, VA: Ned Levine & Associates.

Levine, N. (2002). CrimeStat II: A spatial statistics program for the analysis of crime incident locations. Houston, TX: Ned Levine & Associates.

Levine, N. (2009). Introduction to the special issue on Bayesian journey-to-crime estimation. Journal of Investigative Psychology and Offender Profiling, 6, 167-185.

Lewin, T. (2001, January 1). New state laws tackle familiar national issues. New York Times. Available at http://www. nytimes. com/2001/01/ 01/us/new-state-laws-tackle-familiar-national-issues. html

Lilienfeld, S. O., & Landfield, K. (2008). Science and pseudoscience in law enforcement: A user-friendly primer. Criminal Justice and Behavior, 35, 1215-1230.

Lindsay, M. S. (2001). Identifying the dynamics of suicide by cop. In D. C. Sheehan & J. T. Warren (Eds.), Suicide and law enforcement (pp. 599-606). Washington, DC: U. S. Department of Justice, Behavioral Science Unit.

Linkletter, M., Gordon, K., & Dooley, J. (2011). The choking game and YouTube: A dangerous combination. Clinical Pediatrics, 49, 274-279.

Lisak, D., Conklin, A., Hopper, J., Miller, P. M., Altschuler, L., & Smith, B. M. (2000). The Abuse Perpetration Inventory: Development of a valid assessment instrument for research on the cycle of violence. Family Violence & Sexual Assault Bulletin, 16(1), 21-30.

Lisak D., Gardinier, L., Nicksa, S. C., & Cote, A. M. (2010). False allegations of sexual assault: An analysis of ten years of reported cases. Violence Against Women, 16, 1318-1334.

Lisak, D., & Miller, P. M. (2002). Repeat rape and multiple offending among undetected rapists. Violence and Victims, 17, 73-84.

Loftus, E. F. (2011). Intelligence gathering post-9/11. American Psychologist, 66, 532-541.

Lonsway, K. A. (2010). Trying to move the elephant in the living room: Responding to the challenge of false rape reports. Violence Against Women, 16, 1356–1371.

Lord, V. B. (2000). Law enforcement–assisted suicide. Criminal Justice and Behavior, 27, 401–419.

Lord, W. D., Boudreaux, M. C., & Lanning, K. V. (2001, April). Investigating potential child abduction cases: A developmental perspective. FBI Law Enforcement Bulletin, 1–10.

Lundrigan, S., & Canter, D. V. (2001). A multivariate analysis of serial murderers' disposal site location choice. Journal of Environmental Psychology, 21, 423–431.

Lundrigan, S., & Czarnomski, S. (2006). Spatial characteristics of serial sexual assault in New Zealand. Australian and New Zealand Journal of Criminology, 39, 218–231.

MacKenzie, R. D., McEwan, T. E., Pathé, M., James, D. V., Ogloff, J. R. P., & Mullen, P. E. (2009). Stalking Risk Profile: Guidelines for the assessment and management of stalkers. Melbourne, Australia: Centre for Forensic Behavioural Science.

Macnab, A. J., Deevska, M., Gagnon, F., Cannon, W. G., & Andrew, T. (2009). Asphyxial games or "the choking game": A potentially fatal risk behavior. Injury Prevention, 15, 45–49.

Maikovich, A. K. (2005). A new understanding of terrorism using cognitive dissonance principles. Journal for the Theory of Social Behaviour, 35, 373–397.

Mamalian, C. A., & LaVigne, N. G. (1999, January). The use of computerized crime mapping by law enforcement: Survey results. Washington, DC: U. S. Department of Justice, National Institute of Justice.

Maris, R. W., Berman, A. L., & Silverman, M. M. (2000). Comprehensive textbook of suicidology. New York: Guilford.

Markson, L., Woodhams, J., & Bond, J. W. (2010). Linking serial residential burglary: Comparing the utility of modus operandi behaviours, geographical proximity, and temporal proximity. Journal of Investigative Psychology and Offender Profiling, 7, 91–107.

Marshall, B. C., & Alison, L. J. (2007). Stereotyping, congruence and presentation order: Interpretative biases in utilizing offender profiles. Psychology, Crime & Law, 13, 285–303.

Martineau, M. M., & Corey, S. (2008). Investigating the reliability of the Violent Crime Linkage System (VICLAS) crime report. Journal of Police and Criminal Psychology, 23, 51–60.

Martonosi, S. E. , & Barnett, A. (2006). How effective is security screening of airline passengers? Interfaces, 36, 545-552.

Masters v. People, 58 P. 3d 979, 983 (Colo. 2002). Mazzoni, G. , & Vannucci, M. (2007). Hindsight bias, the misinformation effect, and false autobiographical memories. Social Cognition, 25, 203-220.

McClave, J. L. , Russell, P. J. , Lyren, A. , O' Riordan, M. A. , & Bass, N. E. (2010). The choking game: Physician perspectives. Pediatrics, 125, 82-87.

McCue, C. (2011, March). Proactive policing: Using geographic analysis to fight crime. Geography & Public Safety, 2(4), 3-5.

McEwan, T. E. , Mullen, P. E. , & Purcell, R. (2007). Identifying risk factors in stalking: A review of current research. International Journal of Law and Psychiatry, 30, 1-9.

McEwan, T. E. , Pathé, M. , & Ogloff, J. R. P. (2011). Advances in stalking risk assessment. Behavioral Sciences & the Law, 29, 180-201.

McGee, J. , & DeBernardo, C. (1999). The classroom avenger: A behavioral profile of school-based shootings. Forensic Examiner, 8, 16-18.

McGowan, M. R. , Horn, R. A. , & Mellott, R. N. (2011). The predictive validity of the Structured Assessment of Violence Risk in youth in secondary educational settings. Psychological Assessment, 23, 478-486.

McWhorter, S. K. , Stander, V. A. , Merrill, L. L. , Thomsen, C. J. , & Milner, J. S. (2009). Reports of rape reperpetration by newly enlisted male Navy personnel. Violence and Victims, 24, 204-218.

Meadows, S. (2006, July 17). Murder on their minds. Newsweek, pp. 28-29.

Meagher, P. J. (1956, December 25). 16-year search for madman. New York Times, pp. 1, 31.

Meehl, P. E. (1954). Clinical versus statistical prediction: A theoretical analysis and a review of the evidence. Minneapolis: University of Minnesota Press.

Meissner, C. A. , Hartwig, M. , & Russano, M. B. (2010). The need for a positive psychological approach and collaborative effort for improving practice in the interrogation room. Law and Human Behavior, 34, 43-45.

Meissner, C. A. , & Kassin, S. M. (2002). "He's guilty!": Investigation bias in judgments of truth and deception. Law and Human Behavior, 26, 469-480.

Meissner, C. A. , & Lassiter, G. D. (2010). Conclusion: What have we learned? Implications for practice, policy, and future research. In G. D. Lassiter & C. A. Meissner (Eds.), Police interrogations and false confessions: Current research, practice, and policy recommendations. Washington, DC: American Psychological Association.

Meloy, J. R., & Felthouse, A. (2011). Introduction to this issue: International perspectives on stalking. Behavioral Sciences & the Law, 29, 139-140.

Melton, G. B., Petrila, J., Poythress, N. G., & Slobogin, C. (2007). Psychological evaluations for the courts: A handbook for mental health professionals and lawyers. New York: Guilford.

Merckelbach, H., Jelicic, M., & Pieters, M. (2011). The residual effect of feigning: How intentional faking may evolve into a less conscious form of symptom reporting. Journal of Clinical and Experimental Neuropsychology, 33, 131-139.

Merry, S., & Harsent, L. (2000). Intruders, pilferers, raiders and invaders: The interpersonal dimension of burglary. In D. Canter & L. Alison (Eds.), Profiling property crimes (pp. 31-56). Burlington, VT: Ashgate.

Meyer, C. B. (2010). Criminal profiling as expert evidence? An international case law perspective. In R. N. Kocsis (Ed.), Criminal profiling: International theory, research, and practice (pp. 207-247). Totowa, NJ: Humana Press.

Mischel, W. (1968). Personality and assessment. New York: Wiley.

Mischel, W., & Peake, P. K. (1982). Beyond déjà vu in the search for cross-sectional consistency. Psychological Review, 89, 730-735.

Moffitt, T. E. (1993a). Adolescent-limited and life-course persistent antisocial behavior: A developmental taxonomy. Psychological Review, 100, 674-701.

Moffitt, T. E. (1993b). The neuropsychology of conduct disorder. Development and Psychopathology, 5, 135-151.

Moffit, T. E. (2003). The new look of behavior genetics in developmental psychopathology: Gene-environmental interplay in antisocial behavior. Psychological Bulletin, 131, 533-554.

Moffitt, T. E. (2006). Life-course-persistent versus adolescent-limited antisocial behavior. In D. Cicchetti & D. J. Cohen (Eds.), Developmental psychopathology. Vol. 3: Risk, disorder, and adaptation (2nd ed., pp. 570-598). Hoboken, NJ: Wiley.

Moffitt, T. E., Caspi, A., Harrington, H., & Milne, B. J. (2002). Males on the life-course-persistent and adolescence-limited antisocial pathways: Follow-up at age 26 years. Development and Psychopathology, 14, 179-207.

Moghaddam, F. M. (2004). Cultural preconditions for potential terrorist groups: Terrorism and societal change. In F. M. Moghaddam & A. J. Marsella (Eds.), Understanding terrorism: Psychosocial roots, consequences, and interventions (pp. 103-117). Washington, DC: American Psychological Association.

Mohandie, K. (2004). Stalking behavior and crisis negotiations. International Journal of Police Crisis Negotiations, 4, 23-44.

Mohandie, K., Meloy, J. R., McGowan, M. G., & Williams, J. (2006). The RECON typology of stalking: Reliability and validity based upon a large sample of North American stalkers. Journal of Forensic Sciences, 51, 147-155.

Monahan, J. (1981). The clinical prediction of violent behavior. Rockville, MD: National Institute of Mental Health.

Monahan, J. (1996). Violence prediction: The past twenty years and the next twenty years. Criminal Justice and Behavior, 23, 107-120.

Monahan, J., Steadman, H. J., Silver, E., Appelbaum, P. S., Robbins, P. C., Mulvey, E. P., et al. (2001). Rethinking risk assessment: The MacArthur Study of Mental Disorder and Violence. New York: Oxford University Press.

Monahan, K. C., Steinberg, L., & Cauffman, E. (2009). Affiliation with antisocial peers, susceptibility to peer influence, and antisocial behavior during the transition to adulthood. Developmental Psychology, 45, 1520-1530.

Monahan, T. F. (2001). Suicide by cop: Strategies for crisis negotiations and first responders. In D. C. Sheehan & J. T. Warren (Eds.), Suicide and law enforcement (pp. 637-646). Washington, DC: U. S. Department of Justice, FBI Behavioral Science Unit.

Montet, L. (2008). The observations of the French judiciary: A critique of the French Ministry of Justice policy report into criminal analysis. In R. N. Kocsis (Ed.), Criminal profiling: International theory, research, and practice (pp. 289-302). Totowa, NJ: Humana Press.

Moore, W. H., Petrie, C. V., Braga, A. A., & McLaughlin, B. L. (2003). Deadly lessons: Understanding lethal school violence. Washington, DC: National Academies Press.

Morgan, F. (2001). Repeat burglary in a Perth suburb: Indicator of short-term or long-term risk? In G. Farrell & K. Pease (Eds.), Repeat victimization (pp. 83-118). Monsey, NY: Criminal Justice Press.

Morris, N., & Miller, M. (1985). Predictions of dangerousness. In M. Tonry & N. Morris (Eds.), Crime and justice: An annual review of research (Vol. 6, pp. 1-50). Chicago: University of Chicago Press.

Morris, T. P. (1957). The criminal area: A study in social ecology. London: Routledge and Kegan Paul.

Morton, R. J., & Hilts, M. A. (Eds.). (2005). Serial murder: Multidisciplinary perspectives for investigators. Washington, DC: U. S. Department of Justice, Federal Bureau of Investigation.

Moses, S. (1990). Psychologists criticize probe of blast on Iowa. APA Monitor, 21 (2), 20.

Mullen, P. E., MacKenzie, R., Ogloff, J. R. P., Pathé, M., McEwan, T., & Purcell, R. (2006). Assessing and managing risk in the stalking situation. Journal of the American Academy of Psychiatry and Law, 34, 439-450.

Mullen, P. E., Pathé, M., & Purcell, R. (2000). Stalkers and their victims. Cambridge, UK: Cambridge University Press.

Mullen, P. E., Pathé, M., & Purcell, R. (2001). Stalking: New constructions of human behaviour. Australian and New Zealand Journal of Psychiatry, 35, 9-16.

Mullen, P. E., Pathé, M., & Purcell, R. (2009). Stalkers and their victims (2nd ed.). Cambridge, UK: Cambridge University Press.

Mullen, P. E., Pathé, P. E., Purcell, R., & Stuart, G. W. (1999). Study of stalkers. American Journal of Psychiatry, 156, 1244-1249.

Muller, D. A. (2000). Criminal profiling: Real science or just wishful thinking? Homicide Studies, 4, 234-264.

Murray, H. A. (1943). Analysis of the personality of Adolf Hitler: With predictions of his future behavior and suggestions for dealing with him now and after Germany's surrender. Washington, DC: Office of Strategic Services.

Murthy, V. (2010). Psychological autopsy: A review. Al Ameen Journal of Medical Science, 3, 177-181.

Musch, J., & Wagner, T. (2007). Did everyone know it all along? A review of individual differences in hindsight bias. Social Cognition, 25, 64-82.

Muschert, G. W. (2002). Media and massacre: The social construction of the Columbine story. Boulder: University of Colorado Press.

Myers, W. C. (2004). Serial murder by children and adolescents. Behavioral Sciences & the Law, 22, 357-374.

Nader, K., & Mello, C. (2002). Shootings, hostage takings, and children. In A. M. La Greca, W. K. Silverman, E. M. Vernberg, & M. C. Roberts (Eds.), Helping children cope with disasters and terrorism (pp. 301-326). Washington, DC: American Psychological Association. Nagayama-Hall, G. (1992, November/December). Inside the mind of the rapist. Psychology Today, 25, p. 12.

Nagin, D. (2007). Moving choice to center stage in criminological research and theory. Criminology, 45, 259-272.

Napolitano, J. (2010, September 22). Statement of Secretary Janet Napolitano before the United States Senate Committee on Homeland Security and Government Affairs: Nineyears after 9/11: Confronting the terrorist threat to the homeland. Available at http://www.dhs.gov/ynews/testimony/testimony_1285168556484.shtm

Napolitano, J. (2011, August 8). How DHS is countering violent extremism. The Blog @ Homeland Security. Available at http://blog.dhs.gov/2011/08/how-dhs-is-countering-violent-extremism.html

National Center for Missing & Exploited Children. (2010). 2009 AMBER Alert Report. Alexandria, VA: Author.

National Institute of Justice. (2011). Special report: Making sense of DNA backlogs, 2010—Myths vs. reality. Washington, DC: Author.

National Research Council. (2003). The polygraph and lie detection. Committee to Review the Scientific 304Evidence on the Polygraph. Washington, DC: National Academies Press.

National Research Council. (2008). Protecting individual privacy in the struggle against terrorists: A framework for assessment. Washington, DC: National Academies Press.

National Research Council. (2010). Field evaluation in the intelligence and counterintelligence context. Washington, DC: National Academies Press.

Neitzel, A. R., & Gill, J. R. (2011). Death certification of "suicide by cop". Journal of Forensic Sciences, 56, 1657-1660.

Nesbo, J. (2010). The snowman (D. Bartlett, Trans.). New York: Knopf.

Nestler, S. (2010). Belief perseverance: The role of accessible content and accessibility experiences. Social Psychology, 41, 35-41.

Neuman, J. H., & Baron, R. A. (1998). Workplace violence and workplace aggression: Evidence concerning specific forms, potential causes, and preferred targets. Journal of Management, 24, 391-419.

Newman, D. W., & Brown, N. -Q. D. (2009). Historical overview and perceptions of racial and terrorist profiling in an era of Homeland Security. Criminal Justice Policy Review, 20, 359-374.

Nickerson, R. S. (2011). Role of human factors and ergonomics in meeting the challenge of terrorism. American Psychologist, 66, 555-566.

Nikolas, K. (2011, October 17). DHS tests Future Attribute Screening Technology.

Digital Journal. Available at http://www. digitaljournal. com/article/312942 9/11 Commission. (2004, September 9). The 9/11 Commission Report. Washington, DC: U. S. Government Printing Office.

Nolan, C. (2011, April 29). Men's fashions of the 1930s. Encyclopedia. com.

Ogloff, J. R. P., & Otto, R. K. (1993). Psychological autopsy: Clinical and legal perspectives. Saint Louis University Law Journal, 37, 607-644.

Omestad, T. (1994, Summer). Psychology and the CIA: Leaders on the couch. Foreign Policy, 94, 104-122.

Ormerod, D., & Sturman, J. (2005). Working with the courts: Advice for expert witnesses. In L. Alison (Ed.), The forensic psychologist's casebook: Psychological profiling and criminal investigation (pp. 170-193). Portland, OR: Willan.

O'Toole, M. E. (1999, February). Criminal profiling: The FBI uses criminal investigative analysis to solve crimes. Corrections Today, 44-46.

O'Toole, M. E. (2000). The school shooter: A threat assessment perspective. Quantico, VA: Critical Incident Response Group, National Center for the Analysis of Violent Crime.

Otto, R. K., Poythress, N., Starr, L., & Darkes, J. (1993). An empirical study of reports of the APA's peer review panel in the congressional review of the U. S. S. Iowa incident. Journal of Personality Assessment, 61, 425-442.

Oyster, C. K. (2001). Police reactions to suicide by cop. In D. C. Sheehan & J. T. Warren (Eds.), Suicide and law enforcement (pp. 647-652). Washington, DC: U. S. Department of Justice, FBI Behavioral Science Unit.

Palerea, R., Zona, M. A., Lane, J. C., & Langhinrichsen-Rohling, J. (1999). The dangerous nature of 305intimate relationship stalking: Threats, violence, and associated risk factors. Behavioral Science & the Law, 17, 269-283.

Pardini, D., & Loeber, R. (2008). Interpersonal callousness trajectories across adolescence: Early social influences and adult outcomes. Criminal Justice and Behavior, 35, 173-196.

Parry, J., & Drogan, E. Y. (2000). Criminal law handbook on psychiatric and psychological evidence and testimony. Washington, DC: American Bar Association.

Passenger profiling important to aviation security, experts say. (2002, February 28). Aviation Daily, 347(40), p. 3.

Patterson, G. R. (1982). Coercive family processes. Eugene, OR: Castalia Press.

Paulsen, D. (2006). Connecting the dots: Assessing the accuracy of geographic profiling software. Policing: An International Journal of Police Strategies & Management,29,306-334.

Paulsen, D. (2007). Improving geographic profiling through commuter/marauder prediction. Police Practice and Research, 8, 347-357.

Pavlidis, J., Eberhardt, N. L., & Levine, J. A. (2002). Seeing through the face of deception. Nature, 415, 35.

Pearsall, B. (2010, June). Predictive policing: The future of law enforcement? NIJ Journal, 266, 16-19.

People v. Drake, 129 A. D. 2d 963, 514 N. Y. S 2d 280(1987). People v. Masters, 33 P. 3d 1191(Colo. App. 2001).

Petherick, W. (Ed.). (2006). Serial crime: Theoretical and practical issues in behavioral profiling. Amsterdam: Elsevier/Academic Press.

Pinizzotto, A. J. (1984). Forensic psychology: Criminal personality profiling. Journal of Police Science and Administration, 12, 32-40.

Pinizzotto, A. J., Davis, E. F., & Miller, C. E. (2005, February). Suicide by cop: Defining a devastating dilemma. FBI Law Enforcement, 8-20.

Pinizzotto, A. J., & Finkel, N. J. (1990). Criminal personality profiling: An outcome and process study. Law and Human Behavior, 14, 215-234.

Piquero, A. R., Brame, R., Fagan, J., & Moffitt, T. E. (2005, May). Assessing the offending activity of criminal domestic violence suspects: Offense specialization, escalation, andde-escalation evidence from the Spouse Assault Replication Program. Washington, DC: U. S. Department of Justice, National Criminal Justice Reference Service.

Piquero, A. R., Farrington, D. P., Nagin, D. S., & Moffitt, T. E. (2010). Trajectories of offending and their relation to life failure in late middle age: Findings from the Cambridge Study in Delinquent Development. Journal of Research in Crime and Delinquency, 47, 151-173.

Police Services Act. (2010, July 5, 2010). Violent Crime Linkage Analysis System Reports. Ontario Regulation 265/10. Available at http://www. canlii. org/en/on/laws/regu/o-reg-550-96/latest/

Pollock, W., Joo, H.-J., & Lawton, B. (2010). Juvenile arrest rates for burglary: A routine activities approach. Journal of Criminal Justice, 38, 572-579.

Popper, K. (1968). The logic of scientific discovery. New York: Harper & Row.

Porter, S., Fairweather, D., Drugge, J., Herve, H., Birt, A. R., & Boer, D. (2000). Profiles of psychopathy in incarcerated sexual offenders. Criminal Justice and Behavior, 27, 216-233.

Porter, S., Woodworth, M., & Birt, A. R. (2000). Truth, lies and videotape: An investigation of the ability of federal probation officers to detect deception. Law and Human Behavior, 24, 643-658.

Porter, S., Woodworth, M., Earle, J., Drugge, J., & Boer, D. (2003). Characteristics of sexual homicides committed by psychopathic and nonpsychopathic offenders. Law and Human Behavior, 27, 459-480.

Portzky, G., Audenaert, K., & van Heeringen, K. (2009). Psychological and psychiatric factors associated with adolescent suicide: A case-control psychological autopsy study. Journal of Adolescence, 32, 849-862.

Post, J. M., & Gold, S. N. (2002). The psychology of the terrorist: An interview with Jerrold M. Post. Journal of Trauma Practice, 1, 83-100.

Poythress, N. G., Otto, R. K., Darkes, J., & Starr, L. (1993). APA's expert panel in the congressional review of the USS Iowa incident. American Psychologist, 48, 8-15.

Prentky, R. A., & Knight, R. A. (1991). Identifying critical dimensions for discriminating among rapists. Journal of Consulting and Clinical Psychology, 59, 643-661.

Pritchard, T. (2001, February 4). Inside the hunt for a serial rapist. The Observer. Available at http://www.guardian.co.uk/uk /2001/feb/04/theobserver.uknews1

Prohaska, T. J. (2010, May 27). Murder sentence longer, 50 to life, in Drake retrial. BuffaloNews.com.

Quinet, K. (2007). The missing missing: Toward a quantification of serial murder victimization in the United States. Homicide Studies, 11, 319-339.

R. v. Guilfoyle(2001). 2 Cr. App. Rep 57.

R. v. Hillier(2003). ACTSC 50, 25 June 2003(Australia).

R. v. Klymchuck(2005). 203 C. C. C. 3d 341(Ont. C. A.).

R. v. Mohan(1994). 89 C. C. C. 3d 402; 114 D. L. R. 4 th 419.

R. v. Ranger(2003). 178 C. C. C. 3d 375. R. v. Stagg(1994). 9 Arch News, 4.

Racial Profiling Data Collection Resource Center. (2011). Legislation and litigation. Boston: Northeastern University. Available at http://www.racialprofilinganalysis.neu.edu/legislation/

Rainbow, L. (2011). Taming the beast: The UK approach to the management of behavioural investigative advice. In L. Alison & L. Rainbow (Eds.), Professionalizing offender profiling(pp. 5-17). London: Routledge.

Rainbow, L., Almond, L., & Alison, L. (2011). BIA support to investigative decision making. In L. Alison & L. Rainbow (Eds.), Professionalizing offender profiling (pp. 35-50). London: Routledge.

Rainbow, L., & Gregory, A. (2011). What behavioural investigative advisers actually do. In L. Alison & L. Rainbow (Eds.), Professionalizing offender profiling (pp. 18-34). London: Routledge.

Ramirez, D. A., Hoopes, J., & Quinlan, T. L. (2003). Defining racial profiling in a post-September 11 world. American Criminal Law Review, 40, 1195-1239.

Ramirez, D. A., McDevitt, J., & Farrell, A. (2000, November). A resource guide on racial profiling data collection systems: Promising practices and lessons learned. Boston: Northeastern University Press. Available at http://www.usdoj.gov

Ramsland, K. (2009, Spring). James A. Brussel: The "Sherlock Holmes of the couch." Forensic Examiner, 18(1), 29-33.

Ravich, T. M. (2007). Is airline passenger profiling necessary? University of Miami Law Review, 62, 1-52.

Regina v. Stagg. (1994). CCC 14th September.

Reiser, M. (1972). The police department psychologist. Springfield, IL: Charles C Thomas.

Rengert, G. F., & Groff, E. (2011). Residential burglary: How the urban environment and our lifestyles play a contributing role (3rd ed.), Springfield, IL: Charles C Thomas.

Ressler, R. K., Burgess, A. W., Douglas, J. E., Hartman, C. R., & D'Agostino, R. B. (1986). Sexual killers and their victims: Identifying patterns through crime scene analysis. Journal of Interpersonal Violence, 1, 288-308.

Ressler, R. K., Burgess, A. W., Hartman, C. R., Douglas, J. E., & McCormack, A. (1986). Murderers who rape and mutilate. Journal of Interpersonal Violence, 1, 273-283.

Review of Navy Investigation of U. S. S. Iowa Explosion. (1990). Joint Hearings before the Investigations Subcommittee and the Defense Policy Panel of the Committee on Armed Services, House of Representatives, 101st Congress, 1st Session (HASC No. 101-41). Washington, DC: U. S. Government Printing Office.

Rhodes, W. M., & Conley, C. (2008). Crime and mobility: An empirical study. In D. Canter & D. Youngs (Eds.), Principles of geographical offender profiling (pp. 127-148). Burlington, VT: Ashgate.

Rich, T., & Shively, M. (2004, December). A methodology for evaluating geographic profiling software. Cambridge, MA: Abt Associates.

Risinger, D. M., & Loop, J. L. (2002). Three card monte, Monty Hall, modus operandi and "offender profiling": Some lessons of modern cognitive science for the law of evidence. Cardozo Law Review, 24, 193–211.

Ritchie, E. C., Benedek, D., Malone, R., & Carr-Malone, R. (2006). Psychiatry and the military. Psychiatric Clinics of North America, 29, 695–707.

Ritchie, E. C., & Gelles, M. G. (2002). Psychological autopsy: The current Department of Defense effort to standardize training and quality assurance. Journal of Forensic Sciences, 47, 1370–1372.

Romans, J. S. C., Hays, J. R., & White, T. K. (1996). Stalking and related behaviors experienced by counseling center staff members from current and former clients. Professional Psychology: Research and Practice, 27, 595–599.

Ronson, J. (2010, May 14). Whodunnit? The Guardian. Available at http://www.guardian.co.uk/uk/2010/may/15/criminal-profiling-jon-ronson.

Rosenfeld, B. (2004). Violence risk factors in stalking and obsessional harassment: A review and preliminary meta-analysis. Criminal Justice and Behavior, 31, 9–36.

Rosenfeld, B., Fava, J., & Galietta, M. (2009). Working with the stalking offender: Considerations for risk assessment and intervention. In D. J. Whitaker & J. R. Lutzer (Eds.), Preventing partner violence: Research and evidence-based intervention strategies (pp. 95–109). Washington, DC: American Psychological Association.

Rosenfeld, B., & Harmon, R. (2002). Factors associated with violence in stalking and obsessional harassment cases. Criminal Justice and Behavior, 29, 671–691.

Ross, M. P. (2000). Shame, blame, and community: Justice responses to violence against women. American Psychologist, 55, 1332–1343.

Ross, R., & Anderson, C. A. (1982). Shortcomings in the attribution process: On the origins and maintenance of erroneous social assessments. In D. Kahneman, S. P. Slovic, & A. Tversky (Eds.), Judgments under uncertainty: Heuristic and biases (pp. 129–152). Cambridge, UK: Cambridge University Press.

Rossi, D. (1982). Crime scene behavioral analysis: Another tool for the law enforcement investigator. Police Chief, 18(4), 152–155.

Rossmo, D. K. (1995). Place, space, and police investigations: Hunting serial violent criminals. In J. E. Eck & D. Weisburd (Eds.), Crime and place (pp. 217–235). New York: Criminal Justice Press.

Rossmo, D. K. (1997). Geographic profiling. In J. L. Jackson & D. A. Bekerian (Eds.), Offender profiling: Theory, research and practice (pp. 159–175). Chichester, UK: Wiley.

Rossmo, D. K. (2000). Geographic profiling. Boca Raton, FL: CRC Press.

Rothman, A. J., & Hardin, C. D. (1997). Differential use of the availability heuristic in social judgment. Personality and Social Psychology Bulletin, 23, 123-138.

Rubin, J. (2011, October 29). Police link 6 more slayings to Grim Sleeper suspect. Los Angeles Times. Available at http://articles. latimes. com/2011/oct/29/ local/la-me-grim-sleeper-20111029

Rubin, K. H., Bukowski, W., & Parker, J. G. (2006). Peer interactions, relationships, and groups. In N. Eisenberg (Ed.), Handbook of child psychology, Vol. 3: Social, emotional, and personality development (6th ed., pp. 571-601). Hoboken, NJ: Wiley.

Sagovsky, A., & Johnson, S. D. (2007). When does repeat burglary victimization occur? Australian and New Zealand Journal of Criminology, 40, 1-26.

Saint-Cyr, Y. (2011, September 1). Canadian Air Transport Security Authority to scrutinize travelers' behaviour at airports. Slaw. Available at http://slaw. practicesource. com/blog/tag/canadian-air-transport-security/

Salekin, R. T., Brannen, D. N., Zalot, A. A., Leistico, A. -M. & Neumann, C. S. (2006). Factor structure of psychopathy in youth: Testing the applicability of the new four-factor model. Criminal Justice and Behavior, 33, 133-157.

Salfati, C. G., & Bateman, A. L. (2005). Serial homicide: An investigation of behavioural consistency. Journal of Investigative Psychology and Offender Profiling, 2, 121-144.

Salfati, C. G., & Canter, D. V. (1999). Differentiating stranger murders: Profiling offending characteristics from behavioral styles. Behavioral Sciences & the Law, 17, 391-406.

Santtila, P., Häkkänen, H., Alison, L., & Whyte, C. (2003). Juvenile firesetters: Crime scene actions and offender characteristics. Legal and Criminological Psychology, 8, 1-20.

Santtila, P., Pakkanen, T., Zappalà, A., Bosco, D., Valkama, M., & Mokros, A. (2008). Behavioural crime linking in serial homicide. Psychology, Crime & Law, 14, 245-265.

Sarangi, S., & Alison, L. (2005). Life story accounts of left-wing terrorists in India. Journal of Investigative Psychology and Offender Profiling, 2, 69-86.

Sauvageau, A. (2008). Autoerotic deaths: A seven-year retrospective epidemiological study. The Open Forensic Sciences Journal, 1, 1-5.

Sauvageau, A., & Racette, S. (2006). Autoerotic deaths in the literature from 1954 to 2004:A review. Journal of Forensic Sciences,51,140–146.

Schieber et al. v. City of Philadelphia,156 F. Supp. 2d 451(E. D. Pa. 2001).

Schields,L. B. E. ,Hunsaker,D. M. ,& Hunsaker,J. C. (2005). Autoerotic asphyxia. American Journal of Forensic Medicine and Pathology,26,45–52.

Schields,L. B. E. , Hunsaker, D. M. , Hunsaker, J. C. , Wetli, C. V. , Hutchins, K. D. ,& Holmes,R. M.

(2005). Atypical autoerotic death: Part II. American Journal of Forensic Medicine and Pathology,26,53–62.

Schott,J. C. ,Davis,G. J. ,& Hunsaker,J. C. ,III. (2003). Accidental electrocution during autoeroticism:A shocking case. American Journal of Forensic Medicine and Pathology,24,92–95.

Schwartz–Watts,D. M. (2006). Commentary:Stalking Risk Profile. Journal of the American Academy of Psychiatry and Law,34,455–457.

Scott,E. S. ,& Steinberg,L. (2008). Adolescent development and regulation of youth crime. The Future of Children,18,15–33.

Scott,S. (2010,November 24). The threats and realities of airline security. Homeline1. Available at http://www. homeland1. com/air–traffic/articles /913564–The–threats–and–realities–of–airline–security/

Scoville,D. (1998,November). Getting you to pull the trigger. Police,36–44.

Selkin,J. (1987). Psychological autopsy in the courtroom. Denver,CO:Author.

Selkin,J. (1994). Psychological autopsy: Scientific psychohistory or clinical intuition? American Psychologist,49,74–75.

Sellbom,M. , Fischler, G. L. ,& Ben–Porath, Y. S. (2007). Identifying MMPI–2 predictors of police officer integrity and misconduct. Criminal Justice and Behavior,34,985–1004.

Sewell,K. W. ,& Mendelsohn,M. (2000). Profiling potentially violent youth:Statistical and conceptual problems. Children's Services: Social Policy, Research, and Practice,3,147–169.

Shaw,C. R. ,& McKay,H. D. (1969). Juvenile delinquency and urban areas. Chicago:University of Chicago Press.

Sheehan,M. ,& Butler, E. (1957,January 22). N. Y. "Mad Bomber" seized in state:Arrest made In Waterbury. The Bridgeport Post,pp. 1,12.

Sheppard v. Maxwell,384 U. S. 333(1966). Sheridan,L. ,& Roberts,K. (2011). Key questions to consider in stalking cases. Behavioral Sciences & the Law,29, 255–270.

Sherman, C. (2003). A rose for Mary: The hunt for the real Boston Strangler. Boston: Northeastern University Press.

Shneidman, E. S. (1976). Suicidology: Contemporary developments. New York: Grune & Stratton.

Shneidman, E. S. (1981). The psychological autopsy. Suicide and Life-Threatening Behavior, 11(4), 325-340.

Shneidman, E. S. (1994). The psychological autopsy. American Psychologist, 49, 75-76.

Shye, S. (1985). Facet theory approaches to social research. New York: Springer Verlag.

Sicafuse, L. L., & Miller, M. K. (2010). Social psychological influences on the popularity of AMBER Alerts. Criminal Justice and Behavior, 37, 1237-1254.

Sickmund, M. (2010, February). Juveniles in residential placement, 1997-2008. Washington, DC: U. S. Department of Justice, Office of Juvenile Justice and Delinquency Prevention.

Silke, A. (2008). Holy warriors: Exploring the psychological processes of Jihadi radicalization. European Journal of Criminology, 5, 99-123.

Simmons v. State, 797 So. 2d 1134(Ala. Crim. App. 2000). Simon, H. (1957). Models of man: Social and rational. Oxford, UK: Wiley.

Simonton, D. K. (1993). Putting the best leaders in the White House: Personality, policy, and performance. Political Psychology, 14, 537-557.

Skeem, J. L., Douglas, K. S., & Lilienfeld, S. O. (2009). Psychological science in the courtroom: Consensus and controversy. New York: Guilford.

Skeem, J. L., & Monahan, J. (2011). Current directions in risk assessment. Current Directions in Psychological Science, 20, 38-42.

Slatkin, A. A. (2003, April). Suicide risk and hostage/barricade situations involving older persons. FBI Law Enforcement Bulletin, 26-32.

Sloman, S. A., Over, D., Slovak, L., & Stibel, J. M. (2003). Frequencies illusion and other fallacies. Organizational Behavior and Human Decision Processes, 91, 296-309.

Snider, J. F., Hane, S., & Berman, A. L. (2006). Standardizing the psychological autopsy: Addressing the Daubert standard. Suicide and Life-Threatening Behavior, 36, 511-518.

Snook, B., Canter, D. V., & Bennell, C. (2002). Predicting the home location of serial offender: A preliminary comparison of the accuracy of human judges with a geographic profiling system:Behavioral Sciences & the Law,20,109-118.

Snook,B.,Cullen,R. M.,Bennell,C.,Taylor,P. J.,& Gendreau,P. (2008). The criminal profiling illusion:What's behind the smoke and mirrors? Criminal Justice and Behavior,35,1257-1276.

Snook,B.,Cullen,R. M.,Mokros,A.,& Harbort,S. (2005). Serial murderers' spatial decisions:Factors that influence crime location choice. Journal of Investigative Psychology and Offender Profiling,2,147-161.

Snook,B.,Eastwood,J.,Gendreau,P.,Goggin,C.,& Cullen,R. M. (2007). Taking stock of criminal profiling:A narrative review and meta-analysis. Criminal Justice and Behavior,34,437-453.

Snook,B.,Luther,K.,House,J. C.,Bennell,C.,& Taylor,P. J. (2012). The Violent Crime Linkage Analysis System:A test of inter-rater reliability. Criminal Justice and Behavior,39,607-619.

Snook,B.,Taylor,P. J.,& Bennell,C. (2004). Geographic profiling:The fast,frugal,and accurate way. Applied Cognitive Psychology,18,105-121.

Snook,B.,Taylor,P. J.,& Bennell,C. (2005). Commentary:Shortcuts to geographic profiling success:A reply to Rossmo(2005). Applied Cognitive Psychology,19,655-661.

Snook,B.,Taylor,P. J.,Gendreau,P.,& Bennell,C. (2009). On the need for scientific experimentation in the criminal profiling field:A reply to Dern and colleagues. Criminal Justice and Behavior,36,1091-1094.

Snook,B.,Wright,M.,House,J.,& Alison,L. (2006). Searching for a needle in a needle stack:Combining criminal careers and journey-to-crime research for criminal suspect prioritization. Police Practice and Research,7,217-230.

Snyder,H. N. (2008,August). Juvenile arrests 2005. Washington,DC:U. S. Department of Justice,Office of Juvenile Justice and Delinquency Prevention.

Spaaij,R. (2010). The enigma of lone wolf terrorism:An assessment. Studies in Conflict & Terrorism,33,854-870.

Spitzberg,B. (2007). The state of the art of stalking:Taking stock of the emerging literature. Aggression and Violent Behavior,12,64-86.

Stambaugh,H.,& Styron,H. (2003,January). Special report:Firefighter arson. Emmitsburg,MD:Department of Homeland Security,U. S. Fire Administration,National Fire Data Center.

State v. Armstrong,587,So. 2d 168(La. Ct. Appl. 1991).

State v. Fortin,162 N. J. 517(2000).

State v. Fortin,189 N. J. 579; 917 A. 2d 746(2007).

State v. Haynes,1988 WL 99189(Ohio Ct. App. Sept,21,1988).

State v. Lowe,75 Ohio App. 3d 404,599 N. E. 2d 783(Ohio Ct. App. 1991).

State v. Pennell,584 A. 2d 513,Del. Super. Ct. (1989).

State v. Pennell,602,A. 2d 48(Del. 1991).

State v. Sorabella,277 Conn. 155,891 A. 2d 897(2006).

State v. Wallace,351 N. C. 481(2000).

Stattin,H. ,Kerr,M. ,& Bergman,L. R. (2010). On the utility of Moffitt's typology trajectories in long-term perspective. European Journal of Criminology,7,521-545.

Steinberg,L. (2008). A social neuroscience perspective on adolescent risk taking. Developmental Review,28,78-106.

Steinberg,L. (2009). Should the science of adolescent brain development inform public policy? American 312Psychologist,11,739-750.

Steinberg,L. (2010). A dual systems model of adolescent risk-taking. Developmental Psychobiology,216-224.

Steinberg,L. ,Graham,S. ,O' Brien,L. ,Woolard,J. ,Cauffman,E. ,& Banich,M. (2009). Age differences in future orientation and delay discounting. Child Development,80,28-44.

Steinberg,L. ,& Monahan,K. (2007). Age differences in resistance to peer influence. Developmental Psychology,43,1531-1543.

Stern,J. (2003). Terror in the name of God:Why religious militants kill. New York: HarperCollins.

Stevens,J. A. (1997). Standard investigatory tools and offender profiling. In J. L. Jackson & D. A. Bekerian(Eds.),Offender profiling:Theory,research and practice(pp. 77-91). Chichester,UK:Wiley.

Stouthamer-Loeber,M. ,Wei,E. ,Loeber,R. ,& Masten,A. S. (2004). Desistence from persistent serious delinquency in the transition to adulthood. Development and Psychopathology,16,897-918. Suspect is held as "Mad Bomber"; he admits role. (1957,January 22). New York Times,pp. 1,58.

Sysyn v. State,756 So. 2d 1058; 2000 Fla. App. Lexis 4238(2000).

Ter Beek,M. ,van den Eshof,P. ,& Mali,B. (2009). Statistical modelling in the investigation of stranger rape. Investigative Psychology and Offender Profiling,7,31-47.

Terrazas,A. (2011,March). Middle Eastern and North African immigrants in the United States. Washington,DC:Migration Policy Institute.

Terrorism Research Center. (1997). The basics: Combating terrorism. Alexandria,

VA:Author.

Thomas,P. ,Jones,L. A. ,& Gerstein,T. (2010,March 16). Special FBI team joins hunt for missing girl. ABC News Nightline. Available at http://abcnews. go. com/ Nightline/TheLaw/lindsey-baum-missing girl-fbi/story? id=10107104

Tjaden,P. (1997,November). The crime of stalking:How big is the problem? NIJ Research Review. Washington,DC:U. S. Department of Justice.

Tjaden,P. ,& Thoennes,N. (1998a). Prevalence,incidence,and consequences of violence against women:Findings from the National Violence Against Women Survey. Washington,DC:U. S. Department of Justice.

Tjaden,P. ,& Thoennes,N. (1998b,November). Stalking in America:Findings from the National Violence Against Women Survey(Research in brief). Washington, DC:U. S. Department of Justice.

Tonkin,M. ,Woodhams,J. ,Bull,R. ,Bond,J. W. ,& Palmer,E. J. (2011). Linking different types of crime using geographical and temporal proximity. Criminal Justice and Behavior,38,1069-1088.

Torres,A. N. ,Boccaccini,M. T. ,& Miller,H. A. (2006). Perceptions of the validity and utility of criminal profiling among forensic psychologists and psychiatrists. Professional Psychology:Research and Practice,37,51-58.

Travis,A. (2008,August 20). MI5 report challenges views on terrorism in Britain. The Guardian. Available at http://www. guardian. co. uk/uk/2008/ aug/20/uk-security. terrorism1/

Trentacosta,C. J. ,& Shaw,D. S. (2009). Emotional self-regulation,peer rejection, and antisocial behavior:Developmental associations from early childhood to early adolescence. Journal of Applied Developmental Psychology,30,356-365.

Turner,S. (1969). Delinquency and distance. In M. W. Wolfgang & T. Sellin (Eds.),Delinquency:Selected studies(pp. 11-26). New York:Wiley.

Turvey,B. E. (2000). Affidavit filed in Estate of Sheppard v. State of Ohio,Case NO. 312322. Available at http://www. corpus-delicti. com/sheppard. html

Turvey,B. E. (2002). Serial homicide. In B. E. Turvey(Ed.),Criminal profiling:An introduction to behavioral evidence analysis(2nd ed. ,pp. 513-528). San Diego, CA:Academic Press.

Turvey,B. E. (2008). Criminal profiling:An introduction to behavioral evidence analysis(3rd ed.). San Diego,CA:Elsevier.

Turvey,B. E. (2012). Criminal profiling:An introduction to behavioral evidence analysis(4th ed.). San Diego,CA:Elsevier.

Tversky, A., & Kahneman, D. (1973). Availability: A heuristic for judging frequency and probability. Cognitive Psychology, 5, 207–232.

Tversky, A., & Kahneman, D. (1974, September 27). Judgment under uncertainty: Heuristic and biases. Science, 185, 1124–1131.

Tversky, A., & Kahneman, D. (1982). Judgment under uncertainty: Heuristics and biases. In D. Kahneman, P. Slovic, & A. Tversky (Eds.), Judgment under uncertainty (pp. 3–20). New York: Cambridge University Press.

Uchida, C. D. (2011, March). A predictive policing symposium: A strategic discussion. Geography & Public Safety, 3(1), 2–3.

Ullman, S. E. (1997). Review and critique of empirical studies of rape avoidance. Criminal Justice and Behavior, 24, 177–204.

Ullman, S. E. (2007). A 10–year update of "review and critique of empirical studies of rape avoidance." Criminal Justice and Behavior, 34, 411–429.

Ullman, S. E., & Knight, R. (1995). Women's resistance strategies to different rapist types. Criminal Justice and Behavior, 22, 262–283.

United States v. Meeks, 35 M J. 64, 65 (C. M. A. 1992).

United States v. St. Jean, 1995 WL 106960. (1995).

United States v. Sokolow, 490 U. S. 1 (1989).

U. S. Department of Homeland Security. (2008, August 5). Privacy impact assessment for the Screening of Passengers by Observation Techniques (SPOT) program. Washington, DC: Author.

U. S. Department of Justice. (2000). Terrorism in the United States—1998. Washington, DC: Author.

U. S. Department of Justice. (2008). Department of Justice Conference highlights AMBER Alert system success, finds way to enhance program. Available at http://www. ojp. usdoj. gov/news room/pressreleases/2008/oaag09002. htm

U. S. Department of Justice, Office of the Inspector General. (2009, January). Audit Report 09–08: The Federal Bureau of Investigation's effort to combat crimes against children. Washington, DC: Author.

U. S. Department of Labor. (2011, March). Workplace violence: Risk factors. Washington, DC: Author. U. S. Fire Administration. (March 11, 2011). USFA announces the 2011 Arson Awareness Week theme. Emmitsburg, MD: Author. Available at http://www. usfa. fema. gov/media/press/2011releases/033111. shtm

U. S. General Accounting Office. (1991, August). U. S. S. Iowa explosion; Sandia National Laboratories' final technical report. Washington, DC: Author.

U. S. Government Accountability Office. (2010, May). Aviation security: Efforts to validate TSA's Passenger Screening Behavior Detection Program, but opportunities exist to strengthen validation and address operational challenges. Washington, DC: Author. Available at http://www. gao. gov/new. items/d10763. pdf

U. S. S. Iowa tragedy: An investigative failure: Report of the Investigations Subcommittee and the Defense Policy Panel of the Committee on Armed Services, House of Representatives, 101st Congress, 2nd Session(1990).

VandenBos, G. R. (Ed.). (2007). APA dictionary of psychology. Washington, DC: American Psychological Association.

Van Koppen, P. J., & Jansen, W. J. (1998). The road to robbery: Travel patterns in commercial robberies. British Journal of Criminology, 38, 230-246.

Van Lier, P. A. C., Vitaro, F., Wanner, B., Vuijk, P., & Crijnen, A. A. M. (2005). Gender differences in developmental links among antisocial behavior, friends' antisocial behavior, and peer rejection in childhood: Results from two cultures. Child Development, 76, 841-855.

Van Lier, P. A. C., Vuijk, P., & Crijen, A. M. (2005). Understanding mechanisms of change in the development of antisocial behavior: The impact of a universal intervention. Journal of Abnormal Psychology, 33, 521-533.

Van Lier, P. A. C., Wanner, B., & Vitaro, F., (2007). Onset of antisocial behavior affiliation with deviant friends and childhood maladjustment: A text of the childhood- and adolescent-onset models. Development and Psychopathology, 19, 167-185.

Vaughn, M. G., Fun. Q., DeLisi, M., Wright, J. P., Beaver, K. M., Perron, B. E., & Howard, M. O. (2010). Prevalence and correlates of fire-setting in the United States: Results from theNational Epidemiological Survey on Alcohol and Related Conditions. Comprehensive Psychiatry, 51, 217-233.

Verlinden, S., Hersen, M., & Thomas, J. (2000). Risk factors in school shootings. Clinical Psychology Review, 20, 3-56.

Vitacco, M. J., Neumann, C. S., & Jackson, R. L. (2005). Testing a four-factor model of psychopathy and its association with ethnicity, gender intelligence, and violence. Journal of Consulting and Clinical Psychology, 73, 466-476.

Viteles, M. S. (1929). Psychological methods in the selection of patrolmen in Europe. Annals of the American Academy, 146, 160-165.

Vossekuil, B., Fein, R., Reddy, M., Borum, R., & Modzeleski, W. (2002). The final report and findings of the Safe School Initiative: Implications for the prevention of school attacks in the United States. Washington, DC: U. S. Secret Service and

Department of Education.

Vrij, A. (2005). Cooperation of liars and truth tellers. Applied Cognitive Psychology, 19, 39–50.

Vrij, A. (2008). Nonverbal dominance versus verbal accuracy in lie detection: A plea to change police practice. Criminal Justice and Behavior, 35, 1323–1336.

Vrij, A. (2011). How I got started: From applied social psychology to applied cognitive psychology. Applied Cognitive Psychology. (DOI: 10. 1002/acp. 1841)

Vrij, A., & Granhag, P. A. (2007). Interviewing to detect deception. In S. A. Christianson (Ed.), Offenders' memories of violent crimes (pp. 279–304). Chichester, UK: Wiley.

Vrij, A., Leal, S., Granhag, P. A., Mann, S., Fisher, R. P., Hillman, J., & Sperry, K. (2009). Outsmarting the liars: The benefit of asking unanticipated questions. Law and Human Behavior, 33, 159–166.

Vrij, A., Leal, S., Mann, S. A., & Granhag, P. A. (2011). A comparison between lying about intentions and past activities: Verbal cues and detection accuracy. Applied Cognitive Psychology, 25, 212–218.

Vrij, A., Mann, S., Kristen, S., & Fisher, R. P. (2007). Cues to deception and ability to detect lies as a function of police interview styles. Law and Human Behavior, 31, 499–518.

Walsh, A. (2005). African Americans and serial killing in the media. Homicide Studies, 9, 271–291.

Walsh, D. (1980). Break-ins: Burglary from private houses. London: Constable.

Warmelink, L., Vrij, A., Mann, S., Leal, S., Forrester, D., & Fisher, R. P. (2011). Thermal imaging as a lie detection tool at airports. Law and Human Behavior, 35, 40–48.

Warren, J., Reboussin, R., Hazelwood, R., Cummings, A., Gibbs, N., & Trumbetta, S. (1998). Crime scene and distance correlates of serial rape. Journal of Quantitative Criminology, 14, 35–59.

Warren, L. J., Mullen, P. E., & Ogloff, J. R. P. (2011). A clinical study of those who utter threats to kill. Behavioral Sciences & the Law, 29, 141–154.

Webster, C. D., & Hucker, S. J. (2007). Violence risk assessment and management. West Sussex, UK: Wiley.

Weinberger, S. (2010, May 26). Airport security: Intent to deceive? Nature, 465, 412–415.

Weisbrot, D. M. (2008). Prelude to school shooting? Assessing threatening behaviors in childhood and adolescence. Journal of the American Academy of Child & Adolescent Psychiatry, 47, 847–852.

Werlang, B. G., & Botega, N. J. (2003). A semistructured interview for psychological autopsy: An inter-rater reliability study. Suicide and Life-Threatening Behavior, 33, 326–330. Who gets "Mad Bomber" reward? Police or girl, or maybe, no one. (1957, January 23). Ogden StandardExaminer, p. 2A.

Whren v. United States, 517 U. S. 806 (1996).

Wiesner, M., Kim, H. K., & Capaldi, D. M. (2005). Developmental trajectories of offending: Validation and prediction to young adult alcohol abuse, drug use, and depressive symptoms. Development and Psychopathology, 17, 251–270.

Wike, T. L., & Fraser, M. W. (2009). School shootings: Making sense of the senseless. Aggression and Violent Behavior, 14, 162–169.

Wilson, E. F., Davis, J. F., Bloom, J. D., Batten, P. J., & Kamara, S. G. (1998). Homicide or suicide: The killing of suicidal persons by law enforcement officers. Journal of Forensic Sciences, 43, 46–52.

Wilson, R. (2008, February). What is applied geography for the study of crime and public safety? Geography & Public Safety, 1(1), 1–3.

Winship, F. M. (1957, January 3). Wily mad bomber escapes all detection from police. Fairbanks Daily NewsMiner, p. 9.

Wolf, B. C., & Lavezzi, W. A. (2007). Paths to destruction: The lives and crimes of two serial killers. Journal of Forensic Science, 52, 199–203.

Woodhams, J., Bull, R., & Hollin, C. R. (2010). Case linkage: Identifying crimes committed by the same offender. In R. N. Kocsis (Ed.), Criminal profiling: International theory, research, and practice (pp. 117 – 133). Totowa, NJ: Humana Press.

Woodhams, J., & Grant, T. (2006). Developing a categorization system for rapists' speech. Psychology, Crime & Law, 12, 245–260.

Woodhams, J., & Laubschagne, G. (2012). A test of case linkage principles with solved and unsolved serial rapes. Journal of Police and Criminal Psychology, 27, 85–98.

Woodhams, J., & Toye, K. (2007). An empirical test of the assumptions of case linkage and offender profiling with serial commercial robberies. Psychology, Public Policy, and Law, 13, 59–85.

Woodworth, M., & Porter, S. (2002). In cold blood: Characteristics of criminal homicides as a function of psychopathy. Journal of Abnormal Psychology, 111, 436–445.

Woskett, J., Coyle, I. R., & Lincoln, R. (2007). The probity of profiling: Opinions of Australian lawyers on the utility of criminal profiling in court. Psychiatry, Psychology and Law, 14, 306-314.

Wyllie, D. (2010, September 23). Terrorist Screening Center, database provide powerful tool in post-9/11 world. Homeland, 1, 1-4.

Yokota, K., & Canter, D. (2004). Burglars' specialisation: Development of a thematic approach in investigative psychology. Behaviormetrika, 31, 153-167.

Young, T. J. (1992). Procedures and problems in conducting a psychological autopsy. International Journal of Offender Therapy and Comparative Criminology, 36, 43-52.

Youngs, D. (2009). Investigative psychology in the courtroom: Beyond the offender profile. Journal of Investigative Psychology and Offender Profiling, 6, 1-9.

Youstin, T. J., Nobles, M. R., Ward, J. T., & Cook, C. L. (2011). Assessing the generalizability of the near repeat phenomenon. Criminal Justice and Behavior, 38, 1042-1063.

Zandbergen, P. A. (2008). Commentary on Duwe, Donnay, and Tewksbury (2008). "Does residential proximity matter? A geographic analysis of sex offenders recidivism." Criminal Justice and Behavior, 35, 1449-1451.

图片来源

图 1. 1，© Bettmann/Corbis/AP Images
图 1. 2，© Bettmann/Corbis/AP Images
图 3. 1，http：//www. murderuk. com/images/
图 3. 2，Thinkstock
图 5. 1，AP Photo/Elaine Thompson
图 5. 2，iStockphoto
图 6. 1，AP Photo/HO，HO
图 6. 3，iStockphoto
图 7. 1，iStockphoto
图 7. 2，AP Photo/Mike Derer
图 8. 1，US Federal Government [em] US Navy
图 8. 2，AP Photo/J. SCOTT APPLEWHITE

检索表

关于作者

柯特·R. 巴托尔（Curt R. Bartol），一位知名大学教授，教龄超过30年，教授多门本科和研究生课程，包括生物心理学、犯罪行为学、青少年违法行为、法庭学心理学导论、社会心理学以及心理学与法律。他于1972年在北伊利诺伊大学获得人格—社会心理学博士学位。他在创建和成立卡斯尔顿州立学院的法医心理学研究生项目中发挥了重要作用，并担任该项目主任6年。作为一名持证的临床心理学家，他在过去30多年里一直担任当地、市、州和联邦执法机构的警方咨询顾问。除了这本书，他还撰写了《犯罪心理学（第12版）》。他还共同撰写了《青少年犯罪行为学（第1版）》《青少年犯罪与司法（第2版）》《法医心理学导论（第5版）》以及《心理学与法律：理论、研究与应用（第3版）》。此外，他还长期担任SAGE期刊《刑事司法与行为》的编辑。

安妮·M. 巴托尔（Anne M. Bartol）在纽约州立大学奥尔巴尼分校获得刑事司法硕士和博士学位，同时还获得了威斯康星大学麦迪逊分校的新闻学硕士学位。在20年的大学教学生涯中，她教授刑事司法、社会学和新闻学课程，并曾在儿童和青少年保护服务中担任记者和社会工作者。除了本书，她还参与撰写了《法医心理学导论》《青少年犯罪行为学》《犯罪行为与司法》《心理学与法律：理论、研究与应用》和《犯罪心理学》。此外，她还担任《刑事司法与行为》期刊的书评编辑和执行编辑，并发表了关于女性与刑事司法、农村法院以及法庭学心理学历史的相关文章。